Le Figaro du 9 juillet 1894
40ᵉ année – 3ᵉ série – n° 190

L'Impôt Proportionnel

ET PROGRESSIF

C'est aujourd'hui que s'engagera à la Chambre la discussion relative aux quatre contributions directes. D'ordinaire, chaque année, ce vote a lieu sans débats. Cette année-ci, au contraire, le débat sera très vif et probablement très brillant parce que, pour la première fois, nous verrons sérieusement aux prises les partisans de l'impôt personnel sur le revenu et les adversaires de cette réforme, ceux qui veulent apporter un élément nouveau dans notre système fiscal et ceux qui, sous le nom d'impôt sur *les revenus*, se bornent à rechercher certains remaniements dans l'assiette générale de nos contributions directes.

M. le ministre des finances et la majorité de la Commission du budget sont pour le second système, et comme celui-ci nécessite une laborieuse préparation, ils demandent l'ajournement de la réforme à l'année prochaine.

Au contraire, M. Cavaignac, M. Doumer et la minorité de la Commission du budget tiennent pour l'impôt personnel sur le revenu global des contribuables, et ils demandent au Parlement de réaliser la réforme cette année même.

Dans la pensée de M. Cavaignac et de M. Doumer, le nouvel impôt ne devrait pas être simplement proportionnel; il devrait revêtir le caractère de la progressivité.

On sait en quoi l'impôt progressif et l'impôt proportionnel se distinguent.

Le revenu de chaque contribuable étant supposé exactement connu, les partisans de la proportionnalité prétendent n'en prélever jamais qu'une même quote-part: que ce revenu soit de mille francs ou d'un million, le prélèvement par chaque cent francs demeurera exactement le même.

L'impôt progressif, au contraire, prend à chaque citoyen une part d'autant plus importante de son revenu que ce revenu est plus considérable. Sur chaque cent francs celui qui possède un revenu d'un million abandonne plus au fisc que celui dont les revenus se limitent à mille francs.

Pour défendre leur principe, les partisans de la proportionnalité s'appuient sur la définition qu'ils donnent de l'impôt. Celui-ci serait le prix d'un service rendu par l'État.

Or, disent-ils, il est inadmissible qu'un même service ait deux prix, un pour le riche et un pour le pauvre. Quand M. de La Rochefoucauld achète une livre de poivre, il ne la paie pas plus cher que le dernier de ses fermiers.

Malheureusement pour ceux qui argumentent ainsi, si l'impôt représentait vraiment la rémunération d'un service, ce n'est pas simplement proportionnel qu'il devrait être, c'est progressif à rebours : il devrait grandir à mesure que la fortune diminue.

En effet, les services que l'État nous rend sont très loin de se proportionner à notre fortune. L'homme qui ne possède rien est garanti dans son existence comme le riche, jouit des voies de communication et de l'enseignement comme lui, et recourt en outre à l'assistance publique et à l'assistance judiciaire auxquelles le riche ne recourt pas. Le service étant égal ou à peu près égal devrait donc être également rétribué en chiffres absolus, et il est clair que pour obtenir une somme égale, ou très rapprochée, de deux individus inégalement avantagés de la fortune, il faudrait nécessairement exiger de chacun une quote-part d'autant plus élevée de son revenu que ce revenu serait moindre.

Une telle conséquence ne se discute même pas et juge le système.

Aux yeux, au contraire, des partisans de la progressivité, l'impôt cesse d'être le prix d'un service. Selon eux, la société, considérée comme un être collectif, a des charges auxquelles doivent subvenir les contributions des citoyens, et ces contributions, pour être conformes à la justice, doivent, dans la limite du possible, imposer à chaque contribuable une égalité de sacrifice.

Or il est clair que si l'on enlève dix pour cent de son revenu au contribuable qui a cent mille francs de rente comme à celui qui en a mille, il reste au premier quatre-vingt-dix mille francs et neuf cents francs seulement au second. Le premier demeurera riche après ce prélèvement ; le second était pauvre, il deviendra misérable. Le sacrifice est donc très inégal, et l'on cherche à l'égaliser par la progressivité.

La question se trouvant ainsi posée, il semble difficile que, d'accord en cela avec un grand nombre d'éminents économistes, au nombre desquels Jean-Baptiste Say et même Adam Smith, on ne se prononce pas en principe pour la progressivité contre la simple proportionnalité.

Mais la progressivité présente un inconvénient considérable.

Elle est arbitraire.

Dans la proportionnalité, pas de doute — au moins en apparence. Si j'ai mille francs et que la taxe soit d'un dixième, je paierai cent francs ; si j'en ai deux mille, je paierai deux cents francs, et ainsi de suite. Il n'y a aucune place au caprice du législateur.

Avec la progressivité, au contraire, c'est le caprice du législateur qui fait tout.

Cette considération serait de nature à faire rejeter le principe de la progressivité, si la proportionnalité des économistes avait l'exactitude absolue qu'on essaie de lui attribuer.

Mais elle ne l'a même pas en théorie. Les économistes reconnaissent à peu près tous que les revenus produits par le travail doivent abandonner à l'État une quote-part plus faible que ceux qui proviennent du capital seul. Ils admettent même qu'au-dessous d'un minimum de revenu, il y a lieu de prononcer l'exemption de l'impôt.

Où est l'exactitude mathématique en tout cela ? La distinction entre les revenus du travail et ceux du capital, l'exemption des petits revenus, c'est déjà de la progressivité ; de la progressivité restreinte, si l'on veut, mais de la progressivité, et, à coup sûr, de l'arbitraire.

Il n'y a donc pas lieu de discuter la progressivité en principe puisque peu ou prou, en l'affirmant ou en s'en défendant, tout le monde l'admet. Il y a lieu seulement de rechercher dans la pratique comment on doit l'établir afin qu'elle soit bienfaisante et ne risque pas de devenir désastreuse.

La première condition pour cela consiste à répudier l'impôt unique et à ne rechercher dans la progression qu'un moyen de redresser les injustices résultant des impôts indirects.

Il importe surtout de limiter, au nombre le plus bas possible, les exemptions complètes.

Dans un pays aristocratique, tel qu'était l'Angleterre lorsque l'*income tax* y a été établi, les exemptions sont peu dangereuses.

D'abord la propriété étant peu divisée, les petites fortunes étant rares, le Trésor y perd peu.

De plus, l'aristocratie, faisant la loi, peut s'imposer des sacrifices même très lourds si elle possède le sentiment de ses devoirs, sans avoir à craindre les conséquences de cette générosité.

Dans une démocratie, il en va tout autrement. Les petites fortunes étant nombreuses, des exemptions un peu étendues réduiraient énormément le rendement de l'impôt.

Il faut considérer en outre que la masse est la force au point de vue électoral, et que le jour où elle ne paie plus rien à l'État, elle cesse d'être intéressée aux économies budgétaires. Pourquoi se priverait-elle dès lors de la satisfaction d'augmenter inconsidérément les dépenses, puisque c'est à d'autres qu'incomberait l'obligation de les acquitter ?

Ce danger n'est certes pas suffisant pour faire condamner le système de la progressivité. On serait mal venu à prétendre qu'une nation doit se priver d'une réforme juste parce qu'elle se gouverne elle-même. Mais il doit suffire pour faire réfléchir le législateur sur toute l'étendue de sa responsabilité, et pour s'opposer à ce que, affranchissant un trop grand nombre de citoyens de toute participation aux charges publiques, il ne les désintéresse des dépenses dont une sage limitation est, en somme, en matière financière, ce qui importe le plus.

Le projet de M. Cavaignac ne tient peut-être pas un compte suffisant de cette dernière considération. Mais, outre qu'il est possible de le modifier sur ce point sans en changer l'économie générale, le péril est faible parce qu'il ne s'agit point ici d'un impôt unique, mais d'une taxe de superposition qui doit être envisagée comme une simple taxe de redressement.

Ce projet est infiniment préférable à celui que nous fait prévoir le gouvernement, projet qui sera une simple apparence si l'on ne touche pas à la rente, et une grande faute en même temps qu'une grande injustice si l'on y touche.

Il a l'avantage de pouvoir être voté cette année même. Si le Parlement est bien inspiré, il l'adoptera.

Alfred Naquet.

L'Éclair du 10 juillet 1894 (7ᵉ année n° 2052)

DEUX ÉTATS D'ESPRIT

En 1888 et en 1889, ce qui dominait, parmi les hommes politiques qui dirigeaient, dans des compartiments séparés et maintenus parfaitement étanches par le comte Dillon, le mouvement boulangiste, c'était l'idée républicaine avancée d'une part, et les espérances orléanistes de l'autre. La France avait le spectacle d'une coalition de laquelle, ainsi que l'expliquait fort éloquemment l'autre jour à la tribune M. Camille Pelletan, chacun croyait faire sortir le triomphe définitif de ses idées.

Le comité républicain national imposait à chaque minute au général l'obligation de déclarer qu'il défendrait énergiquement la République, et le général s'y prêtait avec une excessive bonne grâce qui, je le crois, n'était pas feinte et reflétait le fond de sa pensée, malgré les assurances contradictoires qu'il aurait données à d'autres, s'il faut en croire certaines révélations produites depuis.

La presse royaliste, de son côté, ne cachait pas que, à ses yeux, le général était une catapulte au moyen de laquelle elle espérait faire brèche dans les institutions républicaines.

Donc, royalisme d'un côté, républicanisme exalté de l'autre, voilà ce qu'on rencontrait parmi les chefs.

Les bonapartistes étaient peut-être de tous les plus sincères, en ce sens qu'ils voyaient dans le général Boulanger le restaurateur probable de la forme de gouvernement autoritaire qu'ils aiment, et qu'ils lui sacrifiaient sans arrière-pensée la dynastie à laquelle ils avaient été attachés dans le passé, et à laquelle beaucoup d'entre eux sont revenus depuis lors. Mais ils n'avaient que très peu d'action sur la fraction dirigeante ; ils étaient tenus en suspicion par le clan orléaniste et clérical aussi bien que par le clan républicain.

L'élément républicain, il est vrai, à la veille des élections, chercha à s'appuyer sur ce groupe. Partout où il manquait de candidats à lui, il défendait des candidats bonapartistes parce que ceux-ci étaient foncièrement hostiles à l'orléanisme, et que, si la coalition avait triomphé, ils se seraient énergiquement groupés avec les républicains contre les tentatives de M. le comte de Paris et de ses fidèles. Mais ces candidatures étaient non moins énergiquement combattues par les royalistes, qui leur préféraient même des républicains, et qui presque partout parvinrent à les éliminer.

Il en résulte que du commencement à la fin les bonapartistes furent tenus à l'écart de la direction bilatérale du boulangisme. Celle-ci demeura exclusivement ou presque exclusivement républicaine par son aile gauche, et royaliste par son aile droite.

Et cependant, même en faisant le décompte de la masse des mécontents sans idées arrêtées qui grossissaient l'armée boulangiste, même en considérant que dans les grands centres comme Paris, comme Lille, comme Amiens, cette armée se recrutait en grande partie parmi les socialistes militants, il n'en demeure pas moins certain que l'*état d'esprit* des masses boulangistes était l'état d'esprit bonapartiste. Il y avait donc opposition non seulement entre les chefs républicains et les chefs royalistes du mouvement, mais encore entre l'esprit des directeurs du mouvement en général et celui qui animait les électeurs.

Cette divergence, qui n'a pas peu contribué à faire avorter l'entreprise, s'explique d'ailleurs aisément.

Lorsque le boulangisme commença à se manifester avec véhémence, les observateurs ne manquèrent pas d'y voir ce qui y était en effet: un retour offensif de l'esprit césarien. Ce fut même cette observation qui poussa plusieurs d'entr'eux dans la lutte. D'une part, l'esprit césarien se détachant à ce moment-là de l'idée dynastique et bonapartiste, ils espéraient y trouver un puissant levier pour leurs projets de réforme constitutionnelle. Ils se disaient ce que répète M. Casimir-Perier aujourd'hui : que la liberté et l'autorité sont les deux conditions essentielles d'existence de toute société humaine ; que la liberté sans l'autorité dégénère en licence, c'est-à-dire en oppression du plus faible par le plus fort, et que l'autorité sans la liberté dégénère en despotisme ; qu'autorité et liberté sont les deux pôles d'un même organisme et non les dominantes de deux organismes distincts ; que les agitations et les souffrances de notre siècle proviennent de ce qu'on les a séparées, appelant successivement le despotisme monarchique ou césarien lorsqu'on s'est trouvé fatigué de l'anarchie, ou l'anarchie parlementaire lorsqu'on a été las du despotisme ; que l'heure était venue de les réunir pour donner à la France une Constitution appropriée à son état démocratique.

Mais le désir d'utiliser l'état d'esprit bonapartiste des masses, d'y puiser une force pour les réformes que projetaient les uns, pour les réactions que méditaient les autres, n'était pas la seule cause qui avait entraîné les chefs. La crainte avait posé sur leur esprit d'un poids égal à l'espérance.

Ils crurent — et c'est en cela que consista leur erreur — le mouvement irrésistible. Ils pensèrent que si on se bornait à le regarder passer ou à le combattre on ne l'empêcherait pas de triompher, et qu'alors il risquerait de ressusciter la dictature. En y entrant, en le dirigeant, en endiguant le courant, ils en écarteraient les dangers et en feraient sortir des effets utiles. En présence de ce fleuve qui menaçait de tout submerger, ils voulaient à la fois éviter l'inondation et la transformer en une irrigation bienfaisante. Seulement, pour les uns, l'irrigation bienfaisante, c'était une Constitution républicaine harmonique avec les principes de la démocratie ; pour les autres c'était la restauration d'une monarchie parlementaire.

De là, la différence profonde qui séparait le mouvement populaire boulangiste de ceux qui le dirigeaient, et qui divisait entre eux les dirigeants.

Mais le mouvement d'en bas, le sentiment populaire, la passion qui agitait les électeurs n'était autre chose qu'une manifestation de l'esprit bonapartiste.

Aujourd'hui je crois bien que dans les couches profondes du suffrage universel, et en dehors des circonscriptions socialistes révolutionnaires, il n'y a plus de courant du tout; on souffre, mais on est las de la lutte et l'on ne fait aucun effort pour apporter un changement à un état de choses dont on a presque renoncé à se plaindre.

Il existe cependant un mécontentement latent qui pourrait bien se manifester à la première occasion avec violence. Les hommes qui composent la majorité de la Chambre des députés et du Sénat le sentent, et, d'instinct, ils cherchent à faire quelque chose pour empêcher cette manifestation qu'ils prévoient ou qu'ils redoutent. Ce quelque chose qui est assez vieux pour redevenir neuf c'est l'orléanisme.

Non que je veuille prétendre que les républicains qui ont coopéré à l'élection de M. Casimir-Perier aient renoncé à leurs convictions républicaines, ou que M. Casimir-Périer rêve de donner un pendant au général Monk dans l'histoire. Loin de moi une telle pensée! Les républicains qui ont voté pour M. Casimir-Perier ont cru, en votant pour lui, servir la République, et M. Casimir-Perier est un homme honnête, en la sincérité duquel je crois depuis le jour où je l'ai vu résigner son mandat pour mettre d'accord ses devoirs de famille avec ses devoirs politiques de républicain. Je suis convaincu que, malgré les quelques passages malheureux de son message, il s'efforcera d'être un président constitutionnel, et que si jamais le tempérament l'entraînait à sortir de la réserve que la Constitution lui impose, du moins il ne médite et ne prépare rien de pareil dès à présent et de propos délibéré.

Mais il y a une logique puissante dans les choses. Si personne ne songe à reconstruire les Tuileries pour y rappeler les descendants de nos rois — pas même les anciens royalistes qui en ont perdu l'espoir, — pas plus que le peuple boulangiste ne visait la destruction de la République en 1888 et 1889, il n'en est pas moins certain que ce qui anime le président de la République, le cabinet Dupuy, la majorité de la Chambre et du Sénat, c'est ce que M. Léon Renault appela lui-même autrefois l'*état d'esprit orléaniste*.

On ne restaure pas les princes ; on conserve soigneusement l'étiquette républicaine, à laquelle même on tient d'autant plus qu'elle personnifie moins les responsabilités et rend par là même le gouvernement plus facile ; mais on restaure tous les moyens de gouvernement qui sont chers aux admirateurs de la monarchie de Juillet. On cherche en haut à refaire l'orléanisme sans les d'Orléans, comme on cherchait en bas, il y six ans, à refaire le bonapartisme sans les Bonaparte.

Malgré de sanglants échecs, dont on n'est plus à rechercher les causes, je crois encore que, bien dirigé, mené par des républicains convaincus et assez nombreux pour que les masses républicaines eussent pu suivre sans suspicion, le mouvement boulangiste aurait pu nous conduire à de grands résultats. Je crois qu'il eût été plus sage, au lieu de le briser pour en conjurer les périls, de conjurer ceux-ci en tirant parti du mouvement même pour améliorer et consolider nos institutions.

Mais par contre je suis persuadé que l'état d'esprit orléaniste qui prévaut aujourd'hui dans les sphères gouvernementales ne peut rien nous amener de bon et nous fait courir des dangers considérables.

On pouvait endiguer le boulangisme et le féconder ; on ne peut pas endiguer et utiliser l'orléanisme qui prévaut à cette heure.

Les républicains modérés ont repoussé le premier ; ils ont refusé de s'en servir pour restaurer l'autorité sans entraver la liberté et pour imprimer à notre Constitution un caractère plus démocratique ; comment aujourd'hui peuvent-ils se laisser aller à accepter une orientation nouvelle, grosse de périls ? Ils le regretteront un jour, comme d'autres ont pu regretter, lorsqu'ils ont vu quelle tournure prenaient les événements, de s'être engagés dans l'agitation boulangiste. Ils n'éviteront pas une nouvelle grande lutte électorale comme celle de 1877, comme celle de 1889, qui sera la troisième étape de la République ; et, ce jour-là, tenus par un engrenage qui ne lâche pas ceux qu'il a saisis, ils se trouveront engagés dans des rouages où ils préféreraient certainement alors ne pas être. Il est encore temps pour eux de réfléchir, de se reprendre, de s'arrêter dans la voie d'une politique qui est probablement, de toutes, celle que le peuple déteste le plus. En homme qui sait ce que c'est que d'être pris dans une armée dont l'objectif a dévié, je leur conseille d'en profiter pendant qu'ils le peuvent.

Alfred Naquet.

Journal officiel du 27 août 1894 —(XXVIᵉᵐᵉ année - n: 201.)

Loi contre les menées [anarchistes] ... passé !

M. le président. La parole est à M. Naquet.

M. Alfred Naquet. M. le président du conseil, répondant à l'honorable M. Doumer, disait en débutant que M. Doumer voterait tout à l'heure contre la loi, si même nous acceptions la limitation de sa durée; et il tirait de cette constatation un argument contre l'argumentation même de M. Doumer.

Ma situation est différente. Lors de la loi de 1893, quand le Gouvernement qui était alors sur ces bancs est venu nous demander des moyens nouveaux de combattre la secte que tous nous détestons et réprouvons, je n'ai pas été de ceux qui lui ont refusé leur appui. J'ai voté la loi de 1893, non pas que je la jugeasse utile, féconde, mais parce que je ne me croyais pas le droit de refuser au Gouvernement de mon pays, qui me disait en avoir besoin, une loi de cette nature et dans les circonstances que nous traversions.

Si aujourd'hui le Gouvernement me proposait quelque chose d'également acceptable, s'il m'accordait cette limitation dans la durée qui est la moindre chose que des hommes de liberté puissent à cette heure demander, je me déclare prêt pour ma part à voter la loi, et je suis convaincu qu'il y a bon nombre de mes collègues qui feraient de même.

M. Boissy-d'Anglas. Je suis dans ce cas.

M. Alfred Naquet. Je connais plusieurs autres collègues également dans ce cas.

La réponse que faisait M. le président du conseil à M. Doumer, et qui était tirée de ce que M. Doumer voterait quand même contre la loi, n'est donc applicable ni à celui qui parle en ce moment ni à ceux qui pensent comme lui et qui seraient disposés à voter cette loi si vous acceptiez que la durée en fût limitée.

M. Récipon. Mais vous n'avez voté aucun des articles !

M. Alfred Naquet. Parce que je ne savais pas ce qu'il adviendrait de la limitation, et que dans tous les cas je jugeais utile de modifier, d'amender votre projet. Mais, je le déclare, si vous m'accordez cette limitation, si vous entrez dans cette voie de transaction, si vous me démontrez que c'est véritablement le péril anarchiste que vous poursuivez, et rien que le péril anarchiste, — ce que je ne crois pas, — je voterai la loi; mais je me défie.

Aussi je ne la voterai pas, si vous repoussez l'amendement qui est en ce moment soumis à vos délibérations.

Ce n'est pas d'ailleurs seulement de ce côté de la Chambre où je siège que se sont élevées des réclamations en faveur de cette limitation de la durée de la loi.

Je ne m'attendais pas à monter à cette

tribune; mais M. Deloncle qui ne partage pas toutes mes opinions et qui se disposait cependant à parler dans le même sens que moi, a eu l'obligeance de me communiquer le dossier que j'ai entre les mains.

Il me remettait tout à l'heure un article du journal le *Temps* qui n'est pas un journal révolutionnaire; j'avais déjà lu cet article et il m'avait frappé. Je demande à la Chambre la permission de lui en lire une courte citation :

« Telle qu'elle sort des mains de la commission, la loi sera certainement votée par la Chambre. On prête à plusieurs députés l'idée de proposer que l'application de cette loi soit limitée à quelques années. L'idée nous paraît très naturelle — c'est le *Temps* qui parle.—La loi est indiscutablement une loi d'exception, motivée, imposée même par des circonstances exceptionnelles. Souligner ce caractère, en admettant qu'au .erme d'une période de temps limitée elle aura cessé d'être nécessaire, n'est ni une manière d'affaiblir — entendez-vous, monsieur le garde des sceaux — la portée de la démonstration qui constituera le vote même de la loi, ni une atteinte aux principes de toute bonne législation. »

J'arrête là la citation, qui porte ensuite sur la législation des pays voisins.

Il est vrai que l'honorable président du conseil nous disait tout à l'heure qu'il protestait avec la dernière énergie contre la pensée de vouloir faire une loi contre un parti politique, ajoutant que nous devions tenir compte de sa protestation.

Je ne mets pas en doute les intentions personnelles de M. le président du conseil; il me permettra cependant de lui dire qu'il suffirait de jeter les yeux sur un certain vote qui a eu lieu hier soir, pour supposer, sans injure pour personne, que le ministère qui est aujourd'hui sur ces bancs, pourrait très bien ne pas y être demain et que les protestations qu'il apporte actuellement à la tribune, qui nous garantissent, connaissant sa loyauté, contre l'application qu'il fera de la loi, pourraient très bien ne pas nous garantir con-

tre l'interprétation que lui donneront ses successeurs.

Nous ne savons pas qui lui succèdera, mais nous savons, d'après ce que vous proposez, que nous faisons une loi définitive, éternelle. Et j'en appelle à ceux de mes collègues qui votent en ce moment-ci la loi ; quand on cause avec eux, ils avouent qu'ils la trouvent détestable, mais qu'ils la votent parce qu'ils ne veulent pas créer une crise ministérielle à l'heure présente.

Quoi! c'est à ce fait temporaire, éphémère même, dirai-je, qui s'appelle un ministère, que vous sacrifiez la question législative elle-même! c'est à ce fait que vous sacrifiez les principes! c'est simplement pour éviter une crise que vous allez établir dans nos lois, qui survivront au ministère qui les propose, et qui, peut-être, seront appliquées par d'autres dans un esprit absolument différent de celui dans lequel on nous les demande aujourd'hui, des dispositions qu'au fond à cette heure toutes les consciences repoussent !

Mais on nous dit : Que vous importe ! le Parlement est toujours le maître ; quand il ne voudra plus de la loi, il l'abrogera.

Vous oubliez, monsieur le président du conseil, que pour proroger ou pour abroger une loi il faut l'accord des deux Chambres. (*Très bien! très bien ! à l'extrême gauche.*) Si donc, dans deux ou trois ans, cette Chambre pensait que la loi a fait son temps, et si à ce moment-là elle était arrivée à l'expiration de sa durée légale, elle n'aurait qu'à refuser son approbation à une prorogation pour que la loi cessât d'être. Si au contraire la loi est définitive, il faut, pour l'abroger, la volonté de cette Chambre et la volonté de l'autre.

Eh bien, j'estime que cette Chambre-ci, issue du suffrage universel, qui est le véritable représentant de la volonté nationale en France, doit, dans une loi aussi importante que celle-ci, se réserver le droit de ne pas la proroger le jour où cette abominable secte des anarchistes que nous voulons détruire, aura disparu. (*Applaudissements sur divers bancs à gauche et à l'extrême gauche.*)

M. le garde des sceaux nous a parlé tout à l'heure des concessions considérables qui ont été faites et qui ont permis d'amender la loi.

M. Prudent-Dervillers. C'était une ironie.

M. Alfred Naquet. Je serais, en effet, porté à croire qu'il y avait quelque chose d'ironique dans cette affirmation lorsque je vois qu'on nous a refusé les concessions les plus légères, les plus simples, les plus anodines ; alors que l'autre jour, par exemple, lorsqu'un de mes collègues — je ne me rappelle plus lequel ; parmi ce flot d'amendements, on oublie quelquefois qui les a présentés, — demandait qu'on pût, dans la presse, publier sinon le compte rendu des débats, du moins les jugements et les arrêts, l'honorable garde des sceaux nous répondait que c'était inutile, qu'on en aurait toujours le droit et que dès lors il avait paru inutile d'inscrire cette disposition dans les textes.

Mais ni M. le garde des sceaux ni le représentant du Gouvernement, que je vois en face de moi, n'ont prétendu une minute que la disposition qu'on proposait alors fut nuisible ; or, nous connaissons tous le vieux proverbe : *Quod abundat non viciat ;* introduire dans la loi une disposition de ce genre, alors même qu'elle n'aurait pas été utile, mais par cela seul qu'elle n'était pas nuisible, cela aurait rassuré un certain nombre de consciences. Cela pouvait donc nous être accordé.

Mais non ! le ministère avait commis l'imprudence, le matin même, de déclarer qu'il n'accepterait plus aucun amendement et qu'il exigerait comme preuve de confiance de sa majorité qu'aucune modification ne serait faite au texte définitif qu'il nous soumettait.

Et alors, même sur un point d'une importance aussi minime, aussi anodine, vous avez refusé de nous faire une concession ;

et vous venez parler de vos concessions ! Non, celles que vous nous avez faites ne sont pas sérieuses et votre loi conserve son caractère de loi d'exception.

Comme le disait tout à l'heure très éloquemment et très justement M. Doumer, ce qui fait de votre loi une loi d'exception, ce ne sont pas ses dispositions ; non, ce qui lui donne cette signification, c'est le caractère même du délit. C'est le délit qui est temporaire, car j'espère bien que vous ne voulez pas prétendre qu'à perpétuité nous verrons se développer et vivre cette secte de l'anarchie contre laquelle vous légiférez.

C'est le délit qui fait de cette loi une loi d'exception, et c'est pour cela que vous devez lui donner le caractère temporaire que présente le délit lui-même. (*Aux voix ! aux voix ! sur divers bancs.*)

A l'extrême gauche. Parlez ! parlez !

M. Alfred Naquet. Je ne m'attarderai pas à parler du droit d'interpellation auquel a fait appel M. le garde des sceaux ; il sait très bien que jamais en pareille matière le droit d'interpellation n'est une garantie sérieuse. Les Chambres n'ont ni les moyens ni les éléments de revision des jugements prononcés par les tribunaux, et ce n'est jamais parce qu'un faux anarchiste aura été relégué à tort que le ministère sera renversé.

Le droit d'interpellation n'a donc rien à voir dans cette affaire ; il ne peut pas nous protéger d'une manière efficace.

Je ne veux pas insister davantage. Je pourrais vous répondre aussi par ce dossier que m'a remis l'honorable M. Deloncle au sujet des législations étrangères, je pourrais vous montrer un registre des lois temporaires anglaises ; vous verriez que bien des lois fondamentales de l'Angleterre ont été votées comme lois temporaires et sont renouvelées périodiquement.

Vous reconnaîtriez, comme tout à l'heure M. Deloncle vous l'a fait remarquer dans une interruption...

M. François Deloncle. Je demande la

parole.

M. Alfred Naquet. ...que la loi de l'indïgénat en Algérie qui permet d'établir ou tout au moins de prononcer des pénalités est aussi une loi temporaire.

Si notre collègue avait pu parler autrement que dans une interruption, il aurait pu répondre à M. le président du conseil, lorsque ce dernier prétendait que nos tribunaux, si la loi n'avait pas un caractère définitif, n'auraient plus d'autorité pour prononcer les condamnations lorsque la loi approcherait de son terme, que les maires des communes mixtes en Algérie conservent assez d'autorité pour appliquer la loi dans toute sa rigueur, alors même qu'elle approche de l'expiration de son existence légale.

Pourquoi donc les garanties que vous appliquez aux indigènes algériens, que vous appliquez aux Arabes ne seraient-elles pas appliquées au même degré à des citoyens français. (*Très bien! très bien! sur divers bancs.*)

Mais, et c'est par cela que je veux finir, je ne veux pas m'attarder à discuter plus longtemps le caractère d'exception de cette loi, son caractère véritablement dangereux pour la liberté individuelle; cela a été fait assez longuement et assez éloquemment par d'autres orateurs pour que je n'y insiste pas.

Seulement, monsieur le président du conseil, permettez-moi de vous dire: en ce moment-ci, ce que vous faites, c'est une loi politique; votre vrai but n'est peut-être pas d'appliquer cette loi; je serais assez porté à croire, pour ma part, que l'application que vous en ferez sera absolument restreinte aux anarchistes. que sur ce point vous nous dites la vérité absolue. Mais ce vous ne dites pas et ce que vous voulez à cette heure, c'est faire un acte politique dans le Parlement.

Vous voulez couper en deux le parti républicain. vous voulez créer une majorité de droite contre la majorité de gauche, et lorsque hier l'honorable M. Deschanel est venu dire ici à cette tribune qu'il n'y avait plus maintenant que deux partis, — et vous l'avez presque répété, monsieur le président du conseil, — le parti gouvernemental et le parti collectiviste, il a dénoncé, le fond même de votre pensée.

M. Paul Deschanel. il est excellent que ce soit un boulangiste qui dise ces choses. (*Applaudissements au centre.*)

M. Louis Terrier. Cela n'empêche pas la théorie de M. Deschanel d'être une puérilité. Ce n'est pas de la politique, c'est de l'enfantillage.

M. Alfred Naquet. Monsieur Deschanel, vous prétendez peut-être qu'ayant à une époque contribué à diviser le parti républicain, je n'ai pas autorité pour parler aujourd'hui de la division faite par d'autres.

Permettez-moi de vous répondre que d'abord si, en matière de principes, l'insuccès n'accuse pas toujours l'erreur, en matière de voies et moyens l'insuccès l'accuse toujours.

Quand on commet un acte en croyant aller à un point déterminé et qu'au lieu d'aller à ce point on va à une fondrière, c'est qu'on s'est trompé.

Le boulangisme était une voie et un moyen, il n'a pas abouti. Je me suis trompé, j'en fais ici amende honorable. (*Applaudissements et rires ironiques au centre.*)

Je pourrais discuter la pensée maîtresse du boulangisme.

Je pourrais soulever la question de savoir si ce sont ceux qui ont refusé le moyen proposé qui ont eu raison de le refuser, et si c'est nous qui avons eu tort de nous lancer dans le mouvement.

Mais ce serait raisonner dans l'absolu.

Des politiques avisés doivent tenir compte des conditions dans lesquelles ils se meuvent, du milieu dans lequel ils vivent. Nous aurions dû prévoir que l'extrême gauche, sans laquelle notre action était nécessairement frappée de stérilité, ne nous suivrait pas, et, si nous n'avons pas su prévoir cela et en tenir compte, nous nous sommes trompés.

M. Rousse (Var). Il y avait à cette époque l'union de tout le parti républicain contre le boulangisme.

M. Alfred Naquet. Je crois qu'il est absolument honorable pour un homme lorsque, dans vingt-quatre ans de vie publique, il a pu commettre une erreur qui, je le répète, ne portait pas sur les principes, mais sur une question de voies et moyens, de venir dire : « Oui, je me suis trompé ! »

Mais au moins si à ce moment nous poussions à une coalition temporaire, celle-ci, dans notre pensée, était destinée à arriver à l'union générale du parti républicain, et même de la France entière, sur des données nouvelles, dans une Constitution nouvelle. Mais ceux de nos collègues qui siègent sur ces bancs et avec lesquels (*l'orateur désigne la droite*) j'ai eu à cette époque des rapports, savent bien que nous poursuivions les uns et les autres un but différent.

M. le comte de Bernis. Ils sont républicains maintenant. (*On rit.*)

M. Alfred Naquet. Mais vous, vous poursuivez un but définitif ; ce n'est pas une coalition d'un jour que vous avez faite en vue de remplacer un organisme constitutionnel par un autre.

Vous établissez avec la droite une majorité de gouvernement.

M. Paul Deschanel. M. de Ramel a renversé avec vous le cabinet Casimir-Perier.

M. Alfred Naquet. Vous voulez créer un gouvernement dont l'appui sera là (*la droite*).

M. Paul Deschanel. Regardez donc le scrutin d'hier avant de parler de la droite !

M. Marcel-Habert. Ne parlez pas du scrutin d'hier ! Cela vaudra mieux.

M. Alfred Naquet. Vous savez très bien que la masse de ceux qui siègent comme moi sur les bancs de la gauche n'appartiennent pas, loin de là ! au parti collectiviste. Vous savez qu'il y a des hommes — et je suis de ceux-là — qui, tout en étant partisans des réformes sociales, tout en étant socialistes, — en ce sens que nous admettons l'intervention de l'Etat pour la solution des problèmes économiques, — sont résolument opposés aux doctrines collectivistes, que je considère pour ma part comme funestes.

M. Maurice-Faure. Nous sommes tous dans ce cas.

M. Alfred Naquet. Mais vous espérez englober dans le parti collectiviste la totalité des socialistes, des radicaux, la totalité des républicains de ce côté de la Chambre.

Nous n'hésitons pas à joindre nos efforts à ceux des collectivistes, lorsque la doctrine collectiviste elle-même n'étant pas en cause, ils prennent la défense de la liberté individuelle avec l'activité, l'ardeur, le dévouement, et surtout le talent supérieur qu'ils ont déployés au cours du présent débat.

Mais cela ne nous fait pas collectivistes, ni moi ni ceux qui pensent comme moi, et nous ne permettrons à personne de prétendre que le Gouvernement n'a que le collectivisme en face de lui.

Vous voulez faire une cassure dans le vieux parti qui a fondé la République. Vous voulez une majorité pour vivre, mais vous la voulez assez limitée pour pouvoir gouverner sans réformes et sans progrès. Voilà pourquoi vous repoussez l'amendement de M. Boissy-d'Anglas, qui, en étendant les bases de votre majorité, donnerait cependant, contrairement à vos affirmations, plus d'autorité à votre loi.

Soit ! faites la cassure. Il y a entre vous et nous un juge qui prononcera en dernier ressort : le suffrage universel que, malgré toutes vos mesures liberticides, vous ne parviendrez pas à juguler.

Le Figaro Du 27 juillet (87, 1894
-40e année - 3e série - n° 208-

LES DEVOIRS
DES
INSTITUTEURS

Je n'ai pas pris part au scrutin relatif à l'ordre du jour qui a terminé, le 21 juin dernier, l'interpellation de M. Thierry-Cazes sur les déplacements de certains professeurs. L'ordre du jour gouvernemental ne me donnait pas satisfaction et je ne voulais m'associer à aucun degré aux idées qui avaient été exposées par M. Jaurès.

J'avoue même que je vois avec étonnement ceux de mes amis qui ne manquent pas de protester lorsqu'un prêtre se mêle à la lutte politique, et qui invalident facilement une élection sous prétexte d'ingérence cléricale, réclamer pour les instituteurs des droits qu'ils refusent aux membres du clergé.

Je n'approuve pas les ecclésiastiques qui sortent de leur sanctuaire pour se jeter dans la lutte des partis ; mais je ne saurais oublier que les éducateurs de la jeunesse remplissent, eux aussi, une manière de sacerdoce, et qu'ils ont dans la société un rôle assez noble, une mission assez élevée, pour qu'ils puissent s'imposer certaines règles de conduite auxquelles la masse des citoyens n'est pas soumise.

Théoriquement, les prêtres seraient même plus excusables que les instituteurs de se mêler à la politique militante. Comme les instituteurs, ils émargent au budget de l'Etat. Mais leur fonction est de défendre les intérêts du culte dont ils sont les représentants les plus élevés, et l'on ne saurait leur demander d'être toujours neutres dans les grandes questions qui se débattent et auxquelles leur religion est nécessairement intéressée.

Le devoir de l'instituteur est, au contraire, de pratiquer la neutralité la plus absolue.

Lorsque nous avons créé l'école laïque, nous n'avons pas voulu, ainsi qu'on en a accusé le parti républicain, proscrire les idées religieuses. Nous avons voulu simplement que l'école, entretenue sur les fonds de l'Etat, payée par les deniers de tous, fût accessible à tous, que les enfants du protestant, de l'israélite, du musulman, du libre-penseur, n'en fussent pas plus chassés par l'enseignement d'une doctrine catholique que les enfants du catholique par l'enseignement des principes de l'athéisme.

Nous avons voulu, en un mot, réserver aux églises, aux écoles privées, aux familles, l'éducation philosophique ou religieuse et ne mettre dans le programme des écoles publiques que ce qui appartient au domaine public, que ce qui est professé par tous les citoyens, à quelque culte ou à quelque opinion philosophique qu'ils appartiennent, que ce qui ne peut blesser aucune famille.

Notre conception a-t-elle été heureuse ou malheureuse? la République a-t-elle eu tort ou raison de concevoir ainsi l'enseignement? *Adhuc sub judice lis est*, et chacun peut professer à cet égard l'opinion qui lui convient. Mais quelle que soit cette opinion, chacun aussi doit reconnaître que telle a été la conception avouée de la République et que la neutralité ne saurait être violée sans que cette conception fût méconnue.

Si un instituteur, un professeur de lycée, se permettait de tonner contre les contempteurs de la religion, M. Jaurès et ses amis en demanderaient compte au ministre du haut de la tribune, et si un autre membre de l'enseignement attaquait publiquement un culte reconnu, les mêmes protestations partiraient du côté opposé de la Chambre, sans que personne osât se faire le champion de cette violation de la neutralité.

Or, si les opinions philosophiques et religieuses sont éminemment respectables et si en elles nous devons rendre hommage à la liberté de conscience, la plus sacrée de toutes nos libertés, les

...nions politiques et économiques ne sont pas moins. Elles n'ont pas droit à un moindre respect de la part de ceux qui sont chargés d'instruire nos enfants.

Il faut qu'un républicain comme un monarchiste puisse envoyer ses enfants à l'école communale ou au lycée ; il faut que les écoles ne soient pas plus fermées aux enfants d'un socialiste qu'à ceux d'un bourgeois endurci. Sur ce terrain, M. Brisson et M. de Ramel, M. Jules Guesde et M. Léon Say doivent être traités sur le pied de l'égalité absolue.

Qu'est-ce à dire, sinon que la neutralité politique et économique de l'école doit compléter la neutralité religieuse ?

S'il advenait qu'un instituteur s'avisât d'attaquer ouvertement la République, depuis le maire de sa commune jusqu'au député et au ministre, chacun saurait le rappeler à ses devoirs.

Si, au contraire, à propos d'histoire de France, il outrageait ceux qui professent le culte de la monarchie, je ne suis pas bien sûr qu'il fût également réprimandé ; mais j'affirme qu'il devrait l'être par tout républicain digne de ce nom, car on ne sert pas la République en sacrifiant à la passion, mais en faisant rigoureusement respecter les principes.

De même je n'admettrais pas qu'un instituteur traitât M. Jaurès, M. Guesde ou M. Millerand de voleurs, mais je trouverais excessif qu'il calomniât M. Aynard ou M. Léon Say, et dussé-je me faire excommunier par les purs, je dois confesser que je ne tolérerais pas qu'il déclarât qu'un membre du gouvernement de la France mérite le bagne, encore bien que je ne fisse pas partie de la majorité gouvernementale.

Je prévois bien la distinction qu'on peut m'opposer. L'instituteur comme le prêtre, me dira-t-on, est tenu à la neutralité dans l'exercice de ses fonctions. Mais une fois hors de l'école, il est libre, comme le prêtre est libre hors de l'église. L'un et l'autre deviennent de simples citoyens et participent aux droits de tous.

Ils sont éligibles aux fonctions publiques et, à ce titre, doivent pouvoir écrire ou assister à des réunions publiques et défendre leurs idées par la plume ou par la parole.

Je n'ai point à y contredire. Mais toute chose a ses limites que le bon sens suffit à indiquer.

Les simples citoyens qui se respectent, soit dans la presse, soit dans les réunions, défendent leurs opinions avec le calme qui convient à des hommes réfléchis ; ils évitent l'injure et l'outrage qui déshonorent ceux qui y recourent, et si le respect de la liberté s'oppose à ce qu'on puisse leur interdire par la loi ce qui leur est interdit par la décence, parce qu'une telle interdiction tuerait la liberté sous prétexte d'en restreindre l'abus, du moins le sentiment public fait-il justice de ces polémiques violentes, injustes et passionnées, des calomnies et des diffamations.

Mais ce que l'on ne saurait exiger de tous peut être exigé des fonctionnaires de l'État à tous les degrés. Quiconque émarge au budget national est tenu sinon d'aimer les institutions que le pays s'est données et les idées qui prévalent dans notre législation, du moins de se montrer respectueux à leur égard.

Si un fonctionnaire insultait dans une réunion la République ou les hommes qui la gouvernent, ce fonctionnaire serait très justement révoqué dès le lendemain.

Et combien cette réserve exigée de tout fonctionnaire ne devient-elle pas indispensable lorsqu'il s'agit des hommes qui sont chargés de former les jeunes générations !

Sans doute il faut distinguer ce qui se passe dans l'école de ce qui se passe hors de l'école.

Qu'un instituteur, une fois sa classe terminée, écrive dans une revue et développe, avec le calme qui convient à la science, avec la sérénité dont un penseur ne devrait jamais se départir, les opinions qu'il professe en matière philosophique, religieuse ou économique, je ne saurais l'en blâmer. Je préférerais qu'il s'en abstînt, parce que son opinion du dehors retentit au dedans, mais c'est là pour lui un impératif de la conscience et ce ne peut être un impératif de la loi.

Par contre, lorsqu'il sort du calme, de la sérénité des principes, pour se lancer dans la mêlée ; lorsqu'il descend dans l'arène et emploie des paroles injurieuses contre les adversaires du parti auquel il appartient, ou en tolère l'emploi dans une réunion présidée par lui ou dans un journal qu'il inspire, il manque gravement à ses devoirs professionnels et doit subir une réprimande.

Et qu'on ne dise pas qu'on fait de lui, par de telles exigences, un être diminué, décapité !

On ne le décapite pas plus, on ne le diminue pas plus qu'on ne décapite ou qu'on ne diminue un soldat en lui interdisant la politique.

On l'élève au contraire. Les devoirs qui lui incombent ne résultent pas de ce qu'il est placé au-dessous des autres citoyens, ils résultent de ce qu'il est placé au-dessus.

Le soldat, le prêtre, l'instituteur, le magistrat doivent planer au-dessus des querelles politiques qui nous divisent.

Si l'on admettait la thèse contraire, le souci de l'égalité voudrait qu'on l'admît au même degré pour tous.

Si un instituteur, un magistrat, un militaire peuvent ouvertement et violemment prendre dans une réunion la défense du socialisme et décréter d'accusation un ministre, ils peuvent au même titre, en vertu de la même liberté, s'élever contre la République et épuiser contre elle le vocabulaire auquel certains adversaires nous ont habitués.

Aucun républicain ne le tolérerait et l'on aurait raison de ne pas le tolérer. Mais ne tolérons pas davantage qu'on insulte ceux dont nous ne partageons pas les idées.

La neutralité de l'école nous a donné assez de mal à conquérir et nous vaut encore des attaques assez passionnées de la part de ceux qui n'en admettent pas le principe, pour que nous ne donnions pas raison à ces derniers en violant le principe nous-mêmes.

Alfred Naquet.

Le Figaro du 3 août 1894 — 40e année - 3e série n° 215

Aujourd'hui et Demain

Mon ancien collègue à la Chambre et plus tard en boulangisme, M. Edmond Turquet, à une époque où il n'avait pas encore passé armes et bagages à l'antisémitisme, et où j'avais pour lui une estime personnelle et une affection que son nouvel avatar ne parvient même pas à me faire oublier, M. Edmond Turquet, dans une de nos longues causeries intimes, me racontait une anecdote qui, si elle est véridique — et je n'ai aucun motif pour douter qu'elle le soit — est à la fois tout à fait originale et singulièrement suggestive.

Lorsque M. Turquet était sous-secrétaire d'Etat aux beaux-arts, sous la présidence de M. Jules Grévy, ce dernier le chargea d'aller offrir de sa part un magnifique vase de Sèvres au prince de Galles qui traversait Paris. Il s'acquitta de la mission que lui avait confiée le Président de la République, et le prince de Galles crut devoir le retenir à déjeuner.

Sur quoi roula d'abord la conversation entre l'Altesse britannique et le sous-secrétaire d'Etat français? Je l'ignore. Mais ce que je sais d'après le récit qui m'en a été fait, c'est qu'à un moment donné, le dialogue languissant, l'envoyé de M. Grévy s'était efforcé de le ranimer et, rompant le silence, avait dit au prince:

— Votre Altesse a une bien admirable situation dans le monde.

— Ma situation, en effet, n'est pas à dédaigner, aurait répliqué l'héritier de la couronne d'Angleterre. Mais il en existe une autre qui est également fort belle: c'est celle de M. Grévy.

— Sans doute, reprit M. Turquet, la situation de M. Grévy est fort enviable; mais je préférerais celle de Votre Altesse.

Le prince de Galles fit une pause, après quoi:

— Tenez, dit-il, il y aura dans un siècle une situation plus enviable encore que celle de M. Grévy et que la mienne. Ce sera celle de *Président de la République des Gaules avec ses grandes îles.* Et comme M. Turquet ne paraissait pas dégager très bien la pensée qui s'exprimait sous cette forme, le fils de la reine Victoria développa son idée.

La démocratie fait chaque jour de nouveaux progrès, et il n'y a pas de doute que la forme républicaine qui en est l'expression la plus naturelle ne finisse par se généraliser en Europe.

Mais la forme républicaine une fois substituée partout à la forme monarchique, les nations européennes doivent-elles demeurer dans l'état d'émiettement dans lequel elles sont à l'heure présente? ou sont-elles appelées à se réunir, à se concentrer, à se fédérer, à substituer une unité nouvelle plus étendue, et par cela même plus capable de résoudre les grands problèmes économiques, aux unités actuelles?

Le prince croit à cette fédération, à cette unité future d'un continent prenant la place des patries d'aujourd'hui. Mais il ne croit pas que l'unité européenne se fasse d'un seul coup. Il suppose qu'il y aura des étapes, et c'est à l'une de ces étapes qu'il donnait ce nom, la République des Gaules avec ses grandes îles.

Il considère que c'est à tort que l'on désigne la race anglaise sous le nom de race anglo-saxonne, et la race française sous le nom de race latine. D'après lui, les conquêtes n'amenant jamais dans un pays qu'un nombre très limité d'envahisseurs, si on le compare au chiffre de la population autochtone, c'est celle-ci qui, au point de vue ethnique, donne à la race son véritable caractère.

Les Français ne sont donc pas des Latins et les Anglais ne sont ni des Saxons ni des Angles. Les uns et les autres sont des Celtes, des Gaulois, et si les invasions ont donné aux deux nations des langues et des mœurs différentes, celles-ci n'en demeurent pas moins, l'une et l'autre, éminemment, presque exclusivement,

Celtiques; — sœurs par conséquent malgré toutes les querelles de famille qui pendant des siècles les ont divisées. Il en va de même de la Suisse, de la Belgique, de la Hollande. Ce sont ces peuples dont l'origine est commune, dont les aspirations à la liberté sont les mêmes, qui sont appelés à constituer le premier noyau de ce qui sera un jour les Etats-Unis d'Europe, et c'est à ce noyau que le futur roi du Royaume-Uni donnait ce nom : la République des Gaules avec ses grandes îles.

Ces paroles, qui dénotent de la part du prince qui les a prononcées un état d'esprit singulièrement élevé et philosophique, me revenaient en mémoire ce matin pendant que je lisais diverses notes relatives à la découverte de M. Turpin. Je pensais avec tristesse que ce bel idéal d'une Europe réconciliée et unie, dont les enfants auraient cessé d'appliquer les plus énergiques de leurs efforts et le plus liquide de leurs capitaux à découvrir des instruments de destruction et à les construire, paraît encore bien éloigné de nous. Je songeais aux scènes sauvages qui ont eu lieu à Lyon le lendemain de l'assassinat de M. Carnot, aux troubles d'Aigues-Mortes, à ce malheureux Alsacien qui, le 14 juillet dernier, a failli être jeté à l'eau parce que, devant la statue de Gambetta, il avait prononcé une phrase imparfaitement entendue qui l'avait fait prendre à tort pour un Allemand, et je me demandais si un jour viendrait où nous ne serions plus tenus de nous haïr parce que le hasard nous a fait naître en deçà ou au delà des Vosges, en deçà ou au delà de la Manche, en deçà ou au delà des Alpes !

Certes ! ce jour ne semble pas près de luire. Où que nous portions nos regards, que ce soit en Europe, que ce soit en Asie, que ce soit en Afrique, nous n'apercevons que conflits, que rivalités, que nations s'entre-choquant, se heurtant.

Et cependant j'ai foi que la vieille chanson fraternelle que l'on chantait en 1848 et qui a bercé ma jeunesse républicaine ne demeurera pas toujours une

lettre morte.

Les peuples sont pour nous des frères...

Mon patriotisme est aussi ardent, aussi enflammé que celui de quiconque. J'aime profondément la France. Je l'aime pour elle-même, je l'aime pour ce qu'elle a donné au monde à travers les siècles et pour ce qu'elle doit lui donner encore. Mais mon amour pour mon pays n'est pas fait d'étroitesse et d'exclusivisme; et parce que j'aime la France, je ne me crois pas tenu à haïr les autres peuples, à détester les Anglais, les Italiens et même les Allemands.

Oui, je l'avoue, dût-on me jeter l'anathème, les douleurs de 1871, la plaie qui nous a été faite à cette époque et qui saigne toujours ne m'empêchent pas d'admirer ce qu'il y a de grand dans ce pays de philosophes, de poètes, de savants, d'artistes qui s'appelle l'Allemagne.

Ces provinces détachées de la patrie, détachées sans avoir été consultées, par la force brutale, par la violence qui ne se prescrit pas, ne m'empêchent pas de songer quel bien ce serait pour le monde, pour la civilisation, si ces deux grands peuples, le peuple d'Allemagne et le peuple de France, travaillaient à la même œuvre civilisatrice, au lieu de se neutraliser l'un l'autre par une lutte qui, ainsi que le disait déjà Emile de Girardin en 1866, tient de la guerre civile, parce que, malgré tous les anachronismes que nous offrent les faits, la civilisation à cette heure constitue une grande patrie.

Je ne puis pas ne pas songer qu'autrefois Gênes, Florence et Venise, Londres et Edimbourg se sont haïes de la même haine qui sépare à cette heure Berlin de Paris... d'une haine plus forte même, parce que, à cette époque, les passions de cette nature étaient moins tempérées par la raison.

Et cependant Gênes, Florence et Venise; Edimbourg et Londres, sont devenues sœurs après avoir été d'irréconciliables ennemies.

Pourquoi un jour Paris et Berlin, le génie allemand et le génie français, ne se réconcilieraient-ils pas aussi ? et pourquoi, aidés de cet incomparable et inépuisable bon sens qui caractérise l'Angleterre, ne nous donneraient-ils pas ces États-Unis d'Europe après lesquels nous soupirions tous dans notre ardente jeunesse ? Nos aspirations d'alors étaient généreuses et grandes et il ne faut pas que pour une année de misère et de deuil,

> Le monde en son chemin sublime ait reculé.

Nos aspirations ont encore l'aspect d'utopies chimériques ; mais c'est une raison de plus pour les poursuivre. Et qui sait ?

Nous, Français, nous ne pouvons rien. Nous sommes les vaincus, diminués par la défaite ; il ne nous est pas permis d'accepter un amoindrissement matériel qui deviendrait pour nous un amoindrissement moral.

Mais le vainqueur est plus libre. On dit l'empereur Guillaume doué d'intelligence et de cœur et il en a donné la preuve par son attitude au moment de l'assassinat de M. Carnot.

Quel nom ne laisserait-il pas dans l'histoire s'il prenait l'initiative d'une mesure de réparation qui ferait demain des frères de ceux qui sont les adversaires sans merci d'aujourd'hui ?

Le peut-il ? Ce n'est pas certain. Il n'existe plus de monarques absolus à notre époque. Ceux dont l'autorité est la plus grande sont obligés de compter avec l'opinion publique, et il se peut que l'opinion publique en Allemagne ne le lui permît pas.

L'Allemagne d'ailleurs serait trop grande si elle accomplissait un tel acte, et je n'ose pas le désirer. Nous nous trouverions trop rapetissés devant cette grandeur.

Mais écartant nos yeux du présent nous pouvons, sans rien oublier, sans abdication, sans faiblesse, les reporter vers l'avenir.

Le sentiment de la défense nationale ne doit pas obscurcir l'idéal.

Et pour si funestes qu'ils aient été par leurs conséquences morales, les événements d'il y a 24 ans n'ont point encore effacé les beaux vers des *Châtiments* :

> O République universelle !
> Tu n'es encore que l'étincelle;
> Demain tu seras le soleil.
>
> **Alfred Naquet.**

L'Éclair du 4 août 1894 (2me année. n° 2077)

OPINIONS

LES DEUX BOULANGISMES ET LE CABINET

M. Emile Deschanel interrompant, il y a quelques jours, à la Chambre, l'auteur de cet article, s'écriait : « Il n'est pas mauvais que ce soit un boulangiste qui dise cela ».

L'interruption fut relevée séance tenante, mais il est bon d'y revenir.

Aussi bien, pour être encore rapprochée de nous chronologiquement, la période boulangiste, par l'état des esprits, en est peut-être plus éloignée que certains des événéments qui se sont écoulés il y a un siècle, et l'on peut aujourd'hui en parler sans passion comme d'un simple fait historique.

Il y a eu de tout dans le boulangisme ; il y a eu une action de gauche et une action de droite. Il y a eu des hommes qui, constitutionnellement ou non, qu'ils aient suivi la voie que dénonce M. de Cassagnac ou celle qu'affirme M. Arthur Meyer, se sont efforcés de profiter de la popularité du général Boulanger pour détruire la République ; il y en a eu d'autres qui se sont efforcés d'utiliser cette même popularité pour donner à la République ce qu'ils considéraient comme étant pour elle des rouages essentiels. Ces deux fractions ont marché parallèlement mais jamais d'accord. Ceux qui en douteraient n'auraient qu'à ouvrir une collection de la *Presse* pour s'en convaincre.

Or ce fait capital s'est produit.

Parmi les hommes qui sont entrés dans le mouvement boulangiste en demeurant fidèles à leurs principes républicains, l'un, Rochefort, est encore sur la terre d'exil, et les autres, s'ils sont acceptés sans arrière-pensée par l'opposition qui a oublié les luttes d'hier, sont encore facilement accusés de félonie par les politiques de la majorité gouvernementale.

Au contraire, sous le nom de ralliés, les membres de l'ancienne droite, avec lesquels les républicains boulangistes s'étaient un moment

cialités en vue d'une action prochaine et temporaire, sont entrés franchement dans la majorité gouvernementale ; celle-ci conclut avec eux
non plus un traité de coalition momentanée,
mais un pacte définitif de gouvernement.

Si bien que le gouvernement républicain
accepte dans ses rangs les anciens boulangistes-
monarchistes qui avaient essayé de rétablir la
monarchie, et ne repousse que les républicains
qui se sont efforcés d'améliorer la République
par le moyen qu'ils espéraient trouver dans la
popularité d'un homme pour obtenir la révision. Cette contradiction jette un jour très vif
sur les visées du gouvernement, sur l'esprit orléaniste qui l'anime.

Les orléanistes avaient fait dévier le boulangisme qui procédait, lui, je le rappelais dans
un précédent article, d'un esprit tout différent.
Leur alliance avec Boulanger présentait quelque chose de disparate ; leur alliance avec M.
Casimir-Perier est naturelle, les différences
qui séparaient hier ces hommes n'ayant jamais
été que des différences de pure étiquette, qui
n'existent même plus aujourd'hui.

Il n'en reste pas moins quelque chose qui
choque dans l'acte de ministres républicains
qui pardonnent le boulangisme aux réels ennemis de la République et ne le jugent impardonnable que pour les républicains.

Certes, les boulangistes républicains se sont
trompés.

Comme je le disais à la tribune : en fait de
principes, l'insuccès ne prouve pas l'erreur.
Sous l'Empire, les républicains avaient beau
être écrasés à toutes les élections, la République n'en demeurait pas moins la seule forme
de gouvernement adéquate à notre société démocratique française. Mais il en est tout autrement lorsqu'il s'agit de voies et moyens. On
veut aller de Paris à Lyon. On prend le train
de la gare du Nord qui conduit à Bruxelles ; il
est certain que l'on s'est trompé ; et si — ce
qui arrive souvent en politique, — ce qui est
arrivé dans l'espèce — l'échec retarde les solutions que l'on croyait hâter, l'erreur est certainement fâcheuse.

Il y avait cependant dans la pensée maîtresse
du boulangisme bien des points sur lesquels
l'histoire n'a pas dit son dernier mot.

Il est encore permis de se demander ce qui
serait advenu si toute l'extrême gauche qui a
combattu avec l'ardeur que l'on sait le général
Boulanger l'avait mis à sa tête.

Au moment de la chute du cabinet Goblet, la

[...] en général, c'était elle qui avait contribué à le renverser ; c'était elle qui avait fait effort pour l'accabler, au lendemain de l'expulsion des princes, par la publication des fameuses lettres au duc d'Aumale ; et il est probable qu'elle aurait continué à le combattre si les républicains avancés étaient demeurés groupés derrière lui. Elle n'est venue à lui que lorsqu'elle a vu le gros du parti républicain l'abandonner. Elle s'est bornée à ramasser, pour s'en servir à son profit, une arme forgée par d'autres qu'elle espérait utiliser.

Qui a eu raison, en théorie, de ceux qui ont refusé de se séparer du général ou de ceux qui l'ont combattu et vaincu ? C'est une question qui ne pourra jamais être résolue, les éléments de solution faisant défaut. En politique, en sociologie, on ne peut jamais faire la contre épreuve d'un fait accompli, et il n'est pas plus possible de savoir ce qui serait arrivé si Clemenceau, Floquet et Boulanger étaient demeurés unis, qu'il n'est possible de déterminer quelle tournure auraient prise les choses si, au 9 thermidor, Robespierre l'avait emporté sur ses accusateurs.

Seulement, les boulangistes républicains auraient dû se rendre compte que les chefs de l'extrême gauche les laisseraient isolés.

Ils auraient dû comprendre aussi que sans ces derniers le mouvement serait frappé de stérilité et se retournerait contre le but qu'ils lui assignaient.

C'est en cela qu'a consisté leur erreur.

Au début, ils ont cru — et le général le croyait aussi, — conserver avec eux une grande partie de l'armée radicale.

Quand ils se sont aperçus qu'ils se trompaient ils ont commis une seconde erreur, plus naturelle celle-là. Ils ont jugé le mouvement irrésistible.

Il faut dire à leur décharge qu'ils ne pouvaient raisonnablement pas prévoir le départ de Boulanger, départ qui a assuré la victoire de leurs adversaires.

Croyant le général invincible, ils ne voulaient pas le laisser triompher avec les seuls ennemis de la République, car là eût été le suprême péril.

Ils se disaient que demeurant près de lui ils conserveraient une action sur la marche des événements ; qu'arrivés au nombre de 80 ou 100 à la Chambre, ils constitueraient un groupe puissant à départager la droite et la

votant avec la gauche contre les tentatives monarchiques de la droite, votant avec la
droite pour forcer la main à la gauche et pour
obtenir la convocation d'une Constituante.

Ils pensaient qu'une fois la Constituante con-
voquée tous les républicains s'uniraient pour
la faire républicaine, que les adversaires de la
veille deviendraient les alliés du lendemain,
que le péril serait évité et de considérables
avantages obtenus.

Tout cela n'était qu'illusions. L'extrême
gauche s'est séparée du boulangisme; le général Boulanger a mis la frontière entre la France
et lui; l'armée revisionniste a été outrageuse-
ment battue aux élections générales législatives
et aux élections municipales de Paris. Le résultat de toute cette levée de boucliers a été uniquement de diviser pour un temps — c'est heureusement fini maintenant — des hommes qui
jusque-là avaient marché ensemble et étaient
appelés à se retrouver plus tard, et de donner
aux partis modérés une force, une puissance
qui devait aboutir à la loi des suspects que
vient de voter le Parlement.

Ce résultat est triste, et il est permis aux radicaux que la conception boulangiste a entraînés, sinon d'avoir des remords — on ne saurait
en avoir lorsqu'on n'a été mû que par des mo-
biles désintéressés, lorsqu'on n'a eu en vue que
l'intérêt de son parti et de son pays, — du
moins d'éprouver des regrets de s'être engagés
dans une action dont toutes les conséquences
ont été inverses de celles qu'ils en espéraient.

Ils se sont trompés sur les voies et moyens; ils
le confessent sans honte n'étant pas les seuls
à qui il soit arrivé de faire fausse route, et la
majorité qui nous gouverne ayant autrement
de reproches qu'eux à s'adresser.

Mais dans tous les cas, ils se sont trompés de
bonne foi. Ils ont cru d'abord donner un levier à
l'extrême gauche. Ils ont cru ensuite nécessaire
de demeurer, pour l'empêcher de tourner au
profit exclusif de la droite, dans un mouvement dont leurs amis s'étaient séparés mais
qu'ils ne croyaient pas, eux, susceptible d'être
vaincu. Leur faute, si faute il y a, a été républicaine et patriotique.

D'autres, au contraire, faisant taire leurs
rancunes, sont venus au général Boulanger
pour se faire de lui une catapulte contre la République. Ils ont créé l'action parallèle dans
l'espoir qu'ils auraient raison aussi bien des
boulangistes républicains ques des républicains
antiboulangistes. Qu'ils aient ou non conspiré

dans le sens criminel du mot, ils ont certainement travaillé contre nos institutions, avec tous les moyens dont ils disposaient.

Or, c'est eux qui sont à cette heure le plus ferme appui de M. Casimir-Perier et de ses ministres ; c'est à eux que M. Dupuy ouvre les bras. Par contre, ce sont ceux qui n'ont jamais cessé d'être dévoués à la République que M. Deschanel couvre de ses sarcasmes, et c'est Rochefort que l'on maintient en exil.

Le cabinet affecte, dans toutes les circonstances, de se dire progressiste et réformateur. Et cependant, il n'a que rigueurs pour les réformateurs et que faveurs pour les ennemis des réformes ; il est inexorable pour les républicains et plein de mansuétude pour les monarchistes. Ceci le juge. On peut lui appliquer le vieux proverbe : « Dis-moi qui tu hantes et je te dirai qui tu es. »

Alfred Naquet.

Le Figaro du 16 août 1894 (40e année – 3e série – n° 226)

Radicalisme et Liberté

Autres temps autres mœurs, dit-on quelquefois.

Je voudrais que la nuance républicaine à laquelle j'appartiens, le parti radical, méditât ce proverbe.

Au lendemain de 1871, sous l'Assemblée nationale, après le 24 Mai, et plus tard, après le 16 Mai, les républicains prirent pour plate-forme l'anticléricalisme. Gambetta avait prononcé sa phrase fameuse : « Le cléricalisme, voilà l'ennemi. »

Cette politique était alors la bonne. L'idée monarchique était vivante ; elle luttait et les éléments militants du catholicisme constituaient sa principale armée. Il fallait bien la combattre là où était sa force, là où étaient ses éléments de succès.

Il le fallait d'autant plus qu'à cette force se mêlait pour elle une faiblesse. Si la religion était un puissant levier pour le parti royaliste, la haine de ce qu'on appelait à cette époque « le gouvernement des curés », était, par contre, un ciment de premier ordre pour toutes les fractions du parti républicain.

Ajoutons à cela que la République avait à réaliser une série de réformes qui étaient sa raison d'être, la neutralité de l'instruction, le divorce, et qu'au cours de cette réalisation, elle devait fatalement avoir l'Église en face d'elle, qui l'obligeait à la combattre.

La situation a changé.

Le parti monarchique a disparu.

Certes, il reste encore des hommes de principe qui s'ensevelissent dans leurs convictions comme dans un linceul. Leur existence tout entière ayant été consacrée au Roi et à la patrie qu'ils n'ont jamais séparés dans leur cœur, ils se refusent à les séparer aujourd'hui. Ils demeurent fidèles à leur drapeau, conservent une intégrité de caractère, une unité de vie, auxquelles tout le monde doit rendre hommage, car cette fidélité que rien n'ébranle les honore en même temps qu'elle honore leur pays et l'humanité.

Mais M. de Cazenove de Pradine et ses amis savent comme moi qu'à cette heure leur opposition n'est plus que le refuge de la conscience et que le parti monarchique a vécu.

Ils peuvent, sans doute, se dire qu'en politique il est des morts qui ressuscitent; ils peuvent espérer, dans un avenir lointain, un retour de la France à des idées qui leur sont chères. On ne renonce jamais complètement à sa chimère, on souffrirait trop. Mais, pour l'heure présente, ils savent bien que le Roi a cessé d'être le chef d'un parti politique et n'est plus qu'un objet de culte pour quelques dévoués comme eux.

Je puis donc, sans blesser personne, affirmer qu'à l'heure présente l'opinion monarchique en France, en tant qu'opinion agissante, a disparu, que la monarchie est devenue une pièce sans valeur sur l'échiquier politique. Je le puis d'autant mieux que c'est l'Eglise elle-même qui, par la bouche du Souverain Pontife, en acceptant les institutions républicaines, a sonné le glas funèbre de la royauté.

Les républicains ne voient-ils pas que cette modification énorme survenue dans l'arène politique doit modifier du tout au tout leur stratégie? et les radicaux vont-ils, au risque d'y trouver la mort — la mort du parti, j'entends — persister dans une vieille formule anticléricale qui hier les a menés au triomphe, qui aujourd'hui ne les saurait mener qu'à la défaite?

Il est à craindre qu'ils ne le fassent, et alors ils seront irrévocablement brisés. Ils me permettront, j'espère — quoique je vienne quelque peu écorner leur idole — de leur signaler le péril avec la sincérité d'une conscience amoureuse de progrès pratique et de liberté.

Le parti radical, gardien des antiques traditions républicaines, ayant un programme de réformes à réaliser, tenu, sous peine d'abdication, de lutter avec la même énergie contre les collectivistes dont le triomphe serait la perte de la civilisation, et contre les partisans du *statu quo*, du piétinement sur place, qui, en refusant les progrès les plus justifiés, font, par leur esprit de réaction aveugle,

l'affaire des socialistes mieux que les socialistes ne la feraient eux-mêmes, le parti radical a encore un grand rôle à jouer s'il sait se rendre compte des circonstances et apporter dans sa tactique les modifications que ces circonstances imposent. A cette condition, il aura le pouvoir et il l'exercera au grand profit du pays.

Sinon, s'il se cantonne sur un programme préhistorique, il sera broyé entre les socialistes révolutionnaires et les conservateurs. Ceux-ci demeureront face à face, sans aucun tampon intermédiaire, faisant courir à la France les plus grands périls de réaction violente ou de révolution, maux égaux et inséparables, d'ailleurs, dont l'un entraîne l'autre fatalement.

Mais quelles doivent être cette stratégie, cette tactique nouvelles du parti radical? Celles qui sont conformes à ses traditions de libéralisme, celles qui s'affirmaient déjà dans le bulletin bleu de Louis Blanc lorsqu'il votait contre l'article 7, celles de la liberté de conscience et de l'apaisement religieux.

Il est une loi universelle. Toutes les fois qu'un être meurt, les éléments dont il se compose se dissocient et se répartissent entre les organismes vivants. Le parti monarchique mort, les éléments qui le constituaient, les trois millions d'électeurs dont il disposait, ne vont pas disparaître et s'anéantir. Quelques-uns tout au plus se réfugieront dans l'abstention. Les autres se répartiront entre les partis qui existent et, selon que leurs gros bataillons iront à celui-ci ou à celui-là, ils départageront les républicains et assureront la victoire à celui des combattants auquel ils apporteront le concours de leurs suffrages.

S'ils allaient en masse aux socialistes révolutionnaires, la société serait bien malade. Mais je ne crois pas à ce danger pour l'instant.

S'ils vont à ceux que l'on est convenu d'appeler les opportunistes, ceux-ci, forts déjà de la possession du pouvoir, et fortifiés encore par cette jonction avec les anciens contingents conservateurs, resteront au gouvernement pen-

dant des années, et n'en seront délogés
que par les collectivistes. Le parti radical aura manqué à sa mission et aura
été balayé.

Mais ce dernier parti peut, au contraire, aisément triompher et, en donnant à la France les satisfactions qu'elle
attend de son gouvernement, barrer la
route au collectivisme et écarter ainsi le
plus grand des périls.

Qu'il ne laisse pas à M. Spuller, aux
anciens amis de M. Jules Ferry, l'honneur d'arborer des couleurs libérales
dont leur passé leur interdit l'usage. Ils
ont exécuté les décrets de 1879, contre
lesquels des radicaux ont été seuls à
protester dans le parti républicain, ces
décrets que la situation d'alors, si différente de la nôtre, ne justifiait cependant pas, même à cette époque. Ils sont
disqualifiés pour défendre les idées de
liberté qu'ils ont jadis méconnues.

Le parti radical, au contraire, a toutes
les qualités voulues pour cela. Il a été
pour la séparation des Eglises et de
l'Etat. Il croit encore pouvoir arriver à
réaliser cette réforme d'un accord commun, sans blesser aucune conscience,
en inaugurant un ordre de choses nouveau propre, au contraire, à sceller définitivement la grande réconciliation
nationale. Mais, qu'il s'illusionne ou
non dans cette espérance généreuse et
honnête, il s'est toujours prononcé contre les tracasseries mesquines et ridicules qui ont fait le fond des pratiques
opportunistes. Comment donc laisse-t-il
des hommes tels que M. Spuller prendre la place qu'il doit prendre lui-même?
Comment se laisse-t-il contourner sur
le terrain de lutte où la défaite est irrémédiable et certaine pour lui?

Parmi les anciens monarchistes il en
est, conservateurs endurcis, qui, ne
pouvant plus aller au roi, iront à l'opportunisme sans hésiter. Mais ceux-là ne
forment pas le gros de l'ancienne armée
conservatrice.

Le gros de cette armée, ce sont les
petits, les humbles, les travailleurs des
champs et des villes, que la défense
seule de leurs croyances religieuses
maintenait dans le giron de la royauté.

Ceux-là ne sont point entichés de

réaction.

Qu'il s'agisse de réformes fiscales, qu'il s'agisse de retraites ouvrières, qu'il s'agisse de liberté politique, ce sont des démocrates, et leur intérêt est le même que ceux de ces autres démocrates depuis longtemps républicains.

Effrayons-les pour leur conscience par une guerre antireligieuse que rien ne justifie, ils se rejetteront en masse, le plus grand nombre sur l'opportunisme, quelques-uns sur le socialisme révolutionnaire, et ils nous écraseront.

Donnons-leur, au contraire, par notre respect de la liberté, tout apaisement pour leurs consciences; comme nous sommes le parti qui, par les intérêts sociaux, nous rapprochons le plus d'eux, c'est à nous qu'ils apporteront le contingent de leurs voix, et ils nous donneront, avec le pouvoir, le moyen de réaliser le progrès sans violences et sans révolutions.

C'est à cette politique de conciliation pour les réformes que depuis longtemps je convie mes amis. C'est elle que je les conjure d'opposer à celle que l'on tente dans une vue de réaction. Jusqu'ici, je dois le dire, je n'ai pas été suivi. On dirait qu'un vent de suicide ait soufflé sur le groupe radical. Mais je ne puis croire que ce groupe persévère indéfiniment dans cette voie au bout de laquelle il ne rencontrera qu'une fondrière; et j'espère que l'intérêt politique, joint à l'amour de la liberté, l'emportera sur de vieilles habitudes démodées qui le perdraient inéluctablement.

Alfred Naquet.

◆

Le gaulois du 25 août 1894 (28ᵉ année — 3ᵉ série — nᵒ 5235.)

Lettre de M. A. Naquet
Carpentras (Vaucluse).

Mon cher confrère,

Votre lettre et le numéro du *Gaulois* qui contient celle de M. Alexandre Dumas me trouvent à mon retour d'un petit voyage dans les montagnes de Vaucluse.

Vous me demandez ce que je pense de la question de l'interview. Que vous dirai-je ?

Je ne crois pas que beaucoup d'hommes politiques aient eu autant à en souffrir que moi. J'ai vu bien souvent ma pensée tronquée ou dénaturée et les interviewers affirmer *mordicus* qu'ils maintenaient leur dire. Aussi suis-je devenu très prudent en cette matière. Mais je crois, je vous l'avoue, que l'interview est passée dans les mœurs et qu'il serait bien difficile de l'en déraciner.

Au surplus, il en est de cela comme d'une foule d'autres choses, comme de la presse elle-même, comme de la liberté, qui ont sans doute leurs inconvénients, mais qui ont plus encore d'avantages.

Dans les sociétés humaines, il est rare qu'une habitude, qu'une institution soient entièrement bonnes ou entièrement mauvaises. Je crois même que cela n'arrive jamais.

Nous sommes toujours appelés à juger sur des différences. Une habitude, une institution présentent-elles plus d'avantages que d'inconvénients, il faut les conserver ; présentent-elles plus d'inconvénients que d'avantages, il faut les détruire. Il est, en effet, souverainement absurde de conserver l'abus pour ne pas perdre l'usage si l'abus fait plus de mal que l'usage ne fait de bien ; et il est non moins absurde de supprimer l'usage pour atteindre l'abus si le mal que produit l'abus est inférieur au bien que l'usage engendre.

Eh bien ! je crois qu'à tout prendre l'interview fait plus de bien que de mal.

C'est un moyen commode pour les hommes publics de faire connaître leur pensée, sans prétention, sans solennité. Je sais bien qu'on leur fait dire quelquefois ce qu'ils ne veulent pas. Mais c'est un apprentissage à faire et l'on n'en meurt pas. Moi, je l'ai fait, à mes frais, durement ; je l'ai payé fort cher. Mais j'espère bien ne plus être pris au piège, et si je m'y laisse prendre encore tant pis pour moi. Il est si simple de dicter exactement, où même d'écrire soi-même les réponses aux questions qu'on vous pose et d'en prendre au besoin copie au copie-lettres.

De cette façon, on se met complètement à l'abri contre l'erreur ou la mauvaise foi, et l'on peut profiter d'un moyen facile de communication avec le public, moyen qui est presque le seul pour quiconque n'a pas un journal à sa disposition.

Tout en reconnaissant la justesse des critiques formulées par l'illustre et sympathique écrivain dont vous avez publié la lettre, j'incline donc, malgré tout, à penser qu'il faut laisser libre cours à l'interview. Que voulez-vous ? je suis et serai toujours en toute matière l'amant de la liberté.

C'est à nous de nous défendre contre ses dangers. Cela est plus fortifiant que de s'entourer de lisières prises, soit dans le rigorisme de la loi, soit dans la sévérité des mœurs.

Recevez, mon cher confrère, l'expression de mes sentiments confraternels.

A. NAQUET.

Le petit provençal du 29 août 1894 (XIXe année — n° 6444)

M. Naquet dans son Collège Electoral

M. Naquet, député, continue à rendre compte de son mandat dans les communes de l'arrondissement qu'il n'avait pu visiter à Pâques.

Nous avons déjà parlé de sa récente visite à Pernes; vendredi dernier, dans la soirée il était à Crillon et dimanche, il se rendait successivement à Flassan et à Bédoin, en s'arrêtant entre ces deux communes aux deux hameaux des Baux et Sainte-Colombe qui dépendent de la dernière.

Crillon est le premier village où soit allé M. Naquet, en juin 1893, alors qu'avant même de poser sa candidature il sondait l'opinion de la circonscription. La réception qui lui fut faite devint une des principales causes qui l'engagèrent à continuer et à devenir candidat.

L'accueil de vendredi soir, ne l'a cédé en rien à celui de l'année dernière. Bien que le pays soit à la fois très peu populeux et très peu aggloméré et que les travaux des champs retiennent beaucoup de travailleurs à la campagne, on peut dire que tous les électeurs de Crillon assistaient à la réunion qu'a donnée le député et que présidait le sympathique maire de cette commune, M. Villon. Après la conférence, tout le monde s'est rendu au café, où, jusqu'à 11 heures du soir, on peut dire qu'une nouvelle conférence a eu lieu, roulant sur les sujets les plus divers. On s'est ensuite quitté, heureux des quelques heures que l'on avait passé ensemble et regrettant simplement qu'elles eussent passé si vite.

Il en a été de même, dimanche, à Flassan et à Bédoin.

Flassan est comme Crillon, une petite commune très dévouée au député actuel, où plus exactement aux idées que ce député représente. Elle a, il est vrai, une administration conservatrice, mais la fraction républicaine de la population en est nettement radicale. M. Naquet y a été reçu chaleureusement et il a été unanimement applaudi après le compte rendu de son mandat, qu'il y a fait et qui a duré 1 heure 1/3 au moins.

A quatre heures et demi, il quittait Flassan pour se rendre aux hameaux des Baux et de Sainte-Colombe. Il ne s'y était pas fait annoncer ne croyant pas avoir le temps de s'y rendre cette fois et personne ne l'attendait. Il n'y a donc rencontré que le peu de monde que l'on rencontre chaque dimanche dans les cafés des villages.

Ces deux hameaux, qui forment à eux deux une section de vote, ont été en 1893 très hostiles à la candidature de notre député qui n'y a recueilli que 7 voix au premier tour et 5 voix au second. Mais M. Naquet se considère comme l'élu de toute la circonscription et non de ceux-là seuls qui lui ont accordé leurs suffrages. Il respecte les droits des électeurs et la souveraineté du suffrage universel, même lorsqu'elle se prononce contre lui. Il l'a dit aux habitants de ces groupes qu'il a trouvés et s'est enquis de leurs besoins et de leurs désirs.

Ces électeurs surpris d'abord de sa visite qu'ils étaient loin d'attendre, ont été ensuite enchantés de se trouver avec leur représentant avec lequel ils ont voulu choquer le verre. Ils lui ont manifesté leur satisfaction en ajoutant que les anciens députés ne venaient que bien rarement en dehors des périodes électorales, et qu'ils étaient heureux de voir que lui ne les négligeait pas et venait à eux même dans les moments où il n'avait pas besoin d'eux.

Le soir, à Bédoin, la réunion publique a été considérable. Comme toujours, dans le centre, qui est très amoureux de la parole et potiquement très ardent, une population nombreuse, plus de cinq cents personnes se pressait dans la salle de spectacle et de concerts où se donnent les réunions. Pendant plus de deux heures, M. Naquet a tenu l'auditoire en suspens, malgré une chaleur tropicale, passant en revue les faits politiques principaux qui se sont produits depuis un an, analysant le présent et envisageant l'avenir, qui appartient au radicalisme et au progrès.

Là, comme partout où il est allé, il a soulevé les plus vifs applaudissements lorsqu'il a flétri, comme elle mérite de l'être, la loi dite contre les menées anarchistes et lorsqu'il a rappelé, pour l'honneur du département de Vaucluse, qu'aucun des députés de ce département ne l'avait votée.

En somme, la faveur électorale va de plus en plus à l'homme qui représente si dignement notre circonscription. Qu'il persévère dans la voie qu'il a adoptée, les suffrages aux prochaines élections ne lui feront pas défaut.

A. W.

Le petit provençal du 30 août 1894 (XIXe année — n° 6645.)
(voir varia t V. pp. 203-213)

LE VRAI SOCIALISME

Notre éminent collaborateur, M. Alfred Naquet, député de Vaucluse, nous adresse l'article suivant, qui touche à l'un des plus passionnants problèmes de ce temps. C'est une grosse question de doctrine qu'il soulève et il est inutile de dire que nous laissons à M. Naquet toute la responsabilité de son opinion.

Au Petit Provençal, nous luttons quotidiennement pour l'avènement de la République sociale et l'émancipation des travailleurs sans soulever les questions de doctrine, dont nous laissons l'étude à nos collaborateurs parisiens. — N. D. L. R.

Dans un article récent, j'avais écrit ou plutôt répété que le triomphe du collectivisme serait la fin de la civilisation.

Mon ami, M. Henri Brissac, de la *Petite République Française*, un des collectivistes les plus orthodoxes et les plus convaincus que je connaisse, me répond et cherche à établir que le collectivisme est, au contraire, l'aboutissement fatal de toute civilisation, que lui seul donne satisfaction aux aspirations dont sont travaillées les sociétés modernes.

Vous rêvez, me dit-il, la plus grande somme de bien-être, l'instruction intégrale pour tous, la liberté pour tous, l'égalité et la fraternité réelles. Or, ajoute-t-il, la société actuelle fait du bien-être et de l'instruction le lot particulier de quelques-uns; elle fait de la liberté un leurre pour quiconque ne possède pas l'indépendance que donne la fortune, pour quiconque est soumis à des chefs ou à des patrons ; quant à l'égalité et à la fraternité il n'y a pas même à en parler dans une société qui possède des riches et des pauvres, et où tous les instincts généreux sont comprimés par l'inéluctable fatalité de la lutte pour la vie.

Donc, conclut mon confrère, le collectivisme seul peut satisfaire le besoin de justice qui vit dans le cœur de chacun de nous.

J'en demande pardon à M. Brissac, mais ses conclusions ne sont pas contenues dans ses prémisses.

Qu'à l'heure actuelle le bien-être, l'instruction soient réservés à un petit nombre d'élus, j'en tombe d'accord avec lui.

Que la liberté se heurte souvent à la dépendance de l'ouvrier ou de l'employé vis-à-vis du patron, je n'éprouve aucun embarras à le reconnaître.

Que l'égalité — celui des principes démocratiques sur lequel je fais le plus de réserves — soit un vain mot et que la fraternité cède trop souvent le pas à l'ardeur de la concurrence vitale, cela est indéniable.

Mais ces constatations sont de l'ordre de la critique et ne sont pas de l'ordre de l'organisation. C'est du diagnostic social, pour parler le langage de la médecine, ce n'est pas de la thérapeutique. Il resterait à démontrer que le collectivisme supprimera ou atténuera ces maux et que c'est le seul moyen de les supprimer ou de les atténuer.

Je dis de les atténuer, parce que je ne crois pas à l'absolu en matière de sociologie, pas plus qu'ailleurs. J'estime que le progrès est indéfini et que le bonheur général que nous rêvons tous, est un but idéal dont l'humanité ira toujours en se rapprochant, jusqu'au jour où elle disparaîtra elle-même par le fait de l'extinction du soleil, mais qu'elle n'atteindra jamais complètement.

Eh bien ! avec la même loi, la même conviction quoique inverse, que celle qui anime le rédacteur de la *Petite République*, loin de voir dans le collectivisme le moyen de supprimer les maux dont nous souffrons, j'y vois celui de les aggraver.

Le bien-être, nous dit-on, et l'instruction généralisée qui en sont la conséquence, font aujourd'hui défaut. Cela est vrai.

Mais qu'est-ce qui agit sur le bien-être ? L'importance de la production et la répartition des produits. Ces deux services sont importants l'un et l'autre ; mais le premier prime le second : il ne servirait de rien que les produits fussent équitablement répartis si l'on ne produisait plus rien, car alors personne n'aurait rien à consommer ; et il importerait assez peu que la répartition fût inégale si la production surabondait, parce qu'alors, qui plus qui moins, chacun pourrait participer à la consommation.

Or, le plus grand élément de production c'est l'émulation individuelle qui provient du désir de l'enrichissement. Dès l'instant où le résultat du travail, de l'invention, de la découverte d'un seul, se répartit sur tous, personne n'a plus intérêt à travailler, à inventer, à économiser. Chaque homme accomplit mollement sa tâche comme à cette heure les employés de l'Etat et des trop grandes Compagnies qui ressemblent à l'Etat, tout individu se repose sur la masse, le progrès s'arrête, la production diminue, et si nous établissons l'égalité, c'est l'égalité dans la misère.

Au surplus si l'égalité de droits est la plus grande conquête de la révolution, l'égalité des conditions est une chimère décevante. Nous ne sommes égaux ni en force physique ni en force intellectuelle, et il est aussi contraire à la nature de vouloir faire égales les conditions sociales de tous qu'il le serait de vouloir donner à tous des estomacs également solides, des yeux également perçants, des cerveaux également robustes dans leur faculté de penser.

La Fraternité deviendra de plus en plus grande à mesure que disparaîtra la misère ; mais la disparition de la lutte pour la vie, cette loi non seulement de l'humanité, mais de tout le règne vivant, ne pourrait se supprimer sans atteindre la principale cause du développement individuel et du progrès social.

Reste la liberté. Je ne la vois pas fonctionnant en collectivisme. Je ne me figure pas bien l'écrivain accusant une loi d'être une loi scélérate quand il n'y aura d'autre imprimerie que celle de l'Etat.

Je ne vois guère le droit de critiquer le gouvernement, ou simplement les fonctionnaires directeurs du travail national, lorsque l'Etat possédera toutes les salles où l'on peut se réunir.

Je ne vois même pas ce que deviendra la liberté de consommation quand le gouvernement disposera de toute la production et n'aura, par exemple, qu'à supprimer la culture de la vigne pour nous empêcher de boire du vin.

Le collectivisme ne serait donc que l'oppression et l'égalité dans la misère. Encore ne serait-ce pas l'égalité, car les fonctionnaires publics — ces capitalistes de demain — sauraient bien se tailler des avantages contre lesquels on protesterait alors, comme on proteste de nos jours contre ceux que se réservent les capitalistes d'aujourd'hui. Ce serait la stagnation d'abord et ensuite — car aucune société ne demeure stationnaire — le recul rapide et incessant. Ce serait le retour à la barbarie.

Ce n'est pas là qu'est la solution. Elle est, non dans la suppression de la pro-

— 31 —

Deutsche Revue von Fleischer de Stuttgart – août 1894

Protektionismus und Isolirung.

Von

Alfred Naquet, Teputirtem.

Der Herausgeber der „Teutschen Revue" ersucht mich um einen Aufsatz über
unsere neuen Zolltarife; ich leiste dieser Aufforderung gern Folge. —

Teutschland ist der Nebenbuhler meines Vaterlandes, aber es ist ein großer
und edler Nebenbuhler, dessen Tenker, Gelehrte und Philosophen, dessen Künstler
und Industrielle ich als Mensch bewundere und den ich als einen der haupt=
sächlichen Faktoren jenes vielgestaltigen Produktes betrachte, das sich menschliche
Entwicklung nennt. Die Völker können Achtung vor einander hegen, auch wenn
sie sich in blutigem Kampf gegenüber gestanden haben und auch wenn sie vielleicht dazu gerufen werden, noch einmal auf dem Schlachtfeld einander gegenüber
zu treten. Sie können sich achten, auch wenn sie genötigt sind, sich täglich im
Kampfe auf dem Gebiet des Handels und der Industrie, der das Leben der
Nationen ausmacht, zu messen. Das ist der Fall Frankreichs Teutschland gegen=
über, und was ich in Teutschland während meiner verschiedenen Reisen in diesem

Lande wahrgenommen habe, beweist mir, daß es auch der Fall Deutschlands Frankreich gegenüber ist.

Aber die Bewunderung, die wir einander zollen, die Franzosen dem deutschen Volk, die Deutschen den Franzosen, hindert uns nicht daran, beiderseits gute Patrioten zu bleiben und den Wunsch zu hegen, daß in dem gegenwärtigen friedlichen Kampf, in dem die beiden Völker mit einander liegen, der Sieg die Anstrengungen des Volkes kröne, dem wir angehören.

Nun, unsere neuen Zolltarife, die uns zu einer bedauerlichen Isolirung in Europa verurteilen, scheinen mir einem Siege gleichzukommen, den Deutschland über uns davongetragen hat.

Im Jahre 1871 hat das siegreiche Deutschland uns eine Kriegsentschädigung von fünf Milliarden auferlegt. Vom Standpunkt der Ersparnis und der nationalen Produktion aus war das gewiß eine schwere Prüfung für uns; ich fürchte jedoch sehr, daß die Prüfung, welche wir uns selber durch die chinesische Mauer auferlegen, in die wir uns einschließen, auf die Dauer noch schrecklicher wird.

Die Kriegsentschädigung drückte anfangs schwer. Es handelte sich indes um eine Summe, die nur einmal bezahlt werden mußte. Als dies geschehen war, begaben sich alle Arbeitskräfte des Landes von neuem ans Werk und zwar mit um so größerem Eifer, als es einen beträchtlichen Schaden auszubessern galt. Nach Verfluß von einigen Jahren war die entstandene Lücke wieder ausgefüllt, die Ausbesserung war vollbracht.

Heute liegt das gerade Gegenteil vor. Die Prüfung wird zuerst ganz unmerklich sein. Vielleicht läßt sie sich nicht einmal erkennen, und möglicherweise empfindet die Bevölkerung zunächst den Anschein einer Erleichterung, weil sie ihre Erzeugnisse teurer zu verkaufen beginnt und erst später unter der Verteuerung all der Dinge zu leiden haben wird, die sie kaufen muß.

Aber in dem Maße, in dem der internationale Austausch schwieriger werden und der Export unserer Waren zurückgehen, in dem Maße, in dem trotz aller unserer Einnahmequellen unsere Handelsbilanz sich immer ungünstiger gestalten wird, in demselben Maße wird das anfänglich schwache Mißbehagen fortwährend wachsen und werden die Folgen des einmal begangenen Fehlers sich zuspitzen bis zu dem Tage der notwendigen und verhängnisvollen Reaktion gegen diese verdammenswerte Politik.

Dabei wird es dieser Reaktion nicht einmal möglich sein, all die Wunden zu heilen, die uns bis dahin werden geschlagen worden sein, denn es ist verhältnismäßig leicht, die Absatzquellen zu erhalten, die man besitzt, aber es ist außerordentlich schwer, die zu ersetzen, die man verloren hat, und wir sind auf dem besten Weg, mit unseren eigenen Händen darauf hinzuarbeiten, die zu verlieren, welche wir besitzen.

Und — das ist einer der Gründe, die mir diese wirtschaftliche Politik so verhaßt machen — wir selber sind es, die an unserem Untergang arbeiten. Im

Jahre 1871 sind wir besiegt worden, und wir bezahlten den Preis der Nieder=
lage, den der Sieger von uns forderte. Heute handeln wir ganz aus freiem
Willen und bereiten uns eine neue Niederlage auf dem Gebiete des Handels und
der Industrie.

Herr Meline ist ein Mann, der, was niemand bestreitet, in gutem Glauben
handelt. Es ist in ihm etwas von einem Propheten und einem Apostel, aber etwas
von einem Unglückspropheten. Mit den besten und patriotischsten Ideen von der
Welt bringt er es schließlich nur dahin, ein Uebelthäter für die Allgemeinheit
zu werden.

Es wird erzählt, Leon Say habe ihn eines Tages, als er ihm begegnete,
gefragt, ob man ihm nicht bald ein Denkmal errichten würde. Als der Führer
der Protektionisten über die Frage erstaunte, habe der Abgeordnete von Pau
beigefügt: „Ich meine, Sie müßten sich damit beeilen. Heute können Sie das
Denkmal leicht erhalten, in einigen Jahren aber wird man Ihnen nur noch einen
Galgen errichten."

Ich weiß nicht, ob diese Worte wirklich gesprochen worden sind, jedenfalls
wären sie es wert. Meline genießt augenblicklich in Frankreich den Triumph,
den Mac=Kinley in den Vereinigten Staaten gekostet hat. Er wird bald den
Katzenjammer davon kennen lernen. Wenn dieser nur bald genug eintritt, um zu
verhindern, daß das, was wir gegenwärtig thun, nicht wieder gut gemacht
werden kann!

Uebrigens — und das tröstet mich einigermaßen — ist dieser wirtschaftliche
Wahn, dem sich meine Landsleute hingegeben haben, weit davon entfernt, ihr
ausschließliches Eigentum zu sein. Spanien und Italien bethätigen nicht weniger
nachdrücklich als wir ihren Protektionismus, und ich glaube, daß ohne den ge=
waltigen Druck, den ein Herrscher ausgeübt hat, dessen Wunsch in diesem Falle
mit dem Interesse seines Landes ganz übereinstimmte, der deutsche Reichstag
kürzlich den Handelsvertrag mit Rußland abgelehnt hätte.

Das kommt daher, daß die Menschen überall Menschen sind und jeder seinen
eigenen Vorteil schützen möchte. Es kommt auch daher, daß die mächtigen Agrarier,
die reichen Grundbesitzer, die allein aus den Schutzzöllen auf die Erzeugnisse des
Bodens Nutzen ziehen, in der Unwissenheit der ackerbautreibenden Bevölkerung
leider ein leicht zu bearbeitendes Feld vorfinden.

Und doch bedarf es nur geringen Nachdenkens, um zu erkennen, daß diese
letztere Interessen hat, die denen der großen Grundbesitzer diametral entgegen=
gesetzt sind.

Lange Zeit hindurch hat sich der Schutz durch Zölle fast nur auf die In=
dustrie erstreckt. Hier — sei es, daß er sich auf einige verkümmerte Industrie=
zweige beschränkt findet, sei es, daß man ihn der gesamten Industrie angedeihen
läßt, solange diese, wie es in schon weit zurückliegenden Zeiten der Fall war,

nur einen außerordentlich kleinen Teil der nationalen Produktion eines Volkes ausmacht — hier, sagen wir, ist er wenigstens angängig. Die Zollgesetze haben, indem sie den Einfluß der fremden Konkurrenz beschränken oder diese überhaupt vollständig unterdrücken, keine andere Wirkung, als den einheimischen Produzenten freies Spiel zu geben, und diese können dadurch die Preise ihrer Erzeugnisse erhöhen. Es ist also in Wirklichkeit eine auf die Masse der Konsumenten umgelegte Steuer, dazu bestimmt, die Entwicklung eines oder mehrerer industriellen Zweige zu fördern. Diese Gesetze haben im großen Ganzen dieselbe Wirkung, wie wenn man den verschiedenen Industrien direkte Subventionen in Geld gewähren würde.

Nun bleibt es allerdings einer Nation unbenommen, sich selber eine Steuer aufzuerlegen mit der Absicht, gewisse Industrien unterstützen. Sie kann, ob sie diese nun direkt subventionirt oder durch Zölle schützt, dadurch in einem Land Industrien ins Leben rufen, die in demselben ohne solche Unterstützung nicht bestehen könnten. Sie kann das ebenso gut, wie sie ein Heer und eine Marine für die Bedürfnisse ihrer Verteidigung unterhalten kann.

Ob sie daran recht oder unrecht thut, ist eine Frage für sich; so viel steht jedoch fest, daß sie die Berechtigung dazu hat. In gewissen Fällen ist es sogar ganz natürlich, daß sie es thut: wenn sie zum Beispiel im eigenen Land eine Fabrikation für militärische Zwecke unterhalten will, in Bezug auf welche sie aus Erwägungen, die sich aus dem Interesse ihrer Verteidigung ergeben, nicht vom Auslande abhängig zu bleiben wünscht, oder ferner — obgleich sich darüber schon eher streiten ließe — wenn sie in ihr Land eine Industrie verpflanzen will, die zwar Aussicht hat, dort zu bestehen, die aber anfangs ohne Unterstützung nur schwer festen Fuß fassen würde. Das sind jedoch ganz spezielle Fragen; aber ich wiederhole es, ob gut oder verderblich, die Sache ist möglich, ja sogar einfach.

Es verhält sich aber ganz anders, sobald es sich darum handelt, einen Erwerbsbetrieb zu schützen, der mehr als die Hälfte der Nation umfaßt, wie es bei der Landwirtschaft der Fall ist.

Wer bezahlt da in Wirklichkeit die direkte oder indirekte Subvention, die der einen Hälfte der Bevölkerung gewährt wird? Die Masse der Steuerpflichtigen, wenn es sich um Subventionen in barem Geld, die Masse der Konsumenten, — was auf dasselbe hinausläuft, da jeder Produzent zugleich auch Konsument ist — wenn es sich um einen Schutz durch Zölle handelt.

Da nun die Hälfte der Bevölkerung, die es zu unterstützen gilt, auch zu den allgemeinen Einnahmen beiträgt oder am allgemeinen Konsum teilnimmt, so zahlt diese Hälfte der Bevölkerung sich selber die Hälfte der Subvention, die sie erhält.

Die andere Hälfte dieser Subvention wird von der zweiten Hälfte der Bevölkerung aufgebracht. Da aber bei der allgemeinen Preissteigerung, welche die Folge der dem Schutz genießenden Teil der Nation gewährten Begünstigung sein wird, die zweite Hälfte der Bevölkerung ihren Handel, ihre Industrie nicht mehr wie ehedem wird betreiben können, so wird sie ihrerseits den gleichen Schutz verlangen, und es wird unmöglich sein, ihr diesen zu verweigern. So wird man auf den albernen Standpunkt kommen, daß die Gesamtheit durch die Gesamtheit geschützt wird, daß jeder eine bestimmte Summe in eine allgemeine Kasse einzahlt, um hernach wieder daraus zu schöpfen. Das ist in Wahrheit genau dasselbe, wie wenn niemand geschützt wird, denn ein Bruch erleidet keine Veränderung seines Wertes, wenn man Zähler und Nenner mit der gleichen Zahl multipliziert.

Wenigstens wäre es so, wenn jeder aus der allgemeinen Kasse die gleiche Summe herauszziehen würde, die er in dieselbe einbezahlt hat.

In Wirklichkeit aber verläuft die Sache ganz anders: die einen zahlen mehr hinein, als sie erheben, die anderen erheben mehr, als sie hineinbezahlen; und wenn die letzteren einen unbestreitbaren Vorteil an dem Schutze haben, so haben die ersteren dagegen ein augenscheinliches Interesse daran, nicht geschützt zu sein.

Bei unseren Ausführungen nahmen wir an, die Staaten gingen mittelst Subventionen anstatt mittelst Zolltarifen vor, weil die Ergebnisse dieselben, zu gleicher Zeit aber überzeugender sind. Die Staaten ziehen es jedoch vor, mit Zolltarifen zu Werke zu gehen, und sie haben ihren Grund dafür.

Würde man mit Subventionen vorgehen, würde man namentlich auf dem Steuerzettel, der jedem Steuerpflichtigen zugestellt wird, den Teil der Steuer, der für die Kasse der Subventionen bestimmt ist, gesondert angeben, so könnte jeder leicht den Unterschied feststellen zwischen dem, was er erhält, und dem, was er zu bezahlen hat; und da für die ungeheure Mehrheit das Soll in dieser Bilanz das Haben um vieles übersteigen würde, so sähe jeder klar in der Sache, und das System wäre bald fast allgemein verurteilt. Bei Anwendung der Zölle sieht dagegen niemand klar in seiner Rechnung. Man kann leicht ausrechnen, was man dabei gewinnt, denn die Einnahme ergibt sich auf ein einzigesmal aus dem Verkauf des Erzeugnisses; aber es ist unmöglich, den Verlust zu veranschlagen, weil die Ausgaben sich Tag für Tag und Centime um Centime aus dem Kaufe aller der Gegenstände zusammensetzen, deren man bedarf und deren Preis höher geworden ist.

Daraus folgt, daß der Landwirt, der die Wahrnehmung macht, aus dem Getreide, das er verkauft, hundert Franken mehr als sonst zu erlösen, der aber nicht bemerkt, daß er im Laufe des Jahres für seinen Unterhalt das Doppelte ausgegeben hat, einen Vorteil von den Zöllen zu haben vermeint, während sein Vorteil gerade im gegenteiligen Stand der Dinge liegt.

Daher ist es auch für die, welche mehr erheben, als sie zahlen, so leicht, diejenigen für ihre Sache zu gewinnen, welche mehr zahlen als sie erheben.

Nun, diejenigen, welche mehr erheben, als sie zahlen, sind die großen Grundbesitzer. Wenn ein kleiner Grundbesitzer infolge der Erhöhung des Getreidepreises hundert Franken einnimmt, so wird ein großer Grundbesitzer, dessen Ernte das

Hundertfache beträgt, zehntausend Franken erhalten. Da dieser jedoch nicht hundertmal mehr verbraucht, so wird die Bilanz, wenn er Gewinn und Verlust einander gegenüberstellt, für ihn einen Gewinn ergeben, während sie für den kleinen Landwirt ein Defizit ausweisen wird.

Das ist die ganze Philosophie des Schutzes durch Zölle. Während der Zinsfuß überall das Bestreben zeigt, weiter und weiter herabzusinken, während der Kapitalzins sich in fortwährendem Niedergang begriffen befindet, wollen die großen Grundbesitzer sich diesem wirtschaftlichen Gesetz entziehen und die Grund=rente unveränderlich gestalten. Da sie dafür überdies in den unwissenden Massen einen unbewußten Beistand finden, der ihnen die Sache ermöglicht, so thun sie es auch.

Dieses ist die Ursache der Melineschen Zolltarife in Frankreich, der Feind=seligkeit, welcher der deutsch=spanische Handelsvertrag im Senat zu Madrid be=gegnet, des heftigen Kampfes, den die deutschen Agrarier im Reichstag zu Berlin gegen den deutsch=russischen Handelsvertrag geführt haben, gegen den Handels=vertrag, der nur dadurch, daß Wilhelm II. hartnäckig darauf bestand, von dieser parlamentarischen Körperschaft angenommen worden ist.

Die Kleinen zu Gunsten der Großen berauben, das wäre schon sehr schlimm. Man könnte jedoch dazu noch Stellung nehmen, indem man sich sagte, es ist die Schuld der Kleinen, insofern sie dumm genug sind, die Sache gutzuheißen — wenn der gesamte Nationalreichtum unverändert bliebe.

Unglücklicherweise aber bewirken die Zollgesetze, indem sie die Nettopreise der für den Export bestimmten Waren erhöhen, Repressalien von seiten der anderen Völker herausfordern und den Außenhandel vermindern, die Verarmung eines Landes. Sie beschränken sich nicht darauf, dem Verschleiß der Erzeugnisse eine andere Richtung zu geben, sie verringern auch die Gesamtproduktion, so daß es nicht nur eine ungerechte Verteilung, sondern die täglich zunehmende Schwächung des allgemeinen Wohlstandes ist, auf welche die Protektionisten ihren Vorteil anlegen. Ihr Reichtum entspringt dem allgemeinen Elend.

Zu diesen rein wirtschaftlichen Seiten treten noch politische Betrachtungen von höchster Wichtigkeit. In unseren Tagen sind es wirtschaftliche Beziehungen, die den politischen vorhergehen und sie vorbereiten; die Handelsverträge sind die Vorläufer allgemeiner Verträge.

Sich im Handel isolieren, heißt also darauf abzielen, sich auch politisch zu isolieren.

Als wir unsere Handelsbeziehungen mit der Schweiz abbrachen, haben wir den ausgezeichneten Beziehungen, die Frankreich seit Jahrhunderten mit dieser Republik unterhielt, einen derben Stoß versetzt.

In Deutschland dagegen hat der Kaiser, als er den Handelsvertrag mit Rußland unterschrieb, alles gethan, was ihm möglich war, um die gespannten Beziehungen, die zwischen den beiden Reichen bestanden, freundlicher zu gestalten.

Gewiß hat der Handelsvertrag das französisch=russische Bündnis nicht be=

einträchtigt. Aber wenn der gegenwärtige Stand der Dinge lange dauern würde, wenn die täglich zunehmenden Handelsbeziehungen zwischen Deutschland und Rußland das Band zwischen beiden Ländern weiter befestigen würden und wenn dagegen diejenigen, die augenblicklich zwischen Rußland und Frankreich bestehen, immer mehr abnehmen würden, dann könnte der Strom der Sympathien nach einer anderen Richtung hin abgelenkt werden, die Lage könnte sich ändern, und man würde Gefahr laufen, den Preis unermüdlicher Bemühungen aufs Spiel zu setzen.

Ich halte dafür, daß es für ein Land wie Frankreich nach seinem großen Mißgeschick von 1870 das erste Gebot der Klugheit ist, die Isolirung zu vermeiden. Zu diesem Zweck müßte ein Freihandelssystem eingeführt werden, selbst wenn man Schutzzölle wirksam und nützlich für das Inland fände. Wie viel mehr Ursache hat man aber, das protektionistische System, das uns der Bund der Großgrundbesitzer aufgedrängt hat, zu verurteilen, da es die doppelte Wirkung übt, uns im Innern zu Grunde zu richten und uns nach außen zu isoliren, da es uns folglich unter allen Gesichtspunkten nur unheilvoll ist!

L'Éclair du 2 7bre 1891 — 3ème année, n° 2106—

OPINIONS

LES DEUX NAPOLÉON

M. Cunéo d'Ornano a publié récemment, sous le titre *la République de Napoléon*, un ouvrage fort intéressant, qui renferme bien des vues justes, qui est certainement le plaidoyer le mieux présenté que l'on ait jamais fait en faveur de l'Empire, mais qui, mon collègue me permettra de le lui dire avec la sympathie qu'il sait que je professe pour sa personne, aurait gagné à ce que son auteur affichât un peu moins de fétichisme pour les Napoléon.

M. Cunéo d'Ornano est un plébiscitaire. Je ne lui en ferai point un reproche. Je n'ai, pour ma part, qu'un goût médiocre pour le plébiscite en faveur des individus ; mais j'estime avec les hommes de la Révolution française, avec Gambetta, avec Ledru-Rollin, avec la République suisse, avec la tradition américaine, que lorsqu'il s'agit des idées, des lois, et notamment des lois constitutionnelles, l'appel direct au pays s'impose comme la conséquence naturelle les institutions démocratiques et républicaines. Quant au plébiscite personnel, c'est une tout autre affaire. Mais il s'agit ici d'idées spéculatives qui méritent la discussion, et je ne chicanerai pas sur ce point le député de la Charente-Inférieure, pour aujourd'hui tout au moins.

Il en est autrement, lorsque, avec sa dévotion absolue aux Napoléon, il essaie de démontrer que l'Empire de Napoléon Iᵉʳ et même celui de Napoléon III ont été des formes de République.

Qui veut trop prouver ne prouve rien.

Certes! je ne suis pas de ceux qui se font les contempteurs de Napoléon Iᵉʳ.

Les convulsions politiques qui ont marqué notre grande révolution française — sur ce point le livre de M. Cunéo d'Ornano est très démonstratif — se sont manifestées sous la forme de coups de force successifs réussis ou avortés, venant d'en bas ou d'en haut.

Coups de force au 14 juillet, au 5 et au 6 octobre, au 20 juin, au 10 août, au 31 mai et au 3 juin 1793, au 9 thermidor, au 12 germinal, au 1ᵉʳ prairial, au 13 vendémiaire, au 18 fructidor, au 22 floréal an VI, au 30 prairial an VII. Nous ne voyons de 1789 à 1800 qu'une suite ininterrompue de révolutions, d'insurrections et de coups d'État. Il est clair que le 18 Brumaire n'a été qu'un épisode final au milieu de tous les épisodes, et qu'on ne peut pas plus taxer Bonaparte de criminel pour la part qu'il y a prise qu'on ne pourrait accuser de crime Larevillère-Lepeaux pour le 18 fructidor, ou Robespierre et Danton pour le 31 mai et le 3 juin.

Ce que l'on est en droit d'reprocher à Bonaparte, c'est l'usage qu'il a fait les pouvoirs que le Conseil des Anciens, et un courant d'opinion indéniable en France, avaient placé dans ses mains ; ce n'est pas d'avoir pris ce pouvoir que le pays tout entier et une portion importante du gouvernement lui offraient.

Au point de vue même de l'usage qu'il en a fait, il y a en sa faveur bien des circonstances atténuantes. Les contre-épreuves n'étant pas possibles en histoire, nul ne peut savoir ce qu'il serait advenu si le 18 Brumaire n'avait pas eu lieu.

Aux yeux de quiconque a suivi d'un peu près l'époque directoriale et s'est rendu compte de l'état d'anarchie qui régnait dans les esprits et dans le gouvernement, il semble probable que sans Bonaparte la Restauration se serait faite quinze ans plus tôt.

Or, la Restauration quinze ans plus tôt, la Restauration avant qu'une génération entière eût fixé les conquêtes civiles de la Révolution par la multiplicité des intérêts qui se groupèrent autour du nouveau régime, la Restauration sans les quinze années de victoires prestigieuses qui éblouirent l'Europe, qui l'épouvantèrent et qui firent de la Grande Vaincue de 1814 et de 1815 un objet d'indicible terreur pour ceux qui l'avaient abattue, la Restauration en 1800 en un mot, c'eût été la Révolution détruite, et toutes les transformations remises en cause qu'elle avait introduites dans l'ordre social. Le premier consul fit perdre à la France le bénéfice de conquêtes politiques qui, d'ailleurs, auraient été tout aussi complètement, et même plus complètement perdues sans lui. Mais il conserva les conquêtes civiles sur lesquelles s'est constituée la société moderne. Si le consulat en bien des matières fit de la réaction, du moins il reconstitua l'administration et l'armée, il rétablit les finances, il ramena la victoire sous nos drapeaux, et, en faisant à l'esprit rétrograde des concessions qui peut-être étaient alors fatales, il n'alla pas au-delà d'une certaine limite, et il consolida de la Révolution tout ce qu'il n'en détruisit pas.

Je suis loin, on le voit, de mépriser l'œuvre de Bonaparte. Mais, contrairement à l'opinion de M. Cunéo d'Ornano, je ne lui pardonne pas d'avoir échangé d'abord la magistrature décennale contre une magistrature à vie, et, plus tard, le consulat à vie contre un empire héréditaire.

Lorsque, pendant la période boulangiste, quelques jours avant l'élection de Paris du 27 janvier 1889, j'eus l'occasion de voir le prince Jérôme Napoléon, les incidents de la conversation m'amenèrent à exprimer devant lui cette pensée, que l'établissement de l'Empire en 1804 avait été l'un des plus grands malheurs de notre pays. Le prince Napoléon en convint ; il reconnut que la fondation de l'Empire fut la faute capitale de son oncle. J'aurais aimé trouver chez l'auteur de la *République de Napoléon* un esprit aussi libre à l'égard de la tradition napoléonienne que l'était celui du prince Jérôme lui-même. La thèse constitutionnelle en vue de laquelle il a écrit son livre en aurait tiré grand profit.

Prétendre, en effet, que l'Empire et la République s'identifient, cela n'a pas de sens. Que l'on ait pu voir dans l'Empire une forme de la démocratie, sous ce prétexte que l'Empire était accepté, voulu, acclamé par le peuple, soit ! — quoiqu'il y ait bien à reprendre à cette affirmation. Mais chercher à établir que l'Empire a été une forme de République, il faut, pour oser le tenter, un esprit chez lequel le ralliement à la forme républicaine est aussi sincère que demeure ardente et impénitente sa dévotion aux institutions impériales. Ce qui caractérise la République, c'est l'absence de tout pouvoir héréditaire. On conçoit des républiques démocratiques comme la Suisse, des républiques oligarchiques, aristocratiques, comme celles de Venise et de Rome, des républiques dictatoriales comme celles dont l'Amérique du Sud nous a donné de nombreux échantillons ; mais on ne saurait concevoir de république monarchique, parce que monarchie et république constituent deux formes antagoniques de gouvernement qui ne peuvent en aucun cas se confondre.

Or, la monarchie réside tout entière dans l'hérédité, et la République réside, au contraire, dans la négation de cette hérédité. Lors donc que Bonaparte devint Napoléon et plaça sur sa tête une couronne héréditaire, agrémentée d'ailleurs d'une noblesse d'Empire et de nouveaux majorats, ce fut bien une monarchie qu'il établit et une république qu'il renversa. Le nom d'empereur substitué à celui de roi ne change rien à la chose. Il se serait appelé consul, protecteur ou président qu'il n'en aurait pas moins été un monarque, et, étant donnée la façon dont il exerçait le pouvoir, un monarque absolu.

Que le peuple ait été complice de ce rétablissement de la monarchie; que, fatigué par les luttes et les désordres révolutionnaires, il se soit volontairement jeté tête baissée sous le talon de fer du plus grand homme des temps modernes, cela est incontestable. Mais il appartenait à ce grand homme de mériter la confiance immense qu'il inspirait au pays en refusant la couronne qu'on lui offrait. Washington aussi aurait pu prendre la couronne avec le consentement du peuple qu'il avait affranchi. Il la refusa et c'est ce qui le fit grand. Cette grandeur-là a manqué à Napoléon et la faiblesse, impardonnable à un tel génie, dont il a fait preuve en cette circonstance, est l'origine de tous les maux que la France a soufferts.

Toutes les guerres de Napoléon, comme le dit M. Cunéo d'Ornano, furent des formes offensives de la défensive... toutes, sauf deux: celle d'Espagne et celle de Russie. Ces deux-là sont vraiment des guerres impériales, des guerres que le premier consul n'aurait pas entreprises, et ce sont elles qui nous ont perdus.

Quant à Napoléon III, sa cause est encore bien moins défendable. Pour le grand empereur, on doit mettre en balance avec les fautes commises les immenses services rendus à la Révolution, et j'estime que, tout calcul fait, le compte se solde pour lui en excédent : il vaut mieux qu'il ait existé que s'il n'avait pas existé.

Pour Napoléon III, le compte, au contraire, se solde terriblement en déficit. Il n'a rien fait pour la révolution ; il en a retardé le développement : et à cela le démembrement de la patrie n'est pas une excuse suffisante.

Ebloui par les souvenirs glorieux du premier Empire, le peuple français l'a appelé au pouvoir, c'est certain ; et les 5,600,000 suffrages qu'il obtint en plein principat du général Cavaignac étaient, on ne saurait en douter, pour la plupart des suffrages impérialistes.

Je tiens de Célestin de Blignières qu'au 10 décembre 1848, alors qu'il présidait un bureau de vote dans l'Isère, un ancien soldat amputé d'un bras lui donnant son bulletin s'écria : « J'ai eu deux frères tués à l'armée. Vive l'Empereur ! Je vote pour Louis-Napoléon ». Cet état d'esprit était celui de la grande majorité des électeurs.

Mais le prince Louis, plus encore que le général Bonaparte, avait le devoir de résister à cet entraînement injustifié du pays, et celui de se servir de l'autorité dont il jouissait pour fonder définitivement la République dès 1848. Ce que M. Thiers a pu vingt années plus tard, lui l'aurait pu bien plus facilement encore vingt ans plus tôt. Que ne l'a-t-il fait ! Son nom eût presque égalé en grandeur celui de son oncle, tandis qu'il n'a laissé sur sa famille et sur sa patrie que la flétrissure de Sedan..

Il semble qu'un moment il ait eu le sentiment du rôle élevé qu'il pouvait jouer. Victor Hugo m'a raconté qu'en 1848 le prince Louis vint chez lui. Le grand poète déménageait. Il n'y avait plus un seul meuble dans l'appartement, plus rien qu'un grand sac rempli de linge.

— C'est bien bon pour moi, dit Louis-Napoléon — et il s'assit sur ce sac.

Puis, la conversation s'engageant le prince fut amené à parler de l'idée qu'on lui prêtait de vouloir restaurer l'Empire, idée que, comme dans des discours officiels que reproduit M. Cunéo d'Ornano, il jugeait calomnieuse.

— Je ne rêve pas, dit-il, le retour de l'Empire. Pour refaire l'Empire de Napoléon, il faudrait un autre Napoléon. Pour refaire l'Empire du Génie, il faudrait un autre Génie.

Or, de génie, je n'en ai pas. Mais à défaut de génie, on peut être grand par l'honnêteté, par la vertu, et c'est ce à quoi j'aspire. Je ne puis pas être grand à la manière de Napoléon, mais il me suffira de le vouloir pour l'être à la manière de Washington, et je le veux.

Je crois qu'il le voulait en effet ce jour-là, qu'il était sincère. Malheureusement c'était un esprit spéculatif et un caractère indécis. Les intrigants qui l'entouraient l'entraînèrent où il s'était promis de ne pas aller. Là fut sa faiblesse, là fut sa faute pour ne pas dire son crime, faute contre sa famille, faute contre sa patrie. Il crut aller à la restauration d'une dynastie, il alla à Sedan, à la prison, à la mort dans l'exil.

Je supplie M. Cunéo d'Ornano de méditer à nouveau l'histoire qu'il vient d'écrire. Il y reconnaîtra peut-être que le consentement populaire ne légitime pas tout et que, surtout, il n'a pas la faculté de transformer en victoires les désastres. Tout comme les aristocraties, les peuples peuvent se tromper : 1804 et 1848 nous en ont fourni de lamentables preuves.

Alfred Naquet.

Le Figaro du 7 7bre 1894 (40me année – 3e série – n° 250)

REFERENDUM
ET
Plébiscite Présidentiel

M. Cunéo est, on le sait, un ardent partisan de la doctrine plébiscitaire, et il vient de consacrer à la défense de ses idées un beau livre plein de faits et étayé de nombreux arguments historiques.

Il veut que les lois constitutionnelles, et même les lois ordinaires d'une importance considérable, soient soumises à la ratification du peuple, comme en Suisse ; et il montre par des preuves indiscutables que là est la vraie tradition républicaine, la tradition de l'Amérique, la tradition de la Confédération Helvétique, la tradition de notre grande Révolution. Je partage complètement cette manière de voir, que je défends avec toute l'énergie dont je suis capable depuis vingt-quatre ans que je suis dans la vie publique.

Mais, confondant deux ordres de choses très différents, M. Cunéo d'Ornano veut également que le chef du pouvoir exécutif soit nommé directement par le peuple, et ici je cesse d'être de son avis.

Ce n'est pas que je croie ce système aussi dangereux qu'on le suppose dans le camp républicain, aujourd'hui la situation n'est plus ce qu'elle était en 1799 et en 1851. Il s'est créé dans le pays une forte tradition républicaine qui écarte le danger des personnalités.

On l'a bien vu au moment du boulangisme. Ce qui a frappé de mort ce parti, c'est la crainte qui s'est emparée de la nation lorsque les adversaires de la République ont commencé à faire ouvertement campagne avec le général.

Sa popularité même prouve la force de l'idée républicaine. Si la République n'avait pas eu en France les profondes racines qu'elle y a poussées, pourquoi cette popularité serait-elle allée à un général la veille encore inconnu? Pourquoi cet état d'esprit qui se propageait si rapidement ne se serait-il pas manifesté en faveur d'un Bonaparte? Le prince Napoléon vivait et il incarnait en lui la doctrine plébiscitaire. Mais le prince Napoléon avait un défaut capital, un vice rédhibitoire aux yeux des électeurs : son nom, sa famille. On redoutait, avec lui, le retour à l'hérédité impériale, et cela suffisait à lui aliéner les cœurs. On préférait s'adresser à un inconnu sans aïeux, auquel personne ne pouvait sérieusement prêter la pensée de se faire empereur. Le jour où, même avec lui, on a craint pour la sûreté de la République, on s'est retiré de lui.

Je ne crois donc pas que l'élection plébiscitaire du chef de l'État fît courir des dangers sérieux à la République, et je crois que si celle-ci était réellement menacée dans l'opinion, le mode actuel d'élection du Président ne la sauverait pas. Bonaparte n'était, ainsi que le fait très judicieusement remarquer M. Cunéo d'Ornano, qu'un général sans soldats au 18 brumaire, et il n'exerçait aucune fonction, ce qui ne l'a pas empêché de s'emparer du pouvoir.

Et cependant, quoique l'élection plébiscitaire du Président de la République ne m'inspire aucune terreur, je n'en suis nullement partisan, mais cela par de tout autres raisons.

****

A mes yeux, il y a dans le prétendu choix du premier magistrat de l'État par le peuple plus d'apparence que de réalité.

Certes! en 1799, si, sans coup d'État, le Directoire et les Conseils avaient librement consulté le pays, le nom du général Bonaparte serait sorti de l'urne. Cela ne fait de doute pour aucun historien éclairé. Il en serait sorti comme en est sorti en 1848 celui de son neveu sous le principat du général Cavaignac.

Mais les circonstances qui présidèrent aux événements de l'an VIII et de 1848 sont des circonstances exceptionnelles.

En temps ordinaire, si le peuple était appelé à élire son président, les candidats abonderaient. Il se passerait là, sur une plus vaste échelle, ce qui se passe sur une échelle plus restreinte dans les élections des députés. Personne n'obtiendrait à un premier tour de scrutin la majorité absolue. Comme on ne pourrait, d'ailleurs, confier la magistrature suprême à l'élu d'une minorité en se contentant d'une majorité relative, ainsi qu'on le fait pour les députés au second tour, on en serait réduit par l'émiettement des suffrages à rendre aux Chambres l'élection du Président. C'est ce qu'avait décidé la Constitution de 1848 pour le cas où aucun candidat ne recueillerait la moitié plus une des voix émises. C'est ce qu'a édicté également la Constitution des États-Unis, où le fait de l'élection par la représentation nationale s'est produit une fois.

S'il ne s'est pas produit plus souvent, ce n'est pas qu'aux États-Unis il se soit jamais manifesté depuis Whashington un de ces courants populaires qui désignent un candidat avec une puissance irrésistible. C'est uniquement que les partis se sont organisés, comme nous l'avions fait chez nous dans les premières années de la République pour les élections des députés; c'est que des conventions de chaque parti désignent aux électeurs chacune un candidat unique dans le choix duquel le peuple n'est pour rien, qui est choisi par les meneurs, par les politiciens du parti, et que les électeurs se bornent à accepter ou à repousser.

En fait, aux États-Unis, les électeurs ne votent pas pour M. Cleveland ou pour M. Harrison. Ils votent, sans discussion, pour le candidat des républicains ou pour le candidat des démocrates; ils mettent dans le scrutin le ticket démocrate ou le ticket républicain. Ils optent entre deux partis ; ils n'optent pas entre deux hommes.

Cela est si vrai, l'homme est si peu désigné par l'entraînement populaire, que dans certains cas, lors de l'élection de M. Garfield, notamment, la Convention républicaine fit 34 ou 35 tours de scrutin avant de se mettre d'accord sur un nom, et ce fut celui qui avait eu le moins de voix au début qui fut acclamé à la fin — comme chez nous M. Carnot en 1887.

Au fond, la soi-disant élection par le peuple équivaut avec un peu plus d'agitation, et d'une agitation stérile, à l'élection par les classes dirigeantes de chaque parti. Si le Président des Etats-Unis a plus d'autorité que le nôtre, ce n'est pas à son mode d'élection qu'il le doit, c'est la Constitution fédérale qui lui confère cette autorité.

Au surplus, dans une démocratie — là surtout où le *referendum* est admis, là où l'on n'a aucun abus à redouter de la représentation nationale — la souveraineté réside dans le pays, qui seul fait la loi. Le pouvoir exécutif n'est destiné qu'à mettre en œuvre les lois que le pays a faites et à en assurer le respect. Il n'a pas à gouverner en dehors et au-dessus de la nation. Il n'est que l'exécuteur des volontés de celle-ci. Son mode d'élection a peu d'importance. Ce qu'il faut et ce qui suffit, c'est qu'il ait l'autorité suffisante pour remplir ses fonctions et que, responsable de ses actes, il puisse être frappé de déchéance, s'il se met en conflit avec la volonté du pays.

Ce qui importe, c'est qu'il cesse d'être irresponsable, c'est que ses auxiliaires les ministres soient pris hors des Chambres, c'est que les interpellations et les questions de confiance dans les débats législatifs ne viennent pas les unes diminuer l'autorité de l'exécutif, les autres compromettre l'indépendance du Parlement. Voilà ce qui est indispensable. Voilà ce que nous devons demander. Le reste, l'élection du Président par le peuple, n'est qu'un trompe-l'œil, qu'un décor.

*
* *

Je ne pense pas que M. Cunéo et ses amis m'objectent les républiques sud-américaines.

Là l'élection est généralement précédée d'un coup de force, et les plébiscites qui suivent les coups de force ne prouvent rien. Placés entre l'acceptation du fait accompli et le néant, les peuples ratifient toujours les faits accomplis.

Certes ! un coup de force peut avoir l'adhésion du pays. Ce fut le cas, j'en ai la conviction, du 18 Brumaire et du 2 Décembre, ce qui ne suffit pas, à mes yeux, à justifier le second au moins de ces coups d'Etat. Mais ce qui prouve cette adhésion, ce n'est ni le plébiscite de l'an VIII, ni ceux de 1851 et de 1852. Ce sont les circonstances antérieures à ces plébiscites. C'est pour le premier Bonaparte l'enthousiasme qui accompagna son retour d'Egypte ; pour le second son élection de 1848. Le reste fut une formalité sans valeur. Le général Crespo aussi a eu la majorité au Venezuela après sa victoire, comme l'aurait eue à sa place son concurrent M. Palacios, si le sort des armes lui avait été favorable.

Voilà pourquoi, moi qui n'excuse ni l'Assemblée constituante de 1848, ni l'Assemblée de 1871, d'avoir usurpé le pouvoir constituant en ne demandant pas au peuple la ratification de leur œuvre, j'excuse parfaitement les gouvernements provisoires de 1848 et de 1870 de ne pas avoir fait d'appel au peuple préalable, qui aurait forcément eu pour résultat la ratification de la révolution, et eût été une simple comédie indigne d'hommes libres et de citoyens.

*
* *

On peut avoir telles opinions que l'on veut sur les faits qui se sont produits il y a un siècle ou un demi-siècle. On peut juger avec faveur ou défaveur l'œuvre du premier ou du second Napoléon. Pour ma part, à présent que l'apaisement s'est fait sur cette grande figure et qu'on peut porter sur elle un jugement dégagé de toute passion, je suis porté à juger favorablement l'œuvre du premier.

Mais ce sont là des thèses historiques et rien de plus. Aujourd'hui nous sommes en République et nous voulons y rester. Nous devons pour cela nous efforcer de doter notre pays d'une Constitution adaptée à la démocratie. Mais nous devons éviter de nous payer de mots auxquels ne corresponde aucune réalité.

Laissons de côté le plébiscite présidentiel dont les Etats-Unis eux-mêmes commencent à ne plus vouloir, et luttons pour l'appel au peuple sur les idées. A polémiquer en faveur du premier, nous ne faisons que rendre plus difficile l'avènement du second. Nous obtiendrons d'autant plus tôt le *referendum*, qu'on cessera plus vite de parler de l'élection du chef de l'Etat par le suffrage universel.

Alfred Naquet.

Le Figaro du 14 9bre 1894 (40ᵉ année – 3ᵉ série – n° 257)

Mémoires des Hommes
DU TEMPS PRÉSENT

PEGLI

Le boulangisme m'a valu bien des ennuis ; mais il m'a valu quelques souvenirs agréables en me mettant en rapport avec certains hommes que je n'aurais jamais connus sans les événements de 1888 et de 1889.

Parmi ces souvenirs personnels, il n'en est pas auxquels je me reporte avec plus de plaisir qu'aux vingt-quatre heures que j'ai passées avec le prince Jérôme Napoléon dans les derniers jours de décembre 1888, ou dans les premiers jours de janvier 1889.

En septembre, octobre, novembre 1888, le parti royaliste qui nous avait d'abord combattus, notamment lors de l'élection de l'Ardèche, nous apparaissait comme voulant prendre la direction occulte d'un mouvement créé dans un esprit diamétralement opposé. Quelques membres du comité, et quelques hommes politiques alors encore étrangers au comité, s'étaient émus de cette situation nouvelle et s'étaient réunis chez M. Thiébaud, quai Voltaire, pour aviser aux meilleurs moyens de conjurer le péril.

Les propositions les plus diverses furent agitées. Sur l'avis émis par M. Lenglé, nous nous arrêtâmes à l'idée de faire dans un cirque une grande et importante réunion de plusieurs milliers de citoyens. Là, par un ordre du jour très ferme et très net, on aurait affirmé la République et condamné toute restauration impériale ou royale, et cela dans des termes si énergiques que le général aurait été forcé de prendre position. Il ne nous paraissait d'ailleurs pas douteux qu'il ne la prît avec nous. Mais si même il en était autrement, la situation deviendrait claire, et nous nous retirerions d'une agitation dont le but aurait cessé d'être le nôtre.

Toutefois, une difficulté pratique nous arrêtait. Pendant ces moments troublés, réunir cinq ou six mille personnes et obtenir une réunion assez calme pour qu'il fût possible d'y discuter et d'y mettre aux voix des résolutions, cela comportait la nécessité d'une organisation puissante et coûteuse. Or, comme nous ne disposions pas des fonds du Comité, nous nous demandions où prendre les ressources nécessaires à la mise en pratique de nos projets.

M. Lenglé nous proposa de mettre à profit ses vieilles relations avec le prince Jérôme Napoléon pour les obtenir. A ce moment-là les anciens bonapartistes et les républicains engagés dans ce qu'on appelait le Parti national se trouvaient naturellement unis par le désir commun de lutter contre la conjuration royaliste qu'on commençait à deviner. Personne de nous n'avait donc intérêt à repousser le concours du prince Napoléon. Lenglé fut autorisé à lui écrire.

A quelques jours de là le prince répondit qu'il voyait le danger d'une absorption du mouvement par les meneurs royalistes, mais que cette absorption tenait sans doute à ce que l'argent dont disposait le général, et dont on ignorait les sources, venait de ce côté. On n'aurait pas raison de cette force d'ordre financier avec une réunion. Il faudrait pouvoir se procurer des fonds indépendants de ceux du parti royaliste, et il faudrait que ces fonds fussent gérés par un membre du Comité nettement et indiscutablement républicain. C'est moi qu'il désignait pour cette gestion.

Seulement le prince qui, lui, n'avait pas d'argent, mais qui se croyait — et en cela l'avenir prouva qu'il s'était trompé — dans la possibilité d'en trouver, voulait d'abord me voir et s'entretenir avec moi.

Mon parti fut aussitôt pris. J'acceptai l'idée de l'entrevue. Mais tout était alors péril. Il fallait absolument éviter d'être suivi. Aller à Prangins, je n'y pouvais songer. Nous décidâmes de nous rendre, moi par le littoral, le prince et Lenglé par le Saint-Gothard et l'Italie, à Pegli, petite localité située à quelques kilo-mètres de Gênes, où nous nous verrions sous des noms supposés.

Ce qui fut dit fut fait, et quelques jours plus tard nous étions réunis tous les trois à l'hôtel principal de Pegli.

Les plans que nous y arrêtâmes devaient tous avorter. Le prince ne trouva pas les fonds qu'il espérait trouver, et en allant les chercher à Londres, il subit un naufrage dans lequel il eut le chagrin de perdre un domestique auquel il était fort attaché. Les choses suivirent le cours qu'elles auraient suivi sans cet incident. Mais cette entrevue est certainement l'un des épisodes intéressants de cette époque.

Je n'apprendrai rien à personne en disant que le prince avait une remarquable intelligence ; mais j'étonnerai certainement bien des gens en affirmant que s'il avait une ambition robuste, du moins tenait-il plus à ses idées qu'au pouvoir. C'était un penseur qui désirait posséder la puissance d'appliquer ses théories ; mais c'était surtout un théoricien.

Un de ses anciens familiers m'a raconté un fait dont je n'ai pas été le témoin, mais qui, s'il est exact, le dépeint tout entier.

Avant l'expulsion, un jour, à Paris, il devisait avec quelques amis auxquels il exposait ses doctrines, debout et appuyé contre une cheminée. Tout à coup un domestique entra.

— M. ***, de Seine-et-Oise, aurait quelque chose d'intéressant à communiquer à Monseigneur.

— Un ennuyeux ! répondit le prince désagréablement interrompu dans sa conversation. N'importe ! faites entrer.

La personne annoncée se présenta.

— J'ai, dit-elle, une nouvelle heureuse à vous annoncer, Monseigneur: le clergé de Seine-et-Oise tend à se rapprocher de Votre Altesse.

— Ah ! riposta le prince, quittant son appui et marchant à grands pas dans son salon, le clergé de Seine-et-Oise tend à se rapprocher ? Eh bien ! moi, je m'éloigne. Et il laissa son visiteur se retirer tout déconfit de cet accueil glacial. Ce n'était pas là, on l'avouera, manière de prétendant, mais bien plutôt manière de philosophe.

Tel cet incident le dépeint, tel les quelques heures que j'ai passées près de lui me l'ont montré.

— Ne croyez pas, me disait-il, que je ne sois pas ambitieux. Je mentirais si je le prétendais. Un homme qui pense, qui croit avoir quelque chose dans la tête, a le désir de faire passer ses idées dans la pratique et il est forcément ambitieux.

« Mais je vois clairement la situation. Je sais bien que je n'ai, pour le moment du moins, aucune chance d'arriver, et comme je préfère mes idées à ma personne, j'aime mieux les voir appliquer par d'autres que d'en attendre indéfiniment une application personnelle.

» Aussi, puisque le général Boulanger et ses amis professent sur la responsabilité du chef du pouvoir exécutif, sur l'incompatibilité des fonctions ministérielles et du mandat législatif, sur la nécessité de confier la préparation des lois à un Conseil d'Etat, les mêmes idées que moi, suis-je tout dévoué au mouvement boulangiste. Je contribuerai à son succès autant qu'il sera en mon pouvoir, et je ne vous demande absolument rien en échange que la faculté de revoir ma patrie et de la servir en simple citoyen.

» Mon concours n'est subordonné, ajouta-t-il, qu'à une condition ; mais celle-ci est absolue : c'est que le mouvement demeurera républicain. Le jour où je verrais poindre le moindre danger de restauration impériale ou royale, ce jour-là je me séparerais du général, et je mettrais autant d'ardeur à le combattre que j'entends en mettre, s'il demeure républicain, à l'aider et à le seconder. »

Et comme un petit sourire involontaire avait plissé mes lèvres en l'entendant condamner toute tentative de restauration, même impériale, il s'en aperçut et reprit :

« Oui, je combattrais le général s'il se laissait entraîner sur la voie d'une restauration royale ou impériale, d'une restauration impériale surtout. La restauration royale me serait odieuse parce qu'elle serait funeste à mon pays ; une restauration impériale m'aurait pour adversaire aussi résolu, sinon plus, parce qu'elle serait nuisible non seulement à mon pays, mais à l'honneur de ma famille. »

Et il s'engagea immédiatement, en des termes très énergiques, dans l'appréciation de l'attitude de son fils qui avait décliné l'autorité paternelle, qui professait d'autres idées que les siennes, et qui se refusait à comprendre l'absolue incompatibilité qui existe entre l'hérédité monarchique et la démocratie.

C'est à ce moment qu'il exprima la pensée que j'ai eu récemment l'occasion de rapporter ailleurs.

Il était grand admirateur, admirateur passionné, je dirais presque admirateur dévot, de son oncle. Il lui adressait un seul reproche, mais celui-là, il le lui adressait sans réticence, c'était d'avoir substitué l'Empire à la République.

Tout, dans ses paroles, témoignait d'une absolue sincérité, d'une passion philosophique désintéressée.

Serait-il demeuré au pouvoir, s'il y était arrivé, tel qu'il se montrait là? Nul ne peut le dire. Les chefs d'Etat, plus encore que les autres hommes, subissent des influences, obéissent à des entraînements, sont parfois contraints par des situations plus fortes que leur volonté à faire ce que, simples citoyens, ils condamnaient. Il y a là des hasards auxquels je n'aurais pas voulu exposer mon pays ; et c'est pourquoi, en aucun cas, je n'aurais consenti à favoriser les ambitions du prince, s'il avait cherché à faire tourner le mouvement boulangiste à son profit. Mais qu'il fût sincère en parlant comme il le faisait, que sa sincérité fût absolue, je n'en ai jamais douté une minute, et j'ajoute que c'était un homme énergique, et que je suis au fond convaincu qu'il aurait été bien difficile à son entourage, s'il avait été au pouvoir, de le faire dévier de la ligne qu'il s'était tracée.

Je n'ai jamais plus revu le prince depuis ce jour. Mais il a laissé en moi l'impression d'un penseur et d'un homme de cœur. J'ai compris Victor Hugo qui avait pour lui une réelle estime et qui, il me l'a souvent répété au cours des longues et passionnantes conversations qu'il m'a été donné d'avoir avec le grand poète, n'avait jamais voulu l'attaquer, dans es mordantes satires des *Châtiments* ou de *Napoléon le Petit.*

Cette journée à Pegli reste dans ma mémoire comme l'un de mes souvenirs les plus intéressants, et je n'ai pas été fâché d'en communiquer, à présent que le prince n'est plus, mes impressions au public français. En butte aux attaques des impérialistes qui le calomniaient, suspect, sans qu'on puisse les en blâmer, aux républicains qui, après Brumaire et Décembre, se défiaient d'un Bonaparte, réduit à une inaction terrible pour un homme de son tempérament et de sa valeur, le prince Jérôme Napoléon a été l'une de ces forces que l'on voit parfois rendues stériles par les circonstances extérieures. Placé dans un autre cadre et dans d'autres conditions, il aurait laissé probablement un grand nom.

Alfred Naquet.

L'Éclair du 23 7bre 1891 (2me année — n° 2127)

OPINIONS

HABILETÉ ET JUSTICE

Les conseils que je donnais récemment à mes amis du parti radical relativement à l'attitude que ce parti devrait adopter dans la question religieuse, ont été très commentés, mais ceux auxquels ils étaient adressés, ne paraissent pas les avoir goûtés jusqu'ici.

Il fallait s'y attendre. Pendant vingt ans, la séparation des Églises et de l'État et la lutte contre l'Église ont été, sinon la plate-forme unique, du moins la partie la plus importante de la plate-forme républicaine. Il y a là une vieille habitude prise, quelque chose comme un vieux vêtement intellectuel, et l'on a tout autant, sinon plus de peine à s'en débarrasser que des vieux habits.

Moi, j'ai, sous ce rapport, un avantage que j'ai payé assez cher pour avoir le droit d'en profiter.

J'ai été boulangiste.

Le boulangisme m'a, pendant un temps, séparé du gros de mon parti et m'a fait perdre parmi les républicains des amitiés qui m'étaient chères.

Il en est résulté pour moi un douloureux isolement dont je ne suis définitivement sorti que par la nouvelle investiture républicaine que m'a conférée le suffrage universel en 1893.

Mais si le boulangisme m'a fait ce mal, il m'a, en compensation, rendu un service inappréciable. En brisant momentanément mes amitiés, en m'obligeant, par les coalitions qu'il a entraînées, à modifier mon langage, en rompant la tradition à laquelle j'avais jusque-là, comme tous mes collègues, servilement obéi, il a fait disparaître des habitudes intellectuelles qui, pour les autres, subsistent encore ; il a transformé mon cerveau en une table rase, où, les principes essentiels restant seuls debout, ont pu, en ce qui concerne la pratique, se développer des idées qui, sans doute, auraient difficilement germé dans mon esprit sans cela.

Je ne suis donc pas surpris des étonnements et des résistances que je provoque ; mais je ne désespère pas non plus d'en avoir raison, parce que j'ai foi dans la puissance de la vérité qui s'impose.

M. Ranc me demande où je vois que les cléricaux aient désarmé ; d'autre part, M. Bernard, dans la *Correspondance de la Presse* après avoir analysé mes idées d'une manière absolument impartiale, finit néanmoins par me demander si, avant de conseiller à mes amis l'*alliance* que je leur propose, je me suis au préalable assuré que *mes protégés* acceptent sans réticences la loi scolaire, la loi militaire et le divorce.

Dans cet article, la *Correspondance de la Presse* cite une lettre qu'elle a reçue d'un électeurs de Carpentras, lettre dans laquelle celui-ci insinue qu'élu à la faveur de la division des républicains et avec l'appoint des conservateurs, je fais une politique toute personnelle, dans laquelle il faut bien se garder de me suivre.

Ces objections, sans portée parce qu'elles sont à côté de la question, prouvent bien à quel point il est difficile aux penseurs les plus éminents, lorsque leur cervelle a pris un pli, de dépouiller le vieil homme et de juger avec réflexion les idées qui les heurtent.

Eh bien ! Ranc, eh bien ! Bernard, considérez que je n'ai pas de *protégés*, que je ne propose aucune *alliance*, mais simplement une attitude nouvelle qui me paraît à la fois plus habile et plus juste; considérez que je n'ai pas dès lors à m'occuper de savoir si les cléricaux acceptent la loi scolaire, la loi militaire et le divorce, et qu'en me posant une pareille interrogation vous prouvez que vous n'avez pas saisi ma pensée.

Ah! si je venais offrir à vos suffrage d'anciens conservateurs ralliés; si je vous proposais de voter pour M. de Mackau, ou pour M. le comte de Mun, ou pour mon ancien collègue M. Piou, ou pour tout autre membre de ce parti, vous seriez en droit de me demander, de leur demander des gages, et vos interrogations seraient de saison.

Mais ce n'est pas de cela qu'il s'agit.

Je ne vous ai pas proposé de vous coaliser avec les chefs du parti conservateur; je ne vous ai pas demandé de faire élire ces messieurs. Je vous ai demandé seulement d'adopter un programme tel que, le parti monarchique étant mort, vous y trouviez le moyen d'obtenir pour vous et pour vos amis radicaux les suffrages de la majorité des anciens électeurs monarchistes aujourd'hui sans drapeau.

Que m'importent dès lors les idées de derrière la tête de M. de Mackau ou de M. de Mun, si c'est vous Ranc, si c'est vous M. Bernard que je fais élire?

Ce que j'ai dit, c'est que sur les 3 millions et demi d'anciens électeurs monarchistes, il y en a au moins les deux tiers qui, ouvriers, artisans, cultivateurs, ont au point de vue des réformes les mêmes intérêts que nos électeurs à nous. Ce que j'ai dit et ce que je répète, c'est que, là où ils n'ont plus de candidats à eux — ce qui devient la majorité des circonscriptions — ces électeurs auront une tendance à venir à nous, si nous ne les froissons pas dans leurs consciences. J'ai ajouté qu'en venant à nous ils nous apporteront la majorité, mais que si nous les froissons dans les idées religieuses qui leur sont chères, ils iront, à contre-cœur sans doute mais sûrement, à l'opportunisme qui leur ouvre les bras et auquel ils assureront le pouvoir pour une bien longue durée.

Je n'ai rien dit de plus, et dès lors, je n'avais pas à m'inquiéter de l'opinion des chefs conservateurs qui ne sont pas en cause. Ce dont je m'inquiète et ce dont doivent s'inquiéter tous les radicaux qui ne sont pas des politiques à courte vue, c'est d'attirer à leur parti les petits, les humbles, c'est-à-dire le gros, de l'ancienne armée monarchiste, de cette armée qui, ne luttant plus aujourd'hui pour elle-même, départage les républicains et les départagera d'autant plus qu'en tant qu'armée indépendante elle aura cessé davantage d'exister.

Quant à ma situation personnelle, je n'aime pas à en entretenir le lecteur qu'elle n'intéresse guère. Mais puisque la lettre adressée à M. Bernard et que celui-ci a publiée, s'y réfère, on m'excusera d'en parler à mon tour ; aussi bien l'histoire de mon élection est-elle peut-être le meilleur argument — l'argument expérimental — que je puisse invoquer en faveur de la ligne de conduite adoptée par moi et dont je conseille la généralisation.

A Carpentras, en août 1893, il y avait quatre candidats : un candidat conservateur, M. Eugène Fortunet ; deux candidats radicaux, M. Joanne Magdeleine et moi ; un candidat qui se disait aussi radical, mais qui avait l'appui de tous les opportunistes, et qui, deux ans auparavant, avait passé avec l'appoint des voix conservatrices, M. le docteur Béraud, député sortant.

Au premier tour de scrutin M. Fortunet arriva premier et M. Béraud arriva deuxième me distançant de 300 voix dues à la diversion radicale de mon concurrent, M. Joanne Magdeleine.

Au second tour, M. Fortunet s'étant désisté, les voix conservatrices se divisèrent. Là où l'antisémitisme, le souvenir du divorce, les incitations du journal *La Croix* furent prépondérants, elles allèrent à mon concurrent, sans quoi je l'aurais vaincu à 4,000 voix de majorité au 3 septembre, alors que ma majorité n'a été que de 265 suffrages.

Mais ailleurs, et particulièrement dans ma ville natale, les voix conservatrices — que j'ai d'ailleurs publiquement et ostensiblement remerciées de leur concours — sont venues à moi et m'ont apporté la victoire.

Et pourquoi sont-elles venues à moi ? Parce que, sans rien renier de mes principes, je les ai appelées sur le terrain des réformes radicales, en leur promettant au point de vue religieux le respect scrupuleux de leurs convictions.

Cela a suffi à m'assurer le succès dans l'arrondissement et dans le chef-lieu un triomphe.

Or dix-huit mois avant, dans le même chef-lieu, à propos d'une élection municipale où opportunistes et radicaux étaient également en lutte, mes amis eurent l'idée de faire venir mon collègue M. Hubbard pour soutenir leur cause. Ce dernier, avec la parole enflammée qu'on lui connaît, exhiba, selon l'usage, le vieux programme anticlérical. Conséquence : les catholiques qui devaient plus tard me donner leurs voix votèrent en masse pour la liste opportuniste et les radicaux furent battus.

L'expérience est-elle assez concluante ?

Mais, me demandent M. Ranc et M. Bernard, en quoi blessons-nous les catholiques ?

Je rappellerai à mes confrères qu'il est aussi facile de blesser par paroles que par actions.

Certes ! les suppressions des traitements des ecclésiastiques, les expulsions de religieux, les fermetures de chapelles sont taquineries odieuses et inutiles. Mais ceci est l'œuvre des opportunistes et non la nôtre.

Mais aujourd'hui que le parti opportuniste s'est fait ermite sur le tard, le parti radical ne perd pas une occasion d'entrer en lutte contre les catholiques, et cela moitié par habitude et moitié parce que l'anticléricalisme lui paraît le seul terrain parlementaire (triste fruit du parlementarisme !) sur lequel il espère renverser le cabinet. Il ne prend la parole que pour dénoncer et menacer le parti clérical, et il ne s'aperçoit pas que menacer sans frapper — voire même sans avoir l'intention de frapper — est quelquefois tout aussi dangereux que de frapper. Il ne voit pas que, en adoptant ce système, il sacrifie à l'espérance chimérique d'une majorité parlementaire actuelle, la majorité réelle de demain.

Je reviendrai sur cette si importante question, sur cette question capitale, de l'idéal que doit présenter le parti radical au pays s'il veut vaincre.

Pour l'heure, je me borne à bien établir qu'aucune des objections qui m'ont été opposées ne porte, et que, si le radicalisme ne sait pas mettre fin au programme de Kulturkampf qui lui est cher, s'il ne sait pas à la fois d'un côté rassurer les consciences religieuses, de l'autre prendre, au point de vue social, une position nette entre l'immobilisme opportuniste et l'utopie collectiviste, il disparaîtra.

Veut-il disparaître ? non évidemment. Qu'il cesse alors de nier une vérité dont l'évidence est mathémathique, et qu'il adopte l'attitude libérale et juste qui, seule, pourra le faire vainqueur !

Alfred Naquet.

Le Petit Provençal du 24 9bre 1894 (n° 6620)
(voir varia. t. V. pp. 205-210.)

LE VRAI SOCIALISME

II

J'ai publié récemment dans les colonnes du *Petit Provençal*, un article en réponse à mon ami Brissac, sous le même titre que celui-ci. Brissac m'a répliqué dans la *Petite République Française*. Je lui riposte à mon tour. Dans une époque où les questions sociales prennent de plus en plus le pas sur toutes les autres, cela ne saurait être hors de propos pour un journal foncièrement socialiste comme le *Petit Provençal* et comme lui libre de toute attache exclusive à une école quelconque.

Le malheur, c'est que Brissac envisage tant de points différents qu'il me faudrait un volume pour répondre à tout. Je dois donc forcément me limiter dans ma réfutation, laissant de côté ce qui nécessiterait des développements trop considérables.

Ainsi, je n'aborderai pas la discussion de l'argument collectiviste d'après lequel les salariés seraient impuissants à racheter aujourd'hui le produit de leur travail, ce qui amènerait une limite dans la consommation comme dans la production actuelle.

Il y a là une erreur. Elle résulte de l'importance exagérée attribuée par Brissac et ses amis à la rémunération de cette direction industrielle qu'on appelle la part du capital. Je suis pour ma part convaincu que l'ouvrier recevrait moins qu'aujourd'hui en collectivisme parce que la direction sociale coûterait plus cher que la direction individuelle de nos jours. Je crois même l'avoir nettement démontré dans ma brochure « Socialisme collectiviste et socialisme libéral », publiée par la maison Dentu en 1890. Je ne puis qu'y renvoyer le lecteur, faute d'espace vous refaire ici la même démonstration. Mais il est deux autres points que je veux discuter dans cet article, le point relatif à l'émulation et celui qui se rapporte à la liberté.

J'avais dit que si la plus-value qu'un homme donnerait à l'avoir social en travaillant plus longtemps ou en travaillant mieux que d'autres, se répartissait entre 35 millions de Français au lieu d'être, sous son bénéfice exclusif, ce qui est loin d'être le cas aujourd'hui, du moins un moyen pour lui de larges bénéfices personnels, le travailleur aurait perdu ce stimulant qui multiplie dans des proportions inconnues l'effort humain et qui engendre le progrès. J'avais ajouté que, dès lors, si le collectivisme réalisait l'égalité — ce qu'il ne réaliserait pas d'ailleurs — ce serait l'égalité dans la misère.

Brissac me répond qu'on ne travaille pas pour s'enrichir, mais pour la gloire, par suite de ce besoin qu'éprouve l'homme « d'extérioriser une vérité qui hante son cerveau. »

C'est toujours l'éternel exemple des Pasteur, des Lavoisier, des Galilée qu'on oppose à notre objection.

Oui ! il y a des génies qui trouveraient le moyen de travailler même en collectivisme, parce que la sainte folie de l'inventeur les posséderait.

Mais qu'est-ce que cette petite phalange devant l'immensité de la fourmilière humaine? Ils sont la lumière, ils enrichissent la société de leurs découvertes, je le veux bien. Mais la myriade des petits, des travailleurs manuels ou intellectuels ordinaires, de ceux qui gagnent péniblement leur vie soit en faisant des visites médicales, soit en fabriquant des souliers, tous ces hommes dont la postérité n'enregistrera pas le nom et qui, chacun, tendent à donner à leur travail le plus de durée, le plus d'intensité possible, que feront-ils? Ils feront leurs huit heures, mollement comme de nos jours les salariés que l'on ne surveille pas; et à la fin de l'année le déficit social sera immense.

Les inventeurs eux-mêmes deviendront rares, parce que, la richesse publique diminuant, les moyens matériels de l'invention diminueront aussi.

En outre, l'État, la société, si l'on préfère, ne peut pas avoir la hardiesse de l'individu. Une idée se présente. Si elle est vraie, ce sera pour l'humanité un bénéfice énorme. Mais elle peut être fausse; il y a même plus de chances pour qu'elle soit fausse que pour qu'elle soit vraie. L'expérience seule pourra le dire et l'expérience va coûter un million. — J'en connais une actuelle qui n'a pas encore donné de résultat définitif et qui a déjà coûté plus de 600.000 francs. — Un riche capitaliste peut risquer son avoir ou une parti de son avoir. L'amour de l'entreprise, risquons le mot maudit : de la spéculation, voire même du jeu, l'y inciteront, et il est le maître de le faire, il n'est responsable que vis-à-vis de lui-même. L'Etat ne pourra pas risquer un million chaque jour pour expérimenter toutes les fantaisies qu'on lui présentera, et la plupart des découvertes géniales qui éclosent sous l'action vivifiante de l'initiative individuelle demeureront étouffées par cet organisme asphyxiant que vous appelez la société.

Tenez, Brissac! vous êtes collectiviste et je le comprends. Dans vos rêves, la société collectiviste se présente à vous comme un éden où chacun sera riche, instruit, heureux en travaillant le moins possible. Mais ce sont là des rêves. Moi, je vois au contraire l'homme ramené par le collectivisme à la misère ultime, à la barbarie, et à la guerre que, forcément, la misère engendre ; voilà pourquoi je ne suis pas des vôtres, voilà pourquoi votre conception n'est pas la mienne.

Quant à la liberté, Brissac, vous m'avez imparfaitement répondu. J'avais dit que je perdrais, après la socialisation des instruments de production, même la liberté de consommer, puisqu'il suffirait à l'Etat de cesser de cultiver le tabac ou la vigne, je suppose, pour m'empêcher de fumer ou de boire du vin. Malheur aux amis du bon vin — ce n'est pas pour moi que je parle, je ne bois que de l'eau — qui habiteraient un pays où les partisans de la *tempérance* auraient la majorité. Ils verraient comme leur liberté de boire serait respectée. Vous avez passé, mon cher Brissac, cette objection, cependant si grave, sous silence.

Mais j'avais dit aussi que je ne comprenais guère la liberté de la presse, lorsqu'il n'existerait qu'une imprimerie d'Etat.

Ici vous essayez de me répondre. Vous me dites que chacun sera libre de publier à ses frais, comme aujourd'hui, ce qu'il voudra et que d'ailleurs vous avez, dans un écrit dont vous me donnez le titre, et que malheureusement je n'ai pas lu, exa-

miné les conditions de la publication d'un journal.

« Publier à ses frais » cela me fait rêver. Chacun sait ce que l'impression coûte, et je ne vois guère une de ces fourmis humaines qui constitueront la société collectiviste publiant un livre avec les économies réalisées par elle sur ses heures de travail.

A la rigueur, cependant, ce serait peut-être exceptionnellement possible. Mais c'est le journal que je ne vois plus, mais plus du tout.

Un journal est cher à publier et à répandre. Il est donc indispensable que celui qui en entreprend la publication ait les fonds nécessaires à en assurer les débuts et, s'il réussit, qu'il puisse se récupérer de ses dépenses sur la vente et les annonces.

Laissons de côté les annonces, qui n'existeront plus dans le milieu social que vous rêvez. Restera la vente du journal.

Mais prenez garde, Brissac ! Si l'ouvrier qui aura économisé en bons de travail l'équivalent de 300 francs de notre monnaie les emploie à imprimer le premier numéro d'un journal ; s'il réussit à le vendre ; s'il voit rentrer dans ses caisses les 300 francs qui en sont sortis, ou *à fortiori* une somme supérieure ; s'il lui est permis de rétribuer là-dessus les intermédiaires qui offriront sa feuille au public ; si cela a lieu, je vous le répète, prenez garde ! Vous aurez fait éclore un infâme capitaliste. Une industrie sera sortie du domaine de la puissance collectiviste pour entrer dans le domaine de la puissance individuelle. Votre société craquera et l'horrible bourgeoisie sera reconstituée.

Et si vous ne donnez pas à celui qui publie le journal à ses frais le droit d'en percevoir les recettes, comment le journal pourrait-il vivre ?

Ces recettes iront-elles à l'Etat, et le journaliste se bornera-t-il à se porter caution contre les pertes ? Mais alors, où trouverez-vous un homme assez sot pour se faire journaliste, surtout s'il appartient à l'opposition, et s'il sait que le pouvoir — toujours le même, croyez-le bien — aura peu de tendance à assurer des excédents de recettes ?

Non, mon vieil et cher ami ! la liberté n'est pas compatible avec le collectivisme ; et si vous essayez de l'y associer, la société

collectiviste tombe aussitôt dans l'indivi-
dualisme.

Ou disparaître aussitôt fondée, en ne laissant que le souvenir d'une série de luttes
et de cataclysmes, ou étouffer toute liberté,
telle est la loi inéluctable de la société que
vous rêvez.

Vous ne la verrez pas cette société, et
c'est heureux pour vous. Vous mourrez
avec votre chimère qui embellira vos derniers moments. S'il vous était donné de la
voir, vous auriez vite perdu vos illusions
et vous mourriez désespéré.

Non ! non ! mon cher Brissac, pas de
collectivisme. Encourageons l'initiative
individuelle. Faisons intervenir la société
pour empêcher la concurrence de dégéné-
rer en monopole, pour éloigner le collectivisme au lieu de nous en rapprocher.
Aidons à la diffusion chaque jour plus
grande de la propriété privée et nous fe-
rons du vrai socialisme, du bon socialisme,
de ce socialisme qui est implicitement
contenu dans le développement des principes de notre grande révolution. Là est la
vérité, là est le salut.

Alfred Naquet.

◆

Le Figaro du 29 9bre 1894 (40me année — 3e série — n° 282)

LES OUVRIERS

ET LE COLLECTIVISME

S'il faut en croire les informations que
donnait naguère le *Temps*, il y aurait
conflit entre les ouvriers sociétaires de
la mine aux mineurs de Monthieux près
de Saint-Étienne et les ouvriers auxiliaires que ces derniers emploient en
qualité de salariés.

On connaît l'histoire de la mine aux
mineurs, histoire singulièrement honorable pour les travailleurs associés qui
possèdent aujourd'hui la mine de Monthieux. Celle-ci appartenait à une Société
qui n'en retirait plus aucun pro[fit], qu[i]
même y subissait des pertes et qui pa[-]
raissait décidée à en abandonner l'e[x-]
ploitation. Sous l'inspiration de M. La[…]
les ouvriers demandèrent à la Comp[a-]
gnie de leur céder ce qu'elle abando[n-]
nait, et ils se faisaient forts d'y réalis[er]
des bénéfices.

La Compagnie accéda à cette deman[de]
et, sous le nom de « la mine aux m[i-]
neurs », la première Société coopéra[tive]
minière fut constituée.

Les ouvriers déployèrent une acti[vité]
qui tient du prodige ; presque sans [ca-]
pitaux, avec des outils rudime[n-]
grâce à la puissance de l'effort et à [ex-]
trême économie, de ces filons, do[nt on]
détournait sous le prétexte qu'[ils ne]
rendaient plus en produit l'équiva[lent]
du travail, ils sont parvenus à re[faire]
un outil utile et à conserver une va[leur]

productive à la Société—à ce point qu'à un moment donné la Compagnie, se ra-visant, a regretté le don qu'elle avait consenti, a voulu revenir sur sa dona-tion et a dû se voir rappeler par les tri-bunaux que donner et retenir ne vaut.

Mais voici que ces ouvriers qui, mus par l'espérance d'un avenir meilleur, de l'affranchissement qui résulte pour l'homme de la possession d'une pro-priété, ont tiré d'un instrument aban-donné et inerte une valeur fructueuse grâce à des trésors d'énergie, voici que ces ouvriers, leur champ d'exploitation s'agrandissant, se trouvent insuffisants en nombre et sont obligés d'appeler à eux d'autres mineurs pour les aider.

Vont-ils leur dire : « Frères, voilà des années que nous peinons et que nous nous imposons les plus lourds sacrifices pour mettre en valeur ce gisement car-bonifère. En travaillant au delà presque des forces humaines et en nous privant constamment non du superflu, non de l'utile, mais du nécessaire, nous som-mes parvenus à en faire la mine pros-père que vous voyez aujourd'hui ; il n'y a plus qu'à récolter le fruit de notre peine; il n'y a plus qu'à jouir, par un travail régulier et modéré, du capital que nous avons fondé. Mais comme Karl Marx et Lasalle nous enseignent que le capital n'est pas productif par lui-même, et que ce qui servirait à le rémunérer serait un surtravail, un tra-vail indû imposé à l'ouvrier, nous obéis-sons aux principes collectivistes dont, hier encore, avant notre affranchisse-ment, nous nous réclamions auprès de nos patrons. Venez à nous, non en sa-lariés et en subordonnés, mais en asso-ciés et en frères. Vous n'avez pas été à la peine, n'importe ! vous serez à l'hon-neur et au profit au même titre que nous, les premiers fondateurs ! »

Vont-ils leur dire cela? Nullement ! Ils ont créé un capital par des priva-tions inouïes. Ils sentent que ce capital multiplie étonnamment la productivité de leurs bras et que, grâce à lui, tel effort qui hier produisait un aujourd'hui produit cent. L'enchérissement qui en résulte, sans doute ils n'entendent pas se réserver étroitement et égoïstement pour eux seuls ; sans doute ils offrent à leurs auxiliaires, comme salaire, une somme supérieure à ce que ces derniers obtiendraient de leurs bras si le capital dont ils se servent n'existait pas; mais ils entendent se réserver à eux-mêmes une juste part du produit de cette ri-chesse qu'ils ont enfantée, qui est leur œuvre, qui ne serait pas sans eux.

S'ils n'avaient pas fourni l'effort qu'ils ont fourni, la Société ne disposerait pas du charbon qu'ils tirent du sol, et les auxiliaires qu'ils utilisent, ne trouvant pas l'emploi de leurs bras, chômeraient ou seraient obligés de se contenter d'un insuffisant salaire. Ils ont donc été utiles à tous : au corps social, qu'ils ont enri-chi ; aux ouvriers mineurs, dont ils ont, dans une proportion donnée, forte ou faible, contribué à faire hausser les sa-laires en augmentant la demande du travail tandis que l'offre des bras de-meurait la même. Mais ils entendent également avoir travaillé pour eux-mêmes et ils ont grandement raison. S'ils n'avaient pas su, lorsque la Com-pagnie leur abandonna des puits impro-ductifs, que, quand ils leur auraient donné cette valeur qu'ils n'avaient pas, ils pourraient en retirer un profit supé-rieur à celui de leur maigre salaire quo-tidien, un profit de *capitaliste* — lâ-chons le mot ! — ils ne se seraient pas réduits pendant des années à se priver presque de l'indispensable, à abaisser leur consommation et leurs jouissances au-dessous de ce qu'un salaire ordinaire leur aurait donné. Les puits seraient demeurés improductifs comme devant, et la richesse dont bénéficient ces tra-vailleurs, mais dont bénéficient avec eux le pays et les auxiliaires qu'ils em-ploient, n'aurait point été tirée du néant.

C'est parce qu'ils apercevaient au bout de leurs efforts, de leurs privations, de leurs peines, le capital rédempteur, qu'ils ont donné la somme de travail dont ils reçoivent aujourd'hui la récompense. Et ils devraient partager purement et sim-plement le produit avec de nouveaux venus qui, eux, n'auraient qu'à cueillir sans avoir semé? Non, certes ! Foin de l'Evangile selon saint Marx et selon saint Lasalle! Ils les invoquaient hier ces saintes écritures collectivistes, lorsque, simples ouvriers, ils avaient à compter avec une grande Compagnie entièrement capitaliste, lorsqu'ils ne comprenaient pas encore ce qu'est le capital, ce qu'il représente, ce qu'il y a de sacré dans les droits qu'il confère et qui ne sont autres que ceux du travail. Ils tonnaient volontiers contre l'infâme société bourgeoise et ses lois oppressives. Mais aujourd'hui ils comprennent ; ils considèrent avec raison comme injustes les prétentions de tard venus, qu'ils trouvaient autrefois naturelles quand c'étaient eux qui les invoquaient contre leurs patrons. Le conflit a suivi sa marche ordinaire ; des scènes de violence ont eu lieu, et les néo-capitalistes de Monthieux ont dû, pour employer le langage du *Temps*, « se mettre sous la protection des lois bourgeoises » — de ces lois bourgeoises qui les indignaient naguère — faire appeler un huissier afin de pouvoir délibérer en paix, à l'abri des intrus ; et, ainsi protégés par le Code, hier encore monstrueux à leurs yeux, qui consacre et défend la propriété individuelle, ils ont repoussé les prétentions de leurs auxiliaires avec aussi peu de pitié qu'aurait pu en mettre dans ses actes la Compagnie de Carmaux, de Monceau-les-Mines ou d'Anzin.

Prétendra-t-on que les sociétaires de la mine aux mineurs sont ouvriers, qu'ils travaillent de leurs mains et que cela leur donne des droits que ne sauraient posséder de simples capitalistes ? Les collectivistes s'engageront-ils à ne pas collectiviser la mine de Monthieux, comme ils s'engagent, pour les besoins de leur cause, à ne pas confisquer les petites propriétés rurales ? C'est possible, et ce ne serait ni la première ni la dernière fois qu'ils feraient fléchir la doctrine immaculée devant les nécessités de la politique. Mais ce qui est bien certain, ce qui ne peut échapper à aucun esprit consciencieux qui se sera donné la peine d'étudier les faits, c'est que le *distinguo* que pourront produire les collectivistes n'a pas plus de fondement que tous ceux que si volontiers ils reprochent aux casuistes des temps

passés.

De deux choses l'une, en effet : ou le capital a droit à une rémunération propre, parce qu'il est productif, ou il n'a droit à aucune rémunération ; ou il est juste qu'il soit approprié parce qu'il représente un effort dont il est le salaire, effort dont la société profite et que certainement presque personne ne ferait si l'on ne devait pas en bénéficier, ou il doit n'appartenir à personne en particulier, mais à la société seule.

Si l'on se prononce pour la seconde affirmation ; si l'appropriation du capital est considérée comme chose secondaire et antisociale ; si tout prélèvement fait par un individu sur le produit d'une exploitation en raison de son capital est condamnable, les Compagnies d'Anzin, de Carmaux et de Montceau-les-Mines exploitent abusivement Février ; mais alors les sociétaires de Monthieux ne l'exploitent pas d'une manière moins abusive. Ils travaillent de leurs mains, c'est vrai, tandis que M. le baron Reille ne travaille pas, du moins de la même manière. Mais la légitimité de ce qu'ils gagnent de leurs mains n'empêche pas le profit qu'ils tirent de leur capital d'être illégitime. On peut cumuler les qualités de travailleur et de capitaliste, et l'une de ces qualités ne change rien au caractère de l'autre.

Si, par contre, on pense, ainsi que la saine logique l'exige, que l'effort des sociétaires de Monthieux mérite d'être récompensé ; que ceux-ci ont droit à une partie du bénéfice, fruit du capital que leurs efforts ont engendré ; si l'on admet que, le jour où les infirmités les empêcheront de travailler, ils pourront légitimement revendiquer sinon le salaire dû à un travail qu'ils ne feront plus, du moins le dividende — bouchez-vous les oreilles, collectivistes ! — dû à leur capital ; si l'on reconnaît qu'ils pourront transmettre ce droit à leurs enfants employés à d'autres travaux que ceux des mines, ou même à aucun travail... si l'on admet cela, les sociétaires de Monthieux sont dignes de l'estime de tous. Mais qu'on cesse alors d'anathématiser les propriétaires de mines actuelles, et qu'on ne nous demande pas comme MM. Guesde, Jaurès et Millerand, de les exproprier sans indemnité.

Le dilemme est étroit. Ou l'on expropriera Anzin sans indemnité, et alors aucun principe ne permet d'épargner *les capitalistes* de « la mine aux mineurs »; ou l'on respectera « la mine aux mineurs », et alors, sous peine de s'affirmer spoliateur, il faudra bien respecter les autres sociétés minières.

Quoi qu'il en soit, ce qui se passe à Mouthieux est plein d'enseignements utiles. Les sociétaires de « la mine aux mineurs » nous démontrent à quel point le sentiment de la propriété est inhérent à la nature humaine, combien profondément y tiennent ceux qui l'ont le plus attaqué, et combien est utopique, absurde, antisociale, par conséquent, toute doctrine qui se fonde sur la méconnaissance d'un instinct aussi puissant que l'humanité.

Alfred Naquet.

Le Figaro du 11 9bre 1894 (40me année - 3e série - n° 314)

PROSPER ENFANTIN

Pendant les premiers froids d'octobre, à la campagne, en parcourant quelques pages de *la Lecture*, je me trouvais vivement intéressé par les souvenirs qu'y publiait en février 1893 Maxime Du Camp sur le Saint-Simonisme et sur l'homme qui en a été l'incarnation plus encore que celui dont l'école a gardé le nom, sur le père Enfantin.

Je l'ai connu aussi le père Enfantin, alors qu'il était déjà vieux et que je n'avais [...] dépouillé mon ardente jeunesse. [...] quelques pages de Du Camp ont fait revivre en moi ce passé encore vibrant dans mon imagination. Je désire à mon tour en entretenir ceux qui veulent bien consentir à me lire, et leur raconter quelles impressions a laissées dans mon âme ce té-moin, alors vivant, aujourd'hui disparu, d'une époque qui, pour récente qu'elle soit chronologiquement, paraît cependant aussi vieille que les âges les plus lointains de l'humanité.

Ce n'est pas sans une profonde mélancolie que je l'entreprends, et c'est peut-être une erreur de croire que quelqu'un peut prendre intérêt au récit froid, pour qui ne les a pas vécues, d'heures si éloignées de toutes les préoccupations du temps présent. Mais c'est un bonheur mêlé de tristesse que de rappeler, lorsque nous portons déjà le poids des ans, ce qui nous a passionnés au moment où la vie s'ouvrait devant nous, et mes lecteurs me pardonneront d'obéir à cette tentation irrésistible.

Presque exclusivement adonné jusque-là aux études scientifiques, mais animé d'un amour passionné des nouveautés et des réformes, j'avais voulu connaître les diverses doctrines socialistes et j'avais entrepris l'étude de Babœuf, de Fourier, de Proudhon et du Saint-Simonisme.

Babœuf m'avait révolté par son mépris de la liberté et de la personnalité humaines.

Fourier m'avait intéressé, comme pourrait le faire un poète. Mais il n'y avait rien de scientifique dans ses conceptions qui fût susceptible de m'attacher et de me séduire.

Proudhon m'avait électrisé par la hardiesse et la beauté de son style. Mais dans ce penseur puissant, qui dénonçait avec tant de vigueur les vices de notre société, et qui avait pris cette devise hautaine : *Destruam et ædificabo*, « Je détruirai et je reconstruirai », je voyais bien la destruction et ne voyais pas le plan promis du nouvel édifice. Et puis, il y a dans Proudhon une sécheresse de cœur et un mépris de la femme qui heurtaient les penchants les plus puissants de mon être.

Restait le Saint-Simonisme. Mais où prendre les documents pour l'étudier? Les publications qui ont eu lieu depuis n'existaient pas encore en 1850, et celles qui avaient marqué la grande période de l'école étaient si éparses, si difficiles à trouver, que je ne parvenais pas à me faire sûrement une vue d'ensemble sur ce qu'avait été la doctrine saint-simonienne.

Je m'y efforçai cependant; je réunis tout ce que je réussis à me procurer, et j'écrivis pour moi-même un résumé de ce qu'avaient dû être les enseignements de Saint-Simon et d'Enfantin.

Puis, quand fut terminé ce travail préparatoire, je me dis qu'il ne me restait, pour savoir si j'avais vu juste, qu'à consulter l'un des acteurs de cet épisode de notre histoire, le principal, Prosper Enfantin. Avec l'audace d'un homme de vingt-cinq ans qu'aucune fausse honte n'arrête, j'écrivis donc au père pour lui demander audience.

Peu de jours après, je recevais une réponse que je regrette infiniment d'avoir perdue avec beaucoup d'autres autographes de lui. Il me donnait un rendez-vous dans le bureau de la direction qu'il occupait à l'administration de la Compagnie P.-L.-M.

Je m'y rendis avec empressement, et je pourrai sourire peut-être en ajoutant que j'étais saisi en m'y rendant d'une émotion que je n'aurais certainement éprouvée auprès d'aucun souverain de l'Europe. Déjà profondément républicain depuis que la Révolution de février avait fait battre mon cœur d'enfant, les souverains de la pensée, ceux surtout qui s'étaient courbés sur l'humanité douloureuse, m'impressionnaient infiniment plus que n'auraient pu le faire les plus puissants monarques.

Enfantin m'accueillit avec une bienveillance, avec une grâce extrême. Supprimant toute distance entre un jeune homme avide de savoir et un vieillard dont la tête, belle encore et, dans sa jeunesse, d'une beauté éblouissante, avait blanchi à scruter les brûlants problèmes qui ont de tout temps agité l'humanité, il écouta mon résumé, le rectifia sur quelques points et m'invita à venir le voir quelquefois dans l'appartement modeste occupé par lui au coin des rues Chaptal et de Vintimille.

J'y suis allé bien des fois et j'ai connu là la plupart des hommes qui, après avoir été ses collaborateurs à l'époque du prosélytisme et de la lutte, lui étaient demeurés fidèles : Lambert, que je revois encore dans son appartement de la rue de Tournon ; Duveyrier, Laurent de l'Ardèche, ancien représentant du peuple en 1848, Adolphe Guéroult, et tant d'autres qui ont laissé des traces moins profondes dans ma mémoire.

Ce qui m'éloignait d'eux, c'était leur indifférence absolue pour la forme de gouvernement. Je me rappelle encore Lambert me disant : « Je ne remuerais pas le petit doigt pour démolir l'Empire ; mais si celui-ci devait être renversé, je ne remuerais pas le pouce pour l'empêcher de tomber. » Cela m'irritait et néanmoins quelque chose en eux m'attirait. Je me sentais en présence de penseurs, de philosophes animés de l'amour du bien, quelquefois d'artistes comme Duveyrier, esprit alerte celui-ci, prompt à des plaisanteries souvent bizarres qui n'enlevaient rien d'ailleurs à la profondeur de la pensée.

Je me rappelle encore qu'en avril

[...]ait lui faire part de mon mariage [...] et il m'apostropha aussitôt par cette boutade plaisante :

« Avez-vous déjà oublié que vous êtes marié? » Et comme je lui répondais : « Pas encore! » lui de répliquer :

« Ça n'est rien alors, mais lorsque vous vous en souviendrez après l'avoir oublié, vous verrez ce qu'il en coûte. »

Je partais quelques jours après pour aller prendre possession de ma chaire [de] chimie à Palerme, et je ne l'ai plus revu depuis, non plus qu'Enfantin, mort en 1864.

Cet homme, que je m'étais figuré pontifiant — je parle d'Enfantin — n'avait rien de l'attitude qu'on aurait pu supposer. Prêtre par le charme de sa nature, par sa bonhomie habituelle, par sa bienveillance inépuisable, même vis-à-vis de ceux qui, comme moi, n'étaient pas [ceux] dont il ne cherchait pas à faire ses disciples, il ne prenait jamais le ton [d']autorité qui rend quelquefois le prêtre désagréable. S'il exerçait un sacerdoce, [c']était par la bonté qu'il l'imposait.

Je l'appelais *monsieur*, et il me disait [vous]. Mais les vieillards que je rencontrais chez lui l'appelaient *mon père*, et il [les] appelait *mon enfant*. Je me souviens qu'un jour où je déjeunais rue Chaptal, à la fin du repas nous vîmes entrer Laurent de l'Ardèche, bien plus âgé qu'Enfantin.

— Mon père, lui dit-il en lui présentant un panier, je sais que vous adorez les pommes, et je vous en apporte quelques-unes.

— Merci, mon enfant, lui répondit Enfantin. Aide-nous à les manger. Et Laurent de l'Ardèche se mit à table et acheva [le] repas avec nous.

Enfantin ne repoussait pas la controverse. Si jeune que je fusse par rapport [à lu]i, il acceptait la discussion avec moi.

Je le vis pour la dernière fois dans sa villa de Saint-Germain, vers 1862, à un grand déjeuner auquel j'étais convié, et dans lequel il donna lecture de son livre, *la Vie éternelle*, ce livre qui devait être le dernier.

On en connaît la doctrine. L'homme ne meurt pas, mais il ne revit pas non [plus ...] se confond dans la vie de ceux qui continuent son œuvre. Saint-Simon vivait en lui sans qu'il fût Saint-Simon; Napoléon I vivait en Napoléon III, sans que Napoléon III cessât d'être une personnalité absolument distincte de celle de son oncle; Socrate avait vécu en Jésus-Christ sans s'identifier le moins du monde avec le fondateur du christianisme. Et quand on lui objectait que cette survie pouvait être admise par les matérialistes les plus endurcis, il répondait que le mort se sent dans le vivant. « Napoléon I jouit dans Napoléon III ; Saint-Simon jouit en moi. » Conception quelque peu fantaisiste et difficilement compréhensible, il faut en convenir.

De même lorsqu'on discutait avec lui le torturant problème du libre arbitre il disait : « Tous nos actes sont régis par des lois; mais nous n'en avons pas conscience. Tout se passe pour nous comme si nous étions libres et il faut qu'il en soit ainsi. »

Au fond, Enfantin n'avait aucune des croyances sur lesquelles s'étayent nos religions positives. Mais il n'avait pas voulu remplacer ces croyances par de pures négations. Il avait ce sentiment absolu que la religion est un instrument nécessaire de discipline sociale. Ayant cru l'heure propice, en 1830, pour remplacer, par un culte nouveau, des cultes qu'il ne jugeait plus appropriés à notre époque, il avait cherché des formules capables de nouer la tradition entre le passé et l'avenir, et il avait fini par s'y prendre lui-même.

Malheureusement pour lui, comme pour la plupart des faiseurs de systèmes, il avait été entraîné à sacrifier la liberté à l'autorité. « La liberté, a-t-il écrit, doit être le plaisir d'obéir. »

C'est par là qu'a péri son école, et c'est ce qui fit que plus tard ceux qui s'en séparèrent, comme Lemonnier et Massol, en gardèrent l'exécration. J'ai beaucoup connu Massol. Sa haine du Saint-Simonisme était telle qu'il ne consentait même pas à en parler.

Il était injuste. Plus impartiaux aujourd'hui nous devons reconnaître que Saint-Simon, Enfantin, Olinde Rodri-

...nes vivent mûs par des passions généreuses. Leur œuvre n'est pas demeurée stérile. Leur pensée a fécondé bien des cerveaux, et, pour ma part, j'ai puisé, dans mes relations avec Enfantin et dans l'étude de ses œuvres, nombre d'idées précieuses et des souvenirs qui me sont chers. Si son esprit, pour parler son langage, revit et jouit en quelqu'un, que cet article lui apparaisse comme le témoignage de gratitude d'un homme qui, après bien des années écoulées, se rappelle l'accueil d'autrefois et en a conservé la reconnaissance.

Alfred Naquet.

L'Éclair du 13 8bre 1894 (7me année — n° 2147)

OPINIONS

UN IDÉAL

M. Maurice Barrès accusait récemment le parti radical de manquer d'un idéal et il voyait là l'infériorité du radicalisme sur le socialisme.

M. Maurice Barrès a raison lorsqu'il affirme qu'un parti, pas plus qu'un peuple, ne peut se passer d'un idéal, d'une synthèse au tour de laquelle s'agglomèrent et se concrètent ses idées; mais il se trompe en prétendant que le parti radical n'en a pas. Il en a un qui est malheureusement démodé avant d'avoir été atteint, et dont il a le très grave tort de ne pas vouloir changer, c'est la séparation des Eglises et de l'Etat et la guerre au cléricalisme.

Il y a vingt ans, il y a quinze ans, cet idéal lui suffisait. Il enflammait les républicains; il les réunissait en un faisceau. Il passionnait les masses. C'était d'ailleurs un idéal élevé, fondé sur la raison et non sur l'intérêt matériel. Aussi bien pour ceux qui l'adoptaient que pour ceux qui le combattaient, il faisait planer l'esprit dans des régions sereines, au-dessus des questions terre à terre qui se débattent à cette heure. Il était digne d'être inscrit sur le drapeau d'un grand parti.

La séparation des Eglises et de l'Etat est d'ailleurs le terme ultime de l'évolution commencée en 1789, évolution d'où est sortie la sécularisation de la société ; et si les gouvernements opportunistes qui se sont succédé avaient été à la hauteur de leur tâche, cette réforme philosophique serait réalisée à l'heure présente.

Mais quand la chose pouvait être faite, au moment où elle aurait entraîné l'enthousiasme d'une partie du pays, on n'a pas voulu la faire ; on a préféré expulser quelques religieux et froisser quelques consciences. Aujourd'hui si on la faisait on se heurterait à l'indifférence universelle, sinon des adversaires de la réforme du moins de ses partisans. On ne déchaînerait les passions que du côté des catholiques, et cela sans que la République puisât aucun élément de force dans l'ordre nouveau qu'elle inaugurerait parce que les préoccupations du pays ne sont plus là. Si donc le parti radical veut vivre, s'il veut disputer le pouvoir aux opportunistes et barrer la route au collectivisme, il lui faut trouver quelque chose de plus neuf, ou tout au moins de plus approprié à la situation du jour.

Cela ne veut pas dire que la séparation complète du spirituel et du temporel ne s'effectuera pas un jour. Elle viendra, car elle est dans la logique des choses. Mais les réformes peuvent venir de deux manières, comme base ou comme couronnement, comme principe ou comme conséquence finale, et telle qui pouvait s'implanter comme base si on l'avait réalisée à l'heure opportune, ne peut plus, lorsqu'c a laissé passer cette heure, venir que comme couronnement.

Je me rappelle être allé voir en 1876 ou 1877 mon vieil et excellent ami Arthur Arnould, alors exilé à San Remo.

— « Il est bien important pour la France, me dit-il, que la République ne périsse pas dans la tourmente que nous traversons. Notre génération ne la reverrait pas. L'idéal républicain est déjà dépassé. C'est l'idéal socialiste qui tend à prendre sa place ; si nous perdions la forme républicaine aujourd'hui, les combattants de l'idée ne lutteraient plus pour la reconquérir. »

Il suffit de regarder autour de nous pour comprendre combien Arthur Arnould voyait juste. En 1848, l'idée républicaine passionnait le monde : à Berlin, à Vienne, à Pesth, à Bade, à Rome, à Venise, on se levait pour la République et pour la liberté.

Aujourd'hui, à l'exception de l'Espagne où il reste un parti républicain militant, où donc en trouve-t-on encore un en Europe ? Nulle part.

Il y a des socialistes de diverses écoles — il y a des anarchistes même, hélas ! — dans tous les pays ; mais sur aucun point, fors l'Espagne, ne se dresse la plate-forme républicaine. Pour l'Allemagne, pour l'Autriche-Hongrie, pour l'Italie, la République est un idéal démodé auquel on ne tient plus, qui n'excite plus les passions ; elles sont ailleurs, et il en aurait été infailliblement de même en France si nous avions été vaincus au 16 mai.

Cela ne veut pas dire que là où l'on a cessé d'en parler la République ne doive jamais venir. Elle y viendra comme la conséquence logique et nécessaire de l'état social nouveau qui se prépare ; elle y viendra pour couronner l'édifice ; mais elle n'y viendra plus ainsi qu'elle est venue chez nous, comme base de cristallisation, ou, si l'on préfère cette métaphore à la précédente, comme outil principal des réformes sociologiques.

Il en est de même de la séparation des Eglises et de l'Etat. Un jour, moins lointain, je l'espère, qu'on ne se l'imagine, lorsque les luttes religieuses seront définitivement éteintes, quand la réconciliation de tous dans la République sera accomplie, non seulement comme aujourd'hui dans les faits, mais aussi dans les esprits et dans les cœurs, on se dira qu'il y a incompatibilité entre le domaine laïque et le domaine de la foi, que l'Etat ne peut pas sérieusement diriger la religion, c'est-à-dire les consciences, et que la religion elle-même a un intérêt majeur à vivre indépendante. Ce jour-là, en vertu de cette conception nouvelle qui s'annonce de partout, et l'idée religieuse ayant alors plus à y gagner qu'à y perdre, la réforme s'accomplira. Mais elle sera la dernière éclosion de notre évolution philosophique et ne sera pas ce qu'elle aurait pu être, un instrument propre à hâter cette évolution.

On n'a pas voulu qu'elle le fût. On ne l'a pas réalisée lorsqu'elle était réalisable. Aujourd'hui, elle ne peut plus que tuer les partis qui s'attarderont à en faire l'élément principal de leur programme, et qui ne garderont que cet oripeau usé pour l'offrir à leurs partisans et pour l'opposer au drapeau éclatant du collectivisme.

Le parti radical peut imiter le parti royaliste. Il peut se résigner à mourir son vieux drapeau à la main, au milieu de l'indifférence du pays qui ne connaîtra même plus ses couleurs. Il peut s'effacer devant le collectivisme. Ce ne sera peut-être pas sans dignité pour lui ; mais ce sera à coup sûr sans profit pour la France.

Il peut, au contraire, avoir encore un rôle considérable à jouer. Il importe à notre pays, il importe au monde, que l'esprit d'immobilisation opportuniste ne trouve pas seulement en face de lui le socialisme de l'école de Jaurès et de Guesde. Il est capital que l'esprit de réforme ne paraisse pas exclusivement représenté par l'école collectiviste.

Au milieu de ces éléments divers, le radicalisme n'a qu'à vouloir pour accomplir une grande tâche. Il a à sa portée un drapeau qui électrisera le pays s'il sait le déployer, le drapeau du socialisme libéral. Qu'il prenne la défense de la propriété individuelle contre les collectivistes! qu'il se dresse contre ces derniers et s'oppose à tous leurs projets d'absorption industrielle, au lieu de les suivre servilement pour ce que l'on est convenu d'appeler la reprise des grands services publics. Qu'en même temps il combatte l'organisation sociale actuelle. Qu'il propose des moyens pour faciliter la diffusion des capitaux, pour rendre tous les citoyens individuellement capitalistes, pour universaliser la propriété privée au lieu de la supprimer.

Qu'il fasse cela. Qu'il montre surtout qu'il ne s'agit pas seulement pour lui de réaliser quelques petites réformes de détail mais bien d'une vue d'ensemble, d'un véritable idéal de justice et de liberté à conquérir. En un mot, qu'il déploie drapeau contre drapeau et il verra quels succès couronneront ses efforts.

Aujourd'hui il n'a, comme programme, qu'une seule idée qui lui soit propre, l'anticléricalisme. Pour tout le reste il suit les collectivistes de mauvais gré, mais il les suit.

Il n'a donc su, jusqu'à ce jour, ni adopter le programme nettement défini qui lui assurerait la victoire, ni rejeter la vieille défroque qui la lui ferait perdre forcément.

Les opportunistes affirment l'esprit nouveau du haut de la tribune.

Les socialistes de l'école de Guesde agitent encore le cas échéant le spectre clérical à la Chambre en vue de renverser un cabinet; mais ils se gardent bien d'en rien faire dans le pays. Ils veulent amener à eux la fraction démocratique de l'ancienne armée monarchiste, et ils ne sont pas assez naïfs pour l'effaroucher.

Seul le parti radical demeure atteint de cécité et se cantonne sur une plate-forme qu'il ne choisirait pas différente s'il voulait amener le triomphe de ses adversaires.

Il est grand temps pour lui d'y songer. Renoncer à parler sans cesse de la séparation des
Eglises et de l'Etat, laisser dormir la question
religieuse dans la paix des consciences, et appeler tous les citoyens, quelque croyance philosophique qu'ils professent, à la défense de la
propriété individuelle aussi bien menacée par
l'accaparement individualiste cher à l'opportunisme que par la socialisation des capitaux
chère au collectivisme, voilà la ligne de conduite
qui seule peut lui assurer la vie et le triomphe.
À lui de voir s'il lui plaît de la suivre, ou s'il
préfère persévérer dans un vieux sentier aban-
donné qui le conduit à un gouffre. On ne peut
pas plus sauver les partis que les individus
malgré eux.

Alfred Naquet.

*La Riforma sociale del 10 ottobre 1894 — anno I vol. II – fasc. 18
Eo ino piazza solferino 20   Roma vea t ritone 197 (1)*

LA QUESTIONE DELLE IMPOSTE NEGLI STATI MODERNI.

La questione delle imposte è in questo momento all'ordine del giorno
in tre grandi paesi: l'Italia, gli Stati Uniti e la Francia.

Negli Stati Uniti si sono testè ridotti i dazi doganali e si cercano pel tesoro risorse atte a compensare la perdita che risulterà
dalla diminuzione delle tariffe.

In Italia si volle cercare il pareggio all'infuori delle economie sui
bilanci della guerra e della marina, le quali soltanto avrebbero con-
sentito di risolvere il problema senza nuove imposte.

In Francia si vagheggia un ideale di riforma fiscale nello stesso
tempo che si spera di ottenere dal rimaneggiamento delle tasse i pro-
venti necessari non solo a controbilanciare l'aumento permanente del
bilancio, ma ancora a sopperire alle riforme sociali costosissime, che
si medita di mettere in pratica.

Nei tre Stati adunque si cerca sia un gettito superiore delle imposte, sia un mezzo di sostituire tributi che si vorrebbero abolire, e,
dal momento che si è costretti a chiedere al paese nuovi sacrifizi, si

(1) voir *varia* t. V p. 216 & suivantes.

escogitano naturalmente diversi sistemi col desiderio di trovare quello che sia più conforme ai principii della democrazia.

In Francia e in America specialmente i novatori tentano di istituire l'imposta sull'entrata, sollevando qua e là molte opposizioni, che sembra raggiungano il massimo d'intensità al di là dell'Atlantico, dove un precedente esperimento pare abbia lasciati dei ben tristi ricordi.

Io credo che, essendo lo stesso problema posto press'a poco in questi termini dappertutto, dovrebbe riuscire interessante pei lettori della *Riforma Sociale* uno sguardo complessivo alle imposte dirette.

Da tutte parti noi udiamo criticate le imposte attuali, e ciò che più i riformatori cercano di raggiungere è quello che chiamasi la perequazione dell'imposta.

Si vorrebbe — e nulla v'è di più giusto — imporre a tutti i contribuenti sacrifizi uguali, per modo che nella ripartizione dei pubblici gravami nessuno si trovasse favorito, nessuno sacrificato.

Questo problema è disgraziatamente insolubile e sarà tale finchè esisteranno delle disuguaglianze di condizioni fra gli uomini, vale a dire, molto probabilmente, sempre.

La perequazione dell'imposta ha qualche analogia colla quadratura del circolo. La si cercherà eternamente, ma non la si troverà mai. Però questa impossibilità di arrivare ad una soluzione del tutto soddisfacente non impedisce che ci si sforzi per avvicinarsi, per quanto è dato, all'ideale, ed è per questo che il problema delle imposte è tale da attirare l'attenzione di tutti gli uomini amanti delle cose del proprio paese, di tutti coloro pure che, spingendo più lungi le loro preoccupazioni umanitarie, ripetono con Terenzio: « *Nihil humani a me alienum puto* ».

Per studiare questa importante questione con un po' di chiarezza è bene dividere lo studio e trattare separatamente dei diversi elementi di cui essa si compone per trarne poi una conclusione.

Gli economisti hanno distinte le imposte dirette in due grandi categorie: quelle che essi qualificano « reali » e quelle che essi qualificano « personali ». Quale delle due categorie di imposte si deve preferire? Ecco il primo punto che noi dobbiamo esaminare.

Vi sarebbe pure modo di distinguere a proposito di questo esame. Infatti, secondo che si trattasse di stabilire di sana pianta un sistema di imposte in uno Stato nuovo (di questo — diciamolo subito — non si può dare il caso, avendo ogni popolo il suo passato), o si trattasse di apportare una trasformazione nel regime finanziario di un popolo antico, che possegga già tutto un sistema di imposte stabilito da lungo tempo, le conclusioni dovrebbero essere diverse.

Mi si potrebbe obbiettare che faccio a questo proposito della scolastica, poichè il primo punto posto in discussione risponde, e ho riconosciuto io stesso, ad una situazione che non esiste in fatto. Ma quella sarebbe un'obbiezione senza valore, perchè se tale situazione non esiste assolutamente, esiste in modo relativo. Quando un popolo ha bisogno di nuove entrate, esso si trova, di fronte alla necessità di queste, nella situazione in cui si troverebbe il popolo novello e ipotetico, intorno al quale io discuto, e, in questo limite, le conclusioni applicabili a quel popolo nuovo sono ad esso applicabili per quanto concerne il di più d'imposte che deve creare.

Quale è, secondo gli economisti, l'imposta reale? È quella che colpisce un determinato oggetto senza preoccuparsi della persona che lo possiede.

Ho un podere od una casa. Questo podere o questa casa deve allo Stato un canone annuo fissato con maggiore o minore esattezza in base all'entità del capitale o in base al reddito netto, cioè *imposta reale*. Lo Stato richiedendo questo prelievo non si preoccupa della mia persona; non si domanda se ho dei debiti o se non ne ho, se sono ricco o se sono povero. È il mio podere o la mia casa che è tassata, non sono io.

Così pure. Io posseggo delle obbligazioni della città di Parigi. Ad ogni taglio di cedola lo Stato preleva, in Francia, il 4 % del valore di questa cedola. Esso non esamina se ho un solo titolo o se ne ho mille, se sono capitalista, industriale, commerciante od operaio. Qui ancora non è la mia persona che colpisce, ma il valore che io posseggo: imposta reale.

Per contro se lo Stato cerca, sia a mezzo della dichiarazione dei contribuenti, sia con un accertamento d'ufficio, sia con presunzioni legali basate sopra manifestazioni esteriori, di valutare il reddito netto di ciascun cittadino e domanda, in seguito, a tutti una quota-parte proporzionale o progressiva, secondo il sistema adottato, del reddito così valutato, l'imposta non grava più sull'oggetto, non se ne occupa più, non lo conosce più. Essa è basata sulle ricchezze presunte note della persona stessa: è una imposta personale.

Quale delle due si deve preferire?

A mio giudizio, se si trattasse di creare un regime nuovo di sana pianta, o, ciò che torna lo stesso, si trattasse di trovare delle nuove entrate presso un popolo antico, presso il quale il gettito naturale dei tributi esistenti non è cresciuto parallelamente all'aumento delle spese, l'imposta personale, in principio, è migliore.

Ma se non si tratta che di giustizia fiscale, se, di più, ci si trova in presenza di un popolo dove vige da lungo tempo un insieme di tributi reali — fatte certe eccezioni che esaminerò in seguito — mia opinione molto ferma è che il miglior partito sia quello di nulla innovare, per quanto oppressivo, per quanto contrario alla uguaglianza tale insieme di imposte possa parere, perchè in fatto quel carattere oppressivo e contrario all'eguaglianza non è che apparente.

Quello che sto per dire parrà forse paradossale alle persone poco famigliari con questa sorta di studi. Ma il paradosso non esiste e non faccio che enunciare una verità assoluta, pressochè matematica, affermando che le imposte reali non sono pagate da nessuno quando esistono da lungo tempo.

Basta, per convincersene, un esame rapidissimo, quasi superficiale.

In Francia, per prendere un esempio in casa nostra, abbiamo sei grandi compagnie di strade ferrate, le cui obbligazioni sono altrettanto solide quanto la rendita dello Stato.

Orbene, se si apre il listino ufficiale della Borsa di Parigi e si stabilisce la media dei corsi delle obbligazioni delle sei grandi compagnie, che sono d'altronde pressochè uguali le une alle altre e sono soggette a poche variazioni non essendo valori di speculazione, si trova che queste compagnie prendono denaro al tasso del 3,38 % circa.

Se, d'altra parte, si prendono i corsi, non del 3,5 % che è limitato nel suo possibile rialzo dalle minacce di una conversione non troppo lontana, ma del 3 % che è la nostra rendita-tipo, si trova che lo Stato prende denaro al 3 %, anzi a un tasso un po' meno alto poichè la rendita 3 % supera oggigiorno la pari.

Vi è dunque una differenza di 0,38 per cento in danno delle compagnie. Questa differenza si spiega facilmente.

La rendita dello Stato non paga imposte. Al contrario una obbligazione della Nord o della P. L. M. subisce, in causa dell'imposta di cui è gravata sotto diverse forme, una ritenuta annua che si approssima molto a 0,38 per cento.

Se da 3,38, tasso al quale prendono denaro le compagnie, si preleva 0,38, che rappresenta l'imposta, rimane il 3 per rendita netta.

In breve colui che acquista a 462 una obbligazione dell'Orléans che rende 15 lire, ma paga 1,90 di imposte e frutta in realtà lire 13,10 nette, impiega il suo denaro molto approssimativamente al 3 % precisamente come colui che acquista la rendita a cento.

Che significa ciò? Che le imposte che gravitano sulle cose si incorporano nel prezzo delle cose stesse. I prezzi dei valori mobiliari come quelli dei fabbricati e terreni risultano dalla legge dell'offerta e della domanda. Nelle varie epoche, a seconda che il prezzo del denaro è più o meno elevato, questi prezzi si alzano o si abbassano, ma ad ogni momento vi è sempre per i valori ritenuti ugualmente buoni un prezzo generale. Questo è inevitabile e proviene dalla forza stessa delle cose.

Fra due valori inegualmente garentiti il capitalista può forse, per misura di prudenza, impiegare i suoi capitali in quello che rende meno perchè lo considera più sicuro; ma se i due valori sono ugualmente sicuri non vi sarà più ragione alcuna perchè il possessore di danaro preferisca fra essi quello che rende meno. Egli sceglierà necessariamente quello che rende di più, e, poichè la frequenza della domanda produce il rialzo nel prezzo dell'oggetto che è domandato, questo valore rialzerà laddove l'altro scenderà o diverrà stazionario finchè i prezzi si siano equilibrati e l'uno renda quanto l'altro. Ciò verificandosi — ed è impossibile che non si verifichi — è evidente che dal momento che una *imposta reale* è stabilita sopra un valore, questo scende in proporzione della tassa che ne diminuisce la rendita.

Supponete, per esempio, che domani la Francia stabilisca una imposta del 4, del 5 o del 10 % sopra la sua rendita, che un titolo del valore nominale di 100 lire, che rende al presente 3 lire, non rendesse più di 2,88, 2,85 o 2,70, essendo il tasso attuale di capitalizzazione dei valori sicuri il 3 %, la rendita scenderebbe subito dal prezzo di 100 lire per raggiungere quello di 96, 95 o 90.

Potrebbe darsi anche che essa scendesse più giù che in questa proporzione strettamente matematica.

Vi è infatti nei prezzi dei valori un elemento morale di cr   corre tener conto. Attualmente tutti sono convinti che la Francia non metterà mai imposte sulla rendita e, per conseguenza, tutti la comprano a 105 lire. Ma la si tassi dell'1 %, solamente ed i capitalisti diranno che, una volta ammesso il principio, non vi è ragione di arrestarsi lì. Essi si ricorderanno che, dopo aver colpiti nel 1872 i valori mobiliari diversi dai fondi pubblici d'una tassa del 3 %, si è portata più tardi questa tassa al 4 %. Essi avranno timore che la tassa dell'1 % stabilita sulla rendita non sia l'ultimo passo di questa imposta, ma che si possa elevarla gradatamente al 2, al 3, al 4 % e, mettendo questa paura nei loro calcoli di capitalizzazione e preferendo acquistare dei titoli che presentino subito in maggior misura dei titoli di Stato quell'alta garanzia che li spingeva a sacrificare l'interesse alla solidità del capitale, abbandoneranno i titoli di Stato, i cui prezzi potranno discendere molto al di sotto di quanto sarebbe matematicamente giustificato dalla ritenuta sulla cedola. Ma pure non tenendo conto di questo effetto morale, che potrebbe verificarsi o non, è certo che almeno la discesa proporzionale si avrebbe senza dubbio.

Questa asserzione così conforme ai fatti fu tuttavia combattuta da qualche osservatore superficiale. Si vide in Italia la rendita salire rapidamente l'indomani del giorno in cui fu stabilita l'imposta sulla *Ricchezza mobile*, ed il fenomeno si è ripetuto due mesi or sono; si videro in Francia certi valori mobiliari restare fermi l'indomani dell'imposizione della tassa del 3 %, e da ciò si volle concludere che l'imposta non entra a determinare i prezzi.

Basta però riflettere un momento per riconoscere che si trassero da fatti isolati delle conseguenze che essi non autorizzano a dedurre.

I fenomeni economici, alla pari dei fenomeni morali, sono complessi. Essi obbediscono a molteplici cause, di cui l'una può mascherare gli effetti dell'altra e produrre degli errori di apprezzamento. Così pure quando si formola una legge economica, bisogna aver sempre cura di sottointendere, prima della enunciazione della legge: « A parità di tutte le altre condizioni ».

Così si potrebbe dare il caso che una tassa sulla rendita coincidesse con una abbondanza tale di capitali sul mercato da produrre una diminuzione notevole nel prezzo dei capitali. In questo caso essendo l'azione dell'imposta compensata dal ribasso generale del tasso dell'interesse, i prezzi dei fondi di Stato potrebbero rimanere stazionari ed anche rialzare nonostante l'imposta; ma ciò non proverebbe niente altro fuorchè si sarebbero elevati di più se non fosse stata stabilita l'imposta.

Parimenti se si suppone uno Stato, le cui finanze siano in dissesto, il cui credito sia scosso, i cui fondi pubblici siano molto in ribasso, e che questo Stato, mediante un prelievo sulla sua rendita, arrivi a rimettere il suo bilancio in equilibrio, poichè questo sforzo supremo non potrà indicare, per parte sua, l'intenzione di ricominciare e la solidità delle sue finanze così conseguita aumenterà la fiducia ispirata dai suoi fondi, questi passeranno dalla categoria dei valori incerti a quella dei valori sicuri, si capitalizzeranno al tasso di questi ultimi, invece di capitalizzarsi al tasso dei primi, e la discesa aspettata sarà sostituita da un rialzo. Ma se l'equilibrio del bilancio si fosse raggiunto con altri mezzi, il rialzo sarebbe stato più considerevole e qualsiasi cosa avvenga, si potrà asserire che rimarrà, fra i prezzi osservati dopo l'imposta e quelli che si sarebbero stabiliti, a parità di tutte le altre condizioni, se non fosse stata stabilita la tassa un salto almeno proporzionale alla imposta.

Aggiungiamo che i sindacati degli speculatori possono talvolta alterare i corsi, ma per un po' soltanto, e che, sotto questo punto di vista, ciò che si verifica il giorno stesso della imposizione di una tassa non rappresenta sempre l'azione veritiera, definitiva e fatale che si verificherà un po' più tardi.

Stabilito questo, e non dubito che alcuno possa seriamente contestarlo, si comprende subito come io abbia potuto dire, parlando delle imposte reali, che nessuno le paga.

Esse sono prelevate una volta tanto in capitale dai possessori della cosa tassata al momento in cui sono stabilite. Se oggi si tassa la rendita del 10 % ed io posseggo un capitale di 100.000 lire in rendita dello Stato, questo capitale precipiterà a 90.000 lire e personalmente io rimetterò 10.000 lire sul mio capitale. Ma se vendo, dopo questo ribasso, per 90.000 lire ciò che mi era costato 100.000, l'acquirente che comprerà per 90.000 un titolo che rende 2.700 lire, dedotta l'imposta, collocherà il suo denaro al tasso corrente del 3 %, come se lo avessi impiegato io stesso quando avevo pagato 100.000 lire titoli che, non essendo ancora tassati, rendevano allora 3.000 lire. Egli non sborserà dunque nulla allo Stato. È sopra di me, possessore attuale, che la tassa avrà pesato a perpetuità, io sarò stato spogliato, non di una parte della mia rendita, ma d'una parte del mio capitale e nessun altro di quelli che diverranno nell'avvenire proprietari dei titoli venduti da me sentirà il peso dell'imposta.

Succede in questo caso qualche cosa d'analogo a quello che avverrebbe se la nazione si impadronisse d'una parte del capitale dei privati formandone un capitale nazionale e amministrandolo essa stessa.

In fatto essa diviene proprietaria indiretta d'una parte di questo capitale; ma essa lo lascia indiviso con ciò che rimane in possesso dei proprietari, ed incarica questi di amministrarlo per essa, di ritirare per essa i frutti e di versarglieli. I possessori di una cosa sono frustrati di una parte di questa cosa e trasformati nei riguardi di questa parte in amministratori ed esattori a profitto dello Stato. Tale è la condizione creata da ogni imposta detta *reale*.

Perchè il fenomeno si manifesti in tutta la sua pienezza, perchè si possa dire che nessuno paga più l'imposta bisogna che sia trascorso un periodo di tempo relativamente lungo, che siano avvenute così numerose trasmissioni che non resti più alcuno dei possessori primitivi. Ma, giunti a questo punto — si può dire senza tema di errare che lo si raggiunge dopo un secolo — il fenomeno si verifica in modo assoluto. Questo mi permette di affermare che, in Francia, si dica ciò che si vuole, l'imposta fondiaria, che data da più di un secolo, ha cessato di esistere, formando oggigiorno le tasse, di cui le terre sono colpite, parte del prezzo di queste terre medesime. Ne deriva che le disuguaglianze apparenti, di cui si fa un quadro ogni giorno nelle discussioni e nei progetti di legge, sono una illusione e che si ragiona sul falso quando ci si appoggia sopra queste pretese disuguaglianze per domandare una perequazione che non si deve cercare, poichè la più sicura delle perequazioni è la distruzione stessa dell'imposta e poichè questa da molto tempo è spenta.

È però ugualmente vero tuttavia che, allorquando si aumenta con centesimi addizionali l'imposta fondiaria a favore dello Stato o dei Comuni, si produce di nuovo il fenomeno di spogliazione di cui i predecessori ebbero a lagnarsi e si produce in modo ineguale se la parte di proprietà che lo Stato possiede sulle terre è ineguale. Questa ultima constatazione giustificherebbe, se ci si accontentasse di un ragionamento semplice, quelli che vorrebbero perequare l'imposta fondiaria per uguagliare la condizione dei contadini addizionali. Ma, siccome il primo di questi agguagliamenti importerebbe un regalo puro e semplice a profitto dei proprietari sgravati ed una nuova spogliazione a danno di quelli che sarebbero gravati, non si otterrebbe la ricercata giustizia che a prezzo di una ingiustizia, ed è meglio non più innovare nè riguardo all'imposta fondiaria nè riguardo alle altre imposte esistenti che hanno realmente il carattere di imposta reale; è meglio cercare nei tributi personali le entrate di cui si abbisogna.

Ciò mi induce a parlare delle imposte personali, le quali per vero, se gli estimi delle ricchezze personali sono esatti, presentano il carattere di una imposta, non di una espropriazione.

Quando, infatti, io cerco quale è il reddito netto di un cittadino senza preoccuparmi della sua origine e che obbligo poi questo cittadino a pagare annualmente una quota-parte, sia proporzionale sia progressiva, della sua entrata, non riesco in alcun modo a influenzare i prezzi dei valori.

Tutt'al più, se la somma esatta è considerevole, il prelievo potrebbe avere per conseguenza, diminuendo il risparmio annuale, di elevare il tasso generale dell'interesse. Ma questo aumento generale del prezzo del denaro si ripercuoterebbe sopra tutti i valori senza distinzione, non modificherebbe la condizione relativa degli uni e degli altri e conseguentemente non avrebbe alcuna ripercussione.

La conseguenza di quanto precede è, che in tutti gli Stati occorre esaminare con cura quali sono le imposte che presentano veramente il carattere d'*imposte reali* e non più ritoccarle e limitarsi, per avere il fabbisogno, sia a stabilire un'imposta sull'entrata, sia ad aumentare le imposte esistenti che non presentano il carattere di imposte reali.

In Francia, le imposte veramente reali, quelle che sono incorporate nel prezzo degli oggetti tassati, sono l'imposta fondiaria sui fabbricati, l'imposta fondiaria sui terreni e la ritenuta del 4 % sopra le cedole delle azioni e delle obbligazioni delle società finanziarie o comunali.

In Inghilterra, la *poor-tax*, che grava esclusivamente sulla proprietà fondiaria è nello stesso caso, e molti Stati americani conoscono imposte di tale natura.

Al contrario presso di noi, l'imposta personale e mobile, che è fissata in base alla pigione pagata da ogni abitante, è un' imposta personale sull'entrata. La pigione serve qui, in luogo della dichiarazione richiesta altrove, come un mezzo di valutare il reddito di ogni contribuente. Si muove dalla presunzione legale che, in genere, ogni famiglia consacra alla pigione circa la settima parte dei denari di cui essa può disporre durante l'anno.

In fine vi sono, press'a poco in tutti i paesi, delle imposte sulle successioni o sui trapassi, le quali non partecipano nè della natura delle imposte reali, nè della natura delle imposte personali. Sono imposte di natura particolare, che non si incorporano sempre nel valore della cosa e che si possono per conseguenza aumentare o diminuire utilmente, senza esporsi a fare nè dei doni gratuiti agli uni nè dei prelievi sul capitale degli altri. Ecco adunque il primo principio che noi stabiliamo: giammai rimaneggiare le imposte reali e, quando si ha bisogno di nuove entrate e non si vuol trarle dalle imposte indirette sui consumi, chiederle all'imposta sulla rendita o all'imposta sulle successioni.

Credo opportuno tuttavia di fare qui una riserva. Vi è un caso in cui si possono utilmente rimaneggiare le imposte reali, e si verifica quando si ha per iscopo non la perequazione, l'eguaglianza delle imposte, ma il conseguimento di un risultato sociale, risultato riguardo al quale l'imposta è un mezzo coercitivo, è una leva.

Ecco un esempio. I tedeschi hanno giudicato che la proprietà troppo grande come quella troppo piccola fosse nociva alla agricoltura. Essi hanno voluto spingere alla divisione della grande proprietà ed alla riunione degli appezzamenti; per riuscire a ciò essi hanno resa più gravosa l'imposta che pesa sulle piccole e sulle grandi proprietà ed hanno favorite al contrario, secondo le loro vedute, le proprietà medie.

Senza dubbio, così operando, essi staccano una parte del capitale dei grandi e dei piccoli proprietari e ne fanno dono ai medii proprietari. Ma il fine giustifica la loro condotta poichè si tratta — almeno lo si è creduto — di dare incremento alla produzione agricola del paese.

Parimenti, quando nel 1893 a Parigi, noi chiedevamo alla Camera dei deputati di rimaneggiare la legge delle patenti e di pretendere dai commercianti un'imposta progressiva secondo il numero delle categorie di mercanzie da essi vendute, noi tendevamo, più che a stabilire una maggior giustizia distributiva, a stabilire un termine all'accrescimento dei grandi magazzini ed alla incetta che ne proviene. Si può discutere se avevamo torto o ragione; ma, in tutti i casi, vi è qui un esempio di quella che io chiamo imposta coercitiva.

L'imposta coercitiva discende da un tutt'altro ordine di idee da quello onde procede la questione della imposta stessa, ed io non ne fo cenno qui che per spiegare la riserva che ho creduto di dover fare.

Essendo l'imposta sull'entrata, secondo i principii che ho esposti, la preferibile sia da uno stato nuovo, se ve ne ha, sia da uno stato che voglia aumentare le sue entrate — eccetto che esso ne ricerchi nelle imposte indirette — rimane ad esaminare quale mezzo di valutazione delle entrate potrebbe essere adottato e se l'imposta debba rivestire il carattere di imposta proporzionale o progressiva.

Vi sono tre mezzi possibili di valutazione delle entrate: la dichiarazione del contribuente, l'accertamento di ufficio e le presunzioni legali, come quelle di cui ho fatto cenno più sopra, e che consistono in Francia a stimare le entrate in base alla pigione.

È evidente che nessuno di questi sistemi è perfetto. Tutti e tre presentano delle imperfezioni considerevoli; ma è disgraziatamente proprio di queste materie di non essere suscettibili di una esattezza completa e di non permettere mai che delle approssimazioni.

L'accertamento di ufficio, sopratutto nei luoghi dove esistono delle divisioni politiche profonde, presenta il grande pericolo di diventare oppressivo. Le commissioni incaricate di stabilire le imposte non aggraveranno esse i loro avversari e non sgraveranno i loro amici? Bisognerebbe avere ben poca conoscenza dell'umanità per non dubitarne.

La valutazione in base alla pigione non importa di queste ingiustizie stridenti, ma essa importa molto grandi errori. Un uomo ricco e avaro può ben pagare un fitto molto sproporzionato alla sua fortuna e sfuggire così in gran parte all'imposta.

D'altra parte un uomo a capo di numerosa famiglia, benchè meno ricco, è costretto ad avere un alloggio più vasto e perciò più caro di quello di un celibatario più fortunato di lui. In questo caso ciò che per il primo è un accrescimento di peso e non un indizio di ricchezza, diviene per lui causa d'una imposizione esagerata e, per ciò stesso, ingiusta. Aggiungo che certe professioni esigono talvolta dei locali considerevoli e anche di lusso, senza che questi siano l'indizio di una opulenza considerevole. Essi sono piuttosto da considerarsi, in questi casi, come uno strumento da lavoro.

Si può dire altrettanto dei domestici e delle vetture che costituiscono d'ordinario spese di lusso, ma che possono anche, talvolta, costituire spese professionali.

Ma è evidente che combinando tutti questi elementi, diminuendo la tassa sulle pigioni in una data proporzione secondo il numero più o meno considerevole dei figli e facendole subìre parimenti una certa diminuzione, calcolata per mezzo di un coefficiente professionale, secondo la professione, ed elevandola, al contrario, secondo il numero dei cavalli, delle vetture e dei domestici; facendo infine dell'osservanza di queste regole una legge agli impositori ufficiali, si può ottenere dall'accertamento di ufficio una approssimazione tanto giusta quanto è permesso di sperarla.

Per avvicinarsi sempre più a questa approssimazione, si può ancora aggiungere la dichiarazione facoltativa del contribuente ai mezzi di apprezzamento che noi abbiamo enumerati.

La dichiarazione presenta degli inconvenienti grandissimi.

Essa si presta alla frode, alla dissimulazione, sia per parte dei ricchi poco scrupolosi, sia dei ricchi timidi, che, sopratutto in quest'epoca di rivendicazioni socialistiche, non sapendo quale sarà il governo di domani, possono aver timore di mettere nelle mani di quello d'oggi la nota esatta di ciò che posseggono.

In questo caso i frodatori sono tassati in piccola misura ma l'imposta grava con tutto il suo peso sopra le persone oneste, alla cui coscienza repugnano le false dichiarazioni e sopra quelle che, avendo degli impieghi governativi, non possono nascondere le loro entrate. Gli onesti pagano allora pei truffatori, ciò che è poco incoraggiante, senza tener conto che, in causa di queste frodi, l'imposta diventa molto poco produttiva e si riesce ad avere il paese gravato di considerevoli vessazioni, non giustificate punto dai risultati che se ne ritraggono.

L'Italia ha stabilito l'imposta sull'entrata basata sopra la dichiarazione del contribuente e sembra che se ne trovi abbastanza poco soddisfatta.

L'Inghilterra ha una tassa sull'entrata nella cui determinazione entra la dichiarazione del contribuente e, benchè, sia molto mite, questa tassa solleva continuamente dei vivissimi reclami. L'America ebbe ugualmente l'imposta sull'entrata, modificata più volte, dal 1º giugno 1862 fino al 1872. Durante tutto questo tempo essa ha sollevate delle violente e unanimi proteste che finirono per procurarne l'abolizione. Si tratta di ristabilirla ora e ignoro che cosa sarà stato deciso al riguardo quando questo articolo comparirà. Ma se sarà ammessa è certo che non lo sarà senza lotta.

La dichiarazione come mezzo unico, come mezzo principale di valutare le entrate è dunque un mezzo detestabile. Diverrebbe poi tanto più cattivo perchè l'imposta sarebbe più gravosa, tenderebbe a diventare unica, a sostituire tutte le altre imposte esistenti e ecciterebbe così anche di più la frode.

Ma la dichiarazione facoltativa è molto meno dannosa. Si può tassare in via diretta i contribuenti basandosi per ciò sulle regole fisse di cui ho formulato più sopra il principio, e permettere al contribuente, che si ritenesse tassato in misura troppo elevata, di chiedere uno sgravio dichiarando le loro entrate e dandone la prova. L'autorità sarebbe necessariamente ammessa, in questo caso, a controllare la dichiarazione ed una multa dovrebbe colpire l'autore di dichiarazioni riconosciute false; ma nessuno potrebbe protestare contro tale ricerca, poichè sarebbe il contribuente stesso che vi si sarebbe sottomesso volontariamente.

Se con ciò si ha cura di lasciar sussistere le imposte precedentemente esistenti, se non si fa dell'imposta sulla entrata che un'imposta di sovrimposizione naturalmente leggera almeno in principio, se l'azione amministrativa si esplica con equità e se la frode non è eccitata dalla enormità della tassa, si raggiunge una approssimazione giusta, tanto giusta almeno quanto ogni altro sistema di imposta può esserlo e recante con sè il vantaggio incontestabile di un'imposta personale senza che questo vantaggio sia espiato con svantaggi considerevoli. Non si deve dunque esitare a ricorrervi.

Ammesso il principio dell'imposta generale sull'entrata, conviene di stabilirla semplicemente proporzionale o renderla progressiva?

Tutti, credo, conoscono la differenza che separa la proporzionalità dalla progressività.

Colla proporzionalità ogni contribuente paga una quota-parte sempre uguale della sua entrata. Ch'egli abbia mille lire o un milione di rendita egli lascierà allo Stato precisamente la stessa somma per ogni centinaio di lire. In breve la entrata complessiva, che è il dividendo, varia; l'imposta da pagarsi, che è il quoziente, varia essa pure; ma il divisore per cui si dividono questi dividendi per avere questi quozienti rimane invariabile, non cangia affatto.

Colla progressività, al contrario, il divisore varia come il dividendo.

Secondo che l'entrata totale è più o meno alta si eleva o si abbassa esso pure. Il milionario che incassa un milione ogni anno lascia allo Stato per ogni centinaio di lire che riceve una somma più elevata che il poveretto la cui entrata non supera le mille lire.

La progressività ha, fra gli economisti, dei partigiani molto forti, quali G. B. Say e Adamo Smith. Ma essa ha anche degli avversari appassionati. Questi ultimi si fondano per combatterla, sulla definizione che dànno dell'imposta ed anche sopra certi inconvenienti che ad essa sono inerenti.

Ai loro occhi l'imposta è la rimunerazione di un servizio. Lo Stato ci vende la sicurezza, l'uso delle strade, la giustizia, ecc. ecc., come un droghiere ci vende del pepe o del sale. Ora non è mai venuto in mente ad alcuno di chiedere che le mercanzie abbiano due prezzi, uno pei ricchi ed uno per i poveri. Quando Rothschild o Vanderbilt comprano un chilogramma di zucchero essi lo pagano allo stesso prezzo del droghiere. Perchè dovrebbe essere altrimenti dei servizi nazionali? Questo è il primo argomento.

A mio modo di vedere non ha alcun valore, perchè, se fosse vero, non si concluderebbe per la proporzionalità, ma per la progressività a rovescio, per l'imposta fatta tanto più grave quanto più piccola è la fortuna. La dimostrazione non è difficile a darsi.

La Società non rende ai poveri molto minori servizi di quelli che rende ai ricchi: essa salvaguarda la loro vita e loro accorda l'istruzione gratuita; essa dà loro diritto all'assistenza pubblica, di cui i ricchi non si servono; inoltre occorre notare che la garanzia dei piccoli costa più cara di quella dei grandi. Una compagnia di assicurazione esigerebbe di più per garentire 10.000 piccoli che per garentire poche persone con una ricchezza uguale a quella dei 10.000 piccoli riuniti.

Se adunque l'imposta fosse la rimunerazione d'un servizio, siccome questo servizio è approssimativamente uguale per tutti, è chiaro che ciascuno dovrebbe pagarlo allo stesso prezzo. L'imposta dovrebbe essere non proporzionata alla fortuna, ma uguale per tutti. Essa dovrebbe rivestire il carattere di capitazione. E, siccome per ottenere una somma determinata, sempre la stessa in cifre assolute, bisogna naturalmente prelevare una parte relativamente tanto più grande della entrata quanto questa è più ristretta, è alla progressività nel senso della miseria che dovrebbe condurre l'idea dell'imposta-servizio. Questa idea non è nemmeno sostenibile, e questa conseguenza basta a far giudicare delle premesse.

I partigiani della progressività veggono le cose altrimenti. Ai loro occhi le società costituite formano dei grandi enti collettivi che lavorano e consumano al pari di un individuo. Gli uomini ne sono le parti integranti, gli elementi, gli organi. Per sopperire al sostentamento di questi esseri collettivi bisogna che ciascuno degli elementi individuali di cui si compongono faccia dei sacrifizi, e, nei limiti in cui ciò è naturalmente possibile, questi sacrifizi debbono essere uguali.

Ora, quando si stabiliscono le contribuzioni pubbliche sopra le basi della proporzionalità, si è lungi dal richiedere da tutti un sacrifizio uguale.

Si suppongano due famiglie di cui l'una abbia 100.000 lire di rendita e l'altra soltanto 1.000 lire e si supponga inoltre un'imposta proporzionale del 10 % sopra l'entrata, la prima famiglia dovrà pagare 10.000 lire e la seconda non dovrà pagare che 100 lire.

Ma, pagando 10.000 lire, la famiglia ricca farà un sacrifizio infinitamente più piccolo di quello, che, pagando 100 lire, farà la famiglia che ha solo 1.000 lire. Colle 90.000 lire che ad essa rimangono sarà tuttavia ricca; essa avrà pagato il suo tributo col superfluo. L'altra l'avrà pagato col necessario. Con 1.000 lire all'anno era molto povera; ridotte a 900 lire a cagione dell'imposta, essa diverrà miserabile.

La giustizia richiederebbe adunque che, per equiparare, per quanto è possibile, i sacrifizi, si esentassero da ogni tributo i redditi minimi e si graduassero poscia in proporzione i prelievi sopra le rendite maggiori, per modo che si avesse una quota-parte tanto più importante della rendita, quanto più questa è considerevole.

Non c'è dubbio che, sotto questo aspetto, il principio della progressività soddisfaccia meglio allo spirito di giustizia che quello della proporzionalità. Ma esso offre, conviene riconoscerlo, dei gravi inconvenienti ed è qui che si fonda la seconda obbiezione, che ad esso si muove.

Prima di tutto il principio della proporzionalità, se fosse rigorosamente applicato — non lo è in nessun luogo e in nessun luogo se ne propone l'applicazione rigorosa — avrebbe l'immenso vantaggio di sottostare ad una regola matematica. L'imposta sia del 4, del 5, del 10 %, poco importa. Ma, stabilita la proporzione, essa resta uguale per tutti;

l'arbitrio non ha più giuoco nella determinazione dell'imposta dovuta da ogni cittadino.

Succede tutto il contrario col principio della progressività. In questo caso, non indicando alcuna regola matematica giusta quale legge la quota-parte dei contribuenti debba accrescersi secondo l'entrata, si è ridotti all'arbitrio e gli effetti saranno buoni o cattivi a seconda che i poteri pubblici avranno operato più o meno intelligentemente.

La progressione è moderata, lieve; le esenzioni totali sono poco numerose? I risultati saranno eccellenti.

È per contro esagerata; l'aumento dell'imposta, secondo la rendita, è tanto rapido da impedire la formazione delle grandi fortune od anche delle fortune medie, da impedire il cumulo dei capitali, da impedire il risparmio? La società sarà rovinata.

Questa obbiezione contro la progressività sarebbe grave se il principio stretto della proporzionalità esistesse in qualche luogo.

Ma aprite un bilancio o un progetto di bilancio qualsiasi, là soprattutto dove vige l'imposta sull'entrata, e vi troverete delle esenzioni totali per i redditi minimi, delle esenzioni parziali per i redditi medi, delle differenze a seconda che questi redditi sono il frutto del solo capitale, o del capitale e del lavoro combinati, o del lavoro solo.

Dove adunque è la precisione matematica per là entro? Essa non esiste. L'esenzione dei redditi minimi, le mitigazioni d'imposta per i redditi medi, le distinzioni dei redditi stessi secondo la loro origine costituiscono ancora dell'arbitrio, della progressione, della progressione ristretta, se si vuole, mascherata anche, ma sempre della progressione.

Quindi, poichè in fatto dovunque ci si allontana dall'approssimazione matematica, poichè poco o molto, ammettendolo o schermendosene, tutti i Governi, tutti gli economisti entrano nella via della progressione, noi non dobbiamo più discutere il principio ammesso dappertutto, anche da quegli stessi che più lo combattono, e dobbiamo sopratutto preoccuparci della applicazione di esso.

Questa incontestabilmente deve essere molto moderata per non distruggere negli individui l'ardore pel lavoro, che non è che il desiderio di guadagnare.

Dal giorno in cui, a cominciare da una data ricchezza, l'imposta venisse a togliere tutto o quasi tutto il superfluo dato dal lavoro o dal risparmio, si cesserebbe, a cominciare da quel limite, di lavorare e di economizzare e la società intiera si troverebbe impoverita.

Dico che la società si troverebbe impoverita, perchè quando si verifica un ammasso di fortuna, se questa è il risultato di un lavoro, di una produzione e non del furto o del giuoco, vi è arricchimento della società intiera.

Suppongo che Edison, in America, deve aver realizzata una colossale fortuna ed è giusto. Se, spegnendo in lui ogni emulazione, gli si fosse impedito di lavorare e di fare le mirabili scoperte che l'umanità gli deve, non certo lui ci avrebbe maggiormente rimesso, ma noi tutti.

Evidentemente se i soli possessori di miliardi fossero colpiti, la società non ne soffrirebbe o ne soffrirebbe poco, perchè essi sono poco numerosi. Ma se dai possessori di miliardi si discendesse ai milionari, si arresterebbe certamente il lavorìo di produzione e il progresso sarebbe compromesso.

Non basta limitare la progressione, occorre evitare sopratutto, per quanto possibile, le esenzioni complete.

In Inghilterra vi ha esenzione assoluta dall'*income-tax* per i redditi inferiori a 150 lire, ed i redditi superiori a 150 lire e inferiori a 400 lire non sono tassati che per quanti eccedono le prime 120 lire.

L'Inghilterra, benchè la democrazia vi faccia dei profondi e rapidi progressi, è, almeno per la sua costituzione sociale, un paese aristocratico. La proprietà è assai poco divisa. Non vi sono quasi che grandi fortune, e le esenzioni o le attenuazioni di tasse non fanno perdere gran che al Tesoro.

Al contrario in paesi dove la proprietà è molto divisa, come la Francia, gli Stati Uniti, la Svizzera, il Belgio, esenzioni di tale natura lascierebbero sfuggire una grandissima parte della materia imponibile. Bisognerebbe allora, per avere un gettito discreto, colpire i redditi maggiori in una proporzione tale, che la ricchezza nazionale ne sarebbe minacciata. Aggiungo che allorquando l'Inghilterra ha introdotto presso di sè per la prima volta l'*income-tax*, e, insieme all'*income-tax*, il sistema delle esenzioni parziali e totali, l'aristocrazia vi teneva ancora completamente il potere.

Ora non bisogna nascondersi che una aristocrazia intelligente, conscia dei suoi doveri e scrupolosa di non mancare ad essi, può imporre a sè stessa dei gravi sacrifizi ed entrare risolutamente nella via di riforme che una democrazia non può affrontare così arditamente.

L'aristocrazia è certa, poichè il potere le appartiene, che, dopo avere spinti i sacrifizi fin là dove essa può o vuole spingerli, nessuno potrà obbligarla ad andare oltre.

Nelle democrazie, al contrario, col suffragio universale, sono gli umili, i poveri i più numerosi, e, siccome è il numero che governa, la legge è fatta da essi.

Ora, quando una classe di cittadini cessa di pagare l'imposta, cessa d'avere interesse al buon andamento della cosa pubblica. Perchè vedrebbe essa di cattivo occhio delle spese di cui essa gode quando essa non contribuisce più alle esazioni che debbono alimentarla? Essa avrà evidentemente interesse — o riterrà di averlo — a pretendere ogni giorno di cosidette riforme costose, ed ogni giorno, appunto per ciò, essa sovraccaricherà le classi superiori, finchè essa abbia distrutta la materia imponibile, abbia procurata la bancarotta e, colla bancarotta, la cessazione stessa dei servizi, in vista dei quali si sarà gettata nella via delle spese che a ciò avranno condotto. Essa avrà ucciso la gallina dalle uova d'oro; si sarà rovinata rovinando tutti. Ma è questo un pendìo lungo il quale sarà ben difficile che non si lasci scivolare.

Le classi dirigenti hanno sempre una tendenza a sottrarsi dall'imposta ed a spendere il denaro altrui.

Sotto l'antico regime, in Francia, la nobiltà ed il clero che non pagavano imposte, spendevano largamente. Luigi XIV, per le sue costruzioni lussuriose, opprimeva le classi medie ed i piccoli contribuenti e rovinava il suo paese, non essendo stata mai la Francia più disgraziata che sotto il regno di lui.

Ma oggigiorno, nelle democrazie il sovrano è il popolo, è il numero, ed esso potrebbe bensì concepire il desiderio di fare, a sua volta, in senso inverso quello che Luigi XIV aveva fatto: sottrarsi ad ogni partecipazione ai carichi pubblici, d'imporre questi alle sole classi agiate e di sfinirle così rapidamente con svantaggio di tutti.

Al di sopra di Luigi XIV vi era, per arrestarlo, la miseria del popolo e la rivoluzione che rumoreggiava; al di sopra del popolo non v'è nulla e questa sorta di mali non può essere evitata che collo sviluppo della istruzione e dell'educazione, col sentimento dell'interesse reale, opposto all'interesse apparente, dalla conoscenza dei doveri che incombono al cittadino e dal desiderio di uniformarvisi.

Ma intanto non bisogna ad ogni modo creare, con esenzioni dall'im-

posta, una classe di cittadini disinteressati; dal-
l'equilibrio del bilancio. Bisogna che l'imposta sia progressiva, ma,
poco o molto, bisogna che tutto il mondo la paghi e che, soli, ne siano
esenti quelli che sono assolutamente miserabili.

Tali sono, a mio giudizio, le regole che debbono presiedere allo sta-
bilimento di nuove imposte, sia che si abbia bisogno di nuove entrate,
sia che, per motivi estranei alla questione fiscale stessa, si vogliano
sopprimere antiche tasse e si tratti di sostituirle.

Si comprende che noi non abbiamo discorso fin qui che delle imposte
dirette. Si può anche rivolgersi alle imposte indirette e ciò è qualche
volta un bene quando gravano sopra una materia nociva come l'alcool.
Ma questa è tutt'altra questione che richiederebbe un grande sviluppo
a sua volta, e che non posso affrontare in questo articolo, già molto
lungo. Mi sono proposto di indicare in esso le mie vedute sopra le
imposte dirette. Spero di averle riassunte in modo abbastanza chiaro
per gettare un po' di luce nuova sopra questa grande e importante
questione che da tanti è discussa e di cui così pochi hanno studiato
seriamente le incidenze, le ripercussioni e gli effetti.

ALFREDO NAQUET
Deputato al Parlamento Francese.

supériorité sur le [illegible] mais il me reproche de n'en avoir point moi-même et il me somme courtoisement de préci-ser ce que j'entends par socialisme libéral.

J'ai déjà assez souvent développé mes idées, tant à la Chambre que dans la presse, pour avoir lieu de m'étonner que M. Jaurès ne les connaisse pas, et il me permettra bien de lui dire que ce n'est pas en quelques lignes que je puis lui en présenter le résumé.

La doctrine collectiviste est plus facile à exposer en peu de mots. Tous les instruments de production à la société; l'ouvrier possesseur du produit intégral de son travail; le prélèvement capitaliste supprimé. Cela est à la portée des intelligences les moins cultivées. Toutes les affirmations simplistes en sont là: chacun les comprend, malheureusement elles ont le grave défaut de ne jamais répondre à la réalité des faits.

Les collectivistes ont un idéal, j'en ai convenu et j'en conviens encore. Celui-ci, toutefois, procède de la nature de la religion, de la foi. Il faut ne pas l'analyser avec trop de soin pour y croire. Malheur à celui qui descendra dans les détails: la Grâce l'abandonnera aussitôt. C'est le cas de presque toutes les croyances religieuses.

C'est vrai du catholicisme, ce l'est aussi du collectivisme.

Bien que les pontifes de cette nouvelle foi n'interdisent pas à leurs adeptes la lecture des saintes écritures, et n'imitent pas en cela l'Eglise catholique qui interdit aux laïques la lecture de la Bible, combien, parmi les fidèles, ont profité de la liberté qu'on leur laisse? Combien ont lu Karl Marx, Lassalle, de Paepe, Deville et autres pères de cette Eglise nouvelle? Et parmi ceux qui se sont aventurés à les lire, combien y en a-t-il qui les aient compris?

Le nombre n'en est certainement pas grand, et j'ajoute que c'est certainement à cette sainte ignorance qu'est due la force expansive du parti collectiviste. Rien n'est tel, pour qui veut accroître le nombre de ses partisans, que de développer de larges espoirs, et de ne pas exposer trop clairement les moyens par lesquels on compte les satisfaire. Telle est la tactique des collectivistes, et c'est à ce titre, mais à ce titre seulement, que j'ai pu reconnaître en eux un idéal, une foi.

Il es' rai, et je suis loin d'y contredire, que c'est là ue force considérable. Je n'ignore pas que c'est la foi qui accomplit les grandes besognes. Seulement celles-ci ne sont pas toujours belles et bonnes.

C'est la foi religieuse qui, sur les ruines de l'Empire romain, a créé le monde moderne, noble et admirable tâche accomplie par elle. Mais c'est à elle aussi que nous devons le massacre des Albigeois, l'inquisition, la révocation de l'édit de Nantes, toutes choses dont l'humanité aurait fort bien pu se passer.

C'est la foi politique, la foi en la liberté, la foi en l'égalité, la foi en la fraternité, la foi en la République, la foi négative manifestée par la haine des tyrans, qui a fait la Révolution française. Elle nous a donné la société contemporaine ; mais elle nous a donné aussi la Terreur de 1793 et, par contre-coup, les représailles qui l'ont suivie, tous faits historiques que nous serions heureux d'effacer de nos annales si nous en avions le moyen.

Eh bien ! c'est encore la foi qui engendre le mouvement socialiste actuel et le rend redoutable. Seulement, ma conviction est que son œuvre, si elle s'accomplit jamais, ne sera pas de celles qui fécondent, mais de celles qui stérilisent.

Nous sommes, paraît-il, en quête d'idéal ; mais pour autant que nous le soyons nous n'avons pas à désirer — c'est du moins mon sentiment personnel — que l'idéal collectiviste se généralise et s'implante.

Nous rendons hommage à ce qu'il y a de juste et d'humain dans le but que ses dévots poursuivent ; mais nous ne croyons pas à l'efficacité du remède qu'ils nous apportent. Comme eux, nous voulons résoudre l'obsédant problème de la misère, et nous sommes décidés à tous les efforts que ne condamne pas la science pour atténuer autant qu'il est possible les inégalités sociales. Mais nous affirmons que la solution doit se trouver dans la liberté, dans l'initiative privée, et que si la nation a le droit et le devoir d'intervenir, c'est uniquement pour favoriser cette initiative, pour en écarter les entraves et non pour convertir les sociétés humaines en un vaste couvent. Aussi considérons-nous comme un devoir, au nom même de nos aspirations socialistes, de combattre cette foi collectiviste dont les résultats seraient si différents de ce que les chefs de l'école s'en promettent.

Or le mieux, le plus sûr, pour combattre une foi, pour démolir un dogme, c'est de l'exposer, de l'analyser le scalpel à la main, de faire ressortir les erreurs dont ses diverses proposi-

...tions sont entamées. Dans leur propagande les collectivistes négligent l'exposition. Ils ne déroulent pas le plan du nouvel édifice. Ils se bornent à montrer les imperfections de l'ancien, et la tâche, il est juste de le reconnaître, est ici très aisée. On n'a pas de peine à émouvoir les cœurs par l'opposition de la richesse et de la misère. Lorsque pendant une heure, on a, devant un public malheureux et pauvre, critiqué violemment l'état social, pas n'est besoin de posséder l'éloquence d'un maître de la tribune pour soulever des applaudissements, — et même des applaudissements frénétiques, si l'on a soin d'ajouter qu'en brisant la cauteleuse bourgeoisie, l'odieuse ploutocratie, l'infâme capitalisme, on rendra à l'ouvrier ce que ces vampires lui volent en inaugurant pour tous une ère de justice et de bonheur.

Mais, en applaudissant avec passion ces déclamations des collectivistes, les misérables dont ceux-ci dénoncent les souffrances ne les interrogent pas plus sur leurs moyens que les paysans auxquels on demande, en leur promettant de leur faire vendre leur blé plus cher, s'ils veulent être protégés, ne recherchent, lorsqu'ils donnent toute grande leur adhésion aux projets de M. Méline, ce qui se cache sous cette apparente protection. Comment en serait-il autrement ? Ne dit-on pas aux paysans que l'agriculture sera sauvée lorsqu'on aura relevé les tarifs de douane, et ne fait-on pas croire aux ouvriers que le capital prélève annuellement la plus forte part du produit de leur travail ? Ne leur affirme-t-on pas que si chacun recevait la totalité de la part de richesse qu'il crée, tout le monde serait riche, en travaillant trois ou quatre heures par jour ? Qui résisterait à une aussi tentante chimère ?

Ce sont ces affirmations fantaisistes que je voudrais passer au crible de la raison.

Est-il exact que le capital se taille sur la production nationale la formidable part que l'on dit ? Les socialistes sont-ils dans le vrai lorsqu'ils protestent contre ce prélèvement ? l'éviteraient-ils par leur système ? Ils en arrivent presque à se signer en prononçant le mot *dividende* comme les catholiques devant les provocations du malin. Cette prévention est-elle justifiée ?

Les ignorants le peuvent croire, et avec eux les hommes de valeur que la foi aveugle ; mais les esprits calmes et réfléchis ne le peuvent pas.

Quelle est-elle donc cette part que prélève le

capital sur la production générale ? — part chaque jour plus faible du reste, on oublie trop de le dire ; — et à quoi correspond-elle ?

Il n'est pas impossible de la calculer : elle est exactement représentée par l'intérêt de l'argent. Le capital de la France est évalué à deux cents milliards et son revenu est estimé à 25 ou 30 milliards. Le taux de l'intérêt ne s'élevant guère aujourd'hui au-dessus de 3 0/0, c'est donc six milliards au plus que prélève le capital sur les 25 ou 30 qui sont produits annuellement.

Ces six milliards rentreraient-ils ainsi qu'on le prétend dans le budget du pauvre au cas où la société posséderait la totalité des instruments de travail et où, sous couleur de supprimer le salariat, on aurait transformé tous les citoyens en salariés de l'Etat ? Il s'en faut presque du tout.

Sans doute c'est sur ces six milliards qu'est pris l'entretien des capitalistes. Mais c'est aussi sur eux qu'est pris le fonds de réserve auquel l'Etat devrait pourvoir même en collectivisme, et qui sert à de nouvelles entreprises, à de nouvelles mises en valeur.

Prétendra-t-on que les dividendes s'élèvent bien au-dessus de 3 0/0 et que, par suite, le prélèvement capitaliste est coté trop bas si on ne l'estime qu'à six milliards ? Ce serait voir imparfaitement les choses.

Le dividende ne représente nullement la rémunération du capital. Il représente, après intérêt déduit, deux éléments distincts : d'une part il rémunère un travail réel, le travail de direction qu'on ne pourrait pas supprimer dans une exploitation socialisée et qui même, probablement, y coûterait plus cher qu'aujourd'hui ; il rémunère de l'autre l'aléa, la chance, le hasard. Cet élément-là disparaîtrait évidemment dans le régime collectiviste. Mais en disparaissant il entraînerait la chute de l'esprit d'entreprise et d'initiative ; un coup profond serait porté à la production elle-même, et la société perdrait infiniment plus de richesses qu'elle n'en économiserait.

Si donc on juge combien réduite est la part du capital — part si démesurément grossie par les écrivains et les orateurs socialistes ; si l'on réfléchit que pour en calculer exactement le total social, il faut retrancher du produit des entreprises réussies, les anéantissements de capitaux résultant des entreprises qui sombrent ; si l'on songe que cette part aujourd'hui prise par les chefs d'industrie le serait demain

par les **[illisible]** surveillants et directeurs
du travail national, on s'aperçoit bien vite que
le collectivisme n'enrichirait personne, qu'il
abaisserait les riches sans élever les pauvres,
qu'il diminuerait la production, et qu'il aurait
pour unique effet certain de supprimer la
liberté.

A part cela, il a toutes les qualités que la foi
veut bien lui attribuer. Mais la jument de Ro-
land aussi les possédait toutes. Malheureusement, elle était morte.

Alfred Naquet.

Le Figaro du 27 octobre 1894 (40ᵐᵉ année - 3ᵉ série nº 300)

INCOMPATIBILITÉS

NÉCESSAIRES

Les peines disciplinaires récemment
infligées à plusieurs membres du corps
enseignant, à la suite des protestations
émises par ces fonctionnaires contre la
loi relative aux menées anarchistes, ont
été très diversement appréciées par
l'opinion. Il en est de même de la mesure,
qui a frappé, motivée par les mêmes faits,
M. Deleuil, juge d'instruction à Marseille.

Cet incident, qui va incessamment se
clore par l'interpellation de M. Carnaud,
a déjà donné lieu à de vifs débats dans
la presse, et M. Mirman lui a consacré,
dans le *Figaro*, un fort intéressant article. Les uns ont vu là un abus de pouvoir
scandaleux de la part du gouvernement;
les autres ont estimé que le gouvernement, tout en frappant avec rigueur, ne
s'était cependant pas écarté des règles de
la justice. Les premiers ont invoqué les
droits du mandataire qui se confondent
avec ceux du suffrage universel; les se-
conds ont fait valoir que l'administration constitue pour ainsi dire une armée
dont tous les membres, véritables soldats d'une espèce spéciale, doivent une
absolue obéissance à l'Exécutif.

Entre ces deux systèmes, n'en existe-
rait-il pas un troisième, plus conforme
aux principes que les deux autres: celui
de l'incompatibilité absolue entre les
fonctions salariées et les mandats électifs?

En l'état, et l'incompatibilité n'existant pas, il est évident que lorsqu'un
fonctionnaire est élu conseiller général,
sa personnalité se dédouble. En tant que
fonctionnaire, il doit obéissance au pouvoir qui l'a nommé et surtout à la légalité qu'il doit faire respecter. S'il est
juge, par exemple, ses électeurs seraient
mal venus à lui reprocher d'avoir appliqué une loi dont, en tant que citoyen, il
se déclare l'ennemi. Mais par contre, en
tant que conseiller général, il relève du
suffrage universel seul, et le gouvernement dépasse ses droits s'il lui demande
compte d'actes accomplis en qualité de
mandataire du peuple.

Il n'est donc pas contestable que, sous
l'empire de la loi actuelle, par les mesures qu'il a prises, le ministère Dupuy
n'ait commis un acte abusif dont on est
en droit de lui demander compte.

Mais de ce que M. Dupuy et M. Guérin
ont eu tort de méconnaître la légalité
existante, il ne s'ensuit nullement que
cette légalité soit bonne et qu'il n'y ait
pas lieu de la reviser.

Pour ne parler que du cas de M. Deleuil, il y a incontestablement quelque
chose de choquant dans le fait de ce
magistrat condamnant aujourd'hui publiquement une loi qu'il sera obligé
d'appliquer demain. Un seul moyen
s'offre à nous pour rendre à jamais im-

possible le retour de faits aussi troublants pour la conscience : c'est l'incompatibilité. On l'a établie pour les membres du Parlement. Un même homme ne pourrait plus cumuler le mandat de sénateur ou de député avec une fonction administrative ou judiciaire; aucun motif ne s'oppose à ce que la même règle s'applique aux conseillers généraux, aux conseillers d'arrondissement et aux conseillers municipaux.

Quelques esprits inquiets crieront sans doute à la violation des droits du suffrage universel, mais en fait, ces droits ne sont point en cause. Déjà de nombreuses incompatibilités existent et l'on ne fait aucune brèche aux principes en en édictant une de plus. Du reste, ces incompatibilités n'entraînent aucun amoindrissement des droits de personne. Chacun demeure libre de se faire élire conseiller général ou député, s'il trouve des électeurs pour lui accorder leurs suffrages; le fonctionnaire, dans ce cas, est simplement tenu de se démettre. La loi ne le rend inapte à quoi que ce soit, elle se borne à lui interdire l'exercice simultané de deux fonctions contradictoires.

Faut-il pousser les choses plus loin? Le fonctionnaire doit-il, comme citoyen, conserver le droit de critiquer ouvertement la loi et le gouvernement par discours ou par écrits? Ou bien autorise-t-il, s'il le fait, le gouvernement à user vis-à-vis de lui de peines disciplinaires et à aller même jusqu'à la révocation?

Des distinctions semblent ici s'imposer.

Il existe des fonctionnaires qui sont, ainsi que les a appelés M. Mirman, de simples délégués du pouvoir exécutif : tels les préfets, les sous-préfets, les procureurs généraux, les procureurs de la République, etc. Ceux-là sont vraiment les instruments du gouvernement. Ils doivent en recevoir et en exécuter les ordres et, le jour où leurs convictions ne leur permettent plus de le faire, ils ne peuvent pas se mettre en opposition avec lui; ils n'ont qu'un droit, lequel, dans ce cas, se confond avec leur devoir : résigner leurs fonctions. Sur ce point, aucune contestation ne s'est produite.

Les autres fonctionnaires ne sont plus des agents du gouvernement. Le gouvernement les nomme et les paie, mais ce sont des agents de la nation, de la société. Un percepteur, un trésorier-payeur général qui font rentrer les impôts ne les font pas rentrer pour tel ou tel ministère, mais pour la France. Pourvu qu'ils appliquent rigoureusement les lois fiscales, qu'ils remplissent ponctuellement toutes les charges qui leur incombent, il importe peu qu'ils soient économistes ou socialistes, libres penseurs ou catholiques, monarchistes ou républicains. En tant que citoyens, ils ont non seulement le droit absolu de professer une opinion économique, politique ou religieuse, mais encore celui de la manifester. Toute révocation, toute disgrâce, toute pénalité frappant un percepteur pour un article ou pour un discours politique serait un monstrueux abus d'autorité.

Mais parmi les fonctionnaires qui ne sont point des agents du gouvernement, il en est auxquels, par des motifs d'ordre purement social, la politique semble devoir être complètement interdite. Ce sont les magistrats d'une part, les membres de l'enseignement primaire et de l'enseignement secondaire de l'autre.

Un magistrat n'est pas l'homme du gouvernement, mais il est l'homme de la loi. Bonne ou mauvaise, son devoir étroit est de l'appliquer sans hésitation, sans faiblesse et avec une impartiale justice, aussi longtemps qu'elle n'est pas abrogée.

Il importe d'ailleurs qu'aucune suspicion ne puisse atteindre les décisions judiciaires; que, suivant le vieil adage latin, la chose jugée soit tenue pour la vérité. La marche régulière des sociétés est à ce prix.

Or, est-il possible que la justice soit respectée si le juge se lance dans l'arène politique, s'il développe dans des articles de journaux ou dans des discours de réunions publiques des sentiments violents contre la légalité qu'il doit servir? Adversaire de la loi, ne l'accusera-t-on pas d'avoir obéi à sa passion lorsqu'il prononcera un acquittement ou

justice, et, partisan de la loi, ne sera-t-il pas l'objet d'accusations analogues, quoique inverses, lorsqu'il prononcera une condamnation?

Dans les procès civils même, ne suspectera-t-on pas sa bonne foi? Ne prétendra-t-on pas qu'avant de s'enquérir des droits des parties il s'enquiert de leurs opinions politiques ou religieuses et qu'il favorise ses amis au détriment de ses adversaires?

Le juge ne doit donc pas se jeter dans la mêlée des partis. Il doit se borner à exprimer son opinion de citoyen par son vote. Publiquement, il appartient à la loi, à la justice, rien qu'à elles, et il doit éviter tout ce qui pourrait amoindrir la grandeur de sa fonction. Il le doit non point parce qu'il est fonctionnaire et, comme tel, tenu de déférence vis-à-vis des pouvoirs établis, mais bien parce qu'il exerce une fonction qui l'oblige, s'il veut la bien remplir, à planer au-dessus des partis et à demeurer étranger aux haines qu'ils engendrent. La neutralité s'impose à lui.

Elle s'impose également à l'instituteur, au professeur de lycée, à quiconque a reçu de la société la redoutable mission d'enseigner la jeunesse. Que deviendrait la neutralité de l'école, pour laquelle les républicains ont tant combattu, si les instituteurs et les professeurs pouvaient prendre parti dans les luttes de la religion et de la politique? Ce ne serait plus qu'une abominable hypocrisie, qu'un mot masquant une réalité oppressive.

L'enseignement peut être compris de deux manières. On peut, comme en Angleterre, laisser aux particuliers le soin de fonder des écoles confessionnelles où seront professés tels dogmes, telles théories philosophiques, telles doctrines politiques qu'il aura plu aux fondateurs de l'institution, l'Etat n'intervenant que pour subventionner toutes les écoles au prorata du nombre des élèves et à la seule condition que le programme général d'études obligatoires y soit enseigné.

Avec ce système, les instituteurs demeurent les hommes d'une religion ou d'un parti. Ils conservent, par consé-

quent, tous les droits dévolus à la masse des citoyens.

En France, nous avons conçu autrement les choses. Nous avons décrété la neutralité de l'école. Nous avons donné aux fonctionnaires de l'enseignement un programme général qu'ils sont tenus d'enseigner, et nous leur avons interdit, par contre, de s'occuper de politique ou de religion. Nous avons laissé aux familles le soin de diriger à ce point de vue l'éducation de leurs enfants, et aux prêtres, en matière religieuse, celui de les assister dans cette grande tâche morale.

Ce choix que nous avons fait, comme plus conforme aux habitudes d'uniformité naturelles à notre caractère national, s'accommode-t-il d'une intervention du professeur ou de l'instituteur dans le domaine de la politique hors de l'école? Tout homme de bonne foi s'accordera à reconnaître que non. Les déclamations passionnées faites au dehors ont, forcément, leur répercussion au dedans, et l'on ne fera pas qu'un parent libre penseur confie volontiers son fils à un instituteur catholique militant, ou qu'un père catholique confie volontiers le sien à un contempteur quotidien des principes du christianisme.

L'instituteur, le professeur, le juge doivent donc, non au gouvernement, mais à la société, à cause de la grandeur même de la fonction qu'ils exercent, de s'y consacrer tout entiers et de renoncer aux luttes du forum.

Tels sont les principes que nous paraît exiger une bonne administration et que tous les partis doivent accepter, parce qu'ils sauvegardent ce qui est au-dessus d'eux tous : la bonne harmonie de la société, la confiance en la justice, le respect du corps judiciaire et du corps enseignant.

Alfred Naquet.

Le Figaro du 6 novembre 1894 (4.... ...... 40) (1)

UN NOBLE
ET
IMPOSANT SPECTACLE

Ma vie entière a été consacrée au service de la République; et, bien que la République actuelle n'ait pas donné à mon pays tout ce que j'attendais d'elle, je n'en reste pas moins ardemment républicain. Je ne suis donc pas suspect de sentiments monarchistes.

Je n'en suis pas moins profondément touché du noble et imposant spectacle d'unité dans la douleur que donnent certains peuples monarchiques lorsqu'ils perdent leur souverain.

J'étais à Berlin en 1888, pendant les jours qui suivirent la mort de l'empereur Frédéric. Il me fut possible d'y constater l'affliction profonde qui animait tous les Prussiens, aussi bien les libéraux et les progressistes que les conservateurs. Je fréquentais chez des progressistes, et la tristesse y était telle qu'on aurait pu croire au décès d'un membre de la famille.

Aujourd'hui c'est le tour de la Russie de pleurer sur un cercueil. Certes, par son amour de la paix, Alexandre III a joué un rôle de nature à lui concilier la sympathie et l'admiration de tous. L'Europe entière le regrette, et je crois à la sincérité des regrets de ceux-là mêmes dont il a pu, par son rapprochement avec la France, contrarier les projets. Mais, en Russie, ce n'est pas seulement sur la disparition d'un souverain pacifique que l'on gémit; ce n'est pas uniquement l'arbitre européen que l'on voit, avec un chagrin mêlé de crainte, descendre dans la tombe. C'est un père que l'on pleure. C'est le père de tous les enfants de la *sainte Russie*.

Chez nous, l'amour de la patrie a remplacé la religion de la monarchie; c'est aujourd'hui la France qui plane sur nos divisions, sur nos dissensions intestines. Nous pouvons nous combattre, nous haïr entre nous; mais, devant l'intérêt supérieur de la patrie, ces divisions s'effacent et font place à la fraternité. On peut juger du degré de notre patriotisme à l'indignation qui saisit tous nos concitoyens, du plus élevé au plus humble, lorsqu'on apprend un crime de trahison comme celui dont se trouve actuellement accusé l'un des officiers de notre armée.

Cette unité dans l'abstraction supérieure qu'est la patrie représente, sans doute, un degré de civilisation plus élevé que l'unité dans l'amour d'un homme. Elle la prime tout autant que le déisme prime l'idolâtrie. Mais il y a quelque chose de touchant dans un idolâtre qui se prosterne devant une idole et qui, dans son ignorance, recherche, auprès de ce morceau de bois grossièrement sculpté, cette raison suprême des choses que le déiste croit trouver dans un Dieu pur esprit, et que le positiviste ne veut demander qu'à la connaissance des lois universelles.

De même il y a quelque chose de profondément émouvant dans le sentiment qui poussait, il y a six ans, tous les Allemands à pleurer leur Kaiser, et qui pousse à cette heure, bien plus religieusement encore, tous les Russes à pleurer le Tsar défunt, dans ce sentiment qui tient presque du caractère de l'adoration et qui réunit aujourd'hui en un faisceau tous les enfants du grand Empire du Nord, comme il réunissait, en 1888, en un faisceau tous les enfants de l'Allemagne.

Demain, tous ces hommes qui s'abîment en ce moment dans une méditation commune, dans une désolation commune, reprendront leurs vies de labeur et de plaisir, de joies et de souffrances; ils reprendront avec elles leurs amours et leurs haines; les rivalités, un moment effacées, se réveilleront. Mais, du moins, pendant une semaine, pendant un jour, pendant une heure, les cœurs de tous les Russes auront vibré à l'unisson; ils auront été absorbés dans

(1) voir à la page 98 un article du droit financier qui n'est pas à sa place

une même pensée, ils auront pleuré le
père, le chef, et leurs larmes auront for-
tifié leur résolution de se grouper fidèles autour du nouvel Empereur et d'obéir
à sa voix.

Dans ces instants de concentration
morale, une nation s'élève et grandit.
Elle devient plus forte, plus compacte ;
elle s'éloigne davantage de l'état chao-
tique des peuples en formation pour se
rapprocher de cet organisme vivant et
agissant qui seul mérite le nom de
peuple.

Comment naît un peuple? Mystère !

disait Victor Hugo dans « les Mages ».

Il naît de différentes manières. Toutes
les formations géologiques ne se ressemblent pas ; toutes les formations sociales
ne se calquent pas les unes sur les autres.

Certaines nations — la Suisse et les
Etats-Unis nous en ont fourni des exemples — se forment par la voie républicaine. Des groupes autonomes s'unis-
sent à d'autres groupes autonomes. Des
pactes d'alliance surgissent. Puis ces
pactes deviennent chaque jour plus
étroits ; à l'idée d'alliance se substitue
l'idée de fédération, et bientôt la fédération prend conscience de l'unité qui
s'élève au-dessus des souverainetés
fragmentaires. L'âme d'un peuple est
formée, et la patrie puise sa force dans
l'amour de chaque groupe pour son indépendance relative et sa liberté.

C'est là le mode d'évolution supérieure. C'est ainsi que se créeront les
unités nationales de l'avenir. C'est ainsi
que naîtra un jour la patrie européenne,
sans que notre amour pour nos patries
actuelles soit par là diminué.

Mais, à côté de cette formation républicaine qui, si elle est appelée à supplan-
ter toutes les autres, se présente, au
contraire, comme particulièrement rare
dans le passé, il y a aussi la formation
monarchique.

C'est la seule possible avec les populations primitives.

Là, plus d'éléments autonomes se fédé-
rant.

Ces peuplades ignorantes encore, mais
simples et honnêtes, se groupent autour
d'un homme qu'elles considèrent comme
leur père, et comme le représentant de
leur Dieu. Elles s'aiment dans le chef
comme les catholiques s'aiment en Jésus-Christ. Elles ne savent point encore
ce qu'est l'idée de patrie ; elles ne connaissent que deux choses, qui n'en font
qu'une pour elles : leur empereur et leur
foi.

Puis, petit à petit, sous l'impulsion du
souverain, l'agglomération se fait. Sujets
d'un même homme, fidèles d'une même
croyance, ces peuplades se rapprochent
de plus en plus ; et là aussi, comme dans
les fédérations, un jour arrive où la nation se trouve constituée. Hier c'étaient
des Cosaques, des Lithuaniens, des Mos-
covites réunis autour d'un tsar et in-
clinés devant un drapeau. Aujourd'hui
c'est la Russie, c'est la *sainte Russie*. Le
loyalisme a engendré le patriotisme.

Et ce patriotisme qu'il a engendré, il le
soutient et le développe.

Quelquefois, il est vrai, le loyalisme
entraîne certaines contradictions. Il peut
arriver un moment où la fidélité au prince
se trouve en opposition avec la fidélité
à la patrie. La France a connu de ces heures douloureuses au moment de sa
grande Révolution, lorsque les régiments d'émigrés allaient combattre dans
les rangs des armées étrangères.

Dans notre jeunesse, nous avons été
habitués à stigmatiser ces Français qui
portèrent les armes contre la France.
Aujourd'hui, plus calmes, raisonnant
avec une plus grande sérénité philosophique, nous avons le droit d'être
plus justes vis-à-vis d'eux. L'armée de
Coblentz ne se reconstituera jamais.
C'est un fait historique pour toujours
enseveli dans la poussière de nos annales, parce qu'à l'heure actuelle, pour
nous tous, à quelque opinion que nous
appartenions, la France prime tout.

Mais, en 1793, l'idée de patrie ne
s'était point encore dégagée avec la
puissance qu'elle a acquise depuis. Pour
les nobles, qui avaient été toujours
serrés autour du trône, le Roi et la
patrie ne faisaient qu'un ; les deux termes se confondaient ; et, parmi ceux qui
commettaient cet acte, odieux aux yeux

de notre génération de marcher à côté des envahisseurs de la France, la plupart croyaient encore servir leur pays en le combattant. Pour eux, là où était le Roi, là était la patrie.

Toutefois, ces heures de doute, ces heures où la conscience est obscurcie par des idées contradictoires et qui sont la caractéristique des époques de transition, ne prouvent rien contre les lois générales de l'histoire.

L'armée de Coblentz n'empêche pas plus la monarchie française d'avoir constitué la France, que la guerre de la Sécession aux Etats-Unis, que le Sunderbund en Suisse, n'empêchent le principe républicain de la liberté fédérale d'avoir été la base de ces deux formations nationales, la République américaine et la République helvétique.

A un moment donné, moment critique, moment suprême, le principe fédératif qui avait servi à constituer la nation a été mal interprété et a mis son œuvre en péril; à un autre moment, également suprême et critique, et par une déviation analogue de son principe, l'idée monarchique, qui avait aggloméré les populations françaises et formé la France, a mis la France en danger.

Mais cela n'enlève rien ni à la grandeur de l'œuvre fédérative en Suisse et en Amérique, ni à la grandeur de l'œuvre que la monarchie a accomplie en France et dans les divers Etats de l'Europe.

Nous ignorons si la Russie traversera jamais des phases terribles comme celles que nous venons de rappeler. Il est probable qu'elle pourra les éviter. Venue plus tard à la civilisation, venue la dernière, elle profite des progrès que les autres peuples ont réalisés avant elle et que, souvent, ils ont payés du plus pur de leur sang.

Bien qu'elle en soit encore à la période où la patrie paraît inséparable du chef qui la gouverne, du moins l'idée de patrie y est-elle née, et je ne crois pas que chez les Russes l'amour de la Russie puisse jamais céder le pas à un autre sentiment.

Quoi qu'il en soit, d'ailleurs, actuellement, au moment présent, ce peuple russe prosterné devant la tombe de son Empereur, tombe sur laquelle s'affirme la fraternité nationale, nous offre un spectacle d'une incomparable grandeur.

L'unité est la force suprême d'un peuple. La France l'avait perdue dans les convulsions d'un siècle de révolutions. Elle l'a reconquise dans la République aujourd'hui acceptée de tous, et la Russie la possède sous le sceptre de ses Tsars. C'est ce qui permet aux deux peuples, si profondément séparés par la forme de leurs institutions, de s'aimer, cependant, de s'estimer et de s'unir comme deux grandes unités collectives désireuses d'assurer la paix de l'Europe et, avec elle et par elle, le progrès sur tous les points du globe.

Alfred Naquet.

Le petit provençal du ? novembre 1894 (XIXe année — n° 6513)

LE SERVICE MILITAIRE
DES DÉPUTÉS ET DES SÉNATEURS

Le cas de M. Mirman, à propos duquel la Chambre a eu récemment une séance si mouvementée, soulève une question de droit constitutionnel de la plus haute gravité.

La loi militaire, après avoir posé le principe du service obligatoire pour tous, s'est hâtée d'établir toute une série d'indisponibles. Les préfets sont du nombre et les magistrats aussi. En temps de guerre, ils ne peuvent pas être appelés. Le service des cours et tribunaux, non plus que ceux des administrations préfectorales, ne peut vaquer, et ceux qui occupent les postes d'administrateurs ou de magistrats rendent, même en temps de guerre, des services équivalents à ceux qui sont rendus par d'autres sous les drapeaux.

Ces indisponibilités ne sont d'ailleurs nullement en contradiction avec le principe général. Elles s'appliquent, en effet, à la fonction et non à l'homme. Que celui qui en bénéficie aujourd'hui, cesse d'être préfet ou magistrat, qu'il rentre dans la vie privée, et aussitôt il redevient disponible.

Les députés et les sénateurs sont-ils ou ne sont-ils pas indisponibles ? Là est toute la question, la seule importante. S'il le sont, M. Mirman n'était plus militaire dès l'instant qu'il était investi d'un mandat législatif. S'ils ne le sont pas, il faut ou bien décider qu'ils le seront désormais, ou bien édicter de nouvelles lois d'incompatibilité, afin de rendre impossible le retour d'un conflit de législation, d'un imbroglio, comme celui qui se présente avec M. Mirman.

A notre avis, c'est l'indisponibilité qui s'impose. On pourrait à la rigueur concevoir un système politique dans lequel, en temps de guerre, les Chambres seraient ajournées jusqu'à la paix, une dictature étant donnée pour toute la durée des opérations militaires au pouvoir exécutif.

Ce système n'est pas le nôtre et ne pourrait le devenir que par une révision de la Constitution. Comme, d'ailleurs, personne, que je sache, ne réclame la révision sur ce point, il faut nous conformer à la Constitution actuelle.

Or, avec la Constitution actuelle, aucun emprunt, aucun crédit ne peuvent être décrétés par le pouvoir exécutif seul. Aussi longtemps que l'on n'aura pas donné pour le temps de guerre ce pouvoir exorbitant au chef de l'État, l'action des Chambres demeure nécessaire pendant la guerre tout comme pendant la paix, plus même pendant la guerre, parce que c'est alors que les nations ont le plus souvent et le plus rapidement besoin de recourir aux crédits supplémentaires ou aux emprunts.

Dès que les Chambres doivent siéger, il est clair, puisque les députés et les sénateurs ne jouissent pas du don d'ubiquité, puisqu'ils ne peuvent pas être à la fois dans la salle des séances et à l'armée, que leur véritable place est au Palais-Bourbon ou au Luxembourg, comme celle des ministres est dans les ministères, celle de préfets dans leurs préfectures, et celle du président de la République à l'Élysée.

Il n'est pas admissible que le jour où la guerre serait déclarée, deux cents députés fussent obligés de quitter la Chambre pour se rendre aux régiments, et que deux cents circonscriptions électorales, privées de leurs mandataires, cessassent d'être représentées.

— Car il faut avoir toujours présent à l'esprit qu'un député est un mandataire et que, en l'arrachant de son banc, ce n'est pas son droit à lui qu'on viole, mais celui de ses mandants, celui du suffrage universel.

Du reste, une hypothèse—invraisemblable, je m'empresse de le dire, mais possible — prouve l'absurdité du système que le gouvernement cherche à faire prévaloir.

La loi électorale indique bien qu'on ne peut pas être élu député avant vingt-cinq ans. Mais elle ne dit nulle part qu'un certain nombre de sièges, tant à la Chambre qu'au Sénat, doivent être réservés à des hommes âgés de plus de quarante-cinq ans.

Rien ne s'opposerait donc, si le suffrage universel le voulait, si le hasard en décidait ainsi, que tous les députés

et tous les sénateurs eussent moins de
45 ans.

Dans ce cas, la guerre éclatant, ils
seraient obligés de tous partir et il ne
resterait plus ni Sénat ni Chambre. En
l'absence, d'ailleurs, d'une disposition
constitutionnelle permettant à l'exécutif d'en tenir lieu, qui voterait les
lois indispensables ?

L'hypothèse ne se présentera pas ;
d'accord ! Mais il suffit qu'elle ne soit
pas matériellement impossible pour que
le système soit jugé. Elle fait ressortir
avec évidence ce qu'il a d'absurde et
de contradictoire.

Il importe donc que la question soit
vidée au plus tôt et elle peut l'être par
une simple disposition législative ajoutant aux diverses catégories d'insdis-
ponibles les députés et sénateurs.

Cette indisponibilité, bien entendu,
comme toutes les autres, porterait sur
le mandataire et non sur l'homme.
Non réélu ou démissionnaire, le représentant du peuple retomberait sous la
loi militaire ainsi que les autres citoyens.

La paix paraît assurée pour longtemps et nous désirons tous qu'elle le
soit. Mais la guerre est hélas ! encore
possible. Quand elle éclate, c'est le plus
souvent à l'improviste. Il faut donc
être prêt à toute éventualité ; et comme la question du service des députés
et des sénateurs est une des plus graves qui se poseraient au premier signal
de la mobilisation, c'est aujourd'hui
même qu'il faut la trancher et j'ajoute
que le respect des principes démocratiques veut qu'elle le soit dans le sens
de l'indisponibilité.

Alfred Naquet.

Le journal officiel du 9 9bre 1896 (86e année - n° 304)

Séance de la chambre des députés du 8 9bre.

M. le président. J'ai reçu un certain nombre d'ordres du jour motivés.

Le 1er, signé de MM. Marcel-Habert, Jul- lien, Dumas, de Montfort, Gauthier (de Clagny) et Paul Lebaudy, est ainsi conçu :

« La Chambre, constatant les inconvénients graves qui résultent du cumul des fonctions salariées avec les mandats électifs, invite le Gouvernement à déposer dans le plus bref délai un projet de loi destiné à interdire ce cumul, et passe à l'ordre du jour. »

Le 2ᵉ ordre du jour est signé de M. Naquet :

« La Chambre, convaincue que l'incompatibilité entre les mandats électifs à tous les degrés et les fonctions rétribuées par l'État est la seule solution possible de difficultés comme celle qu'elle vient d'avoir à discuter, passe à l'ordre du jour. »

Le 3ᵉ est signé de M. Carnaud :

« La Chambre, soucieuse de sauvegarder la dignité du suffrage universel dans la personne de ses représentants, passe à l'ordre du jour. » *(Très bien ! très bien ! à l'extrême gauche.)*

M. Carnaud demande la priorité en faveur de son ordre du jour.

M. Alfred Naquet. Je la demande également pour le mien.

M. le président. Le 4ᵉ ordre du jour, signé par MM. de Ramel, Galpin, de Baudry d'Asson, Cibiel, Delafosse, Laroche-Joubert, René Gautier, de Tréveneuc, de La Bourdonnaye, Laurent Bougère, Denys Cochin, de Bernis et d'Hulst, est ainsi conçu :

« La Chambre, considérant qu'il résulte des déclarations du Gouvernement que l'indépendance des mandataires élus est inconciliable avec les fonctions publiques salariées, l'invite à proposer un projet de loi édictant l'incompatibilité absolue. »

Le 5ᵉ est présenté par M. du Périer de Larsan :

« La Chambre, approuvant les déclarations du Gouvernement, passe à l'ordre du jour. » *(Bruit à l'extrême gauche.)*

Enfin, le 6ᵉ ordre du jour a été déposé par MM. Dujardin-Beaumetz et Theulier :

« La Chambre, invitant le Gouvernement à lui présenter un projet de loi établissant l'incompatibilité entre les fonctions rétribuées par l'État ou les départements et les mandats électifs, passe à l'ordre du jour. »

M. Alfred Naquet. J'ai demandé la priorité en faveur de mon ordre du jour.

Doctrine.

EXCEPTION DE JEU. — LOI DU 28 MARS 1885.

A la date du 30 juin dernier, la 3e chambre de la Cour d'appel de Paris a rendu deux arrêts dont le *Droit financier* a rendu compte, et sur lequel il est impossible que le double rapporteur à la Chambre des députés et au Sénat de la loi du 28 mars 1885 ne fasse pas connaître sa pensée. De tels arrêts, en effet, s'ils faisaient jurisprudence, n'iraient à rien moins qu'à faire disparaître cette loi et légitimeraient toutes les craintes qu'exprimait dans la commission sénatoriale la minorité dont, quoique rapporteur, le signataire de cet article faisait partie.

Rappelons, en peu de mots, l'historique de la loi de 1885.

A la suite du krach de 1881, plusieurs membres de la Chambre déposèrent des propositions de loi tendant à légitimer les marchés à terme sur effets publics et sur denrées et marchandises.

Le Gouvernement lui-même entra dans cette voie et apporta un projet dont l'article premier était ainsi conçu:

« Tous marchés à terme sur effets publics et autres, tous marchés à livrer sur denrées et marchandises sont reconnus légaux.

« Nul ne peut, pour se soustraire aux obligations qui en résultent, se prévaloir de l'article 1965 du Code Civil, *lorsque l'acheteur a le droit d'exiger la livraison ou lorsque le vendeur a le droit de l'imposer.*

Le deuxième membre de phrase parut dangereux à la Commission de la Chambre.

Les magistrats, disait le rapporteur, y verraient peut-être l'obligation imposée à celui qui invoquerait un marché de faire la preuve de la réalité du marché, ce qui est le renversement de l'ordre juridique de la preuve en toutes matières.

Et, donnant raison à sa Commission, la Chambre vota l'article premier qu'elle lui présentait et qui, lui, écartait toute possibilité de fausse interprétation par les Cours et Tribunaux.

Art. 1er. — Tous marchés à terme sur effets publics et autres, tous marchés à livrer sur denrées et marchandises sont reconnus légaux.

« Nul ne peut, pour se soustraire aux obligations qui en résultent, se prévaloir de l'article 1965 du Code Civil, *lors même qu'ils devraient se résoudre par le payement d'une simple différence.*

Ce texte était aussi large que possible; s'il eût été adopté, les transactions eussent été valables même si la preuve avait été faite qu'il résultait d'une convention antérieure à leur conclusion qu'elles devaient se solder par une simple différence.

Le Sénat ne voulut pas aller jusque là et, sur la proposition de M. Clamageran, dont je serais curieux de connaître l'opinion sur l'arrêt de la 3e chambre, il remplaça, dans le douzième alinéa de l'article premier, les mots « devraient se résoudre » par les mots « se résoudraient ».

Cette modification toutefois ne fut point acceptée sans discussion par tous les membres de la Commission. L'opinion de la majorité n'allait pas d'ailleurs jusqu'à vouloir renverser l'ordre de la preuve ; le rapport s'en explique nettement.

Un marché se produit dans les formes ordinaires, y est-il dit, suivant les formules d'engagement, écrites ou verbales, citées dans le rapport de 1821, et les seules usitées à la Bourse et dans le Commerce. À l'échéance, la livraison n'ayant pas lieu, il se résout par le paiement d'une simple différence, rien de plus licite aux yeux de votre Commission. C'est justement pour empêcher que l'auteur d'un marché puisse être appelé à fournir la preuve que ce marché est réel, ce qui renverse l'ordre juridique de la preuve, que le projet a été fait.

Mais il va de soi que l'écueil est évité avec le texte que vous propose votre Commission, tout comme avec celui de la Chambre des députés, puisque le texte de votre Commission, tout comme celui de la Chambre, porte expressément la reconnaissance des marchés à terme et à livrer et la possibilité pour les marchés de se résoudre par de simples différences, si tel est le gré des parties.

Quant à la rédaction de la Chambre sur ce point, il a paru à la majorité de votre Commission qu'il allait au delà de ce qui a été constamment déclaré depuis 1824, qu'il dépassait le but.

En mettant dans l'article premier les mots « devraient se résoudre » au lieu des mots « se résoudraient », on validerait non seulement les vrais marchés, mais encore des Conventions nouvelles, inconnues jusqu'ici, innomées, que l'on ne saurait assimiler à un marché, *et par lesquelles, au moment même de la transaction, les parties s'engageraient par écrit* à ne pas exiger la livraison, à ne pas l'imposer et à résoudre l'opération par le paiement d'une simple différence.

Et précisant plus encore, à la page suivante, le rapport continuait :

S'il s'agit d'un marché contracté selon les règles, le marché est valable ; il est couvert par une *présomption légale* qui empêche les Tribunaux de rechercher les intentions premières des parties.

Mais s'il s'agit d'une Convention écrite portant que la livraison des titres ou des marchandises ne pourra être ni exigée ni imposée, les Tribunaux apprécieront comme aujourd'hui, s'il y a là une Convention sérieuse que la société doive couvrir de sa protection, ou un simple jeu dont elle n'ait pas à connaître.

Pour si nettes que fussent ces explications, la minorité ne dissimulait pas ses craintes. Les Tribunaux ont une telle tendance à faire la loi sous la forme d'interprétation que l'on ne saurait prendre, pensait-elle, trop de précautions contre eux à ce point de vue.

Si, disaient ses membres, nous remplaçons le membre de phrase « devraient se résoudre » par celui « se résoudraient » nous indiquons que nous ne voulons pas couvrir de la présomption légale dont on parle les conventions innomées dans lesquelles on s'engagerait, dès le début, par écrit, à ne pas livrer, à ne pas exiger la livraison des marchandises ou des titres. Mais qu'est-ce, en somme, qu'une convention écrite, sinon une preuve authentique il est vrai, des intentions des parties ? Or si cette intention des parties *ressort évidente*, encore bien qu'il n'y ait eu aucune stipulation écrite, les Tribunaux n'y verront-ils pas le moyen d'annuler des marchés qui auraient cependant revêtu la forme ordinaire ?..... Et, si cela arrive, qu'aurons-nous fait ? Rien. Nous aurons fait une loi qui laissera subsister la situation actuelle tout entière ».

Les jurisconsultes, membres de la Commission, rassurèrent la minorité. D'après leurs déclarations insérées au rapport :

Tous marchés à terme ou à livrer étant reconnus légaux, même lorsqu'ils se résolvent par le simple paiement d'une différence, les intentions des parties ne pourront *dans aucun cas être recherchées* et les dangers d'interprétation redoutés de la minorité n'existent pas. Ils ont cité à l'appui de leur dire l'article 1352 du Code Civil ainsi conçu : « La présomption légale dispense de toute preuve celui au profit duquel elle existe. Nulle preuve n'est admise contre la présomption de la loi, lorsque sur le fondement de cette présomption, elle annule certains actes ou dénie l'action en justice, à moins qu'elle n'ait réservé la preuve contraire, et sauf ce qui sera dit sur le serment et l'aveu judiciaire ».

Ici il n'est fait aucune réserve. *Nul ne pourra donc invoquer aucune preuve contre la validité d'un marché en excipant de l'exception de jeu.*

Il résulte incontestablement de ces divers passages du rapport de la Commission sénatoriale que, dans la pensée du Sénat, le juge *n'aurait jamais à rechercher* les intentions premières des parties, que la transaction pourrait seulement être assimilée au jeu lorsque l'évidence s'imposerait au juge qu'elle n'a pas été un marché, et cela en forçant sa conviction et sans qu'il ait eu à faire ni interprétation ni recherche.

Mais comment l'évidence peut-elle s'imposer sans recherches ? Par trois moyens seulement ; par la production d'un engagement écrit, par l'aveu des deux parties, par des témoignages.

Encore y aurait-il lieu de voir si les dispositions légales qui repoussent, au delà d'une certaine limite, la preuve testimoniale en matière pécuniaire ne devraient pas trouver ici leur application.

Il demeure donc acquis que, sauf le cas où l'évidence d'une convention antérieure à la transaction s'impose, le magistrat n'a jamais à rechercher l'intention première des parties ; sur ce point aucun doute n'est possible.

Ceci étant, voyons l'arrêt.

Mezy a fait des ventes et des achats à terme chez Hégo, Bloch et Cie, directeurs de l'établissement connu sous le nom de *Petite Bourse Centrale*. Il a perdu et il demande le remboursement d'une somme de 3.740 francs versée par lui à titre de couverture. Il s'appuie pour cela sur ce que les opérations ont été faites sans le concours d'aucun agent de change, en violation, par conséquent, de l'article 76 du Code de Commerce.

Messieurs Hégo, Bloch et Cie répondent que la violation des dispositions de l'article 76 résultait d'une entente entre les parties intéressées ; que, dès lors, celles-ci n'ont plus ni l'une ni l'autre d'action en justice, pour les causes afférentes à cette convention illicite faite entre elles.

Le Tribunal de Commerce donne gain de cause aux défendeurs. Mezy interjette appel.

Messieurs Hégo, Bloch et Cie ont alors le tort de changer leur mode de défense. Ils prétendent qu'il n'y a pas eu entre eux et Mezy de marchés sérieux mais simplement jeu, que cela résulte de conventions antérieures, mais que la couverture a été un paiement anticipé de la dette de Mezy et que l'article 1967 du Code Civil ne permettant pas aux parties de répéter des sommes volontairement payées pour une dette de jeu, ils n'ont rien à restituer.

Que fait la Cour ? Elle agit comme si l'aveu d'une seule des parties pouvait constituer la preuve indéniable, non recherchée mais imposée au magistrat, d'une convention transformant le marché en une simple opération de jeu.

Considérant, dit-elle, que si la loi du 28 mars 1885 reconnaît la légalité des marchés à terme sur effets publics ou autres et interdit de se prévaloir de l'article 1965 du Code Civil pour se soustraire aux opérations qui en résultent, lors même qu'ils se résoudraient par le paiement de simples différences, elle ne dit nullement que, si des opérations de jeu en empruntent le nom et se cachent sous leur apparence, elles seront par cela même *à l'abri de toute recherche* et que la preuve ne pourra pas être faite par les moyens de droit commun......

Elle décide qu'il y a eu jeu et, par d'autres motifs qui n'ont rien à voir à la question que j'examine ici, elle ordonne nonobstant que la couverture sera restituée.

Elle méconnaît ainsi l'intention formelle du législateur qui s'est exprimée d'une manière manifeste dans les passages du rapport sénatorial cités plus haut.

Elle détruirait, en fait, la loi, si sa jurisprudence devait être suivie.

Celui, en effet, qui voudrait se soustraire à ses obligations invoquerait toujours l'exception de jeu en s'appuyant sur de prétendues conventions antérieures, et si cette allégation d'une seule des parties suffisait à autoriser le magistrat à *rechercher* les intentions premières des contractants, on se retrouverait *ipso facto* dans une situation identique à celle qui a précédé la loi de 1885, alors que les Tribunaux recherchaient, dans chaque espèce, s'il y avait eu jeu ou marché sérieux.

L'action législative s'est exercée en 1885 pour faire disparaître cette recherche, pour introduire une présomption légale en faveur du marché. La Cour, d'un trait de plume, supprime la loi.

Nous espérons qu'un pourvoi aura été formé contre une pareille décision. Il importe qu'elle soit cassée et qu'elle soit cassée le plus tôt possible. Il ne faut pas que, faute de protestation en temps utile, des actes de droit prétorien, aussi directement en opposition que celui-ci avec la loi, puissent venir détruire l'œuvre du législateur.

Alfred Naquet,

Rapporteur à la Chambre et au Sénat de la loi du 28 mars 1885.

Le petit provençal du 15 9bre 1894 31e année - n° 6522

RECULADES

Le ministère Dupuy était condamné a la rentrée. Il l'est même encore si l'on en juge par les sentiments que nourrissent à son égard, non point seulement ses adversaires, mais les membres mêmes de sa majorité. Il faut reconnaître, toutefois, que le président du Conseil et ses collègues ont trouvé un truc très habile, sinon honorable, pour ajourner la réalisation des prophéties, et pour faire, pendant un temps, mentir l'oracle.

Ce truc consiste à n'être violent et autoritaire que lorsqu'on est bien sûr de n'avoir qu'une faible minorité en face de soi, et à devenir d'une souplesse inconnue jusque-là, dès que la Chambre fait mine de ne pas partager l'opinion de Messieurs les ministres.

Nous avons eu une première application de ce système lors de l'affaire Favette. La première pensée de M. Lourties et de M. Guérin avait été de couvrir M. Favette de leur haute protection. Le garde des sceaux avait déclaré nettement, qu'à ses yeux, des poursuites ne paraissaient pas devoir se produire.

Je ne discute pas cette opinion, qui pouvait être justifiée, je la constate. Mais, voici que la Chambre ne paraît pas la partager. Vite, le chef de la justice française déclare qu'on poursuivra et, faisant un pas de plus dans cette voie, M. Dupuy accepte l'ordre du jour de M. Jaurès. Cette reculade effroyable a produit à la Chambre un sentiment que l'on devine. Mais, comment se fâcher contre des gens qui se courbent, qui s'aplatissent et qui, lorsqu'on leur présente un ordre du jour dont le caractère hostile n'est pas contestable, disent merci? L'ordre du jour Jaurès a été voté et le Cabinet s'est trouvé sauvé par l'arme même qui était forgée contre lui.

Ce stratagème ayant réussi une première fois, le Cabinet s'est dit qu'il serait bien sot de n'y pas recourir de nouveau à l'occasion, et il a recommencé, dans la séance du 8 novembre à propos de l'interpellation Carnaud.

M. Carnaud, on se le rappelle, interpellait le gouvernement sur les mesures disciplinaires qui avaient frappé plusieurs fonctionnaires à la suite de leur attitude au Conseil général des Bouches-du-Rhône.

Il est clair que les fonctionnaires conseillers généraux ne relèvent que de leurs électeurs, en tant que conseillers et que, tant que la loi leur permettra de briguer des mandats électifs, ils devront pouvoir les remplir avec indépendance.

On peut trouver — et c'est le cas de celui qui signe cet article — qu'il y a quelque chose de troublant pour la conscience, dans le fait de fonctionnaires qui blâment les actes du gouvernement qui les paye, ou qui stigmatisent une loi que, demain, ils seraient chargés d'appliquer. Mais, la faute est à la loi et le seul moyen de faire cesser cet état de choses consiste à interdire le cumul entre les mandats électifs à tous les degrés et les fonctions salariées par l'État. Tout le monde aurait compris et applaudi si le président du Conseil, à la suite des incidents de Marseille, avait présenté aux Chambres un projet de loi proclamant cette incompatibilité. Mais, jusque-là, frapper des fonctionnaires pour les paroles prononcées par eux dans des corps délibérants, était une violation manifeste de la législation existante, et, aussi longtemps qu'elle existe, cette législation doit être respectée par les ministres comme par les autres citoyens.

Telle n'était évidemment pas l'opinion de M. le président du Conseil. M. Carnaud lui a démontré que, loin de leur être hostile, il poussait aux candidatures des fonctionnaires, et que, même les conseillers généraux frappés par lui, pour leur indépendance, avaient été ses candidats jadis. Il est peu de fonctionnaires qui consentent à risquer leur situation, leur éligibilité offre aux gouvernements une classe toute trouvée de représentants dévoués, quand même, à la politique ministérielle. La conserver précieusement et achever de lui ôter toute velléité d'indépendance par la rigueur qu'on déploie contre ceux qui se montrent indépendants, tel était évidemment le but poursuivi par nos gouvernants.

Malheureusement, cette solution n'était pas du goût de la Chambre. Après les discours de M. Leydet et de M. Terrier, elle était conquise à l'incompatibilité en faveur de laquelle des ordres du jour nombreux étaient déposés. Si le ministère avait résisté, il était perdu.

M. Dupuy n'a eu garde, cette fois encore, de se montrer intraitable. La dignité est une belle chose ; mais le pouvoir vaut mieux : « Paris vaut bien une messe ». Il a déclaré qu'il avait toujours été partisan de l'incompatibilité, qu'il avait toujours eu l'intention de déposer un projet dans ce sens après l'interpellation, et que s'il ne l'avait pas fait plus tôt, c'était par simple déférence pour la Chambre devant laquelle il avait voulu laisser d'abord l'interpellation se dérouler.

A partir de ce moment, il était sauvé, et l'ordre du jour impliquant la confiance au gouvernement était sûrement voté.

Mais, dès qu'il s'est senti hors de

danger, le ministère a repris le ton dont il aime à se servir pour faire marcher la Chambre, lorsqu'il sait bien qu'aucun péril ne le menace. M. Marcel Habert avait proposé d'introduire dans l'ordre du jour les mots : « interdisant le cumul ». M. Dupuy se serait montré bon prince et aurait accepté les mots même de M. Marcel Habert s'il l'eût fallu pour se maintenir au pouvoir. Mais sa majorité était reconquise et, avec elle, son mépris de la Chambre était revenu. Il fera non pas une loi *interdisant le cumul*, mais une loi *sur les incompatibilités*, qui pourra être très restreinte et très inefficace. D'ici là, on aura trouvé le moyen de retourner les hésitants par une concession apparente et, malgré l'adage : « donner et retenir ne vaut, » le tour sera joué.

Que M. Dupuy ne s'y trompe pas, cependant. Ce système de reculades, suivies de retours offensifs, n'a qu'un temps. Il peut, pendant quelques mois, préserver un Cabinet, mais cette préservation n'est que temporaire. Le seul effet définitif d'une pareille attitude est de disqualifier ceux qui l'adoptent et de faire, qu'une fois tombés, ils ne se relèvent plus. A ce point de vue, nous ne pouvons qu'applaudir et engager M. Dupuy à continuer.

Alfred Naquet.

L'Éclair du 30 9bre 1894 (7me année — n° 2,195)

OPINIONS

L'ASSURANCE PAR L'ÉTAT

Il est un fait assez singulier, et dont le parti socialiste aurait le droit de s'enorgueillir. En dehors de lui, tout le monde tonne contre le collectivisme, mais en même temps tout le monde fait du collectivisme. C'est le tour aujourd'hui de M. Bourgeois, du Jura. Oh ! n'allez pas croire M. Bourgeois collectiviste ! Combien loin vous seriez de la vérité ! Non ! M. Bourgeois n'est pas pour la socialisation des capitaux ; il est pour la forme actuelle et individualiste de la propriété. Mais une fois n'est pas coutume. Les assurances, suivant M. Bourgeois, rapportent beaucoup d'argent aux Compagnies. L'Etat a besoin de trouver des ressources. Eh bien ! C'est la chose la plus simple du monde : exproprions les Compagnies et reprenons l'idée de cet autre individualiste, d'Emile de Girardin : donnons a l'Etat le monopole des assurances. Nous nous arrêterons ensuite dans l'œuvre de la socialisation.

Tout beau ! monsieur Bourgeois ! Comment pouvez-vous répondre de l'avenir ? Il y a près de six cents représentants à la Chambre, sans compter le Sénat. Avez-vous des moyens pour empêcher vos collègues d'apporter comme vous de nouveaux projets de monopole, et même, si vous avez réussi, de se prévaloir de votre exemple pour en obtenir le vote ? Vous trouvez simple de monopoliser les assurances. L'Etat a besoin de ressources, vous les cherchez là. Mais ne pourra-t-on pas, après vous, faire un raisonnement semblable ? Ne pourra-t-on pas dire : « Le budget est en déficit, il faut le mettre en équilibre ; la métallurgie est une industrie prospère ; monopolisons la métallurgie. » Vous n'aurez rien à objecter à ce raisonnement calqué sur le vôtre, et, tout en abominant le collectivisme, vos amis et vous ferez lentement mais sûrement son œuvre, brisant un à un les ressorts de l'initiative individuelle, et appauvrissant la nation en vous imaginant de l'enrichir.

Les socialistes vont plus loin que vous en théorie. En pratique ils vont moins loin à cette heure puisqu'ils se bornent à demander la reprise des grands services publics, c'est-à-dire de la banque, des mines et des chemins de fer, tandis que vous entrez plus avant dans la socialisation du domaine réservé à l'industrie privée. Il est vrai que les collectivistes font sommairement les choses. Ils reprennent les mines sans indemnité. M. Bourgeois n'est pas aussi radical ; mais il s'en faut de peu. S'il ne se livre pas à une confiscation absolue comme M. Jaurès, du moins se livre-t-il à une confiscation partielle.

D'après son projet les actions seraient remboursées sur la valeur moyenne des dix dernières années.

Or, pour telle compagnie que l'on pourrait citer, cette valeur moyenne ressortirait à neuf cent cinquante francs, tandis qu'au cours du jour les actions valent en réalité mille neuf cent francs, c'est-à-dire le double.

Et comme lorsqu'on achète un objet c'est à sa valeur du jour et non à celle de l'avant-veille ; comme c'est la valeur du jour qui est la vraie ; comme en elle se sont incorporés tous les efforts infructueux ou moins fructueux des années antérieures d'exploitation, efforts dont la production et par conséquent la valeur actuelle sont la récompense ; en proposant d'indemniser les actionnaires sur une moyenne de dix ans, M. Bourgeois propose ni plus ni moins que de leur retirer la moitié de leur avoir. Il les spolie de cinquante pour cent de leur fortune. Il n'a pas encore toute l'audace des collectivistes ; c'est un élève timide ; mais il promet. M. Jaurès, M. Guesde et M. Millerand lui accorderont un bon point.

Du moins la réforme que rêve le député du Jura donnera-t-elle à l'Etat les cent millions de bénéfices qu'il en attend ? Non certes !

Si même la recette était remplacée par un déficit, il n'y aurait pas lieu de s'en trop étonner.

En l'état, les compagnies d'assurances à primes fixes encaissent cent vingt millions de primes par an. Si les choses demeuraient dans les mêmes conditions, l'Etat devrait encaisser une vingtaine de millions de plus, représentant la somme, difficile à établir avec exactitude, qu'encaissent actuellement les Compagnies mutuelles, et celle correspondant à la partie du capital national aujourd'hui non assurée et qui, par le fait de l'assurance obligatoire, se trouverait assurée demain.

Sur les cent vingt millions de primes qu'elles encaissent, combien les Compagnies à primes fixes ont-elles à débourser pour indemniser les sinistrés ? Quel est leur taux de sinistre ? Ce taux ressort à 56 0/0, c'est-à-dire que pour cent francs de primes encaissées, elles versent cinquante-six francs aux sinistrés.

Si les conditions étaient les mêmes pour l'Etat, celui-ci aurait à payer pour cent quarante millions de primes reçues dans ses caisses, soixante-dix-huit millions en chiffres ronds aux sinistrés.

Mais les conditions seraient loin d'être aussi avantageuses pour l'Etat assureur que pour les Compagnies. Celles-ci, en effet, font un choix dans les risques assurés par elles et refusent les plus périlleux. L'Etat ne pourra rien refuser, et de ce fait le taux de sinistre s'élèvera bien au-dessus de 56 0/0. Il est difficile de fixer son nouvel étiage. D'aucuns l'évaluent à 66 0/0. En l'évaluant à 60, on demeure à l'abri de toute contestation. Ce taux donne pour les 140,000,000 de francs encaissés sous la forme de primes 84.000,000 de sinistres.

Il y aurait encore un écart de 56 millions entre les encaissements et les débours du Trésor, si ce dernier devait en effet, comme nous l'avons supposé jusqu'ici, recevoir autant de primes pour les mêmes risques qu'en reçoivent les Compagnies et n'avait aucune autre charge que les sinistres.

Mais il percevrait certainement une somme très inférieure.

Sous le régime des Compagnies, le public a une tendance marquée à grossir, à majorer considérablement la valeur assurée. La prime s'élève d'autant. On paierait moins si l'on faisait une évaluation exacte. Or, ces majorations disparaîtront à peu près complètement lorsque les Compagnies seront remplacées par l'Etat. D'une part, en effet, les citoyens craindront, en majorant leur avoir, de fournir au fisc une base d'assiette de l'impôt qui les ferait surtaxer si l'impôt sur le revenu était établi. D'autre part, l'Etat lui-même s'efforcerait d'éviter les majorations. C'est au moins ce qui se passe dans le canton de Vaud où l'assurance est cantonale et obligatoire. Il n'y a aucune raison pour que les choses ne se passent pas de même ici. L'Etat contrôlera la valeur assurable et par suite en réduira l'estimation.

Il est difficile de calculer exactement de combien tomberont les primes. On y arrive cependant d'une manière approximative par le calcul suivant:

On évalue actuellement à cent quarante milliards le capital assurable en France, et l'on admet que, sur ces cent quarante milliards, il y a une majoration de 20 0/0. Ce serait donc vingt-huit milliards à déduire et il resterait pour le vrai capital assurable cent douze milliards environ. Le chiffre des sinistres demeurant d'ailleurs le même et le capital sur lequel se calculent les primes à raison de 1 pour mille baissant de vingt-huit milliards, le taux de sinistre s'élèverait par là même de 60 à 75 pour cent.

D'autre part, il est à considérer que, sous forme d'impôts divers, les Compagnies versent actuellement de 20 à 25 millions à l'Etat. On doit déduire ces sommes des encaissements pour avoir le résultat exact de l'entreprise.

Il faut, en outre, retrancher une somme à peu près égale pour frais d'administration, et dix millions pour l'intérêt du capital emprunté en vue d'indemniser les actionnaires — soit en tout une cinquantaine de millions à déduire des cent douze millions de recette approximative que nous supposons.

La recette se trouverait ainsi réduite à 62 millions et les sinistres continueraient à coûter quatre-vingt-quatre millions. Les énormes bénéfices prévus par M. Bourgeois se convertiraient donc en réalité en un déficit appréciable.

Il y aurait beaucoup d'autres objections à présenter contre le monopole des assurances.

Comment, par exemple, l'Etat fixera-t-il le quantum à demander aux assurés ?

Adoptera-t-il le système des mutuelles? C'est peu probable, car on ne voit pas alors d'où il espérerait tirer des bénéfices.

Surélèvera-t-il la cote personnelle et mobilière, ou l'impôt sur le revenu, si celui-ci remplace cette contribution? Ce serait injuste, car alors les risques les plus graves se trouveraient assurés au même taux que les moins graves, et les assurés qui feraient le plus rarement appel aux finances publiques, paieraient pour ceux qui y feraient le plus souvent appel.

Etablira-t-il des primes calculées comme aujourd'hui sur l'importance du risque? Il sera tenu, dans ce cas, pour le calcul de ces risques, de conserver un personnel nombreux et coûteux qui viendra encore diminuer ses bénéfices. Et, néanmoins, bon nombre des employés qui vivent actuellement des assurances perdront leurs emplois. De ce nombre seront les agents que les compagnies entretiennent dans toute la France et qui s'occupent de rechercher la matière assurable.

En résumé : difficultés considérables d'application ; bénéfices nuls et même déficit probable ; le pain enlevé à un nombre énorme de familles. Voilà à quels résultats nous arriverions si nous décrétions cette nouvelle édition considérablement aggravée du monopole des allumettes.

M. Jaurès peut logiquement présenter des propositions de cet ordre. Elles sont conformes à ses idées générales, elles sont un acheminement vers la société à laquelle il tend.

Mais M. Bourgeois se déclare nettement anticollectiviste et dès lors sa proposition est inexcusable.

Alfred Naquet.

Deutsche Revue — Stuttgart 1891 Dezember

Die Zivilisation in Gefahr.

Von

A. Naquet, französischem Deputirten.

Zu allen Zeiten, vom griechischen Altertum an bis auf unsere Tage, hat es Denker gegeben, die sich gegen die soziale Ordnung erhoben haben, welche die Verbrechen, die Ungleichheit, die Ungerechtigkeit von ihr ableiteten. Der Kommunismus ist weder mit Marx, noch mit Cabet, selbst nicht mit Babeuf geboren worden. Er ist älter; man findet ihn selbst in der Republik Platons.

Ehemals war aber diese Doktrin, welche die Vergangenheit für die Zukunft nimmt, und welche, unter der Fahne des Fortschritts, uns in die ersten Zeitalter des Menschengeschlechts zurückführen möchte, nur die persönliche Aeußerung einer mehr oder weniger brennenden Einbildungskraft, so etwas wie eine Form der Poesie, des Romans.

Selbst im Jahre 1848 hatte die sozialistische Idee, trotz der giftigen Schriften Proudhons und der humanitären Chimären meines alten Freundes Louis Blanc, fast keinen Körper; sie äußerte sich unter durchaus phantastischen Formen wie bei Fourier, oder religiös wie bei Saint-Simon und Enfantin. Auf jeden Fall war sie weit entfernt vom Kommunismus, den Proudhon brandmarkte, den Fourier verwarf und bei dem der Saint-Simonismus einige Anleihen zu machen sich begnügte. Sonst erregte der Kommunismus bei aller Welt Abscheu; und die Furcht vor ihm war bekanntlich eine der Hauptursachen, die den Sturz der zweiten Republik herbeiführten.

Seitdem hat sich alles verändert; die Kommunisten haben sich verjüngt, indem sie den Namen wechselten; sie sind heute Kollektivisten, aber Kommunisten — pfui Teufel! Der Kommunismus produzirt und konsumirt in Gemeinschaft, der Kollektivismus beschränkt sich darauf, in Gemeinschaft zu produziren, aber er erhält sorgsam die Freiheit der Konsumtion und selbst die Fähigkeit, Verbrauchsgegenstände zu erwerben; allein das reproduktive Kapital, die Maschinen, die Werkzeuge, Grund und Boden werden der Gesellschaft in ihrer Gesamtheit gehören und nicht mehr in den Besitz der einzelnen übergehen können. Diese werden für die Gesellschaft arbeiten, die ihnen dafür anstatt Geld Arbeitsbons einhändigen wird; diese Bons werden alles in allem an die Stelle unserer jetzigen Franken und Mark treten; sie werden das Tauschmittel darstellen, mit dessen Hilfe jeder in den Nationalmagazinen wird kaufen können, was ihm gut scheint, um es nachher nach Belieben zu verbrauchen. Es wird keine allgemeinen Schlafräume, keine gemeinsamen Speisesäle geben, sondern jedermann soll seine Privatwohnung haben. Der Staat ist der einzige Produzent, der einzige Jn dustrielle, „der einzige Kaufmann" darf ich nicht sagen, weil es in diesem System keine Kaufleute mehr geben wird.

Für naive Geister erscheint dies System beim ersten Anblick verlockend. Man braucht indessen nur wenig nachzudenken, um zu bemerken, daß die Freiheit der Konsumtion, der man Raum läßt, sehr bald verschwinden würde wie jede andere Freiheit. Der Kollektivismus würde einem jener unsicheren Zustände gleichen, die stets wie die Explosivkörper dahin streben, in verschiedene, aber feste Zustände sich umzuwandeln. Je nach der Richtung, welche die Gesellschaft einschlüge, würde er schnell zum Privateigentum zurückkehren oder in den gröbsten Kommunismus umschlagen.

Man fragt vielleicht, wie er wieder zum Privateigentum kommen könnte. Das ist sehr einfach.

Selbst in unseren Tagen übersteigt das Salair des Arbeiters die Grenzen dessen, was er zum Leben nötig hat, denn es gibt Arbeiter, welche Ersparnisse machen. Um so mehr wird unter kollektivistischem Regime — vorausgesetzt, daß die Versprechungen seiner Parteigänger sich verwirklichen — die Kaufkraft des neuen Geldes, das der Arbeiter in seinen acht Arbeitsstunden verdient, die strikte Befriedigung seiner Lebensbedürfnisse übersteigen; da die Accumulationen von Produkten und selbst ihre Vererbung erlaubt sein wird, so muß es bald Personen geben, welche ihre Arbeitsbons sparen, und andere, welche sie leichtsinnig verschwenden.

Dann werden die letzteren von den ersteren entlehnen und diese ihnen — trotz aller gesetzlichen Verbote — gegen die gebräuchlichen Zinsen Vorschüsse machen. Das Kapital wird sich wie im Mittelalter unter der unproduktiven und beutegierigen Form des Wuchers wiederherstellen, einer Form, welche es stets annimmt, wenn ihm keine andere Verwendung offen bleibt.

Auf diese Weise würde es also sehr schnell zu Reichen und Armen kommen. Wer aber würde die Reichen hindern, heute in den Staatsmagazinen das Korn zu kaufen, das sich im Ueberfluß darin befindet, und es im folgenden Jahre, wenn die Statistiker ihre Berechnungen durch die Temperatur vereitelt sehen, es mit Nutzen zu demselben Preise wieder zu verkaufen, den die allgemeinen Magazine nehmen! Würde man es ihnen verbieten? Würde man die von ihnen gekauften Waren konfiszieren? Sie würden alsbann heimlich vorgehen, wie es heute die Alkoholdefraudanten thun, und in einer Ausdehnung, daß es schwer wäre, sie daran zu hindern.

Der anfangs heimlich wieder eingeführte Handel wird sich schnell genug wieder eindrängen; und da es vom Standpunkte kommerzieller Ausbeutung zwischen dem Handel und der Industrie nur schwer zu begrenzende Unterschiede gibt, so wird die industrielle Ausbeutung nicht lange auf sich warten lassen. Es wird ihr, in Anbetracht der ungeheuren Ueberlegenheit der individuellen Kraftanstrengung über die kollektive, nicht einmal Mühe machen, die nationale Industrie auszustechen; und die kapitalistische Gesellschaft, wie Marx sie nennt, wird wiederhergestellt werden.

Oder man wird, um diese Rekonstruktion zu verhindern, jeden Tag einen Schritt im Sinne der staatlichen Absorption weiter machen. Man wird, um die schöpferische Oekonomie des Privatkapitals zu vermeiden, selbst das neue Geld unterdrücken, das durch die Arbeitsstunden repräsentirt wird; man wird mit der gemeinsamen Produktion die gemeinsame Konsumtion, die gemeinschaftlichen Speise- und Schlafsäle verbinden und der Kommunismus Babeufs oder Cabets ist geboren.

Der Kollektivismus ist also nur ein passendes Wort, um die Gimpel zu beruhigen, welche das alte Wort Kommunismus erschreckt. Aber halten wir uns selbst hierbei nicht auf; setzen wir wiederum voraus, daß die Ziele der sozialistischen Schule sich in Thaten verwirklichen und die Errichtung einer konsolidirten Gesellschaft herbeiführen — gewährleistet diese Gesellschaft die Produktion, die Verbesserung in den Methoden, den Fortschritt und vor allem das höchste Gut, die Freiheit?

Das ist die Frage, welche Schäffle, der ehemalige österreichische Minister, auf jeder Seite seines kleinen Werkes „Die Quintessenz des Sozialismus" sich stellt; und er stellt sie mit Sorge, denn, wie groß auch die Vorteile des Sozialismus seien, keiner von ihnen könnte den Verlust der Freiheit aufwiegen.

Man braucht nicht sehr helle zu sein, um zu erkennen, daß die Produktion, der Fortschritt, die Freiheit unter dem kollektivistischen Regime bald verschwinden werden und schnell und unheilvoll alles zusammenbricht, was den Ruhm der Zivilisation ausmacht. Um das einzusehen, ist es genug, nichts als gesunden Menschenverstand zu haben, nicht durch Parteigeist verblendet zu sein und nicht an Stelle der Vernunft einen neuen Glaubensartikel zu setzen.

In Betreff der politischen Freiheit braucht dies nicht erst bewiesen zu werden. Die zukünftige Regierung würde ganz ebenso von dem Instinkt der persönlichen Erhaltung beseelt sein wie unsere heutigen Regierungen. Ich sehe durchaus nicht ein, wo die Redner in den öffentlichen Versammlungen Säle finden sollen, um sich hören zu lassen, wenn alle Säle dem Staat gehören; ich begreife durchaus nicht, wo die Journalisten, welche der neuen Sachlage oder auch nur den Machthabern feindlich sind, noch eine Zeitung auftreiben sollen, um ihre Artikel zu veröffentlichen, wenn es keine anderen Druckereien gibt als solche, welche dem Staat zu eigen sind.

Herr Brissac, dem gegenüber ich diesen Einwand gemacht habe, hat mir kürzlich geantwortet, daß die Nationaldruckereien alles drucken müßten und jeder, der die Kosten zahle, veröffentlichen könne, was er wolle.

„Veröffentlichen auf seine Kosten!" das läßt nachdenken. Man weiß, was der Druck selbst kostet; und wenn man zugibt, daß eine der menschlichen Arbeitsbienen, welche die kollektivistische Gesellschaft bilden, hinreichend Arbeitsstunden sparen könnte, um ein Buch zu veröffentlichen, so begreife ich nicht, wie man's fertig bringen würde, eine Zeitung herauszugeben.

Die Zeitung verschlingt täglich Kosten und es ist nötig, daß derjenige, welcher die Veröffentlichung übernimmt, sich für seine Ausgaben durch Annoncen und Verkauf entschädigen kann.

Lassen wir die Annoncen beiseite, welche in der neuen Gesellschaft keinen Sinn mehr haben, so bleibt nur der Verkauf der Zeitung.

Aber die Sozialisten mögen sich in acht nehmen! Wenn der Verkauf frei ist und wenn der Herausgeber der Zeitung den Ertrag einstreichen kann und dieser die Ausgaben übersteigt, wenn er mit einem Wort Gewinn hat, so ist die Privatindustrie wieder hergestellt, ein infamer Kapitalist ist wieder erstanden, die neue Gesellschaft leidet Schiffbruch und die abscheuliche Bourgeoisie wird wieder zusammengeflickt.

Wenn dagegen der Herausgeber nur die Kosten zu zahlen hat, ohne die Erträge einkassiren zu dürfen, so wird sein Privatblatt nicht für drei Nummern die Mittel zu existiren haben.

Man kann freilich gestatten, daß die Erträgnisse der Gesellschaft zu gute kommen und daß der Journalist nur als Bürge dient. Aber wer möchte dann noch den Journalisten machen, besonders wenn er der Opposition angehört und überzeugt ist, daß die Administration sich nur schwer entschließen wird, ihm die Erträgnisse der Einnahmen anzugeben.

Nein, von politischer Freiheit wird man uns nicht mehr sprechen dürfen. Werden wir wenigstens die Freiheit der persönlichen Konsumtion haben?

Ich würde nicht sicher wagen, das zu hoffen. Der produzirende Staat könnte jede Konsumtion unterdrücken, welche ihm nicht gefiele, indem er es unter= ließe, den Gegenstand herzustellen, welcher dem entspräche. Ein Staat, der dem Wein feindlich wäre, würde aufhören, die Traube zu kultiviren, ein Staat, der dem Tabak widerstrebte, würde die Tabakspflanze nicht mehr anbauen, ein vege= tarischer Staat würde das Schlachten des Viehes verbieten.

Man wende nicht ein, daß man närrisch sein müßte, um dorthin zu kommen. Selbst in unseren Tagen sieht man in dem individualistischsten Lande der Welt, in den Vereinigten Staaten von Amerika, Lokalregierungen den öffentlichen Ver= kauf des Weines untersagen. Zu ihrem großen Bedauern können sie den häus= lichen Gebrauch nicht hindern, aber sie könnten ihn unterdrücken, wenn sie die Weinberge ausrotteten, und mit welcher Freude würden sie diese Ausrottung dekretiren! Um vorzugeben, daß so etwas unmöglich sei, muß man niemals Sektirer gesehen haben und nicht wissen, wessen sie fähig sind.

Es ist also durchaus zweifellos, daß Bebel wie Guesde, ob absichtlich oder nicht, mit der Freiheit schnell fertig sein würden. Würden dafür die Gleich=

heit, die Gerechtigkeit zum Ausgleich ihre Rechnung finden und das Gemeinwohl zunehmen?

Das absolute Gegenteil würde eintreten.

Mit Ausnahme einiger Männer von Genie, welche für den Ruhm, für die Menschheit arbeiten, widerstrebt der Mensch der Arbeit. Er unterwirft sich ihr nur in der Hoffnung, seine Lage zu verbessern, sich ein Kapital zu erwerben, sich ein behagliches Alter zu schaffen, seine Kinder in eine höhere Stellung zu bringen, als er selbst eingenommen hat. Das ist die Quelle seiner Industrie, seiner Aufregungen, seiner Forschungen, seiner Studien. Dieser fortwährende Sporn, dieser hartnäckige Reiz sind es, welche ihn dazu treiben, zu produziren und so das Erbe aller zu vermehren.

Man unterdrücke diesen Sporn, diesen wohlthätigen Stachel, und er wird ebenso wenig arbeiten wie die Lohnarbeiter, die man nicht überwacht; er wird seine sechs oder acht Stunden fortmachen, um seinen Arbeitsbon, das heißt seinen Lohn zu empfangen, obgleich das Wort außer Kurs ist, und da, wo er sein Land um einen Wert gleich 100 bereichern könnte, wird er es mit Mühe auf 1 bringen. Es ist wahr, er wird arm bleiben, aber alle neben ihm auch; und wenn die Gleichheit hergestellt ist, so ist es die Gleichheit der Armut. Man wird die Prätension haben, die Produkte gleichmäßig zu teilen, — noch wird dies eine Prätension sein — aber man wird nichts mehr zu verteilen haben.

Die Erfinder werden selten werden, obgleich viele von ihnen nur durch die Begeisterung getrieben werden und obgleich der Wunsch, zu gewinnen, sehr oft außerhalb ihrer Berechnung liegt.

Der Staat, die Gesellschaft, wenn man so lieber will, können nicht die Kühnheit eines Individuums haben, dem eine Idee sich darbietet; wenn sie wahr ist, so wird sie für die Menschheit von ungeheurem Nutzen sein. Aber sie kann auch falsch sein; sie hat sogar viel mehr Chancen, falsch als wahr zu sein. Die Erfahrung allein wird die Frage lösen, und diese Erfahrung kann eine Million kosten. Ich selbst weiß von einer, die hier in Paris gemacht worden ist, noch kein endgiltiges Resultat ergeben und dennoch schon mehr als 600000 Franken verschlungen hat.

Ein reicher Mann, der an den Erfolg glaubt, kann bei einem ähnlichen Versuch als stiller Teilhaber dienen. Er ist Herr seiner Habe; er kann es ganz oder teilweise wagen. Die Unternehmungslust und die Liebe zur Spekulation, um das böse Wort einmal zu gebrauchen, die Spielwut sogar, kann ihn dazu treiben, und niemand kann Rechenschaft von ihm fordern. Aber die Gesellschaft würde niemals in einer ähnlichen Lage sein. Sie kann nicht jeden Tag eine Million aufs Spiel setzen; und diese würde kaum genügen, wenn sie mit allen Einfällen, welche man ihr sicher unterbreiten würde, experimentiren wollte. Meiner Meinung nach wird es eine Kommission der Erfindungen geben; aber die Weise, in welcher gegenwärtig Kommissionen dieser Art ihren Beruf erfüllen, läßt auch von denen der Zukunft nicht viel Gutes vorhersagen. Die Menschen aller Epochen ähneln einander, und der Kollektivismus wird die Köpfe von morgen nicht verhindern, so zu funktioniren wie die von heute.

Wenn sie indessen auch vollkommen wären, einer schrecklichen Alternative würden die Prüfungskommissionen nicht entgehen: Sie müßten die Finanzen des Landes ernstlich in Gefahr bringen oder eine Menge nützlicher Erfindungen verwerfen. Oft erkennt ein Gelehrter in der That im Projekt eines Erfinders — wie es dem Anschein nach mit der Erfindung Turpins gegangen ist — ein mögliches, vielleicht ein wahres Prinzip, aber er kann ohne Experiment nicht entscheiden, ob die Anwendung günstig ist, und das Experiment läuft Gefahr, die nationalen Finanzen stark in Anspruch zu nehmen. Was wird die Kommission in diesem Falle thun? Sie wird sich wahrscheinlich ablehnend verhalten und, wenn sie nicht ablehnt, so wird die Entscheidung im entgegengesetzten Sinne ebenfalls schwer sein, denn die Fonds der Gesellschaft werden verschleudert. Ich füge hinzu, daß im Falle sie geneigt wäre, die Sache leicht zu nehmen, die öffentliche Meinung ihr nach zwei oder drei Schlappen wohl in den Weg treten würde. Der Kollektivismus würde also für die Eröffnung neuer Industrien nichts thun und die meisten genialen Entdeckungen, welche sich unter dem belebenden Hauche individueller Initiative entfalten, werden unter dem erstickenden Organismus, den man die Gesellschaft nennt, ungeboren bleiben.

Wird der Kollektivismus, wenn er den Fortschritt hemmt, wenn er den Wetteifer, der befruchtet, den Wunsch, sein Los zu verbessern, der belebt, tötet, uns wenigstens eine bessere Verteilung dafür geben? Man müßte ein Narr sein, um das zu glauben.

Die Arbeiter lassen sich irreleiten, wenn man ihnen einen reichen Kapitalisten zeigt und sie ihren kleinen Lohn mit seinem Gewinn vergleichen. Haben sie aber schon darüber nachgedacht — und das ist notwendig, wenn sie den ungeheuren Vorteil des Kapitals vor der Nationalproduktion erkennen wollen — wie viel Kapital in den Unternehmungen, die verunglückten, verloren gegangen ist und das man von dem Gewinn derjenigen abziehen muß, die Erfolg haben?

Haben sie sich gesagt, daß das, was man jetzt die Vorwegnahme des Kapitals nennt, zum größten Teil der Gehalt für die Arbeit der Direktion, die Reserve ist, die man für zukünftige Unternehmungen, für neue Werteinsätze, für die Vermehrung der Arbeitsmittel nötig hat? Haben sie besonders an denjenigen gedacht, welcher der Arbeit der Direktion sich unterzieht und der dieser sich in der sozialistischen Industrie unterziehen muß wie in unserer individualistischen? Glauben sie, daß die Werkführer, die Ingenieure, die Kontrolleure, die Direktoren sich mit einem Gehalt begnügen werden, der demjenigen der Handarbeiter gleich

Wenn sie das glauben, so verweise ich sie auf die Debatten des Sozialisten=
kongresses in Frankfurt am Main, dessen Sitzungen stattfinden, während ich
diese Zeilen schreibe.

Die Arbeiter hatten, wie es scheint, geglaubt, daß die Parteileiter zu hohe
Gehälter bezögen, und ein gewisser Legien erklärte, daß die von den Arbeitern
mühsam ersparten Pfennige nicht dazu dienen dürften, einige Privilegirte üppig
zu erhalten. Herr Bebel hat aber energisch protestirt und selbst die Vertrauens=
frage gestellt. Er hat Herrn Legien vorgeworfen, daß er selbst einen über=
triebenen Preis für die Artikel gefordert habe, welche von ihm für die sozialistische
Revue geschrieben worden seien. Er hat hinzugefügt, daß wenn die Verminderung
der Bezüge beschlossen würde, „die besten Beamten und Redakteure ihre Entlassung
nehmen und die Annoncenjäger nicht mehr für den ‚Vorwärts‘ arbeiten würden
und dieser Bankerott machen müsse“. Und der Sozialismus ist noch in der
kämpfenden, heroischen Periode, in jener Epoche, in welcher eine Partei nur noch
eine begeisterte Minorität ist und Opfer und Hingebung kennt; wie wird es sein,
wenn er das ganze Volk umfaßt?

Gewiß, ich möchte auch, daß man, ohne die individuelle Initiative zu be=
rühren, in der unglücklicherweise beschränkten Grenze, in welcher dies möglich ist,
den Anteil des Kapitals am Profit des Arbeiters vermindere. Oder besser, ich
möchte, daß das Kapital sich demokratisirte, daß die kleinen Kapitalisten sich ver=
mehrten, das heißt durch die Zerstreuung des Reichtums die Arbeitswerkzeuge in
die Hände des Arbeiters gelegt würden, aber die Freiheit allein, unterstützt durch
schützende Maßregeln, kann dies Ziel erreichen.

Beim Kollektivismus würden wir im Gegenteil unter den Leibeigenen stehen
und würden uns unserer Freiheit ohne Vorteil entäußert haben. Die Arbeit der
Direktion, deren Kosten wir beständig zu vermindern streben, würden viel teurer
sein als heute und trotz der höheren Kosten unendlich viel weniger leisten als
heute. Man würde die Sklaverei im Verein mit der Armut haben, die Rückkehr
zu der Barbarei der Urzeit.

Man muß also diese traurigen Lehren, die, wenn sie triumphirten, die
Menschheit um mehrere Jahrtausende zurückwerfen würden, bekämpfen, ohne zu
ermüden; man muß aber gleichzeitig dem leitenden Bürgertum seine Pflichten
vorhalten; denn man muß es durchaus anerkennen, daß sie in der ganzen
zivilisirten Welt durch ihre Haltung, ihr Benehmen, ihre Allüren alles thut,
um die Leidenschaften und den Haß zu entfesseln, welche sie beschwören sollte.

Ereignisse, die sich in einer Form abspielen, wie der Panamaschwindel in
Paris, das Panamino in Italien, wie die, von denen Tammany=Hall in New=
York ein stehendes Beispiel bildet, Skandale, von denen man überall in weniger
freien Ländern hört, ohne sie enthüllen zu können, thun mehr für die Verbreitung
der kollektivistischen Idee in den Massen als alle Reden von Jaurès, Jules

Guesde, Bebel oder Liebknecht. Der Arbeiter kommt schließlich dahin, das ganze Bürgertum mit einigen Bösewichtern in einen Topf zu werfen, welche sich schuldig gemacht haben, das zu rauben, was man ihnen anvertraut hat; und ohne die Ideen oder die Prinzipien, welche man ihm vorredet, zu prüfen, nimmt er die neue Gesellschaft an aus Abneigung gegen diejenige, mit welcher er sich herumschlägt. Er nimmt sie an, selbst ohne fragen zu wollen, ob sie besser oder schlechter sein wird, indem er sich sagt, daß sie jedenfalls eine andere sein und es ihr schwer werden wird, die alte an Schlechtigkeit zu übertreffen.

Außer den Schandthaten wie die, welche wir erwähnt haben, und welche von Zeit zu Zeit schmerzlich das öffentliche Gewissen bedrücken, ist das Leben der reichen Jugend es, welches einen beklagenswerten Eindruck macht. Diese fils à papa, wie wir sie in Frankreich nennen, die im Besitz eines durch ihre Väter mühsam zusammengesparten Vermögens sind, sehen nicht ein, daß der Reichtum ein Amt gibt, das Pflichten auferlegt und nicht bloß ein Mittel zum Genuß, das ihnen, die nichts gethan haben, es sich zu verschaffen, unentgeltlich zur Disposition steht.

Diese jungen Leute, welche ihr Leben im Bois de Boulogne oder vor den Kaffeehäusern mit Courtisanen verbringen, oder während der Nacht im Spiel ihre Existenz wagen, diese Millionäre, welche, statt in ihren Millionen Mittel zur Vermehrung der Summe der Gerechtigkeit zu suchen, sich damit begnügen, sich über ihre Langeweile mit nichtigem Zeitvertreib hinweg zu täuschen und nichts Besseres zu thun finden, als eine Arena zu bauen, um dort Stiere zu töten, oder einen Zirkus zu errichten, damit dort einige Edelleute als Clowns sich entwürdigen — diese Generation, die auf eine entnervte Literatur sich stützt, die mehr und mehr dahin strebt, die Liebe zum Schönen zu unterdrücken, um an ihre Stelle die Liebe zum Phantastischen im schlechtesten Sinne des Wortes zu setzen — alle diese Alcibiadesse, welche ihren Hunden die Schwänze abschneiden, ohne sich vorläufig wie Alcibiades durch Verdienste um das Vaterland das Recht erworben zu haben, sich einige Excentrizitäten verzeihen zu lassen — alle diese Männer, alle diese Frauen ohne eine höhere Idee, ohne eine edle Passion — alle diese Müßiggänger, diese Sünder sind das mächtigste Element der sozialistischen Propaganda.

Wenn das Bürgertum seine Rolle versteht, wie unter seinen Gliedern eine gewisse Zahl Auserlesener, leider sehr isolirter Männer sie versteht — wenn sie das noblesse oblige begreift — wenn sie anhaltende Anstrengungen macht, um die Lage des Arbeiters zu verbessern, um die Erwerbung von Eigentum zu erleichtern — wenn sie nach Bedürfnis selbst vom Staate Hilfe verlangt, um durch allgemeine Gesetze gegen den Egoismus derjenigen zu kämpfen, welche das Gute nicht thun wollen, indem sie es durch die Schärfe der Konkurrenz denjenigen unmöglich machen, es zu thun, die den Wunsch dazu haben — wenn sie mit einem Worte die große und schöne Aufgabe begreift, welche ihr obliegt, und sie zu erfüllen weiß, so wird der Sozialismus bald matt gesetzt sein.

Auch genügt es nicht, nach unten hin zu zeigen, wie trügerisch die kollektivistischen Ideen sind, man muß nach oben hin ebenso energisch darauf aufmerksam machen, wo die Pflicht liegt.

Es gibt eine soziale Gefahr; sie besteht in den unheilvollen Theorien, für welche das Elend den Arbeiter empfänglich macht; sie besteht indes nicht minder in der moralischen Auflösung von oben her; die Aufgabe der Presse ist es, gegen diese doppelte Gefahr, von welcher die Zivilisation bedroht ist, zu kämpfen.

Le petit provençal du 17 décembre 1894 (XIXᵉ année — n° 6556)

A PROPOS DU CAPITAINE DREYFUS

On ne peut pas ouvrir un journal de Paris, à cette heure, sans voir des entrefilets ou des articles à sensation sur la trahison du « juif Alfred Dreyfus ».

Ce sont là, il est bon de le dire, et à un double point de vue, de tristes mœurs politiques.

Je ne sais pas si le capitaine Dreyfus est ou non coupable. Sans doute il doit y avoir des charges qui pèsent sur lui, puisqu'on s'est décidé à le poursuivre. Mais sa culpabilité n'est point encore établie. Elle ne le sera que lorsque le Conseil de guerre aura rendu son arrêt.

Jusque-là, la loi, comme les plus élémentaires principes de l'équité, nous fait un devoir de réserver notre opinion et de nous taire. Un prévenu est réputé innocent aussi longtemps qu'il n'est pas légalement reconnu coupable; et s'il est une attitude que l'on doive flétrir, c'est celle des journalistes ou des hommes politiques qui passionnent l'opinion sur des faits qu'ils ne connaissent pas et qui risquent d'impressionner les juges dans un sens ou dans un autre, s'exposant ainsi à rendre difficile, soit l'acquittement d'un innocent, soit la condamnation d'un coupable. Il est un autre genre de polémique contre lequel on ne saurait trop non plus s'élever. C'est celle qui consiste à rendre toute une classe de citoyens responsable des méfaits de l'un de ses membres, c'est celle qui s'efforce de condamner à mort tout un troupeau parce qu'il contient une ou plusieurs brebis galeuses.

Et malheureusement, dans notre siècle ardent et passionné, on fait sous ce rapport, trop facilement fi de la justice.

Qu'un israélite commette un crime, immédiatement l'on voit s'étaler dans une masse de journaux des manchettes comme celle-ci : *La Trahison d'un Juif.*

De même qu'un prêtre, comme le curé Boude ou l'abbé Bruneau, commette un assassinat, on voit dans d'autres journaux des manchettes analogues, quoique inverses, dans lesquelles on peut lire : *Encore un Curé Assassin.*

Rien n'est plus odieux.

Les crimes abominables du curé Boude ou de l'abbé Bruneau n'atteignent en rien le sacerdoce. Ce sont des cas isolés ; ils n'empêchent nullement que la masse des prêtres ne soit aussi digne et aussi honnête qu'aucun autre groupe de citoyens, et qu'elle ne compte des individualités supérieures toujours prêtes au dévoûment et au sacrifice.

De même pour les Juifs.

J'ignore, je le répète, si le capitaine Dreyfus a ou non commis l'acte abominable dont on l'accuse.

S'il l'a commis, il est deux fois criminel, criminel vis-à-vis de son pays, criminel vis-à-vis de sa race, sur laquelle, en raison du préjugé contre lequel je m'élève ici, s'expose à faire retomber une part du mépris et de l'indignation légitimes que ses actes inspirent.

Mais, encore une fois, coupable ou non, en quoi cela touche-t-il et regarde-t-il les coreligionnaires ?

Dreyfus a trahi, dit-on. C'est possible et nous saurons dans quelques jours ce qu'il en est. Mais si cela était, cela empêcherait-il que parmi les Juifs il n'y ait eu des héros ? Cela empêcherait-il Franchetti d'être mort glorieusement en 1870 pour la France ? Cela empêcherait-il Crémieux-Foa et Valabrègue d'avoir vaillamment défendu leur pays au Dahomey et d'y avoir perdu la vie ?

Pourquoi fait-on rejaillir sur toute la communauté israélite l'infamie de l'un plutôt qu'on ne la ferait bénéficier de la gloire des autres ?

La Révolution a proclamé que les actes sont personnels et que les responsabilités sont personnelles com-

... avait proclamé le même principe avant la Révolution, ou plutôt celui-ci avait été proclamé par toutes les législations civiles et religieuses du monde, parce que c'est là une vérité essentiellement humaine qui s'impose à tous les penseurs, à tous les cœurs épris de justice et d'équité.

Rompons donc avec les habitudes déplorables qui se donnent carrière depuis quelques années.

En vingt-quatre ans de vie politique, j'ai la satisfaction de pouvoir dire que, quelque vives qu'aient été mes passions, je ne me suis pas livré une seule fois à de pareils excès.

Cela me donne le droit de protester avec énergie contre ceux qui s'y livrent à cette heure et de les rappeler, suivant les opinions auxquelles ils appartiennent, aux principes de l'Eglise ou aux principes de la Révolution. Divergents sur tant d'autres, ils sont d'accord sur ce point. Ne pas les respecter, c'est faire appel aux sentiments les plus déplorables et ceux qui y poussent ne sauraient être trop énergiquement stigmatisés.

Alfred Naquet.

La Riforma Sociale del 10 x.bre 1894 — Anno I, Vol. II, fasc. 23
Torino, piazza Solferino 20 — Roma, via Tritone 197 (1)

ANCORA LA QUESTIONE DELLE IMPOSTE [1].

Il professor Conigliani ha consacrato un interessante articolo a confutare le idee da me espresse nella *Riforma Sociale*, relativamente alle imposte. Egli però non mi ha convinto. Tutt'altro! Ma debbo però rendergli un omaggio: è la prima volta che, per confutarmi, mi

---

(1) V. i fascicoli 18 e 19-20 della *Riforma Sociale.*
8S — La Riforma Sociale — Vol. II.

(1) - voir la page 65 de ce tome et les pages 216 & suivants du t. V des simples Varia, ainsi que les pages 235 & 236 du même vol. des varias.

si oppongono degli argomenti.

Ricorderete il mio articolo. Io ho detto che le imposte reali, quelle che cadono sugli oggetti, s'incorporano nei prezzi di quest'ultimi, diventando così una specie di comproprietà dello Stato; e che quindi al momento in cui vengono stabilite spogliano i detentori attuali d'una parte del loro capitale; ma che il compratore futuro, acquistando ad un prezzo minore, non paga più allo Stato nessuna imposta.

Conchiusi che modificare le imposte reali, quando il tempo passato dalla loro imposizione è stato considerevole, per determinare questa consolidazione, è lo stesso che spogliare di nuovo gli uni, e fare dei veri regali agli altri, e che, per conseguenza, quando esistono da molto tempo non bisogna toccarle più.

Al contrario, per tutte le nuove risorse da creare, più per venire in soccorso al peso crescente dei bilanci, che per rimpiazzare quelle tasse indirette che si crede dover sopprimere — io mi sono pronunziato per l'imposta progressiva sul reddito. Io ho affermato che questa imposta — secondo me — dev'essere una semplice imposta di sovrapposizione, che la progressione dev'essere leggera, allo scopo di non creare ostacoli alla formazione delle ricchezze, e che bisogna, sopra tutto, guardarsi dal far nascere, con delle complete esclusioni, una classe di cittadini disinteressati della buona armonia finanziaria.

Sono queste le idee, sommariamente riassunte, che il professor Conigliani ha combattuto. Fautore d'un'imposta *unica*, progressiva, ed a progressione molto seria, sul reddito, volendo, per conseguenza, la soppressione delle imposte reali, attualmente esistenti, egli aveva bisogno di dimostrare che le imposte non si consolidino come io ho affermato, nè s'incorporino nel valore dell'oggetto. È questa dimostrazione ch'egli si è sforzato di fare, e si è talmente imbevuto del suo soggetto che, dopo avermi trattato da « conservatore », poichè sono risolutamente contrario — come Proudhon del resto, che nessuno, io credo, ha mai trattato da conservatore, — all'imposta unica, finisce per rinunziarvi egli stesso, lasciando alla sua teoria un carattere di ideale lontano, e si pronunzia, in ciò che concerne la Francia, in favore di un'imposta reale di più sulla ricchezza mobiliare, cioè in fondo in favore d'un'imposta sul reddito.

Non posso lasciar passare, senza spiegazioni, quest'attacco dell'egregio professore di Modena, e, anche a rischio di stancare i lettori della *Riforma Sociale*, tornando così spesso sul medesimo soggetto, io dimando loro il permesso di occuparmene una volta ancora.

Dopo aver ricordato che la mia dottrina della consolidazione dell'imposta reale è stata sostenuta, altre volte, in Inghilterra da Pitt, ed in Italia da Scialoja, precedenti di cui ho fatto ben conto, egli mi oppone, che non è al loro carattere d'imposte reali, ma bensì alle loro specializzazioni, che le imposte devono d'incorporarsi nel prezzo degli oggetti tassati. Ancora, egli pretende, che anche specializzate, esse non producono questo effetto che temporaneamente e che, in fin dei conti, esse divengono tutte imposte, delle vere contribuzioni, le quali è perfettamente lecito modificare con leggi fiscali. Ecco come il Conigliani s'esprime:

Supponga infatti l'illustre scrittore un sistema d'imposte reali, completo su tutti gl'investimenti mobiliari e immobiliari, e vedrà allora come un aumento proporzionale e contemporaneo di tutto il sistema non potrebbe avere effetto differente di quello che abbia Egli stesso riconosciuto all'imposta *personale* sul reddito: tutti gli investimenti essendo divenuti contemporaneamente meno vantaggiosi, il valore relativo dei capitali resterebbe invariato, e non il *solo* attuale possessore per tutto l'ammontare dell'imposta capitalizzata; ma anche tutti i possessori futuri risentirebbero il peso del nuovo tributo sotto la forma di diminuzione del prodotto netto dei loro investimenti.

Non è dunque certamente la *realità* dell'imposta che potrebbe produrre l'effetto indicato dal Naquet; è piuttosto la sua specialità, il fatto cioè che le imposte reali colpiscono speciali investimenti con organismi tributarii distinti, e quindi sono più facili a rimutarsi l'una indipendentemente dall'altra...

L'argomento meriterebbe d'essere discusso, se mai un sistema assolutamente generale ed eguale d'imposte reali può essere stabilito.

Non vi è che un difetto, ma esso è bastevole per rendere inutile qualsiasi discussione, cioè che un sistema simile è totalmente impossibile: per stabilirlo ci bisognerebbe un paese intieramente nuovo, dove nessuna contribuzione, di nessuna specie, esistesse, e dove, avendo davanti tutto netto, si potesse creare ciò che si volesse.

Questo paese non esiste in nessuna parte, nemmeno al Congo. Le imposte reali, che esistono in tutte le nazioni, sono state messe successivamente, secondo ed a misura dei bisogni, senz'ordine, senza combinazioni sistematiche. Da ciò è risultato che ognuna di esse è stata speciale all'epoca della sua nascita. Se dunque non si dimostra che, anche con la specialità, la consolidazione non ha luogo, esse si sono successivamente incorporate, e consolidate, esse sono, appunto perciò scomparse; esse hanno perduto il loro carattere d'imposta per rivestire quello d'una comproprietà dello Stato, e se più tardi si mettono delle nuove imposte speciali, col pretesto di completare il sistema, non si completa niente; si opera in un ambiente sempre nuovo e la consolidazione si fa, ogni volta, con la perdita che fa ciascun possessore attuale d'una parte del suo capitale. In altri termini quando si stabilisce un'imposta reale nuova, tutte le altre, essendo già consolidate, è come se si stabilisse una sola imposta reale e speciale, in un paese dove non se ne avrebbe alcun'altra. Ciò vale a produrre tutti gli effetti della specializzazione, che d'allora diventa inerente alla *realità* dell'imposta.

Il professor Conigliani è un economista troppo esperto per non aver visto ciò. Egli l'ha visto certamente; così non si ferma su questa argomentazione generale. Non può aver ragione che nel solo caso che l'idea dell'incorporazione fosse falsa, con le imposte reali specializzate alle stesse, ed è perchè crede il contrario che concentra su questo punto tutta la forza della sua discussione; il resto non è che un pretesto per entrare in materia.

Egli esamina da questo punto di vista l'imposta fondiaria, l'imposta sul reddito commerciale o industriale (le patenti) e l'imposta sui cuponi delle azioni o obbligazioni delle società o dei comuni.

Gli fo volentieri una concessione per ciò che riguarda le patenti, e questa concessione non mi costa molto perchè glie l'aveva fatta anticipatamente enumerando le imposte *reali*, le imposte le quali non si devono più toccare, come dicevo nel mio articolo precedente (pag. 449).

In Francia, le imposte veramente reali, quelle che non sono incorporate nel prezzo degli oggetti tassati, sono l'imposta fondiaria sui fabbricati, l'imposta fondiaria sui terreni, e la ritenuta del 4 % sopra le cedole delle azioni e delle obbligazioni delle società finanziarie o comunali.

In questa enumerazione non figurava l'imposta delle patenti. Essa non ha nulla dell'imposta reale, non colpisce un oggetto determinato, e un simile nome non può esser dato a questa cosa un po' vaga, un po' indeterminata, e più morale che materiale, che si chiama una casa di commercio.

Le patenti partecipano, al tempo stesso, del carattere dell'imposta personale e del carattere dell'imposta di consumo. Io non ho mai detto che la logica vieti di toccarle.

Per l'imposta fondiaria il professor Conigliani pretende che le cose accadano allo stesso modo. Questo strumento limitato, preciso, che ha il suo prezzo, se non stabilito con la regolarità che presentano quelli dei valori quotati alla borsa, pure molto netti, molto facili ad essere valutati, questo strumento lo eguaglia ad un opificio.

Egli fa, dell'imposta fondiaria, l'analoga delle patenti. Ci dice che i proprietari non fanno altro che anticiparla, che essi poi se la rimborsano con ciò che ricavano dalle derrate vendute da loro — che questa è, in ultima analisi, una semplice imposta di consumo, che il reddito della terra resta invariabile e che perciò il prezzo non può essere influenzato dalla imposta che la colpisce.

Questa idea, ch'egli toglie all'economista Ferri, è stata combattuta, egli lo sa benissimo, dalla teoria della rendita ricardiana. Il Coniglian dà l'argomento e non si preoccupa di combatterlo. Riprendiamo noi la sua esposizione:

Ma la scuola classica risponde al Verri che l'imposta fondiaria colpisce la rendita ricardiana, cioè il soprareddito che deriva ai proprietarii delle terre più fertili, più vicine al mercato e meno intensivamente coltivate, dalla possibilità in cui si trovano di produrre a costi minori i prodotti compensati da un identico prezzo, e che perciò questo prezzo non si muta quando viene stabilita l'imposta, la quale non opera altrimenti che ad assorbire la rendita, portandola nelle mani dello Stato.

Ma il mio contraddittore aggiunge subito che l'imposta fondiaria colpisce così le terre sterili come le altre e che inoltre i mezzi di comunicazione, così sviluppati ai giorni nostri, non lasciano nella teoria della rendita ricardiana che un valore storico.

Ciò è esatto; ma non prova nulla, perchè l'egregio professore di Modena sa bene che esistono delle frontiere fra i popoli e che l'imposta che colpisce le terre di qua, non le colpisce punto più di là e viceversa.

L'argomento avrebbe un valore se l'umanità intiera formasse un popolo solo, centralizzato, sottomesso alle stesse leggi; ma questa seducente utopia è lungi dal realizzarsi, se pure essa si realizzerà mai. Ora, fino a quando essa non sarà realizzata, il prezzo delle derrate sarà regolato dalla concorrenza estera, così come dalla situazione interna.

Il giorno in cui si raddoppiasse il peso fiscale che grava sulla terra, il proprietario avrebbe, senza dubbio, la tentazione di far pagare le sue biade, l'avena, il vino, l'olio, il grano, a prezzi più elevati. Ma in tutte le nostre stazioni ferroviarie, in tutti i nostri porti, egli vedrà giungere dall'estero l'olio, il vino, l'avena, le biade, il grano, lo zucchero che gli creeranno degli ostacoli. Egli sarà contentissimo se, invece di vendere i suoi generi, non vedrà i prezzi rinvilirsi.

È anche a causa di questo fatto ch'egli reclama e che, a discapito di tutti i principii economici e degli interessi ben intesi delle popolazioni, ottiene, per mettere un freno alla concorrenza estera, dei di di dogana che non sono, in fin dei conti, che una chimera.

Il reddito della terra diminuisce dunque realmente quando si colpisce il suolo, e, come il prezzo d'un oggetto di speculazione è proporzionato a ciò che esso rende, questo prezzo diminuisce a misura che la potenza della produzione utile diminuisce, come io ho intieramente stabilito.

Per le case l'argomento del Conigliani ha più valore; ma solamente nelle città, là dove le case sono fabbricate per essere affittate; là l'imposta può ottenersi con un rialzo di pigioni.

Ancora questo rialzo non rappresenta mai tutta la imposta, una parte della quale rimane a carico del proprietario, diminuendo così il valore venale dell'immobile.

Restano i valori mobiliari negoziabili alla borsa. Su questo punto io, sulle prime, avera creduto, che il prof. Conigliani stesse per concedermi che avevo ragione. Egli avrebbe potuto stabilire una differenza tra un titolo che produce un reddito fisso, come la rendita e le obbligazioni, e un capitale, come la terra, il cui reddito è variabile.

Qui, avrebbe egli potuto dire, l'imposta non si ripercuote punto perchè il reddito non si stabilisce col rialzo del prezzo delle derrate; là non si può stabilire, la ritenuta è definitiva e per conseguenza l'imposta s'incorpora.

Avrebbe potuto dir ciò e questa confessione su un punto, avrebbe forse dato più valore al resto del suo ragionamento. Ma non l'ha detto. Egli ha creduto che anche qui, la consolidazione non sia che un effetto apparente e temporaneo; non pertanto, il prof. Conigliani non può dimenticare il proverbio: *Qui veut trop prouver ne prouve rien.*

Cito testualmente:

« Ora una consimile reazione avviene anche per i titoli di credito; anche per essi il deprezzamento è transitorio. Infatti l'imposta su quei titoli, rendendo più gravoso (coll'immediato scendere del loro valore) le condizioni delle aziende debitrici, costituisce un ostacolo ad altre nuove richieste di capitali; e ciò od obbliga quelle aziende ad emettere titoli a patti più vantaggiosi pei creditori, il che ne aumenta la domanda ed il valore, o impedisce senz'altro l'emissione di certa quantità di titoli nuovi che inondando il mercato ne avrebbero fatto abbas-

— 125 —

sare il valore. L'imposta ha dunque, *caeteris paribus*, l'effetto successivo di aumentare il valore dei titoli o almeno di farlo meno diminuire. Così che il peso dell'imposta torna a cadere, sotto forma di un maggior valore sui possessori di titoli; l'effetto immediato del deprezzamento viene tolto di mezzo, e l'imposta continua a colpire, senza punto consolidarsi, i possessori presenti e futuri dei capitali così investiti ».

Tutto ciò è un po' confuso. Del resto io non veggo perchè, se non è nell'interesse della causa, il prof. Conigliani fa intervenire l'idea di nuove emissioni. Egli può perfettamente immaginare uno Stato o una società, che non fa più prestiti. Nel caso presente non veggo bene, ciò che potrà a condizioni eguali fare rincarire i titoli diminuiti d'un modo definitivo nel loro reddito.

Se poi vi sono delle nuove emissioni è certo che, se esse si faranno ad un corso più basso, ristabilendo coi nuovi sottoscrittori il tasso dell'interesse al quale erano abituati, questo abbassamento di corsi aumenterà, senza dubbio, la domanda; ma nè più, nè meno che quelli più elevati prima della imposta. E se il gioco della domanda e della offerta ha ricondotto l'interesse al tasso normale del 3 %, non si vede il perchè, dopo l'imposta, nulla essendo modificato nell'abbondanza del capitale, lo stesso gioco della domanda e dell'offerta non possa condurre l'interesse al 2,5 % o più in giù ancora. Senza ciò bisognerebbe ammettere che, se anche l'interesse scendésse a zero, il titolo conserverebbe il suo valore.

Del resto l'esempio che io ho citato delle Compagnie delle strade ferrate, che situano le loro obbligazioni al tasso del 3,38 %, quando queste sono gravate del 0,38 % d'imposta, mentre lo Stato situa i suoi titoli al 3 %, questo esempio, che si mantiene in mezzo a tutte le variazioni dei corsi, prova abbondantemente che il deprezzamento non è temporaneo; ma definitivo.

Le mie conclusioni dunque si mantengono intatte, malgrado le dotte confutazioni di cui sono state oggetto, e rimane stabilito che l'imposta sul reddito dev'essere un'imposta di sovrapposizione, poichè la parola sovrapposizione non è che un'apparenza, poichè l'imposta reale non esiste, essendo il tasso sul reddito che verrà stabilito una realtà unica per quanto faccia l'effetto di una tassa aggiunta ad altre. Nè insisto più oltre. Basta, io spero, avere dimostrato come sono malamente fondati gli argomenti del prof. Conigliani per aver dimostrato la esattezza dei miei.

Avrei finito se non dovessi esaminare alcuni apprezzamenti del Conigliani, relativi all'importanza [della progressione ed alle esenzioni.

Secondo il mio avversario, più l'imposta sarà progressiva, più eccezioni totali si avranno in basso, e più grande sarà così il risparmio. In questo momento se i piccoli non possono risparmiare è perchè le imposte gravose colpiscono coloro che, senza di esse, avrebbero accumulato qualche somma; mentre i grandi sono poco propensi all'economia.

Questa affermazione è molto discutibile; ma ciò che invece non lo è, è che quando si mette un freno alle ambizioni, quando si tolgono agli uomini gli eccitamenti che derivano dai desiderii, quasi sempre inappagati, di salire sempre più in alto, si uccide l'amore pel lavoro, il quale assai più del risparmio, è la causa principale di ogni miglioramento e di ogni progresso.

In quanto alle eccezioni totali io persisto a trovarle funeste. Esse sono, a rigore, accettabili in uno stato come il nostro, in cui coloro che non pagheranno l'imposta sul reddito, pagheranno non pertanto molto mediante la forma delle contribuzioni indirette.

Ma con il sistema della tassazione unica, vagheggiato dall'egregio professore, noi avremmo la sovversione di tutti i principii. Sarebbe ciò che io ho già detto: creare una classe di cittadini disinteressati delle pubbliche gravezze e interessati viceversa alle spese.

Il professore Conigliani mi domanda, a questo riguardo, se nello Stato sono le classi povere che governano e se è per esse che noi vediamo tutti gli anni crescere i bilanci.

Io non posso rispondere per l'Italia, paese monarchico dove il suffragio non è completamente popolare. Ma da noi sono incontestabilmente le classi popolari che dominano, e se gli uomini che posseggono il potere appartengono alla borghesia, sono però nominati dal popolo per fare ciò che esso vuole. Certamente le campagne lasciano volentieri al loro deputato una completa indipendenza. Ma ciò che era completamente vero ieri è meno vero oggi e non lo sarà affatto domani.

Quello che dimostra ciò, è il continuo aumento delle spese popolari.

Senza parlare dell'armata, della polizia, dei mezzi di comunicazione di cui profittano tanto i poveri quanto i ricchi, che cosa sono le scuole gratuite? Non sono forse una spesa di più di cento milioni di lire, in favore esclusivo dei poveri?

È stata votata di recente una legge sull'assistenza medica nelle campagne, la cui conseguenza sarà una spesa di trecento milioni per creare ospedali in tutti i dipartimenti. Chi ne profitterà se non i poveri?

Il bilancio del 1895 annuncia una cassa pensione per gli operai poveri; e i principii di questa specie, una volta messi avanti, non fanno che estendersi. Sarà per i nostri bilanci futuri un abisso di cui nessuno può misurare la profondità; e ciò a profitto di chi, se non dei poveri?

Già vi sono delle proposte per condurre i poteri pubblici a far uscire le banche dalla loro via, e ad orientarle verso la creazione d'istituzioni di credito popolare.

Spero che queste proposte non approderanno a nulla, e che le questioni di credito resteranno nel dominio dell'iniziativa privata, che può soltanto risolverle.

Spero ciò perchè, allo stato attuale, è ancora possibile far comprendere al popolo, che ogni esagerazione di spese di questo genere ha il suo contracolpo nell'esagerazione delle imposte. Ma il giorno in cui una classe di cittadini godrà o crederà godere dei vantaggi apportati dalle nuove istituzioni e non dovrà sopportarne il peso, dove saranno i freni necessari a prevenire la rovina e la bancarotta del paese?

Per terminare, il Conigliani mi ripete come tanti altri che il capitale mobiliare, da noi non è colpito. Può crederlo forse poichè immagina d'aver dimostrato che le imposte reali non s'incorporano nel valore degli oggetti tassati.

Ma questa dimostrazione, che crede d'aver fatto, egli non l'ha fatta, e, del resto, le imposte dirette, non essendo pagate da nessuno, il danaro situato in rendita non dà nè più nè meno, in fin dei conti, che quanto quello ch'è collocato in obbligazioni ferroviarie, per esempio, ed è erroneo il dire che i capitalisti non pagano. Certamente pagano meno di quello che dovrebbero pagare con un'imposta personale e progressiva, come vedremo; ma pagano nè più nè meno degli altri cittadini, o più esattamente hanno pagato all'origine quando venne stabilita l'imposta che colpisce le terre ed i valori.

La rendita stessa, che pareva non fosse stata mai tassata, ha subito, con la conversione, delle ritenute superiori a tutte le imposte di cui si sarebbe potuto colpirla.

Del resto qui v'è contratto fra i possessori di rendita e lo Stato, e questo contratto, che risulta dalla legge del 9 vendemmiajo, anno VII, non potrebbe essere infranta che mediante un vero inganno e con una vera bancarotta.

Questa bancarotta, deprezzando gli effetti pubblici, non solo toglierebbe ai possessori di rendita una porzione del loro capitale, ma obbligherebbe in seguito lo Stato a chiedere imprestiti a condizioni più onerose, e così gli farebbe perdere tutti i benefizi della sua cattiva azione. Si disonorerebbe agli occhi del mondo civile senza alcun profitto.

La verità dunque non è punto nella creazione o l'aggravamento delle imposte reali.

Essa non è nemmeno nella soppressione delle imposte di tal genere attualmente esistenti e nel sostituire ad esse una imposta unica sul reddito.

Essa è invece in una imposta progressiva di sovrapposizione sul reddito, imposta di rettitudine, imposta destinata a sopperire alle perdite future, rispettando la giustizia e l'equità.

Nel mio precedente articolo ho dimostrato ciò. L'egregio professore Conigliani ha contestato quello che io avevo detto, ed ha sostenuto delle conclusioni diverse. Credo di essermi giustificato e ritengo che delle sue argomentazioni non esiste più nulla e che perciò i risultati teorici ai quali io ero arrivato esistono ancora del tutto.

ALFREDO NAQUET
Deputato al Parlamento francese.

Le petit provençal Ju 27 x^{bre} 1894 (XIXème année — n° 6.563)

ORIENTATION NOUVELLE

M. Brisson est élu président de la Chambre. Il n'adopte pas toutes ses idées, mais je lui ai cependant, sans hésitation, accordé mon suffrage, parce que son élection est le signe non équivoque d'un changement d'axe dans la majorité.

Hier, cette majorité paraissait rétive à toute idée de réformes sérieuses. Il semblait que la Chambre fût résolue à faire jusqu'au bout, si non une politique de réaction, du moins une politique de *statu quo*, de piétinement.

Le vote de mardi dernier a été un changement de décor à vue. Un nombre considérable de républicains modérés, ennemis des essais intempestils et des réformes hâtives et portées par tempérament, par amour de la stabilité ministérielle, à accorder toujours leur appui au Cabinet au pouvoir, mais sincères dans leurs opinions républicaines, et enfin dévoués aux réformes qui leur paraissent arrivées à maturité qu'ils sont hostiles à celles qui ne paraissent pas encore réclamées par l'opinion, ont trouvé que décidément on les menait trop loin dans la voie du nihilisme gouvernemental. Ils ont compris quelle arme on donnerait aussi bien aux partis de réaction qu'aux révolutionnaires extrêmes en achevant la législature dans le néant, en revenant en 1898 devant les électeurs les mains vides, et ils ont affirmé leurs sentiments en déposant dans l'urne des bulletins au nom de M. Brisson.

C'est de bon augure. Nous avons perdu un peu plus d'un an ; mais il nous reste trois ans pour un travail fructueux, et tout fait présager que le Parlement saura en profiter.

Certes, sans la pression du pouvoir exécutif, une majorité progressiste se serait constituée dès le lendemain des élections de 1893. Si M. Dupuy, au lieu de s'alléger de ceux de ses collègues du Cabinet qui appartenaient à l'opinion radicale, s'était séparé des autres, si, prenant en mains quelques réformes impatiemment attendues, comme celle de notre régime fiscal, il avait cherché à grouper autour d'elles toutes les bonnes volontés, il y aurait incontestablement réussi. Il y aurait même rencontré moins d'obstacles que lui et l'honorable M. Casimir-Perier n'en ont rencontré à vouloir grouper une majorité centre gauche. Ils se seraient trouvés marcher avec le courant, tandis qu'ils se sont efforcés de le remonter, et nous aurions évité la période difficile, pénible, que nous avons traversée depuis un an.

Heureusement, la voilà qui prend fin et voilà une période nouvelle qui s'ouvre pleine d'espérances. La Chambre s'est ressaisie, les jours du ministère Dupuy sont à ce point comptés qu'il m'est permis de me demander s'il sera encore aux affaires lorsque ces lignes paraîtront. Le parti radical est à la veille de reprendre la direction du pays et nous n'avons à souhaiter qu'une chose, c'est qu'il soit à la hauteur de sa tâche et qu'il ne commette pas de faute susceptible de faire le jeu de ses ennemis.

Il a devant lui deux écueils.

L'un, le plus grave, consisterait, sous prétexte de concentration, à continuer avec des hommes nouveaux la politique de ceux dont il s'apprête à prendre la succession. La joie qui a accueilli en France le revirement parlementaire de mardi, ferait bien vite place à une désillusion profonde. Celle-ci aurait pour conséquence de déconsidérer tous les chefs du parti radical et de ne laisser debout aux prochaines élections que deux partis vivants, le parti de la réaction et le parti de la révolution violente, presque aussi dangereux l'un que l'autre pour la République et pour la patrie.

Le second péril consisterait, au lieu d'aborder résolument les réformes économiques, et tout en affirmant cependant celles-ci, à les laisser au second plan, et à faire porter tout l'effort sur une politique sectaire impuissante à déterminer aucun effet utile, et capable, par contre, de nous aliéner une masse d'électeurs qui sont bien déterminés, à cette heure, à nous suivre sur le terrain de la République républicaine, c'est-à-dire sur le terrain des réformes économiques.

Espérons qu'il évitera ce double danger, qu'il fera la politique à la fois libérale et nettement réformatrice que la France attend de lui et qu'il déjouera ainsi les calculs de ceux qui voudraient l'user au profit des centres aussi bien que les calculs de ceux qui désireraient procurer dans son insuccès, un prétexte à agitations révolutionnaires. Il a encore un grand et noble rôle à remplir, et s'il ne s'en laisse détourner ni par les timorés, ni par les violents, ni par les sectaires, il pourra nous donner une longue période de progrès, d'apaisement, de liberté, de prospérité.

Alfred Naquet.

Le Figaro du 29 Xbre 1894 (40ème année — 3ème série — n° 363.)

Tolérance Religieuse

Il y a quelque temps, à propos d'un article que j'avais publié sur la nécessité qui s'imposait à l'heure actuelle au parti républicain de s'engager dans une voie de tolérance religieuse, une polémique s'engagea.

Que voulez-vous? me disait-on de toutes parts. Que proposez-vous? Que doit faire le parti républicain pour suivre cette nouvelle ligne de conduite que vous croyez utile? En quoi ses actes de demain doivent-ils se différencier de ceux d'hier?

Un amendement au projet de loi sur le régime des successions, amendement qui vient d'être déposé à la Chambre par mon ami M. Bérard et une cinquantaine de ses collègues, m'offre aujourd'hui une occasion de préciser ma pensée; rien, en effet, ne vaut les faits pour éclairer une question d'attitude politique.

Les auteurs du nouvel amendement veulent créer une catégorie spéciale pour les droits applicables aux associations religieuses. Ceux-ci atteindraient la proportion énorme de 27,50 pour cent au-dessus de 1,000,000 de francs et ne descendraient pas au-dessous de 20 0/0 même pour les petites successions inférieures à 2,000 francs.

Certes! M. Bérard sait quel cas je fais de sa valeur et de son caractère. Mais avec la franchise dont je ne me départs jamais, et avec toute la sympathie que je ressens pour lui, il me permettra de lui dire que son amendement présent ne saurait avoir l'approbation des partisans de la politique de tolérance et de liberté.

***

On me demandait de préciser ce que j'entends par cette politique.

Eh bien! il faut éviter de présenter des propositions comme celle qui vient d'être soumise à la Chambre par M. Bérard et cinquante de ses amis.

Si l'on prend celle-ci en elle-même, elle semble ne poursuivre qu'un but : gêner le développement des couvents.

Mais nous sommes loin de l'époque où nous étions tourmentés par les passions religieuses et antireligieuses et où les couvents excitaient autant de colère dans un camp que d'enthousiasme dans l'autre.

Il est dès lors évident que les signataires

de l'amendement n'obéissent pas à un sentiment de haine. Ils obéissent bien plutôt au désir de donner à leur parti ce qu'ils croient être une bonne plate-forme électorale.

Désireux de ne s'inféoder que le moins possible aux collectivistes, ce dont je les félicite hautement, en leur adressant le seul reproche de ne pas s'en différencier d'une manière assez complète, ils veulent aussi se séparer de la majorité gouvernementale, et ils estiment ne pouvoir faire mieux pour cela que d'emboucher à nouveau la vieille trompette anticléricale. Leur amendement ne semble pas avoir d'autre but.

Les radicaux font à cette heure de l'anticléricalisme, comme certains socialistes d'une école particulière font de l'antisémitisme. Des deux côtés, c'est le même calcul. On cherche à réveiller de vieux préjugés incomplètement disparus et à s'en faire un programme. Les deux besognes seraient également mauvaises si elles pouvaient aboutir, et elles sont également impolitiques parce qu'elles ne peuvent pas aboutir.

La querelle entre l'Église et l'État persiste, certes, sur des points de détail. De tout temps, il y a eu lutte entre le pouvoir civil et le pouvoir religieux. Mais à l'heure actuelle les délimitations sont trop nettes, la société civile est trop manifestement et trop définitivement victorieuse, pour que ces questions soient encore de nature à surexciter l'opinion publique. La passion pourrait revenir sans doute si, par suite de changements que nul ne doit raisonnablement supposer, la société religieuse redevenait menaçante pour ceux qui repoussent sa suprématie; mais nous sommes loin de là. La plate-forme anticléricale ne reprendrait un caractère d'actualité politique que si le parti conservateur la faisait renaître en exhibant avec ostentation le programme opposé, ce qui ne paraît pas être son objectif actuel. Jusque-là, cette plate-forme laissera les populations froides et sceptiques et n'aura qu'un effet : éloigner de ceux qui s'y cantonneront les suffrages que grand nombre d'honnêtes citoyens qui, sans cela, se rallieraient à eux.

Poursuivre les couvents et avec eux indirectement tous les catholiques vraiment croyants, ou vilipender les Juifs parce que ceux d'entre eux qui croient prient Dieu à leur façon et parce que ceux, beaucoup plus nombreux, qui ne croient plus appartiennent à une race particulière, c'est vouloir maintenir entre les Français des divisions qu'il est grand temps de faire cesser, pour la grandeur, pour la puissance et pour la prospérité de notre patrie.

Depuis que les vœux monastiques ne sont plus obligatoires au point de vue de la loi; depuis qu'existe complète la liberté de penser, d'écrire, de se réunir, de parler en public, les couvents, fissent-ils de la politique comme peuvent en faire les loges maçonniques et toutes les autres associations de citoyens, ne sauraient gêner personne. Il est, par suite, aussi contraire à l'esprit libéral de la révolution et aussi contradictoire avec l'intérêt bien entendu des partis qui se disputent le pouvoir, de leur faire la guerre ouverte en les supprimant ou la guerre déguisée en les accablant d'impôts; qu'il est contraire aux sentiments de liberté et de respect de toutes les convictions qui s'implantent de plus en plus partout dans les sociétés modernes, de créer des ligues antisémitiques ou de fulminer contre les francs-maçons.

***

Cela ne veut pas dire qu'il faille créer des privilèges en faveur des congrégations. Lorsqu'on fait une loi fiscale sur les successions qui vise tous les contribuables, il serait mauvais d'édicter pour elles des exceptions particulières et d'atténuer en ce qui les concerne les charges qui pèsent sur tous. Mais il est également mauvais d'aggraver celles qui leur incombent. Il n'y a pas, il ne saurait y avoir plusieurs catégories de citoyens. Il ne peut exister que des Français, tous égaux devant la loi fiscale comme devant les autres lois

... seraient bon de se vouer à la ... monastique ne doivent, de ce ... bénéficier d'immunités spéciales ... porter des charges auxquelles ... concitoyens ne seraient point sou-...

Lorsque la France a besoin de l'union de tous ses enfants pour assurer sa défense nationale, sa sécurité, son indépendance, ses libertés; lorsque des problèmes redoutables sont là qui attendent leur solution et pour lesquels ce n'est pas trop de toutes les bonnes volontés, il n'est ni sage, ni patriotique, ni juste, ni habile, de faire renaître et de développer des divisions artificielles.

Nous assistons aujourd'hui à un spectacle consolant et plein d'espérances. La République, si longtemps contestée, est à peu près acceptée de tous. L'Opposition à cette forme de gouvernement est devenue une opposition académique. Nous nous acheminons à pas de géant vers cet état bienfaisant entre tous pour une nation, qui consiste à posséder une forme de gouvernement universellement acceptée. Ne compromettons pas une évolution aussi heureuse en ressuscitant des haines d'un autre âge.

Il est vrai que les luttes entre le pouvoir civil et le pouvoir religieux sont encore récentes et que, de très bonne foi, ceux qui ont été appelés à y jouer un rôle hier peuvent avoir conservé des habitudes d'esprit dont il est difficile de se défaire.

Mais les jeunes, qui ne sont pas gênés par leurs actes antérieurs, doivent avoir en cela une facilité d'allures que ne sauraient, à un même degré, posséder leurs aînés. C'est pourquoi l'on doit voir avec peine des hommes aussi intelligents, aussi indépendants, aussi animés de l'amour du bien que l'est M. Bérard, prendre l'initiative de propositions comme celle que soumet aux Chambres l'amendement sur les droits de successions à appliquer aux congrégations.

***

M. Bérard a pris, avec MM. Flandrin, Castillard et quelques autres députés, l'initiative d'une proposition de loi sur le recrutement de la magistrature que je considère comme l'une des plus utiles, des plus importantes, des plus urgentes qui aient été soumises au Parlement actuel. Cette proposition rencontre de vives oppositions à la Chambre ; mais elle a l'approbation, dans le pays, de tous les citoyens éclairés, et elle doit être éminemment profitable à la France et à la République. Qu'il s'y tienne ; qu'il consacre son activité à en assurer le triomphe. Il aura plus fait pour sa gloire et pour sa patrie qu'en recherchant — sans s'en rendre compte d'ailleurs, car il est incapable de calculs de cette nature, — une popularité de mauvais aloi dans la défense d'idées surannées que nous avons tous intérêt à faire oublier.

Alfred Naquet.

Le Petit Provençal du 3 janvier 189? (30e année n° 6569)

RÉVISION

La discussion, d'abord houleuse avec M. Jaurès, puis calme avec M. Millerand, qui s'est élevée lundi dernier à la Chambre sur cette question : « la loi permettait-elle ou non au Conseil de guerre de condamner le capitaine Dreyfus à la peine de mort? » pouvait avoir un intérêt juridique, mais n'avait aucun intérêt politique. On ne peut, en effet, raisonnablement supposer ni que le Conseil de guerre ait fait acte de haine en condamnant un officier sans être absolument sûr de sa culpabilité, ni qu'ayant la certitude absolue du crime commis, il ait fait acte de faiblesse en cherchant à atténuer le châtiment du misérable qu'il reconnaissait coupable du plus abominable des forfaits.

La question était donc une simple question de doctrine juridique. Les deux thèses s'appuyaient sur des arguments sérieux. Selon nous, la thèse admise par la jurisprudence est la vraie, mais, quoi qu'il en soit, M. Leveillé a tiré la seule conséquence logique du débat en montrant que, bonne ou mauvaise, la jurisprudence qui a prévalu à la rue du Cherche-Midi est la même qui avait prévalu jadis à propos de Châtelain, et que le seul moyen de la faire cesser est d'édicter une loi nouvelle, claire, précise, qui tranche définitivement la question.

Pourquoi donc ce débat animé qui a abouti à cette conséquence fatale de faire prononcer — et cela sur la proposition d'un président radical — la censure avec exclusion du lieu des séances contre l'un des premiers orateurs de nos assemblées?

La raison en est dans les mœurs parlementaires, dans ce fait que, à quelque parti qu'on appartienne, on vise perpétuellement des questions de personnes ou des questions de groupes bien plus que des questions de principes.

Si, en dehors de l'affaire Dreyfus, à quelques mois après le jugement, M. Jaurès ou tout autre était venu défendre une thèse juridique en cherchant à démontrer que la jurisprudence a faussement interprété jusqu'ici la loi de 1830 et la Constitution de 1848, aucune passion ne se serait mêlée à ce débat et tout le monde aurait écouté avec calme.

Lundi, c'était autre chose. La question venait au lendemain du procès et, quelque précaution que prît le leader socialiste pour donner à sa discussion l'apparence d'une discussion de jurisconsulte, le but de la proposition qu'il portait à la tribune apparaissait nettement. C'était une interpellation masquée. Il s'agissait de démontrer à la France que si le capitaine Dreyfus avait échappé à la peine de mort, ce n'était pas à cause de l'impuissance où la législation avait placé les juges, mais bien à cause de la volonté déterminée du gouvernement gagné par de puissantes influences. Il fallait exciter l'opinion publique et l'indigner en montrant les mêmes hommes qui sont à la tête du pouvoir, fusillant un soldat coupable d'un simple acte de violence et faisant grâce de la vie à un traître qui a vendu son pays, tout cela froidement, librement, délibérément.

La preuve que telle était bien l'intention, c'est qu'à l'époque du procès Châtelain, aucune protestation ne s'était produite à la tribune. Le traître alors n'était pas juif : on ne pouvait pas accuser les juges d'avoir obéi à la *juiverie* internationale. Le terrain de l'interpellation déguisée ou ouverte faisait défaut. Mais, cette fois, la race à laquelle appartient le coupable permettait d'échafauder des accusations de cette nature avec quelque chance d'influencer le pays: on n'y a pas manqué.

Il y a une autre preuve de cette intention toute politique du député du Tarn. Son argumentation allait contre sa thèse, et ce n'est qu'en donnant une entorse à la dialectique qu'il pouvait la rattacher.

La vraie discussion eût été celle-ci; l'orateur socialiste aurait dû dire:

La loi ne permet pas de condamner à mort un traître et punit de de mort un soldat coupable de s'être, dans un moment d'emportement, livré à une voie de fait sur l'un de ses chefs. Il y a là une inégalité choquante. M. le ministre de la guerre propose de la faire cesser en établissant la peine de mort pour les traîtres; ennemis de la peine de mort, nous proposons, nous, de rétablir l'équilibre en supprimant cette peine pour les soldats.

Le raisonnement aurait été irréfutable. Mais, non! M. Jaurès s'efforçait d'établir que la peine de mort existe dans nos Codes contre les traîtres. S'il en était ainsi, il n'aurait aucune proposition de loi à faire en vue de rétablir l'égalité qui n'aurait jamais été violée, et il ne pourrait logiquement qu'interpeller le ministère qui, ayant la possibilité d'appliquer la peine de mort, ne l'aurait pas voulu.

C'est, au fond, ce qu'il a fait, et comme il craignait, s'il interpellait, de ne pas obtenir une discussion immédiate, il a masqué son interpellation en la revêtissant de la forme d'une proposition de loi. Ceci explique que la Chambre se soit fâchée — car au fond l'accusation était injuste — et que la séance ait pris la tournure regrettable que l'on connaît.

Je ne saurais faire un crime à M. Jaurès de son intervention passionnée. Les autres partis en auraient fait autant à sa place. Mais j'ai bien le droit de critiquer d'une manière générale les mœurs qui prévalent dans nos assemblées. Elles ont pour résultat de faire de la Chambre non point, comme elle devrait l'être, un cénacle de sages, étudiant, sans parti pris et de bonne foi, les besoins et les intérêts du pays, mais bien une cohue d'êtres violents et passionnés luttant sans merci pour le pouvoir et se souciant fort pe de savoir si les arguments employés de part et d'autre sont justes ou non, pourvu qu'ils soient momentanément capables de conduire au but ceux qui les emploient.

A l'époque du boulangisme, les hommes à côté desquels je combattais alors, pratiquaient sans hésitation ce système. Moi je ne les ai point imités. Je les ai même toujours suppliés d'abandonner ce moyen de combat, qui ne m'a jamais paru honnête, et je les ai avertis que lorsqu'ils auraient bien habitué le peuple à croire à toutes les accusations dénuées de preuves, qu'il leur plaisait de lancer contre leurs adversaires, on retournerait le procédé contre eux, avec les mêmes chances de succès. Ma prédiction ne s'est que trop réalisée lors du procès de la Haute-Cour. Je ne voudrais pas qu'un penseur tel que M. Jaurès, dont je combats les principes collectivistes, sans cesser jamais d'admirer son talent et de respecter ses convictions, s'engageât à son tour dans une voie semblable, au bout de laquelle je n'aperçois que le discrédit pour ceux qui la suivent.

Il est vrai de dire que le parlementarisme, en mettant les portefeuilles à l'encan dans les Chambres, engendre cette nature de polémique. Ce ne sont pas les hommes qui sont les vrais coupables ; c'est notre système constitutionnel. Des scènes comme celle de lundi n'amènent, en fin de compte, qu'un seul mot sur les lèvres de ceux qu'elles attristent : *Révision*.

Alfred Naquet.

L'Éclair du 20 janvier 1895 — (8ᵐᵉ année — n° 2246)

opinions sur la présidence de Félix Faure

M. Alfred Naquet. — Je regrette beaucoup que M. Brisson n'ait pas été élu, parce que j'estime qu'il était mieux qualifié que tout autre, soit pour faire aboutir toutes les mesures de justice et de progrès que réclame le pays républicain, soit pour résister aux utopies collectivistes. Mais si je regrette son échec, je me réjouis de celui de M. Waldeck-Rousseau, qui représentait une politique de combat, et j'espère, surtout après avoir lu les quelques paroles prononcées par M. Félix Faure immédiatement après son élection, que le nouveau président de la République saura s'inspirer d'une politique très républicaine, quoique conciliante, et je lui ai moi-même témoigné cette espérance en le rencontrant dans les couloirs de l'Assemblée nationale, au moment où on allait le proclamer.

Le petit Provençal du 22 janvier 1895 (20ᵐᵉ année — n° 6589)

UN ENSEIGNEMENT

Je terminais mon dernier article par le mot : *Révision !*

Je ne me doutais pas à ce moment-là que les événements viendraient aussi vite m'apporter la démonstration des faits.

M. Casimir-Perier vient de se démettre de ses fonctions. Ses amis l'accusent de n'avoir pas été à la hauteur de sa tâche.

N'étant ni de ceux qui l'ont élu, ni de ceux qui lui ont donné leur appui, je n'ai point à lui reprocher d'avoir trahi ma confiance, et je n'ai aucun goût pour les analyses personnelles de caractère. Je ne veux donc pas le juger. Placé entre la nécessité de constituer un ministère radical et celle de dissoudre la Chambre, il n'a voulu accepter aucune de de ces solutions et a préféré se retirer. Peut-être s'est-il dit qu'une dissolution nous ferait revivre les heures d'il y a 18 ans, et que sa démission n'en serait que reculée. Sur ce point, il a vu juste. Il pouvait, il est vrai, confier le soin de constituer un Cabinet soit à M. Brisson, soit à M. Bourgeois, et dans l'un ou l'autre cas, il était assuré de trouver une majorité républicaine groupée autour de ses nouveaux conseillers.

Mais, ancien chef d'un Cabinet modéré, M. Casimir-Perier n'a pas pu se résigner à appeler les radicaux au pouvoir et il a préféré quitter l'Élysée.

Je ne lui en ferai point un crime personnel. Le vrai coupable du gâchis momentané dans lequel nous nous trouvons, ce n'est pas lui : ce sont les institution. C'est le système.

L'idée de l'irresponsabilité du président de la République est une idée absurde qui n'a pu être inventée en 1875 que par des monarchistes qui croyaient élaborer la Constitution d'une monarchie, et aux yeux desquels la présidence n'était qu'une fonction intérimaire destinée à attendre la royauté.

La fiction de l'irresponsabilité peut, à l'extrême rigueur, quoique difficilement, s'appliquer à un monarque qui n'a point été porté au pouvoir par un parti, qui n'éprouve les passions d'aucun d'eux, qui plane au dessus de tous et qui se considère comme un arbitre impartial entre eux. Certes, ce monarque type est difficile à rencontrer et l'histoire nous en offre peu d'exemples. Mais, en soi, la conception n'est pas contradictoire ; elle n'est pas absurde.

Il en est tout autrement d'un chef du pouvoir exécutif dans une démocratie.

Il s'agit ici d'un homme qui a joué un rôle dans la politique, qui a servi un parti, qui y a développé une activité, voire même ses passions, qui a été choisi par ce parti en raison de son attitude antérieure et des idées qu'on lui connaît. Et l'on voudrait que, du jour au lendemain, par le seul fait de la fonction dont il est investi, il devînt presque indifférent aux luttes qui s'engagent dans le Parlement et fût prêt à prendre indifféremment pour conseillers, en leur témoignant une confiance égale, ses adversaires ou ses amis de la veille !

Il faudrait pour cela que l'homme pût dépouiller tout ce qui caractérise l'humanité.

Ce sont-là des vérités dont, par leur nature peu passionnée, M. Carnot et M. Grévy ont pu un moment marquer l'éclat. Mais la logique n'abdique jamais complètement son empire, et nous la voyons reprendre ses droits aujourd'hui.

Un président de la République ne peut pas être un soliveau. La loi constitutionnelle a beau le déclarer irresponsable, il sent en lui une responsabilité qui parle plus haut que la loi et à laquelle, tôt ou tard, il finit par obéir. C'est ainsi que M. Thiers a été amené à quitter la magistrature suprême ; que Mac-Mahon, après lui, a engagé sa responsabilité et a dû se retirer après la défaite de ceux qu'il avait menés au combat et que M. Casimir-Perier se démet à son tour sans même avoir combattu.

Jusqu'ici, à part le 24 Mai et le 16 Mai, nous n'avions eu que des crises ministérielles. Nous entrons aujourd'hui dans la voie des crises présidentielles, et celles-ci finiraient, si l'on n'y mettait ordre, par placer la République dans une situation périlleuse.

Ce qui se dégage de la crise de ce jour, c'est donc la nécessité urgente, la nécessité pressante, de revenir sur l'œuvre de 1875 et de donner à notre République une Constitution adaptée à ses principes.

On a pu hésiter jusqu'à ce jour. Hésiter encore, ce serait trahir la cause de la démocratie.

Alfred Naquet.

L'Éclair du 24 janvier 1895 (8ᵉ année - n° 2250)

Banquet de l'union latine - télégramme à menotti

> **M. Ménotti Garibaldi, député, Rome.**
> Les membres de l'Union latine, réunis ce soir dans un banquet pour commémorer la bataille de Dijon, vous remercient de votre télégramme et vous envoient l'expression de leurs remerciements fraternels et des espérances qui les animent.
>
> Le président, NAQUET.

Le petit provençal du 30 janvier 1895 (20ᵐᵉ année - n° 6.597)

UN SUICIDE

M. Bourgeois avait gravement compromis son parti il y a un an environ, lorsque, à la chute du Cabinet Casimir-Perier, il refusa à M. Carnot de prendre le pouvoir.

Aujourd'hui, il lui inflige un amoindrissement plus grand encore, amoindrissement dont le radicalisme se relèvera sans doute, parce qu'il est le dépositaire du progrès et que rien ne peut le tuer, mais dont l'effet momentané ne sera pas moins funeste.

M. Bourgeois n'est pas un homme de décision et d'action. Il est clairvoyant sans doute, mais sa clairvoyance me rappelle cette phrase de Louis Blanc : « Malheureusement, ne pas savoir oser est l'écueil des esprits trop pénétrants. »

M. Bourgeois n'a pas su oser. Il a étudié la composition des différents groupes; il s'est perdu dans des supputations de majorité; par crainte d'un échec après la fondation de son ministère, il a voulu s'entourer de collaborateurs pris dans les milieux les plus hétérogènes, sans pour cela rien abandonner de son programme et, comme l'entreprise était irréalisable, il a obtenu un résultat cent fois pire que celui qu'il redoutait. Il s'est déclaré incapable de rien grouper et de rien constituer, alors qu'il avait cependant tous les éléments de succès entre les mains.

La Chambre faisait crédit à M. Bourgeois, et il pouvait tout se permettre.

S'il voulait de la concentration, il lui était facile de la faire en éliminant la seule question sur laquelle elle n'était pas possible : celle de l'impôt sur le revenu. On ne réunit pas des contraires sans se faire, de part et d'autre, certaines concessions.

S'il tenait — et il fallait y tenir — à faire voter la réforme fiscale, il pouvait constituer un ministère radical modéré, que la Chambre aurait probablement suivi sans plus de difficultés, et qui aurait ranimé les courages et les espérances de la nation.

Il a préféré se noyer dans des considérations de personnes et de couloirs qui rendaient toutes les combinaisons irréalisables.

Et cela, parce que M. Bourgeois a un défaut, commun à presque tous nos hommes d'État actuels, sauf peut-être l'honorable M. Lockroy. Il se préoccupe trop du lendemain. Il envisage trop les majorités parlementaires et pas assez le pays.

Sa principale préoccupation, comme celle, d'ailleurs, de la plupart de nos présidents du Conseil, consiste à rechercher s'il sera capable ou non de constituer une majorité, si son Cabinet, après qu'il l'aura formé, aura une durée normale ou sera renversé dès les premiers jours.

Or, cette considération n'est pas celle qui doit influer sur les décisions d'un véritable homme politique. Lorsqu'on a des principes auxquels on tient, durer, pour les mettre en application, est désirable; mais tomber, au cas où cette application ne rencontre pas d'appuis suffisants dans la Chambre, n'est point un désastre.

Ce qui importe, c'est de voir le pays au-dessus du Parlement, c'est de songer à la consultation électorale prochaine, c'est de montrer à la nation que l'on a un personnel et un programme, c'est de préparer la plateforme sur laquelle, un an, deux ans, trois ans plus tard, les électeurs auront à se prononcer.

M. Bourgeois était partisan de l'amnistie, il était partisan de l'impôt progressif sur le revenu, et il aurait dû être partisan de la révision.

Il n'avait qu'à choisir des hommes ralliés à ces idées, et il n'en manque pas au Palais-Bourbon, surtout si, laissant de côté les intrigues des groupes, on va les prendre là où ils sont.

Le ministère ainsi constitué aurait lu son manifeste aux Chambres, et comme il y a, parmi les députés, un grand nombre d'esprits réformistes, désireux de se soustraire aux influences contraires qui pèsent sur eux depuis 1893, il est probable qu'en ne cherchant pas la majorité il l'aurait trouvée.

Que si, par contre, il ne l'avait pas trouvée, s'il avait été renversé avant d'avoir pu réaliser ses projets, du moins aurait-il donné à la nation le sentiment de l'existence d'un grand parti, à la fois anticollectiviste et réformateur, autour duquel on serait groupé dans le pays ; et, en 1898, la minorité d'aujourd'hui serait devenue majorité.

On parle tout le temps de la formation de deux grands partis se succédant alternativement au pouvoir, et lorsqu'on a l'occasion de fonder définitivement l'un d'eux, on se dérobe.

Ce n'est pas la peine de se faire le protagoniste et le défenseur du régime parlementaire pour en méconnaître à ce point toutes les règles et toutes les traditions.

Alfred Naquet.

Le Figaro du 3 février 1895 (41e année — 3e série — n° 34)

UNE CROIX MÉRITÉE

Par ces tristes temps où tant de boutonnières décorées traînent dans les cabinets des juges d'instruction et occupent les cellules de Mazas ou de la Conciergerie, il est agréable de voir le gouvernement accorder quelques-unes de ces croix qui relèvent l'ordre et le défendent contre les attaques dont il est l'objet.

Ce plaisir nous a été donné il y a quelques jours à peine par la nouvelle que la croix de la Légion d'honneur avait été placée sur la poitrine de Mme la comtesse Foucher de Careil, présidente de l'Association des Dames françaises.

Nous n'avons pas à faire ici l'éloge de Mme Foucher de Careil. Sa modestie, au moins égale à sa bienfaisance, s'en offusquerait. Elle nous permettra bien cependant de dire que, n'eût-elle pas assumé la lourde tâche de conduire et de mener à bien l'Association qu'elle préside, le souci permanent et actif des consolations à apporter à ceux qui souffrent, sa bourse toujours ouverte aux malheureux et, ce qui vaut peut-être mieux encore, son cœur ; les secours distribués, les démarches faites malgré, souvent, la maladie et la fatigue, sans que jamais un signe d'ennui ou de mauvaise humeur ait pu en diminuer le prix aux yeux de ceux qui en profitent, non seulement vaudraient la haute distinction honorifique qu'elle a reçue, mais encore la placeraient en première ligne parmi celles qui sont vraiment méritées.

Mais Mme la comtesse Foucher de Careil n'est pas seulement une femme de bien, mettant sa fortune et sa vie à la disposition des déshérités ; elle est encore la présidente de l'Association des Dames françaises, qu'elle anime de son souffle et de son esprit.

Tout le monde sait que, par une série de décrets, dont le dernier en date est celui du 19 octobre 1892, trois Sociétés d'assistance ont été reconnues d'utilité publique :

La Société française de secours aux blessés ;
L'Union des Femmes de France ;
L'Association des Dames françaises.

Ces Sociétés ont pour mission de prêter leur concours en temps de guerre au service de santé des armées de terre et de mer et, pour l'accomplissement de cette mission, elles sont placées sous l'autorité du commandement et des directeurs du service de santé.

L'Association des Dames françaises, en particulier, puisque c'est elle que la récompense accordée à sa présidente met en ce moment en lumière, prépare les diverses espèces de secours que les militaires et les marins peuvent recevoir ; elle s'occupe, en particulier, de former un personnel de femmes capables de rendre des services dans l'intérieur des ambulances, en temps de guerre, et de réunir surtout le matériel nécessaire en objets de pansement.

A cet effet, elle possède à Auteuil un hôpital sur lequel l'administration de l'Assistance publique devrait bien prendre modèle.

Ici, pas de coulage, pas de dépenses inutiles, tout ce que reçoit l'Association va directement à son but sans aucun déchet. L'article 13 des statuts ne porte-t-il pas que toutes les fonctions sont gratuites ?

Et ce n'est pas tout, la gratuité ne suffirait pas. Il y faut plus encore : l'ardeur, le dévouement de chaque heure, le sacrifice du temps que d'autres consacreraient au plaisir, et tout cela les membres de l'Association le donnent sans compter.

Citons un exemple :

L'Association doit fournir 18 hôpitaux de campagne, 20 si elle le peut. Elle en fournira naturellement d'autant plus qu'ils lui coûteront moins cher : la diminution du prix équivaut à l'augmentation du nombre.

Comment en diminuer le coût sans

nuire à le [...] bonne organisation ? Toujours par le même moyen, par le travail gratuit.

Si l'on confiait l'achat, la vérification et l'installation dans les magasins à des courtiers d'affaires, ceux-ci, qu'il faudrait contrôler d'ailleurs, prélèveraient légitimement un tantième pour cent sur toutes les dépenses. Mais pouvait-on demander au patriotisme des dames de l'Association d'assumer la lourde charge de tout voir par elles-mêmes, de discuter tous les prix avec les nombreux fournisseurs, de s'assurer de la qualité de toutes les livraisons, de faire ranger et conserver en bon état les soixante mille objets qui auraient passé par leurs mains ? C'est presque un effort supérieur à ce qu'il est permis d'attendre de femmes du monde qu'aucun intérêt ne dirige si ce n'est le noble sentiment de l'amour du pays.

Et cependant ce dévouement s'est trouvé. Il existe, et, grâce à deux femmes qu'il faut citer aussi, la présidente et la vice-présidente des Commissions du matériel, Mme Binot et Mme Périer, cinq hôpitaux de campagne étaient sur le point d'être définitivement installés en novembre et le sont sans doute au moment où paraissent ces lignes.

Aucune préoccupation n'échappe aux membres de l'Association. C'est ainsi que leur attention a été appelée sur une grave question relative au placement des réserves sociales. Ces réserves étaient déposées dans les Caisses d'épargne ou placées en fonds d'Etat.

Mais vienne la guerre, c'est-à-dire le moment suprême où tous les fonds devront être utilisés, on ne les retrouvera plus. La Caisse d'épargne ne remboursera qu'une partie des sommes dues par elle, et la rente devra être vendue à la Bourse dans un moment où elle aura forcément subi une très forte dépréciation. Il fallait se mettre à l'abri de ce danger. L'Association s'est adressée à l'administration, et celle-ci s'est empressée de répondre à ses désirs en autorisant la Caisse des dépôts et consignations à recevoir en dépôts toujours remboursables à vue les sommes appartenant à la Société, avec intérêt

Aujourd'hui l'Association demande que l'État renonce à prélever annuellement sur elle 15,000 francs de timbres-poste et de télégrammes : elle demande la franchise postale et télégraphique. Jusqu'ici l'administration a objecté la loi de 1834. Mais les lois postales ne sont heureusement pas aussi difficiles à reviser qu'une Constitution, et il y a lieu d'espérer que les pouvoirs publics reviseront celle de 1834 pour permettre d'accorder aux Sociétés auxiliaires de nos armées un dégrèvement qu'elles ont obtenu à peu près partout à l'étranger.

Nous n'en finirions pas si nous voulions entrer dans les détails de l'œuvre que quelques courageuses femmes ont entreprise et qu'elles dirigent avec tant d'abnégation.

Mais nous avons tenu à montrer ce que peut l'initiative individuelle et combien ses résultats sont supérieurs à l'action administrative. Nous avons aussi voulu féliciter le gouvernement d'avoir, par une récompense qui est accordée à l'Association tout entière dans la personne de sa présidente, fait ce qui dépendait de lui pour solliciter des dévouements nouveaux propres à s'agréger aux anciens et à multiplier l'effort.

Alfred Naquet.

L'Éclair du 10 février 1895 (Huitième année — n° 2267)

interview sur le projet de taxe d'abonnement des couvents.

Déclarations de M. Naquet

Voici du reste les déclarations que l'honorable député a bien voulu nous faire à ce sujet :

— « Je ne suis point partisan de la contribution de 30 centimes par an par 100 francs de leur actif brut que l'on veut imposer aux sociétés religieuses.

» J'estime que le nouvel impôt, comme celui d'accroissement qui l'avait précédé, procède de cet esprit sectaire qui cherche à imposer les sociétés religieuses plus que les autres citoyens, alors que l'esprit de liberté exige qu'elles soient mises sur le pied d'égalité complète avec eux.

» Les congrégations paient : la généralité

de l'impôt, le droit de mainmorte dont on peut modifier la quotité si l'on estime qu'il a été mal calculé, mais qui représente ou est censé représenter les droits de mutation ; l'impôt de 4 0/0 sur le revenu.

» A propos de ce dernier, elles sont même placées dans un état d'infériorité sur les sociétés civiles, puisqu'elles ne peuvent pas faire la preuve de leur revenu réel.

» Comment peut-on songer à leur imposer de nouvelles charges, alors qu'en frappant leur actif, on ne leur permet pas même la déduction du passif, et cela dans un moment où l'on remanie les droits de succession en vue de cette déduction du passif ? Du reste, la preuve de l'esprit qui anime les auteurs du projet éclate dans ce fait que les charges auxquelles on soumet les sociétés religieuses ne sont pas imposées aux sociétés laïques de bienfaisance.

» Ennemi de tout ce qui ressemble à une persécution, de tout ce qui est une atteinte à la liberté de conscience ou même de ce qui peut y ressembler, je suis hostile à cet impôt. »

Le figaro du 12 février 1895 (41e année — 3ème série — n° 43)

LES
Catastrophes Minières

A des intervalles périodiques, malheureusement beaucoup trop rapprochés, de terribles accidents, dont le dernier en date est celui de Montceau-les-Mines, viennent jeter la consternation dans les âmes. La charité s'émeut, les gouvernements se démènent, les partis d'opposition y trouvent un prétexte pour surexciter l'opinion ; puis on passe à un autre exercice, et l'on attend un nouvel incident pour recommencer.

Entre temps quelques personnes scrutent le douloureux problème, déposent des propositions de lois en vue soit de diminuer le nombre de ces catastrophes, soit d'atténuer les misères qui en résultent. Mais les grandes Commissions parlementaires laissent ces propositions dans l'oubli, ayant, paraît-il, mieux à faire que de s'occuper de ces questions, et la Chambre n'a cure de les leur rappeler, préférant sans doute consacrer un nombre incalculable de séances publiques à des interpellations le plus souvent oiseuses.

L'oubli, tel est le sort qui est réservé à presque toutes, et qui l'a été naturellement à celle que j'avais déposée à la fin de la dernière législature et que j'ai déposée à nouveau dans la séance du 28 novembre 1893. Prise en considération la seconde fois comme la première, puis renvoyée à la grande Commission de prévoyance, elle y a été si bien enterrée que personne n'en a plus parlé depuis lors.

Cette proposition n'est pas mon œuvre personnelle, ce qui me met bien à l'aise pour en dire ce que j'en pense.

Elle a [...] savant modeste et dévoué [...] suis heureux de rendre ici l'hommage qu'il mérite, M. de La Pontonnerie. Moi, je me suis borné à mettre mon droit d'initiative parlementaire au service de l'idée profondément juste et humanitaire qu'il m'avait présentée.

M. de La Pontonnerie estime, certes, que l'Etat doit surveiller l'exploitation des mines pour rendre aussi rares que possible les malheurs tels que celui dont nous sommes actuellement contristés. A la Chambre, il voterait toutes les enquêtes que l'on voudrait, toutes les lois sur les délégués mineurs qu'on soumettrait à son examen, mais sans s'en promettre de grands effets, sans se leurrer d'illusions.

Les collectivistes, dans un but de propagande facile à comprendre, pour ameuter le peuple contre les capitalistes, peuvent bien représenter les administrateurs des Compagnies minières comme des monstres à face humaine qui sacrifient de gaîté de cœur les vies des ouvriers en vue d'accroître le dividende de leurs actionnaires. Mais tout le monde, au fond, sait bien qu'il n'y a de monstrueux que les imaginations où de pareilles accusations prennent naissance, et que si même les administrateurs des Compagnies minières étaient assez dénaturés pour éprouver les sentiments qu'on leur prête, leur intérêt seul suffirait à écarter de leur esprit l'indifférence dont on les accuse au lieu de les y inciter.

La vérité est que les accidents échappent dans une large mesure aux moyens préventifs que l'on peut imaginer. On ne saurait maîtriser le grisou. Il est presque toujours le résultat d'événements sismiques impossibles à prévoir et à éviter, parce qu'ils sont le plus souvent trop rapides, trop foudroyants pour qu'on en puisse conjurer les effets.

Ce n'est pas une raison pour se lasser et pour ne pas poursuivre à cet égard la lutte que la science a engagée contre la nature; mais c'est une raison pour qu'on ne s'y repose pas trop, et pour que l'on songe sérieusement à organiser l'assistance sociale en faveur des infirmes, [...]

[...] coups de grisou.

M. le ministre a dit à Montceau-Mines que l'Etat n'abandonnerait les victimes; qu'il assurerait leur sistance. Il était de bonne foi; il obéissait à l'impulsion de son cœur en parlant ainsi. Mais, hélas! que les ré[...] demeurent loin de ces promesses! Ce ne sont pas les quelques crédits votés par nous qui suffiront à l'œuvre de solidarité sociale; la charité privée y est plus inefficace encore, comme le démontrent péremptoirement les faits antérieurs, et les indemnités dues par la Compagnie ne viendront qu'après d'interminables procès, pendant la durée desquels, malgré les 30,000 francs de l'Etat, la misère fera son œuvre.

Le problème ne sera résolu que lorsqu'on aura créé une caisse spéciale, assez abondamment dotée pour faire face à tous les événements.

C'est une caisse de ce genre qu'a étudiée M. de La Pontonnerie et que j'ai proposé d'établir.

La production annuelle du charbon en France est en moyenne de 26,083,000 tonnes.

D'après la proposition dont j'ai saisi la Chambre, l'Etat prélèverait un droit de dix centimes sur chaque tonne de charbon extraite. Il en résulterait par an un produit de 2,608,300 francs largement suffisant pour parer aux infortunes qu'il s'agit de secourir.

Il existe déjà depuis 1868 une caisse gérée par l'Etat, d'assurances contre les accidents. Cette caisse, qui n'a produit jusqu'à ce jour que des résultats insignifiants, recevrait le produit de cet impôt, le gérerait et serait chargée de servir les pensions et les secours. Ceux-ci seraient ainsi répartis :

1° Les ayants droit de la ou des personnes décédées recevraient une somme fixe de 5,000 francs;

2° Les personnes frappées d'incapacité permanente de travail auraient droit à une rente viagère de 600 francs réversible par moitié, en cas de mort, sur la veuve ou les enfants mineurs;

3° En cas d'incapacité de travail temporaire, une indemnité de 2 fr. 50 par [...]

jour serait accordée aux blessés et prolongée jusqu'au moment où ceux-ci pourraient recommencer à travailler.

Telle est l'économie du projet. Il n'a été fait que deux objections. Ni l'une ni l'autre ne m'ont touché.

On a prétendu qu'alimenter une caisse par un impôt *ad hoc*, c'était revenir au système condamné de la spécialité des budgets. Mais ceci est une question de forme qui ne saurait prévaloir contre l'intérêt général. Rien n'empêcherait, d'ailleurs, les formalistes de satisfaire leur conscience en faisant rentrer le produit de l'impôt dans les ressources générales du budget, et en mettant les pensions à la charge du même budget, comme on le fait pour les pensions civiles et militaires.

La seconde objection est d'ordre économique : on estime que les risques professionnels provenant de l'exploitation des mines devraient être à la charge des Compagnies, tandis qu'en procédant ainsi que M. de La Pontonnerie et moi proposons de le faire, on les mettrait à la charge du public.

D'abord, en fût-il ainsi, cela ne nous arrêterait pas. Si, en effet, le jeu de la concurrence avait assez abaissé le prix de la houille pour qu'un nouvel abaissement, c'est-à-dire un nouveau sacrifice du capital, fût impossible, toute autre mesure de prévoyance imposée aux Compagnies se répercuterait également sur le public.

Mais la concurrence n'a pas dit son dernier mot, et c'est bien réellement sur le capital, limité dans ses exigences par les offres de l'étranger, que porteraient les sacrifices.

La véritable objection n'est pas là. Elle est dans l'indifférence absolue des Chambres et du public pour tout ce qui n'est pas d'actualité immédiate, et les risques miniers ne sont d'actualité immédiate qu'au lendemain des grands malheurs.

C'est le cas aujourd'hui. L'émotion durera-t-elle assez longtemps cette fois pour que la Commission des 33 se décide à rapporter les projets dont elle est saisie ?

Alfred Naquet.

Journal officiel de la R.F. du 17 février 1895 (XXVIIe année - n°47)
Séance de la chambre des Députés du 16 février 1895
Discussion du budget des cultes

M. le président. La parole est à M. Alfred Naquet.

M. Alfred Naquet. Je demande à la Chambre toute sa bienveillante attention; j'en ai besoin pour deux raisons : la première et la plus importante, c'est que je vais développer des idées qui me sont quelque peu personnelles (*Plus haut!*) et que je suis exposé à heurter les convictions du bon nombre de mes amis; la seconde, c'est qu'on vient déjà de me crier : « Plus haut! », et que j'ai un malheur : je crois qu'une mauvaise fée qui a présidé à ma naissance a déposé dans mon berceau un don extrêmement fâcheux. c'est une grippe qui s'exacerbe toutes les fois que je prends la parole devant vous. (*Sourires.*) Aujourd'hui, elle est particulièrement exacerbée, si je puis m'exprimer ainsi, et j'ai besoin, pour compenser ce mauvais cadeau, de votre bienveillante attention, sur laquelle je compte. (*Parlez! parlez!*)

Depuis 1871, date à laquelle pour la première fois je suis entré dans le Parlement, jusqu'en 1883, époque où j'ai quitté cette Chambre pour entrer dans celle du Luxembourg, j'ai toujours voté régulièrement contre le budget des cultes et contre le maintien de notre ambassadeur auprès du saint-siège.

Au contraire, depuis 1890, époque où je suis rentré dans cette Chambre, jusqu'à aujourd'hui, c'est-à-dire pendant tout le cours de la dernière législature, — puisque ce budget-ci est le premier de la législature actuelle, — j'ai voté contre tous les amendements qui demandaient la suppression pure et simple du budget des cultes et la suppression de notre ambassade auprès du saint-siège.

M. Henri Ricard (Côte-d'Or). Vous avez été touché par l'esprit nouveau. (*On rit.*)

M. Alfred Naquet. Cela ne veut pas dire que sur la question de principe, sur la question de la séparation des Églises et de l'État mon opinion se soit modifiée. Je suis partisan aujourd'hui, comme je l'étais alors, de la séparation des Églises et de l'État; mais dans le fait particulier de la dénonciation du Concordat par voie budgétaire il y a un vote d'une nature spéciale qui doit pour être légitime s'appuyer non seulement sur la théorie générale que l'on professe relativement au budget des cultes et au Concordat lui-même, mais encore sur les conditions politiques dans lesquelles on se trouve.

J'estime que les conditions politiques qui, en 1871, 1880, 1881 et 1882, légitimaient ce vote contre le budget des cultes ne le légitiment plus aujourd'hui. C'est cette vue que je tiens à développer devant vous.

Pendant la précédente législature, je me suis borné à exprimer mon sentiment par mes votes, je n'ai pas développé mes idées à la tribune, et si je ne l'ai pas fait, vous avez tous compris quels étaient les motifs qui m'en empêchaient. A cette époque, je sortais d'une grande lutte politique, et j'estimais qu'après la défaite, la plus élémentaire modestie devait m'interdire de monter à cette tribune pour y développer des idées d'ordre politique.

Depuis lors, en ce qui me concerne personnellement, la situation a changé. Je suis revenu dans cette Chambre, de par les suffrages d'une circonscription de ce département de Vaucluse que j'ai toujours représenté, soit à la Chambre, soit au Sénat, depuis 1871, — sauf pendant mon passage à travers le cinquième arrondissement de Paris; — je suis revenu dans cette Chambre de par le suffrage d'un arrondissement foncièrement républicain, dans lequel le parti républicain compte une majorité radicale et progressiste; j'y suis revenu enfin sur un programme que j'avais fait

[...] par la poste à tous les électeurs [de mon] arrondissement, programme qui [affirmait] d'une manière exacte, nette et [précise] les principes que je me propose d'exposer à cette heure devant vous.

De telle façon qu'à l'heure actuelle j'ai le droit vis-à-vis de moi-même, et le devoir [vis]-à-vis de mon parti et de mes électeurs, [d'expliquer] quels sont les motifs qui ont [modifié] l'attitude que j'avais eue de 1871 à [1893].

Messieurs, un jour, en réponse à l'honorable M. Deschanel qui m'interpellait sur mon passage à travers le parti dont je parlais tout à l'heure, je répondais qu'en aucun cas je n'avais abandonné un seul de mes principes, et que la lutte à laquelle je m'étais livré à cette époque portait sur une question de voies et moyens, mais que j'étais resté, au cours de cette lutte, comme auparavant, comme après, ce que j'ai toujours été.

Seulement je ne puis pas me dissimuler, je ne puis pas céler le moins du monde que ma participation à la lutte dont je parle, au boulangisme pour en dire le nom, a eu pour conséquence de me faire faire un certain retour sur moi-même, et que ce retour n'a pas été absolument sans résultat. Le boulangisme m'a séparé pendant plusieurs années des plus intimes et des meilleurs de mes amis. Il m'a créé dans cette Chambre un isolement cruel, douloureux, dont je ne suis définitivement sorti que par une nouvelle investiture du suffrage universel en 1893. Mais si, en compensation de ce mal qu'il m'a fait, il m'a apporté quelques avantages, eh bien ! je les ai payés assez cher pour avoir le droit de les conserver et d'en profiter.

Or, un de ces avantages, messieurs, c'est d'avoir interrompu chez moi la tradition à laquelle jusque-là j'avais fidèlement obéi, comme tous mes collègues de l'extrême gauche, d'avoir fait de mon cerveau une espèce de table rase sur laquelle les principes essentiels, demeurant seuls debout, ont pu se développer pour tout ce qui con-

cerne la pratique, la tactique, la stratégie, des idées qui très vraisemblablement n'y auraient pas germé sans cela.

Aussi ne me trouvé-je nullement surpris de l'étonnement et des résistances que je provoque ; peut-être les opposerais-je même à celui qui prendrait l'attitude que je prends en ce moment si je n'avais pas passé par les étamines par lesquelles j'ai passé.

Je ne suis pas de ceux qui prétendent qu'un grand parti politique puisse vivre avec un programme uniquement composé de réformes de détail sans aucun lien entre elles ; je crois qu'à un grand parti politique il faut un grand idéal qui élève l'esprit des masses, qui passionne les populations et qui soit, pour ainsi dire, la synthèse de toutes les réformes de détail qui sont portées à son programme.

J'estime que pendant toute la première partie de la durée de notre troisième République l'idée de la séparation des Églises et de l'État et la guerre au cléricalisme, cette guerre qui avait été inaugurée par ce cri de Gambetta : « Le cléricalisme, voilà l'ennemi ! » était une plate-forme excellente. C'est avec elle que nous avons livré les premières batailles pour l'établissement de la République et que nous les avons gagnées.

De plus, c'était un idéal élevé qui parlait à la raison beaucoup plus qu'aux intérêts matériels. Pour ceux qui le combattaient comme pour ceux qui l'admettaient, il avait l'immense avantage de faire planer les esprits dans des régions sereines, au-dessus des considérations terre à terre dans lesquelles nous nous égarons peut-être un peu trop aujourd'hui. Il était digne, par conséquent, de figurer sur le drapeau d'un grand parti.

Mais la situation s'est modifiée, et pour qu'un idéal de cet ordre soit effectivement digne d'être inscrit sur le drapeau d'un grand parti, d'y figurer et d'en être l'élément principal, encore faut-il que cet idéal passionne les masses. A l'heure actuelle, la campagne anticléricale, en dehors peut-être de l'enceinte du Parlement et de quelques comités électoraux, — je ne vais pas jusqu'à dire des réunions publiques, — ne passionne plus le pays. *(Exclamations à l'extrême gauche.)*

M. Henri Ricard (Côte-d'Or). C'est une erreur !

M. Alfred Naquet. Mon cher collègue, si vous étiez de mon avis, je n'aurais pas besoin de monter à la tribune.

Pour moi, j'ai la conviction profonde, d'après ce que j'ai vu et observé, qu'il ne passionne plus les masses et que si, ce soir, vous votiez, par hypothèse, l'amendement de l'honorable M. Jules Guesde et de M. Chauvin, portant suppression du budget des cultes, vous ne passionneriez que les adversaires de cet amendement. Oh ! ceux-là, vous les irriteriez profondément ; mais vous ne feriez aucun plaisir véritable à nos amis et vous n'apporteriez aucune force aux institutions républicaines.

Cela ne veut pas dire que la séparation du spirituel et du temporel ne doive pas venir un jour. Je crois qu'elle est la conséquence logique et nécessaire de la grande évolution qui a commencé en 1789. Je crois, par conséquent, qu'elle viendra à son heure. Mais, pour les réformes, il y a deux manières de se produire : ou bien elles se produisent comme base, comme principe initial ; ou bien elles se présentent comme couronnement de l'édifice, comme conséquence finale ; et quand on a laissé passer le moment opportun de faire une réforme comme base ou comme principe initial, on est fatalement conduit, si l'on veut faire de la bonne politique, à attendre l'heure où elle arrivera comme conséquence finale.

M. Chauvin rit en m'écoutant. Je suis heureux d'exciter son hilarité, mais je le prie d'examiner ce qui se passe, par exemple, à cette heure pour l'idée républicaine elle-même. C'est un exemple qui est frappant.

En 1848, on luttait pour la République dans toutes les capitales de l'Europe, à Berlin, à Vienne, à Pesth, à Bade, à Venise, à Rome. Partout c'était l'idée républicaine qui soulevait les pavés et les masses...

M. Chauvin. Maintenant c'est l'idée socialiste !

M. Alfred Naquet. C'est ce que j'allais dire, mon cher collègue.

Aujourd'hui, à l'exception de l'Espagne et du Portugal, où existe encore un parti républicain politique militant, dans tout le reste de l'Europe, que ce soit en Allemagne, en Autriche-Hongrie ou en Italie, il n'y a plus de parti républicain militant. Il y a un parti socialiste sérieusement organisé, un parti socialiste dont sans doute les chefs ont des idées et des aspirations républicaines, mais dont les mêmes chefs qui ont des aspirations républicaines font passer le changement de la forme politique au dernier rang de leurs revendications.

M. Baudin. Pas du tout ! Les socialistes sont républicains et révolutionnaires, mais républicains d'abord !

M. Chauvin. Vous écrivez l'histoire à votre façon.

M. Alfred Naquet. Je ne dis pas, monsieur Chauvin, que les socialistes ne sont pas républicains : je viens de vous dire au contraire que les chefs socialistes de toute l'Europe étaient mus par des idées républicaines.

M. Baudin. Les socialistes ont prouvé, il n'y a pas longtemps, qu'ils ne mettaient pas la République au dernier plan ; ils ont voté d'abord pour la République.

M. Alfred Naquet. Seulement je dis que la campagne qui se poursuit en ce moment en Europe est plus économique que politique. J'ajoute que cela n'empêchera pas que la République ne vienne dans ces pays où l'on n'en parle guère à l'heure actuelle ; elle viendra comme conséquence des progrès sociaux qui s'y préparent, mais non, ainsi qu'elle est venue chez nous, comme base de cristallisation ou, si vous préférez cette métaphore à la précédente, comme outil principal du progrès sociologique. Voilà ce que

—148—

Je voulais dire. Je n'entendais pas prétendre que vous ou vos amis des autres nations ne soyez pas républicains, ou que les
socialistes de Berlin, de Vienne ou de Rome
ne soient pas républicains ; je dis que dans
ces pays, la République, au lieu de se produire comme principe initial, se produira
comme conséquence, et il en serait advenu
de même chez nous si, en 1871 ou en 1877,
le malheur avait voulu que nous fussions
vaincus dans la lutte que nous avons sou-
tenue ; c'eût été un très grand malheur
pour le progrès social.

Ce qui se passe pour l'opinion républicaine dans les divers pays de l'Europe
dont je viens de parler, se passe chez
nous, au point de vue de la question religieuse.

Certainement, un moment viendra — et
j'espère que ce moment est beaucoup plus
proche qu'on ne le pense, surtout si l'on
sait faire de la bonne politique, de la politique appropriée, — ce n'est pas celle que
vous faites, à mon sens — un moment
viendra où, les haines religieuses étant
éteintes, où la réconciliation de tous dans
la République étant opérée, non pas seulement dans les faits, comme aujourd'hui,
mais encore dans les esprits et dans les
cœurs, on finira par reconnaître qu'il y a
incompatibilité entre le domaine laïque et
le domaine de la foi, que l'Etat ne peut pas
avoir la prétention de se mêler des questions du culte et, par conséquent, de diriger les consciences, et qu'à ce moment et
sous l'influence du développement de ces
idées, développement qui s'annonce de
toutes parts, par un consentement général
de la nation, sans qu'aucune conscience se
sente troublée, sans qu'aucune conviction
soit violée, un ordre de choses nouveau
s'établira qui ne sera pas autre que la séparation de l'Eglise et de l'Etat que vous rêvez
et que je rêve comme vous.

M. Bovier-Lapierre. Vous l'attendrez
longtemps !

M. Alfred Naquet. Seulement, messieurs, cette séparation de l'Eglise et de
l'Etat viendra comme la dernière éclosion
de notre évolution historique et philosophique ; elle ne viendra pas comme le
premier échelon de cette évolution. Je le
regrette, pour ma part. Je crois qu'à un moment donné on pouvait faire la séparation
de l'Eglise et de l'Etat de haute lutte : je
crois que si, en 1877, on avait séparé de
haute lutte l'Eglise de l'Etat, cette mesure
n'aurait pas entraîné plus de protestations
dans le pays ni plus de résistances de la
part des catholiques qu'en n'en ont entraîné
l'art. 7, les décrets de 1880, les expulsions des congrégations, la fermeture des
chapelles et tout ce que M. Spuller, qui
connaît bien le système pour l'avoir prati-
qué, a appelé du haut de cette tribune un
ensemble de taquineries, de tracasseries et
de vexations.

J'estime que si on l'avait faite alors, on
aurait singulièrement facilité notre besogne. Nous avons réalisé des progrès depuis : nous avons fait la loi scolaire, la loi
militaire, la loi sur le divorce, et nous nous
sommes heurtés en les faisant à des difficultés provenant uniquement de ce que
l'Eglise n'était pas séparée de l'Etat. Si
nous avions commencé par le commencement ; si nous avions séparé l'Etat et
l'Eglise, au lieu d'entrer dans une politique
comme celle que je viens de définir, nous
aurions eu infiniment plus de facilités pour
réaliser ces diverses réformes.

Qu'y puis-je ? A cette époque, j'ai voté la
séparation des Eglises et de l'Etat ; le parti
radical n'y peut rien, il l'a votée, lui aussi,
et ce n'est pas ma faute si le parti qui dé-
tient le pouvoir depuis 1877 dans cette Assemblée et dans l'autre, a perpétuellement
préféré, à la séparation de l'Eglise et de
l'Etat, le système que je caractérisais tout
à l'heure en lui appliquant les épithètes
que lui a données M. Spuller. C'est même
là le plus grand et le plus lourd des reproches que j'adresse à ce parti, qui a prétendu — qui en a même tiré son nom — ne
jamais vouloir faire que les réformes opportunes et qui, au contraire, a laissé

passer toutes les occasions opportunes de faire les réformes. (*Très bien! très bien! sur divers bancs.*)

J'applique à cette attitude du parti gouvernemental une expression que Châteaubriand écrivait au lendemain des journées de Juillet 1830. Au lendemain de cette révolution qui avait arraché la couronne de la tête de Charles X pour la placer sur la tête de Louis-Philippe, Châteaubriand écrivait : « Au moins, si vous aviez proclamé la République, vous auriez inauguré un ordre de choses nouveau, vous n'auriez pas consacré une usurpation. »

C'est exactement le reproche que j'adresse au parti qui a détenu le pouvoir depuis vingt ans. S'il avait séparé le spirituel du temporel, il aurait affirmé un grand principe, il n'aurait lésé aucune conscience, il n'aurait troublé aucune liberté.

Il a préféré le contraire. Je n'y puis rien. Mais, à cette heure, j'estime que le moment opportun d'agir ainsi est passé et qu'à vouloir continuer une tactique qui se légitimait au moment dont je parle, mais qui ne se légitime plus, le parti qui y aurait recours se perdrait. Cette politique vous a conduits autrefois au triomphe : c'est pour cela que vous y êtes restés attachés; mais faites un retour sur vous-mêmes, et vous verrez qu'à l'heure actuelle elle ne pourrait vous conduire qu'à la défaite. C'est parce que je suis avec vous, parce que je veux comme vous les réformes sociales que la République a promises et qu'elle ne peut pas ne pas donner, que je veux aussi le moyen de conquérir le pouvoir, sans lequel il est impossible de les réaliser; c'est pour cela que je condamne une politique qui, je le répète, vous conduirait inévitablement à la défaite après vous avoir conduits à la victoire. (*Interruptions à gauche.*)

Vous me demandez pourquoi ce qui était légitime hier ne l'est plus aujourd'hui ? Je n'ai aucun embarras à vous le dire. De 1871 à 1877, l'état de guerre a existé entre le parti auquel je donnerai le qualificatif de parti catholique et le parti républicain. Ne me dites pas que cet état de guerre subsiste encore. Si vous voulez dire par là que les catholiques ne renoncent à aucune de leurs idées religieuses ni même à aucune de leurs idées sur la constitution politique du pays, je le reconnais avec vous; mais sur la question fondamentale de la forme de Gouvernement, ils ont désarmé... (*Protestations sur plusieurs bancs à gauche.*)

M. Bovier-Lapierre. Dans votre circonscription !

M. Alfred Naquet. Je crois, — et j'en demande pardon à ceux de mes collègues qui siègent de ce côté de l'Assemblée (*l'orateur désigne la droite*) et dont quelques-uns, fidèles à de vieilles et honorables traditions, sont restés dévoués à l'idée monarchique, — je crois qu'à l'heure actuelle la monarchie est morte dans ce pays.....

M. de Baudry d'Asson. Vous vous trompez, monsieur Naquet. Elle existe dans nos cœurs et elle viendra bientôt remplacer le gouvernement républicain, vous pouvez en être certain, ou la France est perdue. (*Interruptions et rires à gauche.*)

M. Antoine Perrier (Savoie). Il y a vingt ans que vous dites cela !

M. René Viviani. Honneur au courage malheureux !

M. Paul Doumer. Il y a longtemps que la monarchie est morte.

M. Alfred Naquet. Je crois que des fidélités très respectables, comme celle de M. de Baudry d'Asson, ne sont plus que des opinions d'ordre académique, plutôt que d'ordre politique, que la République est définitivement assise et que, pour arriver à rétablir la monarchie, il faudrait des événements tellement cruels, tellement lamentables, que les monarchistes eux-mêmes ne peuvent pas les désirer.

M. Fernand de Ramel. Il faudrait simplement consulter la volonté nationale. Osez ! (*Exclamations à gauche.*)

M. Alfred Naquet. Vous savez bien, monsieur de Ramel, que je suis, pour ma part, très partisan du referendum, et je ne craindrais pas le moins du monde...

consultation. J'espère même que le jour viendra où la revision sera faite et le peuple appelé à se prononcer.

Dans tous les cas, je reviens à ce que je disais.

A l'époque dont je parle, il y avait un état de guerre passionné, ardent, déclaré entre le parti républicain et le parti monarchique, dont le clergé, qui, naturellement, se servait des idées religieuses par lesquelles il exerçait une influence, était le levier le plus puissant.

Ce qui était l'arme la meilleure de ce parti, c'était le clergé, c'était l'Eglise. Il y avait donc un état de guerre entre l'Eglise et la République. A qui doit en incomber la responsabilité?

Si vous voulez ma pensée tout entière, elle n'incombait à personne; cet état de choses était la conséquence logique, nécessaire de notre développement historique depuis 1789.

La Révolution française avait sécularisé la société, elle avait enlevé à l'Eglise ses immenses domaines; elle ne s'était pas arrêtée là; elle avait arraché de ses mains les registres de l'état civil, la matière des mariages, l'enseignement; elle avait cessé de faire reconnaître par la loi les vœux ecclésiastiques; elle avait cessé de prêter l'appui du bras séculier aux jugements prononcés par l'Eglise. Elle était allée plus loin, elle était allée trop loin même lorsqu'elle avait fait la constitution civile du clergé.

La loi de tout ce qui est dans le monde, des individus comme des collectivités, est la même; c'est que lorsqu'un homme ou une collectivité se trouvent privés, du jour au lendemain, des prérogatives ou privilèges qui leur appartiennent depuis des siècles, individus ou ces collectivités se défendent avec énergie.

Et cela est encore plus vrai des collectivités que des individus. On peut concevoir un homme placé par l'intelligence, par le cœur, tellement au dessus de ses contemporains qu'il comprenne son temps et qu'il s'incline devant les nécessités de ce temps. A la rigueur on pourrait concevoir qu'un

de ces hommes ait existé à la place de Louis XVI, qui aurait compris son temps et aurait accepté franchement, loyalement la Constitution de 1791. Mais les collectivités, elles, n'ont jamais été capables de ces grands actes d'abnégation, et l'Eglise moins qu'aucune autre parce qu'elle se juge d'origine divine. Jusqu'au jour où les événements lui ont péremptoirement démontré que ces institutions, qu'elle croyait dues à l'action directe de la providence, qu'elle identifiait presque avec son dogme, étaient en réalité dues à l'action humaine et ne pouvaient s'identifier avec son dogme, elle dut se défendre, elle s'est défendue. Nous ne pouvons lui en faire un reproche, pas plus qu'elle ne peut faire un reproche aux grands hommes auxquels a incombé cette immortelle tâche de briser l'ancien monde et d'établir sur ses ruines le monde nouveau, d'avoir mené la Révolution française à l'assaut de toutes les citadelles du passé.

Qu'est-il advenu à ce moment-là?

Il est advenu que la résistance qui s'était groupée autour du roi et de la cour a poussé la Révolution à proclamer la République.

Tout ce qui s'est passé depuis un siècle découle de là; la France a cessé jusqu'à aujourd'hui — la prescription n'a commencé à être interrompue que récemment — de jouir de ce bienfait inestimable dont jouissent tous les autres peuples : une forme de gouvernement universellement consentie. Chez les autres peuples, en Angleterre, en Belgique, en Suisse, aux Etats-Unis, les hommes se classent d'après les opinions philosophiques ou sociales qu'ils professent.

Chez nous, comme la République avait été installée par les amis de la Révolution, non pas pour rendre hommage à un principe supérieur, non pas parce que dans l'idée des révolutionnaires la République se présentait comme un gouvernement meilleur qu'un autre, non! — l'Assemblée constituante et l'Assemblée législative n'étaient pas républicaines, — mais pour lutter contre la réaction que synthétisait la monarchie, contre toutes les résistances qu'elle suscitait, contre toutes les ressources dont elle disposait, il en est résulté qu'autour du drapeau de la République se sont groupés tous les hommes de progrès et d'avenir; et, par un effet naturel, tous les hommes du passé, tous ceux qui voulaient conserver l'ancien régime ou qui, ayant perdu l'espoir de le faire revivre, voulaient au moins empêcher ce régime de produire ses conséquences et d'engendrer toutes les lois qui devaient en découler, arborèrent les couleurs de la monarchie.

L'Eglise, je viens de le dire, était avec la fraction de la population qui combattait le régime nouveau; elle dut donc, tout naturellement, se grouper avec ceux qui combattaient autour du trône, et il en est résulté que, chaque fois que la République est revenue chez nous, l'Eglise a cherché à la détruire, comme toutes les fois que la République a péri, nous, amis du progrès, nous partisans de tous les grands principes que la Révolution nous avait légués, nous avons fait effort pour la ramener parmi nous.

Voilà la situation telle qu'elle se présentait alors. En 1870 et 1877, nous en étions là comme en 1849; nous en étions là sous l'Assemblée de Versailles, comme sous l'Assemblée législative de la seconde République.

Sous le principat du maréchal Mac-Mahon, l'Eglise était — je l'ai dit tout à l'heure et je le répète — le levier le plus puissant mis au service de la monarchie pour écraser la République. Nous étions en guerre, et les lois de la guerre permettent des moyens d'action que n'autorisent pas les lois de la paix. Quand on est en guerre, on peut tout faire pour amoindrir l'ennemi, à l'unique condition de ne pas violer les éternels principes de l'humanité.

Lorsqu'au contraire on est en paix, la situation change du tout au tout. En 1870 et 1877, devant l'acuité de la lutte, un certain nombre de républicains pensèrent que la suppression pure et simple du budget des

cultes était en somme le moyen de lutte le meilleur, le plus efficace pour amoindrir l'Eglise, qui constituait alors la principale armée mise au service de nos ennemis, et pour la mettre dans l'impossibilité de nuire. J'étais de ceux-là et je ne le regrette pas.

Mais la situation est changée; à cette heure nous sommes dans une période de paix, de liberté relativement tranquille, et je le déclare bien haut.

M. Gustave Rouanet. Le malentendu du Golgotha est dissipé.

M. Alfred Naquet. Je ne sais pas bien ce que vous voulez dire ici avec le Golgotha, à moins que ce ne soit un reflet de vos doctrines antisémites, mon cher ami; mais nous en reparlerons une autre fois.

Je disais donc que par suite de cette transformation qui s'est produite dans notre état social j'ai pu voter, de 1871 à 1883, la suppression pure et simple du budget des cultes, mais qu'à cette heure, et à moins d'une nouvelle levée de boucliers de l'Eglise en faveur de la monarchie, nouvelle levée de boucliers qui me paraît absolument improbable, je ne la voterai pas de nouveau.

Mais de ce que l'état de paix ne comporte pas les mêmes moyens d'action que l'état de guerre, il ne s'ensuit pas que les vérités générales qui étaient vraies pendant l'état de guerre ne le soient plus pendant l'état de paix. Si la séparation de l'Eglise et de l'Etat, si la division de plus en plus complète entre ce qui appartient au for intérieur de chacun d'entre nous et ce qui a le droit d'appartenir à l'Etat, si, en un mot, la sécularisation de la société est la conséquence nécessaire de notre développement historique, cette vérité, vraie en 1877, n'a pas pu cesser d'être vraie en 1895; seulement, en 1871 et en 1877, nous avions le droit de poursuivre l'accomplissement de nos idées et de notre programme sans nous inquiéter aucunement de ceux qui combattaient, en 1895, nous sommes obligés, nous leur devons à eux et nous nous devons à nous-mêmes de ne poursuivre notre but qu'avec tous les ménagements que le respect de la justice et de la liberté de conscience comporte.

En 1871 et en 1877, nous avions le droit et même le devoir de rendre hommage aux principes, et en même temps de briser la coalition monarchique en amoindrissant son facteur le plus important.

Aujourd'hui, nous avons encore le devoir de rendre hommage aux principes, mais nous devons surtout veiller à ce qu'aucune liberté ne soit violée, à ce qu'aucune conscience ne soit troublée, à ce qu'aucun citoyen ne soit lésé dans ses convictions.

M. Chauvin. Nous n'avons jamais parlé de cela.

M. Alfred Naquet. M. Chauvin me dit : Nous n'avons jamais voulu troubler les consciences. Je vous répondrai, mon cher concitoyen, que je crois très sincèrement qu'au fond de votre cœur vous êtes respectueux de toutes les croyances et de toutes les convictions. Mais je crois que vous vous trompez dans la manière d'affirmer cette conviction-là. J'estime notamment que venir aujourd'hui nous proposer purement et simplement de supprimer le budget des cultes, alors que vous n'avez rien préparé pour remplacer cet ordre de choses ancien...

M. Millerand. On pouvait vous dire cela en 1877.

M. Alfred Naquet. On pouvait le dire en 1877, mon cher monsieur Millerand, cela est parfaitement vrai ; seulement, si vous voulez me permettre d'aller jusqu'au bout de mon argumentation, je vous démontrerai, je crois, que le meilleur moyen d'arriver à ce qu'on ne le dise plus, c'est de suivre la politique que je préconise et ce n'est pas de suivre la vôtre.

Je dis donc que vouloir aujourd'hui nous proposer de séparer les Eglises de l'Etat par la voie de suppression du budget des cultes, ce n'est plus de saison ; on pouvait le faire en 1877 ; cela nous était permis alors que nous étions en état de guerre... (Très bien !)

En 1877, nous voulions amoindrir l'ennemi. Aujourd'hui, nous n'avons plus à nous préoccuper d'amoindrir l'ennemi, et nous devons rendre hommage à des pensées de justice que nous pouvions écarter alors. Mais il y a autre chose, et vous le verrez tout à l'heure.

Permettez-moi de continuer. Je dis donc, que dans ce moment, en pleine paix sur la forme du gouvernement, venir nous proposer...

M. René Goblet. Sur la forme ! Ce n'est qu'une paix apparente.

M. Alfred Naquet. Je vous entends, monsieur Goblet, mais nous sommes plus d'accord que vous ne le pensez ; vous avez professé à cette tribune les mêmes choses que je dis à cette heure. Oui, permettez-moi de m'expliquer ; monsieur Goblet, vous avez reconnu, comme moi, à cette tribune, que vouloir supprimer purement et simplement le budget des cultes, alors qu'on n'a pas au préalable organisé un ordre de choses nouveau pour le remplacer, alors qu'on n'a pas doté encore le pays d'une loi très large, très libérale sur la liberté des associations, ce serait faire un acte, que la guerre pouvait rendre légitime en 1877, mais que la situation actuelle ne légitime plus et qui, à cette heure, serait purement et simplement oppressif.

M. de Baudry d'Asson. Monsieur Naquet, voulez-vous me permettre un simple mot ? (*Exclamations.*)

M. Alfred Naquet. Très volontiers !

M. de Baudry d'Asson. Je ne veux faire qu'une simple observation. Vous parliez d'une grande loi à faire. Elle est très facile à trouver. Rendez au clergé les biens volés ! La voilà la loi. (*Exclamations et bruit à gauche.*)

M. le président. Monsieur de Baudry d'Asson, vous ne pouvez pas appeler « biens volés » des biens qui ont été rendus à la nation par des lois régulières. (*Applaudissements.*)

M. Alfred Naquet. Je m'associe aux paroles que vient de prononcer M. le président. J'admets qu'il a été absolument légitime de reprendre en 1789 le domaine du clergé, et le jour où, la question de la séparation de l'Eglise et de l'Etat étant posée comme elle doit l'être après une préparation préalable, c'est-à-dire lorsque ce pays sera doté d'une large loi sur la liberté des associations, vous viendrez apporter vos arguments, monsieur de Baudry d'Asson, je serai le premier à vous répondre ; mais ce n'est pas le lieu aujourd'hui et je ne me détournerai pas de mon sujet.

M. René Goblet. Cela prouve que la paix n'est pas faite.

M. Chauvin. Cela prouve aussi qu'il est toujours opportun de voter la séparation des Eglises et de l'Etat.

M. Alfred Naquet. Je disais qu'à mon sens, à l'heure présente nous devons encore viser à la séparation de l'Eglise et de l'Etat, mais que cette séparation doit venir, non pas comme la victoire d'un parti sur un autre, comme la défaite d'une portion de la nation battue par une autre, mais par la réconciliation générale de tous, qu'elle doit être l'affranchissement final des consciences, et non l'oppression des unes par les autres.

Voilà mon sentiment, et alors j'ajoute que si on la conçoit ainsi, le meilleur moyen d'y parvenir, et d'y parvenir bientôt, ne consiste pas à menacer sans cesse le parti catholique et à agiter perpétuellement devant lui ce glaive qui s'appelle la suppression du budget des cultes non préparée par une loi sur la liberté d'association, ou qui consiste encore à présenter des amendements peut-être moins francs, parce qu'ils ne vont pas jusqu'à la suppression complète, mais qui demandent des atténuations, alors que le budget des cultes doit être ou supprimé ou appliqué loyalement dans son esprit. (*Très bien! très bien! sur divers bancs à droite.*)

Il ne consiste pas, ce moyen d'aboutir, à venir nous apporter ici à chaque instant des propositions jacobines, comme celles de l'honorable M. Malzac visant le monopole de l'Université, ou celle de mon excellent ami M. Bérard, qui propose d'appliquer

sur congrégations religieuses des [...] excessifs et sans aucune espèce de [...] ports avec ceux qui frappent les au[tres] citoyens.

Non, il consiste à aborder franche[ment] un terrain de paix des consciences et [...] pliquer à cette question religieuse un[...] rôle que Gambetta appliquait autrefo[is] une autre question qui nous est autre[ment] chère, quand il disait : Pensons-y toujou[rs], n'en parlons jamais.

M. Chapuis. Nous n'y pensons [pas] assez.

M. Alfred Naquet. Malheureusement ce n'est pas ce que fait le parti radical, [au]quel, malgré cette dissidence, je m'[ho]nore d'appartenir. Quoique je m'efforce [en] ce moment d'écorner un peu son idéal, [il] me permettra de lui dire, avec la sincé[rité] d'un homme qui désire voir triomphe[r le] parti auquel il a donné sa vie... (*Interrup-tions.*)

Un membre à gauche. En 1889 ?

M. Alfred Naquet. Le jour où vous [vou]drez instituer un débat sur ce point, je [se]rai prêt à vous répondre ; mais il n'est [pas] de saison dans la discussion actuelle [et] n'aurait pour effet que de m'éloigner de [ma] discussion.

Je disais donc qu'avec la sincérité d['un] homme qui désire le triomphe de son [parti,] je dénonce ce que je crois être le péri[l,] je dis au parti radical : Ou vous a[ban]donnerez le vieux drapeau qui à l'h[eure] actuelle, permettez-moi de vous le [dire] avec franchise, n'est plus qu'un oripe[au] sans aucune action sur les masses, [et] vous périrez. (*Interruptions à l'extrême gauche.*)

Oui, messieurs, si le parti radical, [au lieu] des vieilles traditions républicaines, [...] de se placer à une égale distance [du] parti collectiviste qui, à notre avis, [...] promettrait par son triomphe la civi[lisation] tout entière... (*Très bien ! très bien ! sur divers bancs.*)

M. Jourde. Où est-il donc votre [...]

M. Alfred Naquet. Je dis que si le parti [radical], gardien des vieilles traditions républicaines, obligé de se tenir à une égale distance du collectivisme et de l'immobilisme — qui travaille pour le collectivisme mieux que ne le ferait le collectivisme lui-même — maintient sur cette plate-forme, sinon exclusive, du moins principale de la lutte anticléricale, il risque de subir le sort qu'ont subi les progressistes au Reichstag allemand ou les libéraux à la Chambre des députés de Bruxelles, d'être broyé entre le parti conservateur républicain et le parti collectiviste et de laisser ces deux partis face à face, sans tampon intermédiaire, ce qui exposerait la société aux plus terribles catastrophes révolutionnaires ou réactionnaires. (*Interruptions.*)

J'estime, dis-je, que laisser face à face deux partis comme les collectivistes, d'une part, et les modérés, de l'autre, sans tampon intermédiaire, ce serait exposer la société aux plus lugubres catastrophes de réaction ou de révolution, catastrophes également redoutables, car l'une entraîne toujours fatalement l'autre à sa suite.

Je désire donc le succès du parti radical, je le désire de tout mon cœur et de toute mon âme. Mais je déclare qu'à mon sens, s'il persiste dans la politique que je décris à cette heure, il sera écrasé.

Si l'on me demande quelle est la politique que nous devons suivre, ma réponse est bien nette : c'est celle qui est conforme à toutes nos traditions libérales ; c'est celle que manifestait lorsque Louis Blanc protesta contre l'article 7 ; c'est celle de l'apaisement et de la tolérance religieuse, celle de toutes les tolérances et de toutes les libertés. Le parti radical ne peut laisser à cette heure un homme — M. E. Spuller, qui, lui, n'est pas seul, mais disqualifié, pour parler de la sorte à cette Assemblée — monter à cette tribune et y parler d'esprit nouveau. M. Spuller a été le rapporteur de l'article 7 ; il a été l'un des chefs du parti

qui a fait cette politique qu'il a caractérisée lui-même en l'appelant une politique de tracasseries et de mesquineries ; il a appliqué l'article 7 ou plutôt le décret de 1880 car l'article 7 n'a pas été voté par le Sénat.

Messieurs, la situation à cette époque était bien différente de la nôtre. Cette situation aurait permis la suppression du budget des cultes parce que c'eût été un acte de guerre de nature à diminuer l'ennemi ; mais elle ne justifiait pas la politique qui a été suivie parce que celle-ci constituait un acte d'oppression absolument inutile. Les hommes qui ont fait cette politique sont disqualifiés pour venir apporter à cette tribune une parole soi-disant d'esprit nouveau.

Nous, au contraire...

A l'extrême gauche. Qui cela, nous ?

M. Alfred Naquet. Soit ; je ne dirai pas « nous ». Si vous le préférez, je dirai : le parti radical. J'estime donc que le parti radical est, au contraire, admirablement qualifié pour faire cette politique que les autres n'ont pas le droit de faire.

Il est évident qu'il a voté l'article 7 et les décrets de 1880. Je les ai votés comme lui ; la situation était alors telle que quand des actes de cette nature nous étaient proposés par le gouvernement de la République, par ceux qui détenaient le pouvoir, la discipline s'imposait à nous et nous n'avions pas le droit de diviser le parti devant l'ennemi. Voilà pourquoi nous les avons votés ; mais nous l'avons fait en les condamnant du fond du cœur, à notre corps défendant. (*Mouvements divers.*) Le but que nous poursuivions à ce moment comme aujourd'hui, c'était la séparation de l'Eglise et de l'Etat.

Nous avons toujours cru et nous croyons encore que nous pouvons arriver d'un accord commun à séparer complètement le spirituel du temporel ; mais que nous nous trompions ou non sur ce point, nous avons toujours été les ennemis de toutes tracasseries et de toutes vexations, et c'est à nous qu'il appartient de porter ici, non pas sous le nom d'esprit nouveau, mais sous le nom d'esprit ancien, — car c'est véritablement l'esprit du vieux parti républicain dont l'opportunisme nous a fait sortir malgré nous — des paroles de tolérance et de liberté que d'autres n'ont pas le droit de produire.

Messieurs, — et c'est par là que je vous demande de terminer ma démonstration — je dis à mes amis du parti radical que s'ils persistent à faire de ce qui s'appelle la politique anticléricale leur plate-forme principale, s'ils continuent à présenter des amendements comme celui de MM. Jules Guesde et Chauvin, ou comme celui de M. Bérard, ou des propositions comme celle de M. Malzac, ils seront écrasés, et voici pourquoi — il s'agit ici d'une démonstration purement arithmétique.

Depuis 1871 jusqu'en 1889, quand le parti monarchiste luttait, quand il présentait des candidats dans toutes les circonscriptions, on pouvait se compter. Le parti monarchiste recueillait environ 3 millions ou 3,500,000 suffrages; le reste se composait des suffrages républicains; et ces suffrages se partageaient à peu près par parties égales entre les modérés et les radicaux. Aujourd'hui, quoi qu'en dise M. de Baudry d'Asson, j'estime que le parti monarchiste est mort. Il n'a plus de candidats généralement au premier tour, et là où par hasard il en a un, il ne lui en reste plus au second. Or, quand un organisme meurt, les éléments dont cet organisme se compose ne meurent pas, ils se distribuent entre les organismes vivants.

Les 3 millions et demi d'électeurs qui constituaient le parti monarchiste ne sont pas morts avec lui, ils existent encore, et, à l'exception de quelques abstentions qui sont toujours peu nombreuses, peu durables, ils devront se distribuer entre les partis vivants. Il y en a deux : le parti conservateur républicain et le parti républicain progressiste. La question est de savoir si les électeurs qui votaient autrefois pour les monarchistes, et qui sont surtout des catholiques, doivent donner leurs suffrages aux républicains modérés, ainsi que

M. Spuller le leur conseillait du haut de cette tribune, ou aux républicains progressistes, ainsi qu'à mon tour je les y convie.

M. Maurice Lasserre. C'est une question de tactique !

M. Alfred Naquet. C'est à la fois une question de tactique et une question de justice, car, à mon sens, la meilleure tactique pour amener à soi ceux auxquels on veut faire appel, c'est d'être toujours respectueux de la justice et de la liberté.

M. Bouge. C'est la chimie du suffrage universel !

M. Alfred Naquet. Je disais donc qu'à l'exception de quelques états-majors qui, dans ce parti, iront probablement et presque forcément au parti conservateur républicain, mais qui forment la moindre fraction de l'ancien parti monarchique, puisque les cadres sont toujours la partie la moins nombreuse de toutes les armées, il y a la masse composée d'ouvriers, de paysans, les petits et les humbles. Ceux-là ne sont point entichés de réaction et leurs intérêts sont absolument connexes avec ceux des autres démocrates de l'ancien parti républicain.

Quand vous parlez à ces ouvriers, à ces paysans des réformes sociales, quand vous leur parlez de la réforme fiscale, quand vous leur parlez de la gratuité de la justice, quand vous leur parlez de la participation aux bénéfices, quand vous leur parlez de la loi sur les retraites ouvrières, leurs intérêts sont absolument identiques à ceux des masses républicaines. Si donc vous ne les blessez pas dans leurs consciences, si vous ne les blessez pas dans leurs idées religieuses, ils viendront naturellement à vous, parce que c'est de vous qu'ils se rapprochent le plus au point de vue social.

Mais si vous les menacez dans leurs idées religieuses, si vous les blessez dans leurs consciences, comme, dans ce grand pays, les sentiments moraux priment toujours de beaucoup les intérêts matériels, vous les rejetterez vers vos adversaires, et vous

... pour vingt ans ... au

(Mouvements divers.)

... lors, messieurs, vous pourrez inscrire
séparation de l'Eglise et de l'Etat sur
... drapeau aussi longtemps que vous le
... ; mais, comme vous n'aurez pas le
... voir, vous ne réaliserez pas plus cette
... que vous ne réaliserez les autres ré-
(Très bien ! très bien !)

Voilà, messieurs, la pensée qui m'anime.

... z-moi maintenant, avant de descendre de la tribune, répondre à ce que j'ai
entendu, non pas aujourd'hui dans une
interruption, mais hier au cours d'une conversation avec mon honorable ami M. Camille Pelletan.

M. Pelletan me disait : « Mais vous oubliez une chose : c'est que le catholicisme
n'est pas une religion, c'est une politique. »

M. de Baudry d'Asson. Il n'y a que la
franc-maçonnerie qui soit une religion.

M. Alfred Naquet. Je connais cette an-
tienne-là. C'est absolument comme dans le
monde antisémite, quand on dit : « Le judaïsme n'est pas une religion, c'est une profession, c'est une race ! »

M. de Baudry d'Asson. C'est peut-être
... simple habitude !

M. Alfred Naquet. Mais je ne me laisse
... entraîner sur ce terrain.

Je me borne à répondre à M. Camille
Pelletan : il est possible que de la part de
certains états-majors, le catholicisme soit
un moyen d'action politique; mais ce qui
... certain aussi, c'est que le catholicisme
... point un moyen d'action politique
... les masses ouvrières, agricoles ou
... nes qui, les unes avec dévotion,
comme dans certains départements, les
... tres avec beaucoup moins de dévotion,
mais avec de vieilles habitudes cultuelles
auxquelles elles tiennent encore, sont de-
meurées fidèles à leurs traditions religieuses; si vous les menacez, je le répète, par
des amendements, par des projets de loi,
... des ordres du jour comme ceux que
... apportez à cette tribune, les états-
... jors auxquels vous attribuez une pensée
d'ordre purement politique derrière leurs
affirmations religieuses, pourront, si votre
sentiment à leur égard est juste, profiter
des arguments que vous leur aurez fournis.
Par votre attitude vous leur donnerez le
moyen d'attirer à eux les hommes qui n'ont
aucune arrière-pensée politique dans l'affirmation de leur foi.

Laissez donc dormir cette question et entrez donc résolument dans la voie des réformes d'ordre social qui intéressent tout
le monde. Vous ramènerez ainsi ces petits,
ces humbles à la République, au parti radical, et le jour viendra peut-être plus tôt
que vous ne le pensez, où après les avoir
ramenés et tout en sauvegardant leur liberté
de conscience, leur liberté religieuse, vous
pourrez, d'un accord commun, compléter
votre œuvre en séparant les Eglises de
l'Etat.

Messieurs, je n'ai pas la prétention de
vous avoir fait partager ma propre conviction; mais j'ai cru obéir à un devoir en
proclamant à la tribune les idées qu'ont
engendrées chez moi de longues et profondes réflexions. *(Très bien! très bien! sur divers bancs.)*

*Le journal officiel du 20 février 1895 (27 février n° 50)
2e séance de la chambre du 19 février
fonds secrets*

M. Alfred Naquet. Messieurs, retenu,
hier, chez moi par une indisposition, je n'ai
pu assister à la séance de l'après-midi. Je
suis cependant porté au *Journal officiel*
comme ayant voté « contre » les fonds secrets et en faveur de l'amendement Cha-
ronnat, qui avait pour but de diminuer les
fonds secrets.

J'ai toujours voté les fonds secrets, même
lorsque sur ces bancs s'est trouvé un ministère vis-à-vis duquel j'avais une attitude d'opposition absolue; je les aurais
donc votés hier si je m'étais trouvé présent.
Je rectifie mon vote sur ce point.

L'autorité du 24 février 1892 (10ᵐᵉ année — n° 55)

M. NAQUET

Je reçois la lettre suivante :

Monsieur et cher ancien collègue,

Vous parlez de nouveau dans l'*Autorité*, d'engagements qu'aurait pris le général Boulanger, de rétablir la monarchie. Je ne puis ni ne veux prendre parti dans ce débat, par l'excellente raison que, n'ayant rien connu des faits dont vous parlez, je manque des plus simples éléments pour me prononcer entre vos allégations et celles de ceux de vos anciens collègues qui en contestent le bien fondé.

Vous reconnaissez d'ailleurs vous-même que « ni Rochefort, ni quelques autres — bien rares d'ailleurs, et bien peu nombreux, ceux-là — ne connurent les relations et les engagements de leur chef » avec vous.

Si vos souvenirs sont exacts, je suis dans tous les cas de ceux « bien peu nombreux et bien rares »; qui ne surent rien des faits que vous racontez, et qui n'ont recueilli à cet égard que des bruits dénués de preuves et très postérieurs à la lutte.

Mais comme, parmi ceux qui ignorèrent les engagements dont vous parlez, si tant est qu'ils aient existé et que vos affirmations ne soient pas le résultat d'une erreur, vous ne nommez que Rochefort, vous laissez par cela même, planer les soupçons sur tous les autres. Ces soupçons, je tiens à les dissiper en ce qui me concerne, et je compte sur votre courtoisie et votre loyauté pour reconnaître que je suis demeuré étranger à tout ce qui a pu se tramer dans le sens monarchiste.

Je savais à cet égard ce que tout le monde savait : les espérances du parti monarchiste, que M. Mayer et vous ne vous faisiez pas faute d'affirmer hautement, espérances qui ne m'effrayaient pas, parce que j'avais confiance dans la parole du général, qui n'a jamais cessé, auprès de nous, de se déclarer fermement républicain. S'il y a eu autre chose que ces espérances, s'il y a eu des engagements du général, je les ai ignorés, sans quoi je ne serais pas demeuré un quart d'heure dans la coalition, et je les ignore encore aujourd'hui.

Veuillez agréer, mon cher ancien collègue, l'assurance de ma considération très distinguée.

A. NAQUET.

Je répondrai que M. Naquet :

« Qui veut trop prouver, ne prouve rien. »

Assurément, M. Naquet n'a pas conspiré avec nous la restauration d'une monarchie quelconque.

Mais il se montre quelque peu imprudent, en ayant l'air d'ignorer, et d'où venait l'argent, et qui le distribuait.

M. Naquet éprouve le besoin — comme d'autres — de se refaire une virginité républicaine, aujourd'hui.

Il fera sourire ceux qui se souviennent qu'il fut au premier rang parmi ceux qui s'entendirent avec les monarchistes — tout au moins pour renverser le gouvernement d'alors — et au premier rang aussi, parmi ceux qui lâchèrent le général Boulanger, après son désastre.

J'ai toujours cru que M. Naquet avait beaucoup d'esprit et beaucoup d'à-propos.

C'est ce qui explique les nombreux changements d'opinions auxquels il s'est livré successivement, sans être jamais gêné par les débordements du cœur.

Pour ce qui est de mes affirmations, je ne permets à personne, pas plus à M. Naquet qu'à d'autres, de les mettre en doute.

J'ai dit ce que sais, et non pas tout ce que je sais.

Cassagnac

Le petit Provençal du 25 février 1895 — Vingtième année — n° 6.623. (1)

LE PÉRIL CLÉRICAL

LETTRE DE M. NAQUET

A la suite des articles publiés par nos collaborateurs Magon-Barbaroux et Menvielle, M. Alfred Naquet, député de Vaucluse, adresse à M. Magon-Barbaroux la lettre suivante :

Le *Petit Provençal*, avec la bienveillance qu'il me témoigne toujours, et sa courtoisie habituelle, critique mon dernier discours. Il estime, par votre plume et celle de mon ami Menvielle, que le cléricalisme n'a pas désarmé et qu'il est plus dangereux que jamais.

Voulez-vous être assez aimable pour prêter vos colonnes à un mot de réponse de ma part ?

Vos objections semblent prouver, en effet, que j'ai imparfaitement exprimé ma pensée et je dois la compléter.

Je n'ai jamais cru que les meneurs du parti radical aient désarmé en ce qui concerne leurs revendications sociales et religieuses. Je sais qu'ils désirent introduire dans le gouvernement de la République l'esprit qui les anime.

Aux preuves que vous en donnez, je pourrai même en ajouter une : l'antisémitisme, qui a été imaginé par les cléricaux dans l'espoir de réveiller des passions ataviques mal éteintes, puis de confondre avec les Juifs, sous le nom

(1) voir à la page 160 un article du 20 février omis à son rang

de judaïsants, les libre-penseurs et les républicains, et de prendre enfin, par ce mouvement, une revanche de vingt années de défaite.

Jusque-là nous sommes donc parfaitement d'accord.

Mais si je crois avec vous aux intentions hostiles des cléricaux, je ne crois pas à leur puissance, je ne crois pas au péril.

J'ai foi en la vérité, et tant que le parti clérical demeurera sur le terrain de la République et de la liberté, il ne sera pas dangereux.

Comment! il a eu jadis tout entre les mains. Il a eu le monopole de l'enseignement ; il s'est confondu avec la puissance publique, à une époque où ses adversaires n'avaient aucun moyen pour le combattre, et il a abouti à la Révolution française.

Depuis lors, toutes les fois qu'il s'est retrouvé au pouvoir par suite de coups de force et d'invasion, il a abouti aux mêmes résultats : à la révolution de 1830, à la mémorable élection du 14 octobre 1877. Et l'on aurait peur de lui aujourd'hui que l'école est laïque, que le séminaire ne protège plus contre la caserne, que le divorce enlève à l'influence des prêtres tout une armée de femmes malheureuses en ménage, que la liberté de la presse, de la tribune, des réunions publiques nous donnent des armes égales et supérieures même aux siennes! Ce serait faire acte de manque de foi ; et j'avoue que j'ai la foi dans le progrès et dans l'avenir de l'humanité affranchie.

Il en était autrement lorsque l'Eglise, sur le terrain politique, prêtait son appui à la Monarchie. La coalition de ces deux forces était périlleuse. Nous l'avons battue ; mais nous pouvions craindre de ne pas la battre, et nous avions le droit de l'affaiblir en frappant, par les moyens que la guerre autorise, les éléments dont elle se composait.

Aujourd'hui, la coalition est dissoute, les éléments qui la composaient, réduits chacun à leurs propres forces, deviennent des facteurs impuissants ; et, si quelque chose pouvait rendre à l'un d'eux la puissance nocive qu'il a perdue,

c'est la politique que, en vue de le combattre, vous vous obstinez à suivre avec le parti radical.

Malheureusement, bien que cela frappe les yeux, vous vous refusez à le voir, réfléchissez cependant. Pour quelques chefs, pour une coterie cléricale, le catholicisme est une arme politique. Soit ! mais pour la grande masse des fidèles, c'est une religion, une religion à laquelle les uns viennent avec dévotion comme dans l'Ouest, qui pour les autres est une simple habitude cultuelle, mais une habitude avec laquelle ils ne veulent pas rompre. J'ajoute même que cette habitude existe chez des républicains, si l'on en juge par le petit nombre de ceux qui se marient civilement, se font enterrer sans prêtre, ou consentent à n'élever leurs enfants dans aucune communion.

Ces masses à demi-religieuses ou complètement religieuses, ne veulent pas du gouvernement des curés et protestent par leurs bulletins de vote quand l'Eglise cherche à s'immiscer sérieusement dans la politique.

Mais elles ne veulent pas davantage qu'on moleste les prêtres, et elles votent contre quiconque les attaque ou les menace sans de graves motifs.

Soyons tolérants, ne menaçons plus, laissons dormir la question religieuse pour nous borner à la recherche et à la solution des questions sociales ; ces masses ne suivront pas les chefs cléricaux, elles viendront à nous. Le cléricalisme, bien distinct dès lors de la religion et abandonné de ses fidèles, s'étiolera et mourra, et, nous, forts de ces recrues qui, nous départageant avec les modérés, nous apporteront la victoire, nous pourrons réaliser toutes les réformes..., y compris la séparation de l'Eglise et de l'Etat, au jour, moins éloigné qu'on ne le pense, où elle sera comprise et désirée de l'immense majorité du peuple français. Au contraire, si nous persévérons dans la politique de l'extrême gauche, si nous réclamons, non point la séparation des Eglises et de l'Etat, principe que nous avons le droit de défendre et de propager, mais, ce qui est bien différent, la suppression du budget des cultes alors que rien encore n'est prêt pour le remplacer ; si nous déposons des projets dans lesquels les corporations religieuses seront mises sur un pied différent de celui où se trouvent les autres citoyens, alors qu'adviendra-t-il ?

Nos adversaires, ravis quoiqu'ils ne puissent pas l'avouer de notre attitude, nous dénonceront comme ennemis de la religion. Leurs accusations présentant au moins une apparence de vérité, les masses religieuses les croiront. Elles n'oseront plus venir à nous. Elles iront aux ralliés ou aux opportunistes et la majorité nous échappera.

La majorité nous échappant, nous pourrons parler longtemps des réformes, et ce sera, sans doute, une consolation ; mais nous n'en réaliserons aucune, pas plus la séparation des Eglises et de l'Etat que les autres.

Cela peut paraître un paradoxe ; mais le moyen le plus rapide d'avoir la séparation de l'Eglise et de l'Etat, aussi bien que les autres réformes, consiste à ne plus en parler et à reléguer l'anticléricalisme au magasin des accessoires.

On le reconnaîtra un jour, mais je crains bien que ce ne soit trop tard.

Alfred Naquet.

La France de Bordeaux & du Sud-ouest du 20 février 1895

Le Budget des Cultes

Pendant la discussion du budget des cultes, j'ai cru devoir pour la première fois, exposer, relativement à la politique religieuse du parti radical, les vues que j'ai à plusieurs reprises déjà, développées dans la presse. Je dois le reconnaître, j'ai été, quoique exprimant des idées que se refusaient à admettre la plupart de mes amis, écouté avec une attention peu ordinaire dans les Chambres.

Il y a des habitudes d'esprit que les hommes ont peine à abandonner, et il ne faut pas être surpris des étonnements qu'on suscite, des résistances qu'on provoque, lorsqu'on vient les heurter pour la première fois.

Mais à la longue, la vérité finit par triompher ; le seul fait qu'on ne m'a pas traité de clérical, qu'on ne m'a pas envoyé à Rome, qu'on n'a pas contesté ma bonne foi, me démontre qu'un certain pas est déjà fait, dont on ne se doute pas encore, sur la voie

on je conviais mes amis du parti
radical à me suivre.

J'ai dit et je maintiens que le parti
monarchique n'existant plus, n'étant
plus à craindre, la République étant
maintenant à l'abri de toute contestation, de tout danger, nous avons à
envisager la question de la séparation
des Eglises et de l'Etat comme une
question de principe et non comme
une question de guerre, que nous
n'avons plus le droit, que nous pui-
sions dans l'ardeur de la lutte en 1877,
de la résoudre brutalement par la
simple suppression du budget des
cultes, mais seulement celui d'en préparer la solution par une loi sur la
liberté des associations, ainsi que
l'ont proposé M. Maurice Faure et
M. Gerville-Réache dans leurs motions.

J'ai dit que cette plateforme qui
consiste à menacer perpétuellement
les catholiques par des propositions
archaïques comme celle de M. Malzac
ou de M. Bérard, est un sûr moyen de
confondre avec ceux des modérés,
des opportunistes, les suffrages des
3,000,000 et plus d'anciens électeurs
monarchistes aujourd'hui désemparés
sans drapeau et sans candidats.

J'ai dit que les rejeter sur le parti
modéré, c'était, vu leur chiffre, donner la victoire à ce dernier parti et remettre ainsi aux calendes grecques
toutes les réformes, aussi bien que
les autres la séparation de l'Eglise et
de l'Etat que l'on aura aussi ajournée
par la hâte fébrile que l'on aura mise
à la demander, sans y avoir au préalable, préparé, amené l'opinion.

J'ai dit que si nous donnions à ceux
des électeurs de l'ancien parti monarchique qui se rapprochent de nous par
leurs intérêts, aux petits, aux humbles, un apaisement pour leurs consciences, nous en aurions avec nous
le plus grand nombre ; qu'avec leurs
concours nous l'emporterions hautement dans les élections générales, que

nous pourrions alors réaliser toutes
les réformes qui procèdent d'un véritable esprit de progrès pratique et de
liberté.

J'ai dit enfin que la séparation de
l'Eglise et de l'Etat viendrait en dernier lieu couronner l'édifice, en vertu
d'un accord commun, avec l'appui des
hommes religieux eux-mêmes, et
qu'elle serait, ainsi qu'on doit désirer
qu'elle soit, non la victoire d'un parti
mais l'affranchissement général des
consciences.

Que m'objecte-t-on ?

Que les catholiques n'ont pas désarmé, qu'ils continuent de battre en
brèche nos lois républicaines, et que
si nous désarmons nous-mêmes si
peu que ce soit devant eux, ils nous
écraseront.

Et ceux qui m'opposent cet argument ne voient pas qu'il se retourne
contre eux.

Oh ! s'ils avaient entendu, comme
moi, les protestations de notre grand
Louis Blanc contre l'article 7 et les
décrets de 1880, ils comprendraient
que la politique de liberté est la seule
digne du parti radical.

Plus largement on la fera, et plus
complètement on enlèvera aux chefs
cléricaux les arguments qui, si nous
nous y prêtons par des menaces, leur
serviront à entraîner contre nous des
masses électorales prêtes à se rallier
à nous.

Eh quoi ! nous aurions peur de la
liberté ! L'Eglise avant 1789 avait
tout entre les mains. Elle avait le
monopole de l'enseignement, la matière des mariages, l'appui du bras séculier.

Résultat de toute cette puissance :
1793.

Sous la Restauration, elle a recon-
quis le pouvoir. Elle en a usé comme
dans le passé.

Résultat de cette politique : La Révo-

…llon de juillet 1850.

Sous l'Assemblée Nationale, elle a recommencé les persécutions contre la libre pensée.

Résultat : L'élection glorieuse du 14 octobre 1877.

Et l'on craindrait la liberté, aujourd'hui que nous avons l'enseignement neutre, l'égalité pour tous du service militaire, le mariage civil et le divorce !

Allons donc ! A ceux qui manifestent ces craintes, je n'ai qu'une réponse à faire. Ce sont des hommes de peu de foi.

Moi, j'ai foi dans le triomphe de la vérité, et c'est pourquoi la liberté ne me fait pas peur.

Il faut nous mettre à l'œuvre pour les réformes sociales, et reléguer au dernier plan les questions qui, en nous divisant, en éloignent la solution.

Les questions religieuses sont de cet ordre. Nous n'avons pas su les résoudre au moment opportun. Aujourd'hui, elles sont un obstacle qui s'oppose à la réunion de forces destinées, par l'identité des intérêts, à marcher ensemble.

N'en alourdissons pas notre marche. Peu importe qu'elles soient résolues au début ou à la fin de notre évolution nationale.

Respectons donc toutes les consciences, toutes les libertés : ce sera une politique de justice, d'équité, d'honnêteté ; et, en politique comme ailleurs, l'honnêteté, la justice, l'équité, c'est la meilleure tactique.

ALFRED NAQUET,

Le Figaro du 10 avril 1895 — 41ᵉ année — 3ᵉ série — n° 100

LE DIVORCE

REMIS EN CAUSE

M. Paul Bouchacourt a récemment saisi la conférence Molé-Tocqueville d'une proposition de loi tendant à l'abolition du divorce, et, au nom de la Commission chargée de l'examen de son projet, il a rédigé un rapport que la conférence a bien voulu me faire parvenir.

Je trouve dans ce rapport, fort élégamment composé du reste, tous les arguments qui ont défrayé les discussions sur ce sujet de 1876 à 1884 : intérêt de la famille, intérêt de la femme, liberté de conscience des catholiques, dissolution de la famille.

Je ne me sens pas le courage — et l'étendue de cet article ne me le permettrait d'ailleurs pas — de recommencer une réfutation que je n'ai cessé de faire pendant huit années consécutives.

En ce qui concerne la liberté de conscience des catholiques, je demande cependant la permission de me répéter.

Les catholiques subissent la sécularisation du mariage. Ils ne l'acceptent pas. Ils ont renoncé à réclamer le retour au régime antérieur à 1789, parce que cette sécularisation est de l'ordre de ces choses définitivement acquises sur lesquelles il n'y a plus à revenir ; mais ils n'accordent en aucune façon que les époux unis seulement par le lien civil soient mariés. A leurs yeux ces époux vivent à l'état de concubinage.

En quoi, dès lors, peuvent-ils être blessés si la loi brise un lien qui a été toujours considéré par eux comme nul ? Les catholiques divorcés ont toujours la faculté de ne pas convoler à de nouvelles unions. Rien ne les empêche d'agir comme de simples séparés de corps, et de se considérer comme liés par le sacrement.

Où donc, quand, en quoi le catholique sera-t-il blessé par la loi du divorce ?

Par contre, il est des cas où celle-ci lui sera profitable. — En 1892, le Figaro publiait l'entrefilet suivant :

Un mariage qui fit grand bruit dans le monde parisien vient d'être annulé en cour de Rome.

Le Pape a accordé à Mlle Singer l'annulation de son mariage avec M. Louis Wilfrid de Scey-Montbéliard.

Mlle Singer a obtenu le divorce au Tribunal de la Seine, après avoir demandé aux autorités religieuses l'annulation de son mariage.

Elle est rentrée hier à Paris, venant de Rome.

Cet entrefilet est la meilleure réponse aux réclamations contre le divorce. Si cette loi n'existait pas, que seraient devenus M. Louis Wilfrid de Scey-Montbéliard et Mlle Singer ? Ils auraient été condamnés par la loi civile à un célibat auquel leur foi ne les astreignait pas. C'est pour le coup que la loi civile aurait froissé leur conscience.

L'argument religieux n'a donc pas de base, à moins que les catholiques ne fassent campagne contre le mariage civil. Aussi longtemps que celui-ci sera accepté, sinon voulu par eux, ils n'auront rien à objecter au divorce, et si, sur ce point, j'ai consenti à ressasser pour la centième fois ce que je n'avais cessé de répéter de 1878 à 1884, c'est que la liberté de conscience me tient plus au cœur que toutes les autres conquêtes de la Révolution, c'est que je ne puis laisser dire sans protestation que j'aie jamais voulu y porter atteinte. Du reste, depuis que des hommes comme M. de Marcère en France ont consenti à rapporter la loi du divorce, depuis que les gouvernements catholiques se sont succédé en Belgique sans rien entreprendre contre cette loi, depuis surtout que Pie VII a signé avec Napoléon Iᵉʳ un Concordat sanctionnant une législation civile qui admettait le divorce, la question est vidée.

Il est un autre terrain sur lequel la discussion est plus rationnelle. C'est sur

[...] accomplie depuis 1884 : [...] de la loi. Ces effets sont-ils bons [...] mauvais ?

M. Bouchacourt les juge détestables [et il] s'appuie, pour démontrer son opinion, [sur] l'accroissement du nombre des divorces qui, de 1884 à 1893, s'est élevé de [4.9]7 à 6,184.

Bien que je ne désire pas plus que M. Bouchacourt la dissolution de la famille, cette statistique me laisse froid.

La législation n'intervient que quand les mœurs le rendent nécessaire.

Si nos mœurs étaient à ce point pures qu'il n'y eût pas de mauvais ménages, il est certain que personne n'aurait songé à édicter une loi en vue de rompre l'union conjugale.

C'est parce qu'il y a malheureusement beaucoup de mauvais ménages qu'il est utile de porter remède à ces situations. Plus le nombre des divorces est grand, plus la démonstration est faite que le divorce s'imposait.

On ne saurait nier cette conclusion que si l'on rendait la loi responsable des mauvais ménages, que si l'on voyait dans la disposition législative qui permet de dissoudre le mariage la cause même des scandales matrimoniaux.

Je sais bien que telle est la prétention des adversaires du divorce. Malheureusement ils invoquent une relation de cause à effet là où il n'en existe aucune.

M. Bertillon a démontré, par des chiffres statistiques très précis, que je ne puis reproduire ici faute d'espace, mais qu'on trouvera dans mon discours au Sénat sur la loi de 1884, que la législation n'exerce pas la moindre influence sur le nombre des ménages qui se brisent. Son seul effet est de faire apparaître ces ménages brisés dans les statistiques, ou de les laisser en dehors.

Qu'on suppose un état où la séparation de corps elle-même n'existerait pas, les séparations amiables n'étant enregistrées nulle part, la statistique porterait :

Séparations de corps. . . . 0

Que la séparation de corps fût alors introduite. Parmi les séparés amiables, un certain nombre y aurait recours et l'on trouverait dans la statistique :

Séparations de corps... 2,000

2,000 est le chiffre de 1882.

En conclurait-on que la loi a brisé 2,000 ménages ? Nullement ! On ne pourrait en conclure qu'une chose : qu'elle a donné aux époux mal mariés un abri dont quelques-uns ont profité.

La grande majorité cependant n'y recourrait pas ? Sauf des cas exceptionnels, alors qu'on ne recouvre pas sa liberté complète, pourquoi prendre la société à témoin des scandales domestiques ? On demeurerait séparé amiablement.

Mais que le divorce fût voté, une bonne partie de ces mêmes époux qui demeuraient séparés amiables, et qui se confinaient dans des unions adultérines, voudraient redevenir libres. Ils feraient, pour reconquérir leur liberté, l'effort qu'ils ne faisaient pas pour la simple séparation de corps, et la statistique enregistrerait 6,000 divorces.

Allez plus loin. Donnez aux époux une liberté de divorcer analogue à celle que leur avait conférée la loi de 1792, toutes les séparations de fait deviendront des désunions de droit. Vous aurez la statistique exacte des mauvais ménages dont actuellement, nous ignorons le chiffre. Mais les diverses modifications législatives n'auront pas engendré une seule désunion. Elles n'auront eu qu'un seul effet, celui de les faire sortir de l'ombre, de les montrer au grand jour.

La cause, elle est ailleurs : dans notre état social, dans le développement de la civilisation qui porte en elle ses inconvénients à côté de ses avantages ; et dès lors, loin de voir dans le nombre des divorces une raison pour combattre cette institution, nous devons y voir la preuve de l'urgence qu'il y avait, dans un pareil état social, à l'introduire dans nos codes pour faire disparaître cette masse de situations irrégulières dont ceux qui y sont engagés sont de vrais ferments de corruption.

Alfred Naquet.

Le Figaro du 26 mai 1895 (41e année 3e série — n° 146)

Déficit — Impôts Réformes

Je lisais, il y a quelque temps, un article d'économie politique dans lequel on adressait cet éloge aux budgets de la troisième République de n'avoir jamais connu le déficit. Ce n'est pas qu'on niât l'accroissement énorme de 'a dette publique. Non ! Mais que les ressources eussent leur origine dans l'impôt ou dans l'emprunt, il y avait eu des recettes qui avaient couvert les dépenses, donc équilibre.

Cet équilibre-là n'est pas bien difficile à établir et je me chargerais aisément d'équilibrer de la sorte mon budget individuel en centuplant mes dépenses si je trouvais des prêteurs de bonne composition.

Eh bien, le budget de M. Ribot n'a même pas cet équilibre factice : quoiqu'il apparaisse sur le papier en excédent de quelques centaines de mille francs, il est en déficit de près de six cents millions.

D'abord M. Ribot, en dehors même des ressources extraordinaires, ne nous présente qu'une balance illusoire. Il fait état de 25 millions de francs que doit produire le remaniement des droits successoraux et c'est peut-être un peu vendre la peau de l'ours avant d'avoir tué la bête. Ces 25 millions avaient été promis à l'agriculture qu'on devait dégrever d'une somme équivalente. Peut-être dans ces conditions la réforme passerait-elle malgré les résistances qu'elle rencontre dans une importante partie de la Chambre. Prise en soi, sans les dégrèvements agricoles promis en compensation, elle sera sûrement repoussée. Le budget ordinaire lui-même se trouve ainsi, d'ores et déjà, en déficit de... 25 millions.

Ce n'est pas tout. 205,000,000 d'obliga-

tions sexennaires venaient à é[chéance]. On en propose le renouvelleme[nt par] un emprunt. Or, un amortissemen[t] appartient bien nettement au bud[get or-] dinaire. Il y a donc là une nouv[elle] incontestable insuffisance qui nous [mène] au chiffre de deux cent trente milli[ons].

Ajoutons 85 millions pour trava[ux,] rivières, canaux et ports auxque[ls il a] pourvu au moyen d'avances fait[es par] l'Etat, et pour les subventions aux c[he-] mins de fer d'intérêt local; ajoutons enc[ore] 2 millions que doit verser la Caisse d[es] dépôts et consignations pour les pensi[ons] militaires, 4 millions d'augmentation s[ur] les crédits du Tonkin, 40 millions enviro[n] que l'on prévoit pour l'expédition d[e] Madagascar en sus des 65 déjà vot[és,] enfin vingt millions au bas mot pour l[a] réfection de notre matériel maritime qu[e] l'on annonce sans le chiffrer dès mainte[-] nant. C'est encore 151 millions qui, ad[di-] tionnés aux 230 précédents, nous don[-] nent déjà la somme assez coquette [de] 381 millions.

Il convient aussi de ne pas oublier qu[e] l'exercice de 1893 a laissé au Trésor [un] découvert de 85 millions, l'exercice [de] 1894 un découvert d'environ 90 milli[ons,] soit encore 175 millions à porter à l'add[i-] tion qui atteint ainsi le joli total d[e] 550 millions.

Si maintenant nous observons, à [la] lecture de l'exposé des motifs de M. Ri[-] bot, que les collègues du ministre d[es] finances avaient demandé 99 million[s] d'augmentation de crédits pour les serv[i-] ces des différents ministères, et que l[a] plus grande partie de ces crédits, su[r] lesquels nous pouvons sûrement comp[-] ter pour le budget de 1897, reviendron[t] même en 1896 sous la forme de crédit[s] supplémentaires, nous arrivons au défi[-] cit annoncé au début de cet article d[e] 600 millions au minimum.

En présence d'une situation aussi pé[-] nible, doublée d'une dette flottante d[e] près de 1,500 millions, un ministre à l[a] hauteur de sa fonction aurait nettem[ent] indiqué l'état de nos finances, sans amba[-] ges. Il ne se serait pas borné à nou[s]

[...] avoué celui-ci et ne se serait pas [livré] à cet expédient misérable qui consiste à faire apparaître un excédent de quelques mille francs là où l'insuffisance dépasse de beaucoup le demi-milliard.

Cela fait, il aurait abordé sérieusement le chapitre des économies. Un gouvernement n'est en droit de réclamer de nouveaux sacrifices à un pays surchargé comme le nôtre qu'après avoir porté le fer rouge dans tous les services et réalisé toutes les économies réalisables.

Au contraire, c'est avec une désinvolture sans pareille que M. Ribot traite cette question des économies. On ne peut diminuer ni la dette publique, ni les frais de perception des impôts. Que reste-t-il donc? Une bagatelle de 1,600 millions; et, dès l'instant où l'on ne peut toucher ni à la guerre, ni à la marine, c'est-à-dire à aucun des grands ministères dépensiers, que nous parle-t-on d'économies? Telle est son argumentation.

Il faudrait, pour que cette argumentation fût acceptable, démontrer au préalable que les budgets de la guerre et de la marine sont incompressibles, et c'est là une démonstration que l'on ne fait pas. En quatre ans, la Commission du budget a réalisé à la guerre cent millions d'économies que le gouvernement ne proposait pas, qu'il jugeait impossibles, et tous les hommes compétents estiment que de nombreuses et importantes réductions peuvent être encore réalisées aujourd'hui.

En outre, sur les six cents millions affectés aux autres départements ministériels, M. Ribot reconnaît que, par une sérieuse décentralisation et une réforme administrative d'ensemble, on pourrait diminuer les dépenses dans une forte proportion. Seulement, cette réforme, il n'a pas eu le temps de l'entreprendre et de la préparer.

Que ne se met-il au moins résolument à l'œuvre? Que ne nous annonce-t-il le dépôt prochain d'un projet de loi sur cet objet?

Jusque-là, jusqu'au moment où cet effort suprême et définitif d'économie aura été tenté, on est mal venu à parler d'impôts nouveaux.

Il en [...] impôts nouveaux. La situation est trop embarrassée pour qu'on puisse en sortir sans cela. Si même on se résout, ce qui arrivera fatalement, à un emprunt de consolidation pour alléger la dette flottante et obvier aux insuffisances qui ne sont pas appelées à se reproduire tous les ans, il restera plus de cent vingt millions de déficit annuel. Enfin, si l'on entre dans la voie des réformes sociales dans laquelle il est bien difficile de ne pas entrer, ce déficit annuel peut s'élever à près de 3 ou 400 millions. Ce n'est pas avec l'impôt sur les domestiques, sur les voitures et sur les cartes à jouer qu'on le comblera. Soit que l'on fasse appel au monopole de la rectification et de la vente des alcools, soit qu'on aborde enfin sans hésitation l'impôt sur le revenu, soit qu'on combine les deux systèmes, il nous faut un ensemble de ressources sérieuses et bien assises qui permettent d'obtenir un équilibre réel.

La France est peut-être assez puissante financièrement pour résoudre les problèmes qui se posent devant elle; mais c'est à la condition, d'abord d'envisager ces problèmes par le grand côté, de savoir jusqu'où l'on veut aller et ce qu'en sera la dépense, de renoncer en finances comme en expéditions lointaines au système des petits paquets.

C'est ensuite à la condition de réaliser toutes les réductions de dépenses qui sont compatibles avec le fonctionnement des services.

C'est enfin à la condition de créer non pas des impôts de détail, des expédients financiers, mais un système fiscal complet susceptible de nous donner les ressources nécessaires pour le but poursuivi.

En dehors de cela, d'expédients en expédients, et d'emprunts de consolidation en emprunts de consolidation, on s'acheminera à la faillite à la fois financière et sociale, l'une étant la conséquence de l'autre.

Il est vrai que, pour réaliser ce programme, il faudrait autre chose qu'un ministère moribond avant de naître, comme le sont par la force des choses tous nos ministères parlementaires. Peut-

nous nous trouvons s'il pour cause le gâchis politique que nous vaut la Constitution de 1875.

C'est toujours la revision qui est au bout de toutes les tristes constatations qui s'imposent. Il est temps que les électeurs réfléchissent et qu'ils fassent leur choix entre le salut du pays et le salut d'une Constitution.

Alfred Naquet.

Journal officiel du 28 mai 1895 — XXVIIe année — n° 154

interpellations Denis & Hugues sur les juifs

M. le président. La parole est à M. Naquet.

M. Alfred Naquet. Messieurs, j'ai hésité quelque temps avant de me décider à prendre la parole dans le débat actuel. La raison de cette hésitation, vous la comprenez tous : si sémite il y a, je suis sémite, et à ce titre je puis être considéré comme plaidant *pro domo mea*, ce qui crée toujours à l'orateur une situation difficile.

Je dois dire pourtant que, résolument adversaire de tout ce qui parque les hommes, de tout ce qui les divise, de tout ce qui retarde l'avènement de la fraternité humaine, ne connaissant d'autre sentiment national que le sentiment national français, je ne plaide pas autant qu'on pourrait le croire *pro domo mea*.

J'ai toujours prêché à mes coreligionnaires, — vous me permettrez, messieurs, de me servir de ce mot qui ne répond à rien, parce que lorsqu'on n'a pas de religion on ne saurait avoir de coreligionnaires, mais qui m'évite une périphrase, — j'ai toujours conseillé à mes coreligionnaires la fusion dans la grande masse des citoyens français. Moi-même, j'ai prêché d'exemple par mon mariage avec une catholique, et je dois dire que, pendant plus de trente ans, je n'ai fréquenté à peu près que des non-juifs. Si, depuis une dizaine d'années, je me suis rapproché de mes coreligionnaires, c'est parce qu'il s'est produit une campagne de haine, de menaces à leur endroit et que, là où je ne me reconnaissais aucune solidarité alors que nous vivions sous l'empire d'une égalité indiscutable et indiscutée, devant la menace il m'a paru qu'il y aurait lâcheté à ne pas me déclarer solidaire de ceux qui avaient la même origine que moi. (*Très bien! très bien!*)

D'ailleurs, messieurs, il m'aurait été peut-être difficile de ne pas parler. Si je n'avais rien dit, on n'aurait pas manqué de prétendre que moi et ceux qui comme moi appartiennent d'origine à la religion juive nous nous étions tus; on n'aurait pas manqué d'affirmer que nous avions courbé le front sous l'outrage. Cela est si vrai que, quoique je fusse déjà inscrit, quoique avant-hier je fusse monté à cette tribune pour vous demander de vouloir bien renvoyer la discussion à aujourd'hui afin de me permettre de m'expliquer devant vous, je lis ce matin dans la *Libre Parole* cet alinéa :

« Pas un juif, pas un valet de juif — et cependant ils sont nombreux dans cette Chambre — n'a osé, même dans une interruption, protester contre les affirmations que lançait M. Denis. »

J'avais donc l'obligation de parler, et j'espère que la Chambre, qui m'a d'ailleurs manifesté sa bienveillance avant-hier en remettant la suite de la discussion à aujourd'hui, voudra bien s'abstraire de mes origines ethniques, et ne considérer que la valeur des arguments que je pourrai développer.

Dans les observations que j'ai l'intention de présenter, j'ajoute que je m'attacherai peu à l'argumentation propre de l'honorable M. Denis et de M. le vicomte d'Hugues.

Il y a dix ans que l'antisémitisme s'affiche dans le journal, dans les livres, dans les réunions publiques, partout. Je n'aurais cependant pas provoqué ce débat pour le combattre; mais puisqu'on m'y a provoqué, j'en profite pour répondre du haut de cette tribune, d'où l'on parle au monde, aux accusations qui n'ont cessé de se produire depuis si longtemps.

Quant à l'argumentation propre de mes honorables collègues, je vous avoue qu'elle me touche assez peu. M. Denis a parlé de M. Isaïe Levaillant, qui ne m'intéresse qu'à un degré très mince; il m'est assez indifférent qu'il ait ou non commis des actes qui aient nécessité sa révocation; s'il les a commis, on a bien fait de le révoquer, et s'il a écrit la fameuse phrase: « J'appartiens à la plus haute aristocratie du monde », il n'a prouvé qu'une chose, c'est que l'aristocratie à laquelle il croit appartenir n'est pas celle de l'intelligence. (*On rit.*)

M. Denis a parlé aussi de l'Algérie et du décret Crémieux. Je ne veux pas m'y arrêter; je veux traiter la question au point de vue général, au point de vue philosophique, au point de vue de la France. Cependant, à propos de l'Algérie, je dois faire remarquer que le décret Crémieux était en réalité un décret Emile Ollivier. Il a été préparé sous l'Empire. Crémieux n'a fait que le mettre en vigueur, comme l'aurait fait M. Emile Ollivier si le gouvernement impérial avait vécu plus longtemps. Il a d'ailleurs été loin d'être aussi mal accepté qu'on l'a dit par les indigènes. Les vœux des conseils généraux en faveur du décret portent des signatures d'indigènes, et dans la province de Constantine on trouve, parmi les conseillers indigènes qui ont voté en faveur de la naturalisation, la signature du grand chef Mokrani. J'ajoute que Mokrani n'était pas débiteur des juifs. Il devait des sommes considérables, mais à des banquiers chrétiens, et ce n'est pas pour payer une dette de reconnaissance qu'il a émis ce vœu.

Au surplus, si l'on me démontrait demain que, dans une élection algérienne, un consistoire a traîné à sa suite, comme un troupeau, tous les électeurs israélites pour les faire voter, j'invaliderais cette élection algérienne avec une facilité égale à celle avec laquelle vous avez invalidé souvent, sous prétexte d'ingérence cléricale, certaines élections, quand vous avez pu croire que le clergé était intervenu pour mener en corps ses ouailles au scrutin; mais je crains bien qu'il n'en soit de l'ingérence juive en Algérie comme de l'ingérence cléricale en France.

Rochefort a écrit un jour que quand deux candidats républicains sont en présence et que l'un d'eux est battu, aux yeux de ce dernier le vainqueur est toujours considéré comme l'élu des réactionnaires. Il pourrait se faire, en Algérie, que le vainqueur fût toujours l'élu des juifs, par rapport à celui qui est battu. (*On rit.*)

Mais ce ne sont que de simples suppositions, que je laisse de côté, et je ne veux pas m'attarder davantage sur la question algérienne.

Si l'antisémitisme consistait uniquement dans la discussion et dans la réfutation du dogme, des idées maîtresses de la religion juive, je vous déclare très franchement que je serais moi-même un antisémite. (*On rit.*)

A l'occasion du discours que j'ai prononcé dernièrement à cette tribune sur le budget des cultes, mon honorable collègue et ami M. Gérault-Richard, dans un mouvement de douce et aimable raillerie, me demandait si je n'allais pas bientôt me faire baptiser. Je puis le rassurer sur ce point : je n'ai pas l'intention de me faire baptiser, pas plus que, si je ne l'étais déjà, je n'aurais l'intention de me faire circoncire. (*Hilarité.*)

Mais vouloir la liberté pour tout le monde, ne pas considérer la liberté de penser comme un privilège pour soi, la désirer pour ceux qui ne pensent pas comme nous comme pour nous-mêmes, ce n'est pas partager les opinions qu'on se refuse à persécuter. Je n'en demeure pas moins un libre penseur résolu et je n'ai pas perdu le droit, par mon esprit de tolérance, de discuter et de combattre par les armes de la libre discussion les diverses religions constituées et les divers systèmes philosophiques qui s'y rapportent.

De plus, comme j'estime qu'en cette matière il faut, autant que possible, éviter la suspicion ; que, lorsqu'appartenant par la naissance à une religion, on discute les dogmes d'une autre religion, on est toujours suspect d'être mû non par le sentiment de la libre-pensée, mais par des doctrines religieuses opposées à celles que l'on combat, il importe, à mon sens, de faire la besogne chacun chez soi et il est bon que les juifs combattent leur propre dogme et les chrétiens le leur.

C'est la ligne de conduite que, pour ma part, j'ai suivie à peu près toute ma vie. Mais l'antisémitisme présente l'inconvénient de transformer une querelle purement doctrinale en une querelle de race, d'hommes, de profession et d'avoir mis ceux qui pensent comme moi dans l'impossibilité, sous peine, je le répète, de faire preuve de lâcheté absolue...

M. Faberot. Que l'État se sépare de toutes les religions et toute la difficulté sera tranchée ! (*Exclamations et mouvements divers.*)

M. Alfred Naquet. Non, la difficulté ne serait pas tranchée quand même, mon cher collègue, et la preuve, c'est qu'il existe de par le monde des pays où, en dépit de la séparation de l'Église et de l'État, l'antisémitisme existe.

Car, messieurs, il est un point à noter —

et ce point, comme j'agis avec un grand affranchissement de conscience et d'idée, vous pouvez le croire, je ne me fais aucun scrupule de le constater dès le début de ce discours, — il est, dis-je, à noter que l'antisémitisme est un phénomène général.

Ce phénomène s'est produit dans l'antiquité romaine et grecque vis-à-vis du monde juif ; il s'est produit dans le moyen âge ; il se produit aujourd'hui dans presque toutes les nations, à l'exception peut-être de l'Angleterre et aussi de la Chine qui renferme cependant des juifs. En dehors de ces deux exceptions, je crois qu'il est général et universel dans le temps et dans l'espace. Par conséquent, il faut bien reconnaître qu'il doit avoir eu des causes et que les nations chez lesquelles 'l a existé étant très variées, très différentes, — puisqu'il y a eu des nations chrétiennes, des nations païennes, des nations musulmanes — il faut bien qu'il y ait eu une cause commune, un élément commun à ce développement de l'antisémitisme.

Je vois M. le vicomte d'Hugues me faire un signe d'assentiment ; je suis heureux de me rencontrer sur un point avec lui. (*Sourires.*)

Cette cause doit évidemment résider dans le juif lui-même.

M. le vicomte d'Hugues. C'est une question de race !

M. Alfred Naquet. Cela n'implique ni un fait d'infériorité ni un fait de supériorité. On peut s'attirer l'animosité des populations à la fois par l'infériorité ou par la supériorité, de même que ces deux manières d'être peuvent motiver leur affection. Cela indique simplement qu'on est autre, que des conditions particulières ont déterminé un phénomène particulier.

Je vous demande la permission, messieurs, remontant rapidement aux temps historiques, de rechercher quelles ont été les causes de l'antisémitisme dans l'antiquité, quelles ont été ses origines au moyen âge, et de déterminer ensuite si ces causes subsistent encore dans le monde moderne, et, particulièrement dans le pays où j'ai l'honneur de parler, en France.

Messieurs, dans le monde antique, les causes de l'antisémitisme étaient en somme essentiellement religieuses. Les juifs avaient une foi étroite ; leur société avait un caractère fermé, et de plus ils avaient une infériorité que je retrouve chez tous les peuples orientaux, et dont ils ont été affranchis de nos jours par ce que vous me permettrez d'appeler la fécondation aryenne, européenne. Cette infériorité consistait à ne pas savoir distinguer entre le pouvoir civil et le pouvoir religieux, à n'avoir qu'une loi immuable, à la fois civile et religieuse, à ne pas avoir su séparer le spirituel du temporel, ce qui est la condition première de tout progrès.

Ajoutez à cela que Moïse avait élevé à la dignité de dogmes une série de pratiques, telles que l'observance du sabbat, et même certaines pratiques hygiéniques, telles que l'obligation de ne manger que certaines viandes déterminées, telles que la circoncision, toutes pratiques qui créaient un fossé profond entre les juifs et les nations aryennes ou païennes.

Un juif ne pouvait ni prendre place à la table d'un païen ni recevoir un païen à sa table sous peine de la souiller. De plus, comme à ses yeux la loi civile était distincte de la loi religieuse, quand il se transportait chez un autre peuple, sous forme de colonie, il était obligé d'emporter sa patrie avec lui ; il ne reconnaissait pas la loi du pays où il allait vivre ; il y vivait au moyen de privilèges, il y était régi par son statut personnel, avec ses tribunaux, ses juges, son organisation propre. Les juifs formaient donc là un véritable Etat dans l'Etat.

De là naquit un fait tout naturel : l'isolement absolu ; et, vous le savez comme moi, surtout dans les peuples inférieurs, — et nous pouvons, même quand ils sont grands comme les Grecs, considérer les peuples anciens comme inférieurs relativement au monde moderne, — chez les peuples primitifs, lorsqu'une classe d'hommes séparée du reste des humains pratique des rites cachés, en silence, en secret, cela suffit à donner naissance à toutes les calomnies, à toutes les attaques, à toutes les suppositions.

De nos jours encore, ne voyons-nous pas à Madagascar, en Chine, des superstitions semblables se faire jour contre les Français ? N'avons-nous pas vu dernièrement des Malgaches aller chez des Français résidant dans l'île, leur proposer des petites filles malgaches en pâture, parce qu'on avait répandu la légende que les Français mangeaient les petits enfants malgaches ? C'est absolument l'histoire du crime rituel dans l'antiquité et au moyen âge. Même chez nous, nous avons vu se produire des légendes presque aussi ridicules par rapport à la franc-maçonnerie.

Il y a donc là un fait tout naturel. Si de plus vous tenez compte des privilèges dont jouissaient les colonies juives, par suite du droit qu'elles obtenaient de se régir par leur statut personnel, privilèges qui leur conféraient en même temps certains avantages commerciaux analogues, si vous voulez une comparaison, à ceux que donnent aux Français, aux Anglais et aux Allemands de nos jours les Capitulations dans les pays d'Orient, vous comprendrez aisément qu'il s'ajoutait une certaine jalousie commerciale à l'horreur qu'inspirait le côté caché de cette communauté juive et l'ignorance dans laquelle on se trouvait vis-à-vis des pratiques auxquelles elle se livrait. Il vous sera facile dès lors de vous expliquer ainsi, par des motifs purement religieux, l'aversion que les juifs inspirèrent dans l'antiquité, sinon tout autour de la Palestine, du moins à Alexandrie, en Grèce, à Rome, et principalement sur tous les rivages de la Méditerranée, où ils avaient essaimé et fondé des colonies.

Néanmoins, et malgré cette hostilité, le judaïsme joua un rôle considérable dans le siècle qui précéda et dans le siècle qui suivit l'ère chrétienne.

Ainsi que Renan l'a admirablement établi, à ce moment-là le monothéisme semblait se dégager du mouvement général de l'évolution humaine; l'humanité marchait vers le monothéisme, et je crois qu'on peut dire, à l'heure actuelle, quand on a suivi un peu les travaux d'exégèse, que si même le fait particulier qui a créé le christianisme n'avait pas existé, nous aurions néanmoins, quoique peut-être sous d'autres appellations, sous d'autres noms, une religion générale de l'Europe et de l'Amérique qui serait à peu de chose près la même que celle que nous avons.

Mais comme avant le christianisme les juifs seuls pratiquaient le monothéisme et comme, je le répète, le monothéisme était dans le mouvement de l'humanité, ils purent faire des prosélytes et ils en firent dans une très grande proportion. Ce fut, en effet, par vingtaines de mille que s'opérèrent les conversions de Gentils au judaïsme, et l'autre jour encore un auteur russe très considérable, qui n'appartient pas à la race juive, et avec lequel je m'entretenais de cette question, me disait que dans le Caucase et dans la Géorgie il y a encore à l'heure actuelle des Tartares qui se sont convertis à la religion juive beaucoup plus tard et qui, par leurs mœurs, sont restés Tartares quoique appartenant à la religion israélite.

Il y eut donc un très grand nombre de conversions au judaïsme à cette époque, et ce mouvement de prosélytisme ne cessa qu'au moment où le judaïsme fut mis en échec par ce que j'appellerai sa dernière floraison, par cette éclosion du christianisme qui n'a été, en somme, que le monothéisme juif mieux approprié aux mœurs, aux usages des Gentils, des païens, des aryens.

Néanmoins, le prosélytisme juif continua encore pendant le siècle qui suivit la venue de Jésus-Christ. Sur ce point, je vous renvoie non seulement aux ouvrages de Renan, mais à un très beau livre de M. Bernard Lazare, qui a eu l'honneur insigne d'être attaqué à la fois avec la même violence par les juifs et les antisémites, ce qui démontre son absolue impartialité.

Dans ses débuts, le christianisme n'était encore qu'une secte juive, et c'est dans les colonies juives qu'il trouvait son principal appui. C'est dans les synagogues qu'on le prêchait. Il y avait là comme deux partis politiques dans la même nation. Ce n'est qu'à partir de saint Paul, lorsque le christianisme comprit que les pratiques du mosaïsme gênaient l'accession des Gentils au monothéisme, lorsqu'il fit bon marché de ces pratiques, lorsqu'il abandonna les viandes consacrées et la circoncision, que les Gentils se précipitèrent en foule dans le christianisme, que les juifs déjà convertis suivirent, et qu'un fossé profond se creusa entre les anciens juifs orthodoxes, qui cependant continuaient leur prosélytisme, et les chrétiens, juifs convertis ou Gentils.

A ce moment-là, se produisit un phénomène qui se produit toujours. A propos de la Révolution française, Louis Blanc a écrit que les républicains en arrivèrent à se détester beaucoup plus entre eux qu'ils ne détestaient les monarchistes, « parce qu'ils se connaissaient de plus près ». (On rit.)

C'est toujours la querelle des frères ennemis. Les chrétiens et les juifs avaient, au début, combattu ensemble le paganisme. Quand les empereurs romains avaient rendu des édits, ils avaient confondu dans les mêmes proscriptions juifs et chrétiens; mais le jour où la querelle religieuse s'envenima entre ces deux frères de la veille, elle devint absolument ardente. Dès l'instant où, avec la conversion de Constantin, le frère cadet du judaïsme — je veux parler du christianisme — fut devenu tout-puissant, il retourna contre les juifs et les païens les édits que les païens avaient rendus contre les juifs et les chrétiens; et comme les païens disparurent très rapidement, il ne resta plus que les juifs qui se trouvèrent en opposition avec les chrétiens et qui dès lors héritèrent de toutes les foudres du christianisme.

Il est inutile de dire que ces foudres

firent renaître tout naturellement les superstitions et les légendes qui avaient eu cours dans le passé et qui avaient sommeillé dans les premiers temps du christianisme.

Par conséquent, vous le voyez, messieurs, jusqu'au moyen âge ! la cause de l'antisémitisme est une cause absolument religieuse.

Au moyen âge, une cause nouvelle, d'ordre social, vient se greffer sur la cause religieuse.

L'usure dans le monde n'est pas d'invention juive : elle a été la plaie de toutes les nations dans l'antiquité. La république romaine l'a connue ; dans toutes les secousses populaires on inscrivait sur le drapeau l'abolition des dettes. Mais enfin, si jamais époque a été favorable au développement de l'usure, c'est évidemment le moyen âge.

Dans tous les temps, quand il y a insécurité pour le capital, le taux de l'intérêt est très élevé ; de nos jours encore, les entreprises aléatoires rapportent des intérêts plus considérables que celles qui sont de tout repos. Or, au moyen âge tout était aléatoire. L'usure était donc fatale, et elle était exercée non seulement par les juifs, mais encore par les chrétiens. Les Lombards, qui avaient obtenu, comme les juifs, l'autorisation de prêter à gros intérêts, étaient détestés et vilipendés comme les juifs, et, tout chrétiens qu'ils étaient, on leur refusait la sépulture en terre chrétienne.

Un membre à gauche. Et les Caorsins ?

M. Alfred Naquet. Les Caorsins aussi. Il y avait là un phénomène général ; mais, il faut le reconnaître, les juifs étaient particulièrement bien placés pour exercer l'usure. On a dit que dans la religion juive, l'usure était permise ; c'est une erreur. L'usure ne peut exister que s'il y a un taux d'intérêt légal ; or, à Jérusalem et dans l'antiquité, il n'y avait pas d'intérêt légal ; il n'y avait opposition qu'entre le prêt gratuit et le prêt à intérêt, quel que fût d'ailleurs le taux de cet intérêt. Il était permis aux juifs de prêter à intérêt aux étrangers, mais non à leurs concitoyens.

Qu'arriva-t-il ? C'est qu'au moyen âge, alors que la religion chrétienne interdisait de prêter à intérêt et que cependant le prêt à intérêt était nécessaire, il y avait une classe d'hommes à qui leur religion permettait de prêter à intérêt ; et, d'ailleurs, on leur accordait la permission de le faire ; bien plus, on leur interdisait de faire autre chose ; il était donc assez naturel qu'ils se livrassent à cette branche spéciale de négoce.

A cet égard, je voudrais vous citer un curieux passage de la *Philosophie du droit pénal*, par Adolphe Franck :

« L'interdiction absolue du prêt à intérêt chez les peuples chrétiens du moyen âge, y est-il dit, eut le même résultat que l'abaissement forcé de l'intérêt chez les Romains : elle ouvrit un champ illimité à l'usure, et cela avec la connivence intéressée des rois qui se proposaient de l'extirper. »

M. Gustave Rouanet. Et même des papes !

M. Alfred Naquet. « En effet, en dépit des lois, il faut, comme l'a dit Montesquieu, que les affaires de la société aillent. Les uns sont forcés d'emprunter, les autres ne veulent prêter ou risquer leurs capitaux que moyennant certains avantages. Le contrat qui leur permettait de s'entendre étant condamné par la loi, il faut bien ruser avec la loi et ériger en privilège l'opération même qu'elle déclare criminelle : c'est ce qui arriva. On accorda, à titre de monopole, aux Lombards et aux juifs la faculté de prêter de l'argent à gros intérêts, et naturellement ce monopole était vendu très cher, d'autant plus cher qu'on permettait de percevoir des intérêts plus élevés. De sorte que, plus l'usure sévissait dans un pays, plus la caisse des rois en profitait, et plus aussi ils en étaient responsables. Cette coutume était également consacrée en France, en Italie, en Espagne, en Angleterre, en Belgique. L'Allemagne seule faisait exception, parce que les empereurs d'Allemagne, se donnant pour les héritiers des empereurs romains, comptaient au nombre de leurs prérogatives de permettre le prêt à intérêt, sous des conditions définies par la loi civile. Aussi l'argent y était-il à un prix relativement modéré : de 12 à 18 p. 100... » (*Rires.*)

Ailleurs, l'intérêt atteignait le taux énorme de 10 p. 100 par mois. (*Exclamations.*)

Que ce taux ne vous surprenne pas ! Il n'y a pas encore plus de vingt ans — je tiens le fait de mon honorable ami Forcioli — qu'en Tunisie, avant l'occupation française, on prêtait à 10 p. 100 par mois, et ce n'étaient pas exclusivement des juifs qui faisaient cette usure...

M. Bourlier. Il en est encore ainsi en Kabylie !

M. Alfred Naquet. « ...tandis qu'ailleurs l'usure, avec l'assentiment de l'autorité, s'élevait à des proportions formidables.

« Rien de plus curieux » — écoutez ceci, messieurs, — « que le raisonnement par lequel on justifiait cet état de choses. Ce raisonnement, nous le trouvons dans la bouche des conseillers de Louis IX, quand ce prince, esclave aveugle des lois canoniques, veut bannir sans exception de toute l'étendue de son royaume une industrie condamnée par l'Église. Qu'importe, lui disait-on, qu'une race damnée comme celle des juifs fasse un métier damnable ? Vous n'ajouterez rien au danger que court leur salut, et vous donnerez satisfaction aux besoins de vos peuples.

« Disons tout d'abord que les Lombards n'étaient guère plus en odeur de sainteté que les juifs. Nous les voyons en plusieurs pays, repoussés de la communion et privés de la sépulture chrétienne. Ils partagent avec les juifs la haine du peuple et la persécution des princes.

« Ces princes ne s'apercevaient pas ou feignaient de ne pas s'apercevoir qu'ils sévissaient contre leurs complices et les livraient lâchement aux victimes dont ils partageaient les dépouilles. Ils recueillaient de cette politique un double profit ; ils recevaient d'abord le prix du monopole qu'ils vendaient, et quand les concessionnaires de ce dangereux privilège étaient devenus, au bout de quelque temps, l'objet des fureurs populaires, ils les chassaient après avoir confisqué leurs biens, c'est-à-dire qu'ils prenaient des deux mains un bien dérobé : ils partageaient avec les juifs les dépouilles de leurs peuples, et partageaient avec leurs peuples les dépouilles des juifs.»

C'est à peu près ce que nous proposent nos honorables collègues M. Denis et M. le vicomte d'Hugues. M. Denis nous a dit hier : « Oh ! moi, je suis bon prince : je ne demande pas qu'on exerce la moindre violence contre les juifs ; la violence, elle est loin de mon cœur ! Que les juifs se mettent derrière leurs guichets, dans leurs banques, dans leurs comptoirs, je n'y vois aucun mal, pourvu qu'on ne les introduise pas dans les fonctions publiques. »

Mais M. d'Hugues est venu immédiatement compléter cette déclaration, — absolument comme les rois qui retiraient les privilèges que leurs prédécesseurs avaient accordés, — et il a dit : « Nous leur permettrons de s'enrichir dans les banques, mais à condition que, lorsqu'ils se seront enrichis, nous les exproprierons. »

M. le vicomte d'Hugues. S'ils ont volé !

M. Alfred Naquet. Alors, nous exproprierons les chrétiens comme les juifs. Nous sommes, dans ce cas, absolument d'accord.

M. Dejeante. Colbert l'a bien fait !

M. Alfred Naquet. L'usure se développa d'elle-même. Quand il y a une grande insécurité dans le pays, le prêt à intérêt, quelque énorme qu'il soit, peut quelquefois ne pas rapporter beaucoup à celui qui le pratique. Il est clair que si je prête à cent personnes, dont quatre-vingt-dix-neuf ne me payeront pas, alors même que la centième me payerait très cher, l'intérêt que je retirerai de mon argent pourra ne pas être très fort. Il n'en est pas moins vrai que le centième qui me payera, lui, sera jugulé : il n'établira pas la moyenne et il m'aura en exécration.

On est très heureux quand on trouve un prêteur; mais le jour où l'on a été froissé dans ses intérêts, où l'on a été spolié et où il s'agit de payer, la haine succède au sentiment de bienveillance qu'on avait au moment du prêt. Aussi les usuriers étaient-ils exécrés au moyen âge, comme ils l'ont été dans tous les pays où l'usure a fleuri. A certains moments il y avait des secousses populaires, et, ma foi, on tuait les juifs. Seulement — et c'est là un point que je me permets de faire remarquer à ceux des capitalistes chrétiens — je ne sais s'il y en a, mais il peut y en avoir quelques-uns — qui se livrent à l'antisémitisme en espérant y trouver un bouclier pour leurs propres capitaux — on tuait les banquiers juifs, les usuriers juifs; mais, une fois en goût, on tuait du même coup les usuriers et les banquiers chrétiens.

Un membre à droite. C'est fatal !

M. Alfred Naquet. Parfaitement, on les tuait également, et, soyez tranquilles, c'est ce qui arriverait demain si, grâce aux prédictions des antisémites, il se produisait une secousse populaire qui ne fût pas comprimée par le Gouvernement et qui aboutit à un pillage. Il n'y a pas bien loin de la rue Laffitte au boulevard des Italiens, de la maison Rothschild au Crédit lyonnais, et les émeutiers mis en goût par le pillage de la maison de la rue Laffitte auraient tôt fait de passer au boulevard des Italiens.

M. Dupuytrem. Ils ont horreur du vide ; et ils le trouveraient rue Laffitte, très probablement.

M. Alfred Naquet. Ceux qui considèrent l'antisémitisme comme un « mata-fuego », — permettez-moi ce mot espagnol, — comme un extincteur d'incendie, pourraient bien se tromper; c'est au contraire un allumeur d'incendie.

Et si le parti socialiste, qui est un parti de principes élevés, répugne à cette idée de l'antisémitisme, comme l'a montré l'autre jour, dans son éloquent discours, mon collègue M. Rouanet, il n'en est pas moins vrai que dans les bas-fonds du socialisme, — il y a des bas-fonds dans le socialisme, comme dans les autres partis, — certains peuvent verser dans l'antisémitisme parce qu'ils le considèrent comme un élément de désordre; ils pratiquent ainsi la politique de la « trouée » dont parlait M. Meyer à l'époque du boulangisme...

M. le vicomte d'Hugues. Je crois que vous donniez l'exemple, à ce moment-là.

M. Alfred Naquet. ... et ils se disent : Quand les antisémites auront ouvert la brèche, nous y passerons. (*Marques d'assentiment sur divers bancs à l'extrême gauche.*)

M. Avez. Mais certainement !

M. Alfred Naquet. Je vois que M. Rouanet, qui ne donne pas dans l'antisémitisme, m'approuve.

M. Gustave Rouanet. C'est pour cela que j'approuve la campagne de M. Drumont.

M. Alfred Naquet. Soyez-en convaincus, messieurs, ce que je dis est réel. Quand on aura commencé par les uns, on continuera par les autres.

Ceci me rappelle une très jolie fable, la fable du « Moineau et du Chat ».

Un chat est l'ami d'un moineau; ils vivent en bonne intelligence, ils ont été élevés ensemble. C'est probablement l'antisémite et le banquier chrétien, ce chat et ce moineau. (*Sourires.*) Puis, à un moment donné, intervient un moineau étranger, — le banquier juif. — Ce moineau étranger jette la zizanie dans le ménage. Le chat défend son ami; et ici, je vous demande la permission de laisser parler le fabuliste :

Cet inconnu, dit-il, nous la vient donner belle
  D'insulter ainsi notre ami !
Le moineau du voisin venir manger le nôtre!
Non, de par tous les chats! Entrant lors au combat,
Il croque l'étranger. Vraiment ! dit maître chat,
Les moineaux ont un goût exquis et délicat.
Cette réflexion fit aussi croquer l'autre.

(*Rires et applaudissements.*)

Seulement, si au moyen âge, quand on avait massacré les usuriers juifs, on massacrait les usuriers chrétiens, il y avait cependant une différence. Pour les chrétiens, on se bornait à massacrer les usuriers; mais pour les juifs, on massacrait tout, riches comme pauvres, petits comme grands. C'est ainsi qu'à Mayence, à York, à Trèves, à Rouen, à Strasbourg, il y eut des massacres abominables, des massacres tels, que, suivant l'expression de l'abbé Grégoire dans le rapport qu'il présenta à l'Assemblée constituante en 1791, à York les maris et les pères juifs frappaient de leurs propres mains leurs femmes et leurs enfants, disant qu'ils préféraient les envoyer directement dans le sein d'Abraham plutôt que de les livrer aux massacreurs chrétiens.

C'est surtout en cela, messieurs, que j'ai horreur de ces doctrines de division et de haine comme celle que produit l'antisémitisme. Les antisémites prétendent, les bons apôtres! qu'ils n'en veulent qu'aux financiers, qu'aux riches, aux accapareurs, aux boursiers, aux ploutocrates; et si demain une effervescence populaire amenait le conflit que peut-être du fond du cœur ils souhaitent, savez-vous quels sont ceux qui payeraient le plus cher? Ce ne sont pas les ploutocrates, ce ne sont pas les financiers, qui, avec les moyens de transport et d'informations que nous avons aujourd'hui auraient tôt fait de prendre le chemin de fer et d'aller à Bruxelles et à Londres; non! ce sont les petits, les humbles, les ouvriers juifs, les petits marchands juifs, ce sont ceux que vous prétendez ne pas vouloir poursuivre, que vous atteindriez. (*Applaudissements sur divers bancs.*)

M. le vicomte d'Hugues. On prendrait des mesures pour qu'il n'en soit pas ainsi.

M. Alfred Naquet. Que ne les a-t-on prises à Vienne, où les grands banquiers n'ont pas été atteints dans les mouvements antisémites et où les petits, les misérables, les petits marchands de vin ont été atteints et pillés?

Que ne les a-t-on prises en Russie, où, sur quatre millions et demi de juifs, il y a à peine 100,000 juifs aisés et pas plus de 15,000 riches? Tout le reste vit dans la misère la plus absolue, la plus profonde, la plus abjecte même. Eh bien! qui a souffert?

Sont-ce les riches, les quelques puissants qui étaient dans le judaïsme? Non, ce sont ces petits, ces abjects, ces misérables.

Voilà ce qu'il y a d'odieux dans la doctrine que vous soutenez. Ah! si vous vous contentiez de parler contre la ploutocratie, contre l'accaparement, contre l'agiotage, nous serions à côté de vous pour combattre ces plaies de notre société contemporaine. (*Très bien! très bien! sur divers bancs.*) Mais ce que nous ne voulons pas, c'est que vous veniez combattre, à côté de ces juifs, de ces catholiques ou de ces protestants, qu'il faut combattre parce qu'ils font des actes antisociaux, toute une classe de citoyens qui n'appartiennent ni de près, ni de loin à cette classe de la ploutocratie actuelle, et que vous confondez avec elle dans votre campagne en substituant le mot « juif » au mot « agioteur ». (*Applaudissements sur divers bancs.*)

Quoi qu'il en soit, je reviens à mon développement historique.

Il s'était produit un autre phénomène. Les prêtres de toutes les religions ont une certaine tendance à rapetisser l'esprit de leurs concitoyens. Il y avait dans le mosaïsme, à côté des pratiques restreintes, rituelles, dont j'ai parlé, un grand côté philosophique et spirituel. Il y a eu, au moyen âge, de grands juifs comme Maïmonide, qui alliaient la science profane à la science sacrée, qui traduisaient et faisaient connaître à l'Occident les découvertes de la science arabe. Ces juifs furent poursuivis par les rabbins, et j'ai lu, dans le livre de M. Bernard Lazare, que je citais tout à l'heure, que Maïmonide fut déféré à l'Inquisition par les rabbins eux-mêmes et que c'est sur la dénonciation des rabbins que ses œuvres furent brûlées.

Les talmudistes, qui n'étaient pas autre chose que des commentateurs de la loi, qui substituaient le commentaire à la loi, comme l'avaient fait autrefois les préteurs sur la loi des douze tables à Rome, comme le feraient aujourd'hui nos tribunaux si le pouvoir législatif n'était pas là pour mettre un frein à leur action, changèrent si bien la loi qu'ils la transformèrent par le commentaire. Ils la rapetissèrent encore, ils éteignirent tout ce qu'il y avait de spirituel, d'élevé, de philosophique dans la nation; ils ne laissèrent subsister absolument que des rites. Et, en même temps que les chrétiens tendaient à se séparer des juifs, par ce rapetissement de l'idée, de l'intelligence de la communauté juive, les juifs tendaient à se séparer des chrétiens.

« On s'est appliqué à les différencier, dit M. Bernard Lazare, et ils s'y sont appliqués de même. Ils craignirent la souillure et l'on craignit d'être souillé par eux; leurs docteurs refusèrent de les laisser s'unir aux chrétiens et les docteurs chrétiens interdirent toute union avec les juifs; ils s'adonnèrent au trafic de l'or et on leur interdit d'exercer d'autres professions; ils s'éloignèrent du monde et on les contraignit à rester dans des ghettos. »

Ainsi donc voilà l'isolement complet; voilà la nation rapetissée dans son intelligence par un culte petit, mesquin; réduite à une série de pratiques cultuelles et rituelles, dont tout le côté philosophique avait été banni; rapetissée encore par le commerce exclusif de l'or, et enfin avilie par les lois d'avilissement qu'on portait contre elle. Car, ainsi qu'on le disait très justement dans un grand mémoire présenté par les juifs de Paris à la Commune de Paris en 1790, ce qui fait que l'homme s'élève, c'est le sentiment de sa dignité, c'est le respect qu'il veut inspirer à ses concitoyens; c'est qu'il veut être estimé et que, s'il fait de grandes actions, il veut en avoir au moins le mérite moral. Eh bien! quand des êtres humains savent que, quoi qu'ils fassent, quelque grandeur d'âme qu'ils montrent, ils seront toujours avilis, qu'ils seront quand même traités comme des bêtes viles, qu'on en arrivera à les parquer aux portes d'une ville et au besoin à mettre sur leurs têtes des péages, comme à Soissons, où les juifs payaient absolument comme les pourceaux, il est évident que ces lois d'avilissement entraî-

nent l'abaissement et l'avilissement de la race elle-même. (*Très bien! très bien!*)

Il en résulta naturellement qu'au moment où les persécutions cessèrent, vers le seizième siècle, les juifs, rapetissés dans leur intelligence par le Talmud, par les rabbins, par les lois d'avilissement prononcées contre eux, rapetissés encore dans leur intelligence par le commerce exclusif de l'or auquel on les avait condamnés, puisque, d'une part, le grand commerce leur était rendu impossible, ce commerce ne pouvant être exercé que par des corporations qui devaient prêter serment sur l'Evangile, et puisque, d'autre part, les professions libérales leur étaient formellement interdites, à l'exception de la médecine, — et encore un pape d'Avignon avait-il fini par leur interdire la médecine et avait-il créé pour cela la faculté de Montpellier; nous y avons toujours gagné cela! — les juifs devinrent une classe d'hommes absolument différente du reste des humains, étrangers, hostiles même aux mœurs, aux coutumes des populations au milieu desquelles ils vivaient, parlant une langue différente.

Il est assez naturel que dans ces conditions l'antisémitisme ait poussé de profondes racines. Il n'était pas justifié philosophiquement, parce que, au point de vue philosophique, on aurait dû voir la genèse de la situation des juifs. C'est ce que disait Mirabeau dans le remarquable opuscule qu'il écrivit à propos du juif berlinois Moses Mendelsohn.

Mais les populations ne sont pas exclusivement composées de philosophes, et les masses populaires qui voient en face d'elles un peuple composé de gens avilis et dégradés prennent ce peuple en horreur. L'antisémitisme était donc naturel à cette époque. Et il n'a fallu rien moins que tout ce grand, ce généreux mouvement d'émancipation qui a caractérisé le dix-huitième siècle et la Révolution française pour que, malgré l'état dans lequel se trouvaient réduits les juifs, nos pères aient pu assister à cet acte mémorable d'affranchissement qui a été voté par l'Assemblée constituante, le 27 septembre 1791. (*Très bien ! très bien !*)

Ce grand acte d'affranchissement, messieurs, que je salue à un siècle de distance, est cause que je puis avoir l'honneur, aujourd'hui, de porter la parole devant vous. (*Mouvement. — Très bien! très bien !*)

L'affranchissement qui eut lieu en 1791 fut combattu; il y avait des antisémites à l'Assemblée constituante. Duport, Regnault de Saint-Jean-d'Angély, l'abbé Grégoire, Mirabeau, tenaient pour l'acte d'affranchissement; mais Rewbel, en antisémite résolu, lutta contre cet acte aussi longtemps qu'il le put.

Voyons ce que disaient alors les antisémites et ce que disaient les philosémites, et voyons ensuite à qui l'histoire a donné raison.

Sont-ce les prévisions des antisémites qui se sont réalisées? Sont-ce celles des philosémites? Ne serait-ce ni les unes ni les autres? Et se serait-il produit depuis des faits entièrement nouveaux qui auraient donné raison soit aux uns, soit aux autres? C'est là ce qu'il nous appartient d'examiner.

Savez-vous quelles raisons faisaient valoir les antisémites? Ces raisons sont curieuses. Ils disaient : « Vous allez affranchir les juifs; mais les juifs ne se livreront jamais au grand commerce ni à la grande industrie; ils en sont incapables; ils resteront parqués dans l'usure et dans le commerce de brocantage, qui seul est approprié à leur état mental. »

Poussant plus loin le raisonnement, ils ajoutaient : « Jamais les juifs ne consentiront à servir leur pays dans les fonctions publiques, parce que les fonctions publiques sont mal rétribuées et que les juifs sont avant tout des hommes d'argent. »

Après quoi ils continuaient : « Jamais les juifs ne consentiront à servir dans l'armée, parce que leur religion s'y oppose; il leur faut respecter le jour du sabbat, et ils ne peuvent manger la même nourriture que les autres soldats. » Et cette objection paraissait à ce point fondée que Mirabeau qui plaidait en faveur de l'affranchissement des juifs la considérait comme valable; et comme le service militaire n'était pas obligatoire pour tous, il n'y trouvait que cette réponse : C'est vrai! disait-il, ils ne voudront pas servir dans l'armée; mais les quakers ne servent pas non plus dans l'armée et il n'est pas nécessaire que tout le monde soit soldat si on rend à son pays des services équivalents dans d'autres branches de l'activité sociale.

Ainsi donc, voilà trois arguments qui étaient mis en œuvre par les antisémites. Qu'est-il arrivé?

Tout à fait au début, dans les premiers jours qui suivirent l'affranchissement, les antisémites eurent raison. Les juifs jusque-là avaient fait de l'usure; ils continuèrent à faire de l'usure. On ne refait pas le cerveau d'une communauté, d'une masse d'hommes, en quelques jours et par un décret. Mais bientôt les juifs sortirent des ghettos, ils s'affranchirent; des générations nouvelles vinrent se substituer aux anciennes et au bout de quelques années, en 1807, un grand phénomène très curieux se produisit.

Napoléon Ier, qui voulait tirer les conséquences de l'affranchissement et faire le règlement du culte israélite, et qui, d'ailleurs, était préoccupé de la situation des israélites dans l'armée, réunit à Paris un grand concile juif, un sanhédrin. J'ai tiré des Mémoires du chancelier Pasquier, auquel l'autre jour faisait allusion M. Denis, le passage suivant qui mérite d'être lu. Je cite textuellement le chancelier Pasquier :

« Le grand sanhédrin déclara que la loi contenait des dispositions religieuses et des dispositions politiques... » — C'est la première fois que l'on rencontre cette distinction entre les dispositions religieuses et les dispositions politiques; jadis on déclarait qu'il n'y avait qu'une loi contenant des dispositions religieuses ou politiques. —

« ... que les premières étaient absolues, mais que les dernières, étant destinées à régir le peuple d'Israël dans la Palestine, ne pouvaient être applicables depuis qu'il ne formait plus un corps de nation. Ainsi la polygamie permise par la loi de Moïse, n'étant qu'une simple faculté et hors d'usage en Occident, devait être considérée comme interdite. En France, l'acte civil du mariage devait précéder « l'acte religieux ».— Les catholiques n'en ont pas toujours dit autant et ne se sont pas toujours soumis avec la même facilité a la loi civile.

« Nulle répudiation ou divorce ne pouvait avoir lieu que suivant les formes voulues par les lois civiles. Les mariages entre israélites et chrétiens devaient être considérés comme valables. La loi de Moïse obligeant de regarder comme frères tous les individus des nations qui reconnaissaient un Dieu créateur, tous les israélites devaient exercer, comme un devoir essentiellement religieux et inhérent à leur croyance, la pratique habituelle et constante, envers tous les hommes reconnaissant un Dieu créateur, des actes de justice et de charité prescrits par les livres saints.

« Tout israélite »—écoutez encore ceci — « traité par les lois comme citoyen, devait obéir aux lois de la patrie et se conformer, dans toutes les transactions, aux dispositions des codes qui y étaient en usage. Appelé au service militaire, il était dispensé, pendant la durée de ce service, de toutes les observances religieuses qui ne pouvaient se concilier avec lui. Les israélites devaient de préférence exercer les professions mécaniques et libérales et acquérir des propriétés foncières, comme autant de moyens de s'attacher à leur patrie et d'y mériter la considération générale.

« Conformément à la loi de Moïse, l'usure était indistinctement défendue, non seulement d'hébreu à hébreu et d'hébreu à concitoyen d'une autre religion, mais encore avec les étrangers de toutes les nations, cette pratique étant une iniquité abominable aux yeux du Seigneur. »

Voilà une réponse péremptoire faite par le grand sanhédrin de 1807 aux attaques des antisémites. (*Bruit.*)

Je vous demande pardon, messieurs, d'être un peu long, mais le débat est important, et comme j'espère qu'il ne reviendra plus devant la Chambre, il mérite d'être traité complètement. (*Parlez! parlez!*)

Si, depuis cette époque, l'usure n'a pas complètement disparu de la société, elle a considérablement diminué par la sécurité des transactions, par la création de grandes sociétés comme le Crédit foncier, et ce qui en subsiste encore n'est pas, croyez-le bien, l'apanage particulier des juifs.

M. le vicomte d'Hugues. Elle a changé de forme!

M. Alfred Naquet. Autrefois, c'étaient surtout les campagnes qui étaient pressurées par l'usure. J'appartiens à un arrondissement essentiellement rural, à un des rares arrondissements de France où il y a beaucoup de juifs. Les paysans s'y plaignent de la mévente des vins, de la mévente des céréales; mais je ne les ai jamais entendus se plaindre de l'usure, et soyez convaincus que, s'ils en souffraient, ils se plaindraient de cela comme du reste.

M. le vicomte d'Hugues. Ils s'en plaignent!

M. Alfred Naquet. Pas chez moi. J'ajoute, monsieur d'Hugues, que dans mon arrondissement, aux dernières élections, vos amis — j'ai tort de dire « vos amis », car si je ne me trompe, vous appartenez au parti catholique, et dans l'arrondissement de Carpentras, la plupart des catholiques ont voté pour moi, — mais mes adversaires les plus résolus ont fait de l'antisémitisme contre moi. Croyez-vous que s'ils avaient pu dire aux paysans : Vous êtes spoliés par l'usure, et l'usure est l'œuvre des juifs, ils ne l'auraient pas fait? Cependant, ils ne se sont pas servis de ce moyen: ils ont fait contre moi des affiches monstrueuses où l'antisémitisme dominait, le mot « d'usure » n'y était pas. Pourquoi? Parce qu'il n'y avait pas d'usure dans mon arrondissement.

M. le comte de Bernis. C'étaient les opportunistes qui vous combattaient ! C'est pour cela que beaucoup de catholiques ont voté pour vous.

M. Alfred Naquet. Je sais bien que ce n'est pas à cause de mes convictions religieuses. (*On rit.*)

A partir de 1807 on peut dire que les arguments qui avaient été formulés par les antisémites de 1791 avaient disparu, car c'était tout le contraire de ce que les antisémites avaient prévu qui s'était produit. Ils avaient dit que les juifs ne feraient pas de grand commerce, ils avaient commencé à en faire ; ils avaient dit qu'ils n'entreraient pas dans les fonctions publiques, et ils y entraient ; qu'ils ne pourraient pas servir dans l'armée à cause de leur religion, et le grand sanhédrin les dispensait, pour leur permettre de servir dans l'armée, de toutes les pratiques que leur religion leur imposait.

Mais — et ici j'entre dans le cœur du sujet — on nous dit : Eh bien ! oui, les juifs ont cessé peut-être de faire l'usure, mais ils sont devenus de grands capitalistes, ils sont devenus de grands financiers, ils sont devenus de grands agioteurs ; ils ont joué le rôle le plus important dans ce mouvement d'expropriation des petits par les grands qui a fondé ce que les socialistes appellent de nos jours la société capitaliste, et c'est par là, c'est par cette conception que l'antisémitisme, que M. Bebel appelait au Reichstag le socialisme des sots, et qu'il aurait pu appeler, avec plus de justesse, le socialisme des malins à l'usage des sots (*Sourires*), c'est par là que ce socialisme des sots donne la main au socialisme des sages.

Je ne suis pas ici pour défendre la spéculation dans ce qu'elle a d'odieux, pour défendre l'agiotage ou le vol ; où qu'ils se produisent, je les combattrai, et vous me trouverez toujours à vos côtés pour les stigmatiser. Avant-hier, j'ai applaudi, à cet égard, le discours éloquent de M. Rouanet, et je voterais des deux mains, si l'on pouvait voter des deux mains, l'ordre du jour qu'il a proposé et qui flétrit d'une manière égale les agioteurs et les voleurs, à quelque race qu'ils appartiennent. (*Applaudissements sur divers bancs.*)

Aussi, à propos de l'agiotage proprement dit, n'ai-je rien à ajouter. M. Rouanet a tout dit à ce point de vue. Je ne pourrais que répéter son excellent discours, et je le ferais probablement moins bien qu'il ne l'a fait lui-même.

Mais, à côté de l'agiotage proprement dit il y a la constitution de la société capitaliste, de l'aristocratie financière, de la ploutocratie, pour employer le mot dont se servait Proudhon, qui, lui aussi, avait combattu le mal, mais qui, ne voulant pas employer un vocable amphibologique, s'est servi du seul mot qui réellement dit ce qu'il veut dire en désignant cette aristocratie financière sous un nom tiré du grec, celui de ploutocratie.

Cette ploutocratie, je voudrais l'examiner un instant avec vous en elle-même, pas plus pour la vanter que pour la combattre, — le débat n'est pas là et je ne voudrais pas le faire dévier.

Si la fondation de la société capitaliste moderne a été un mal, si cela a été quelque chose comme un phénomène pathologique pour l'humanité, si cela a été un phénomène restreint à un point du temps et de l'espace et si, de plus, cela a été l'œuvre exclusive de quelques hommes particuliers, une création artificielle de la part de quelques cerveaux humains, certainement vous pourrez mettre cette ploutocratie à la charge de ceux qui l'auront créée ; mais si la ploutocratie, si la société capitaliste moderne a été une phase nécessaire du développement social, — qu'elle soit actuellement finie dans ses effets utiles, qu'elle soit actuellement à combattre ou à protéger, peu importe ! — si elle a précédé évolutivement et utilement la société que vous, socialistes, vous rêvez, la socialisation générale des instruments de production ; si elle s'est produite partout, dans ce cas, vous n'avez pas le droit de la mettre à la charge de ceux qui y ont contribué, car ceux-ci, en facilitant l'épuisement de la phase intermédiaire, ont hâté l'œuvre de l'éclosion de la société future à laquelle aspire, suivant vous, l'humanité.

Eh bien! comment jugers i un phénomène social a été artificiel ou s'il est dû à une loi générale? Par sa généralité même. Or, la société capitaliste n'est pas restreinte à un point de l'espace; elle s'est produite partout où il y a des hommes civilisés, en Angleterre, en France, en Allemagne, en Belgique, en Hollande, aux Etats-Unis, partout en un mot où s'est manifestée la civilisation humaine; elle s'est produite avec les races, les classes d'hommes, les langues les plus diverses; elle s'est produite même presque au même instant sur tous les points du globe.

Il y a donc là une véritable phase de l'évolution humaine, et Karl Marx, dont je ne partage pas les idées, mais qui était un grand et profond esprit, l'a bien compris; il a parfaitement dit qu'avant d'en arriver à la socialisation des instruments de production, avant de pouvoir créer la société socialiste, et pour pouvoir même la créer, il était nécessaire que l'expropriation des petits par les grands se fit au préalable, et que le développement de la ploutocratie était le chemin fatal par lequel la société humaine devait s'acheminer au règne du socialisme futur.

Je vois que mon honorable collègue et ami M. Guesde me fait un signe d'assentiment...

M. Jules Guesde. Absolument!

M. Alfred Naquet. Je l'en remercie. Il connaît plus profondément que moi les doctrines socialistes et il me prouve par son assentiment que je n'ai rien dit qui ne soit le fond même de la vérité sur ce point.

M. Avez. C'est la logique même qui veut qu'il en soit ainsi!

M. Alfred Naquet. S'il en est ainsi, si le développement de la société capitaliste a été une phase nécessaire du développement humain, si, pour répéter ce que je disais tout à l'heure, elle a eu une heure d'utilité, cette ploutocratie, comme la féodalité terrienne, comme la théocratie, comme la monarchie, comme toutes ces grandes institutions dont l'humanité a vécu un instant et s'est débarrassée ensuite; s'il en a été ainsi, et si ceux qui l'ont poussée, l'ont développée, n'ont fait — je le répète — sur ce point que hâter l'heure de la société future en précipitant la période intermédiaire; à ceux-là qui auraient fait cette œuvre — s'il y avait une classe d'hommes particulière qui l'eût faite — loin de la leur imputer à crime, il faudrait dresser des autels.

Seulement, j'ai le regret de dire que les juifs ne méritent ni cet excès d'honneur ni cette indignité. Ils n'ont pas joué, à beaucoup près, dans l'éclosion de la société capitaliste, le rôle que l'on croit. En Allemagne, en France, en Autriche, ils y ont joué un rôle important; mais il y a deux grands pays où le capitalisme s'est développé bien autrement et avec une bien autre puissance que chez nous : c'est l'Angleterre et les Etats-Unis.

Eh bien, en Angleterre, les juifs ne jouent qu'un rôle infime dans la ploutocratie, et, en Amérique, ils jouent un rôle absolument nul.

Ainsi, par exemple, en Amérique, est-ce que les Vanderbilt, les Jay Gould, les Astor, les Mackay, les Sage, les Pullmann les Carnegie, les Griffith sont juifs? Ils sont tous protestants ou catholiques; il n'y en a pas un seul qui soit juif.

En Angleterre, les juifs jouent un rôle tout à fait secondaire dans la ploutocratie. Vous voyez donc que la ploutocratie n'est pas l'œuvre absolue des juifs.

Et en France, y a-t-il beaucoup de capitalistes juifs? Peut-être, si on voulait se placer non pas à un point de vue absolu, mais à un point de vue relatif, en faisant la proportion du nombre des juifs et du capital juif d'un côté, et la proportion du nombre de chrétiens et du capital chrétien de l'autre, peut-être pourrait-on trouver que le capital juif est relativement supérieur au capital chrétien, et encore je n'en sais rien; on pourrait peut-être le trouver également pour le capital protestant par rapport au capital catholique. C'est possible; mais, au point de vue absolu, c'est complètement faux.

Il y a, il est vrai, un fait qui donne le change : une grande maison de banque, la maison Rothschild, est juive. C'est un fait de hasard. Elle aurait pu être catholique comme d'autres; mais les Pillet-Will, les Mallet, les Lebaudy, les Vernhes, les Hottinguer, sont-ils juifs? Non. Est-ce que les grands établissements de crédit comme le Crédit lyonnais, la Société générale, le Crédit industriel, le Comptoir d'escompte, sont juifs? Est-ce que les grands magasins contre lesquels tonnait M. Georges Berry l'autre jour, contre lesquels j'ai parlé moi-même à la tribune, il y a deux ans, sont juifs? Est-ce que Mme Boucicaut était juive? Est-ce que notre collègue M. Jaluzot est juif? (*On rit.*)

M. Jourde. Peut-être feriez-vous mieux de dire simplement qu'ils ne sont pas israélites !

M. Alfred Naquet. Est-ce que le propriétaire du bazar de l'Hôtel-de-Ville est juif?

Et les grandes installations minières d'Anzin sont-elles aux mains des juifs? Est-ce que Montceau-les-Mines, Carmaux, Fives-Lille, le Creusot, les Forges et chantiers de la Méditerranée, sont aux mains des juifs? Est-ce que les grands raffineurs Say et Sommier sont juifs? Non, messieurs. La partie la plus importante du capital français est entre les mains des chrétiens, soyez-en parfaitement convaincus.

Et ici je me souviens d'un écrit d'un socialiste que j'ai beaucoup connu, que j'ai beaucoup aimé et estimé, et au développement intellectuel pénible et méritoire duquel j'ai assisté — j'ai nommé Benoît Malon, — écrit dans lequel il dit : « Nous ne distinguons pas entre le capitalisme juif et le capitalisme chrétien; et j'ajoute que, pour mon compte, si j'avais à choisir,

je dirais non pas que j'aime mieux, mais que je hais moins les capitalistes juifs que les capitalistes catholiques, parce que les capitalistes juifs se bornent à asservir le corps de l'ouvrier, tandis que les capitalistes catholiques asservissent le corps et l'âme de l'ouvrier. » (*Très bien! très bien! à l'extrême gauche.*)

Ainsi donc, sur cette question d'ordre financier je me résume ainsi : 1° le capitalisme n'est pas une œuvre artificielle;

2° Cette œuvre n'est pas l'œuvre exclusive des juifs;

3° A supposer qu'elle fût l'œuvre de quelques juifs, elle n'est pas l'œuvre de l'universalité des juifs, et on n'aurait le droit d'impliquer ce crime, si crime il y avait, à toute une communauté que s'il était manifestement établi qu'elle fût l'œuvre, non pas de quelques-uns de ses membres, mais de la généralité de la communauté.

M. Jules Guesde. Il y a des classes dans la race juive : il y a la classe riche et il y a la classe prolétarienne.

M. Alfred Naquet. C'est justement ce que j'allais dire. En effet, il y a des juifs capitalistes, il y a des juifs banquiers, il y a des juifs agioteurs, mais il y a aussi des juifs qui sont dans toutes les professions libérales; il y en a qui sont avocats, médecins, artistes, philosophes; et il y a également des ouvriers; il y a, comme le dit très bien M. Jules Guesde, une classe prolétarienne parmi les juifs et vous trouverez à Amsterdam toute une catégorie de juifs ouvriers, et les plus misérables des ouvriers.

M. Jules Guesde. Il y en a aussi à Londres et à New-York.

M. Alfred Naquet. Oui, à Londres, il y a dans l'East-End une classe juive extrêmement malheureuse; elle rédige un journal écrit en hébreu et profondément socialiste.

Ici, messieurs, l'antisémitisme se retourne, car les contradictions ne lui pèsent pas. Il a commencé par fulminer contre les juifs, sous prétexte qu'ils sont tous capitalistes; mais immédiatement après il propose, par la bouche de M. Denis, de les forcer à être tous capitalistes en attendant que, par la bouche de M. d'Hugues, on propose de les spolier. Eh! que leur reproche-t-on? D'envahir toutes les professions libérales, les fonctions publiques, l'armée, d'entrer partout.

Permettez-moi de vous dire, messieurs, que je ne comprends plus du tout.

Quand, par exemple, M. Albin Valabrègue trouve des situations plus ou moins bizarres qui attirent le public au théâtre du Vaudeville, je ne sache pas que le plus violent antisémite puisse lui en faire un reproche. Quand M. Halévy trouve des phrases musicales capables d'attirer des amateurs de musique à l'Opéra, je ne pense pas qu'on puisse lui faire un crime d'avoir évincé peut-être un concurrent chrétien qui avait trouvé des phrases musicales moins capables de plaire aux habitués de l'Opéra!

Quand un juif entre avec un bon numéro à l'école centrale, à l'école polytechnique, à l'école normale ou dans une de nos nombreuses administrations où le concours est imposé, quand il y entre, jugé par des juges qui sont presque tous chrétiens et qui appartiennent par conséquent à la classe de ses rivaux, je ne crois pas qu'on puisse lui faire un crime d'être arrivé au premier rang; car si on lui en faisait un crime, bientôt — soyez-en convaincus — ceux qui n'ont pas eu les mêmes moyens que les bourgeois catholiques de s'instruire et de se développer pourraient faire peut-être le même crime aux fils des bourgeois catholiques, et avec plus de raison que ceux-ci ne peuvent le faire aux bourgeois juifs, attendu que les uns et les autres ont eu les mêmes moyens de s'instruire.

Restent donc les fonctions publiques où l'on n'entre pas par la voie du concours. Ici, je ne comprends pas davantage. D'abord, je dois dire tout de suite que les antisémites ne sont pas très rigoureux dans leurs chiffres. Ainsi, l'autre jour, M. Denis nous a apporté des chiffres; il nous a raconté qu'il y avait dix préfets juifs, — j'ai là les noms, je les citerai tout à l'heure, si vous le désirez, — et il y en a quatre; il nous a raconté aussi qu'il y avait vingt sous-préfets juifs : il y en a dix; et le tout est à l'avenant.

Les chiffres sont donc largement amplifiés, mais je ne chicanerai pas là-dessus, et je reconnais, avec mes honorables collègues, que, même restreints comme ils doivent l'être pour être exacts, ces chiffres démontrent que les juifs ont eu dans ces vingt dernières années, dans les fonctions publiques, un nombre de nominations supérieur à celui que légitimerait la simple proportionnalité mathématique entre le chiffre de la population chrétienne et le chiffre de la population juive.

Le même phénomène d'ailleurs se reproduit en ce qui concerne les protestants.

Je vous disais que je ne comprenais pas trop qu'on pût en tirer une conclusion et que cela me touchait fort peu. Je pourrais répondre qu'il n'y a ni juifs ni chrétiens, qu'il n'y a que des Français en France et que la République prend comme fonctionnaires ceux qui lui paraissent le plus dignes de la représenter. Je ne fais pas cette réponse banale, qui est dans la bouche de tout le monde.

Mais, s'il y a dans l'administration plus de juifs et de protestants que de catholiques, — relativement, bien entendu, car d'une manière absolue il y a infiniment plus de catholiques, — cela ne peut tenir qu'à deux causes: ou bien à la supériorité de ces juifs ou de ces protestants, ou bien à des causes accidentelles. (*Interruptions.*)

Si le fait était dû à une supériorité, vous n'auriez pas à vous en plaindre; mais comme je ne suis pas de ceux qui croient appartenir à la plus grande aristocratie du monde, je ne pense pas que ce soit à leur supériorité, je crois que c'est à une cause occasionnelle que cela est dû.

Cette cause occasionnelle, dernièrement mon ami M. Jaurès me la signalait, et son explication me paraît profondément juste: c'est que, pendant vingt ans, la bourgeoisie française, en majeure partie, a été cléri-

côté, qu'une lutte violente à cette époque était engagée entre la monarchie et le catholicisme d'un côté, et la République de l'autre; que le Gouvernement était obligé de choisir ses fonctionnaires parmi ceux qui n'étaient nullement suspects de cléricalisme et de monarchisme; que les protestants et les juifs, d'une part, ne pouvaient pas être suspects de cléricalisme et que, d'autre part, pendant toute la période de l'Empire, la majeure partie d'entre eux, tous ceux qui n'étaient pas dans la finance, avaient été résolument républicains, avaient payé de leur argent et de leur personne dans la lutte contre l'Empire, et qu'alors il était naturel qu'ayant été au combat, à la peine, ils fussent aux honneurs. C'est cette situation particulière qui leur a donné un avantage pendant vingt ans, mais le moment vient où l'apaisement se fait...

A droite. Nous ne nous en apercevons guère.

M. Alfred Naquet. ... l'apaisement dont je parlais ici même il y a quelques jours, et que je désire plus que qui que ce soit.

Toutes les classes de la société commencent à reconnaître la République, à cesser de la combattre; ce sera le meilleur moyen d'obtenir ce résultat que chacun ait la situation que lui donne son mérite sans considérations étrangères tirées de la politique; on trouvera ainsi la solution du problème qui vous préoccupe, sans qu'il soit besoin de recourir à des mesures d'exception, d'exclusion contre une classe de citoyens.

Il y a dans l'antisémitisme un côté religieux; ce côté religieux, il n'est pas douteux. Quand on suit les écrits de M. Drumont, on y lit à tout instant que la loi juive fausse le caractère moral du juif, et, l'autre jour, au Reichstag allemand, alors que, dans la loi contre les menées subversives, un article portait que les attaques contre la religion seraient réprimées, un antisémite est monté à la tribune pour proposer une exception en faveur des attaques contre la

religion juive, qui, elles, seraient permises; et c'est même là-dessus que s'est greffé un grand débat sur l'antisémitisme au Reichstag.

Cet argument religieux, M. Denis en a fait litière; il a dit : Il serait honteux, à notre époque, de rétablir des querelles de religion. Du moment où cet argument, qui, au fond, existe, est désavoué par ceux-là mêmes qui font de l'antisémitisme leur plate-forme, il est jugé, et je n'ai pas besoin d'en parler autrement.

L'argument social, je crois qu'après ce qu'a dit M. Rouanet et ce que j'ai dit moi-même il est également jugé. Il peut y avoir, il y a sans doute des juifs qui se livrent à des pratiques d'agiotage condamnables, comme il y a des chrétiens qui s'y livrent également. Condamnons ce qui est condamnable partout, mais ne constituons pas une classe entière à l'état de parias pour la faire tomber sous une condamnation qui doit frapper seulement quelques-uns de ses membres, comme beaucoup de membres des autres communautés.

J'allais oublier un point. Je voulais dire ceci qui m'a été inspiré par un passage *ad hominem* du discours de M. Denis.

Les juifs se sont toujours beaucoup mêlés de politique. Parmi eux, les uns ont fait de la politique conservatrice : ce sont en général les hommes de bourse; les autres se sont lancés avec ardeur dans la révolution, et cela dans tous les pays.

En France, vous avez eu en 1848 Crémieux et Goudchaux, et en 1871 Gaston Crémieux, fusillé à Marseille à propos des événements de la Commune.

En Italie, Manin a défendu pendant seize mois Venise républicaine contre les canons autrichiens.

En Allemagne, vous voyez Lasker qui, au nom de la liberté, a tenu pendant quinze ans Bismarck en échec.

Il y a eu beaucoup de républicains juifs dans tous les pays d'Europe.

Les créateurs du socialisme en Allemagne, Karl Marx et Lassalle, étaient juifs. A l'heure actuelle au Reichstag, Liebknecht, Wü. n, Singer, Statthagen, Schœnbach, et, en dehors du Reichstag, Engel, qui sont les directeurs du socialisme allemand, sont juifs.

M. Jules Guesde. Engel n'est pas juif; mais Jacobi, qui a protesté contre l'annexion de l'Alsace-Lorraine en 1871, était juif. (*Applaudissements à l'extrême gauche.*)

M. Lemire. Ce sont les juifs qui ont propagé l'idée de l'internationalisme.

M. Gérault-Richard. Mais vos prêtres sont internationalistes.

M. Jules Guesde. Et votre Dieu était juif; votre premier pape, Pierre, l'était également.

M. Alfred Naquet. Je voudrais qu'aussi bien vis-à-vis des juifs que vis-à-vis des socialistes, on laissât de côté cet argument de l'internationalisme. L'amour de la patrie n'est pas fait nécessairement de la haine des autres peuples (*Très bien! très bien! sur divers bancs*), et c'est dans cette conception que réside l'internationalisme des socialistes auxquels je me joins sur ce point.

Nous sommes tous profondément Français. J'ajoute que la France est un élément indispensable de la civilisation (*Très bien! très bien!*), que la destruction de la France serait la nuit sur le monde, et que, dès lors, plus on est internationaliste dans le bon sens du mot, plus on aime l'humanité dans son ensemble, plus on est porté à aimer et à chérir la patrie française. (*Applaudissements.*)

Ainsi donc, les juifs se diversifient. Il y a parmi eux des conservateurs, des opportunistes, des socialistes, des révolutionnaires.

Et ceci me ramène à un point particulier du discours de M. Denis. M. Denis nous a dit, l'autre jour: Voyez l'habileté de cette race! Il y a eu le boulangisme, il y a quelques années...

M. de Baudry d'Asson. Vous en étiez, monsieur Naquet!

M. Alfred Naquet... et il y avait alors trois partis: un parti représenté par le Gouvernement du pays, un parti de boulangistes de gauche et un parti de boulangistes de droite. Dans le parti gouvernemental il y avait M. Joseph Reinach; dans le parti boulangiste de droite il y avait M. Meyer, dans le parti boulangiste de gauche il y avait M. Naquet. (*On rit.*)

M. Orén ux. Il n'y avait pas que M. Reinach dans ? parti gouvernemental; il y en avait d'autres.

M. Alfred Naquet. Lorsqu'on fait la critique des juifs algériens, que dit-on? On dit: Mais ce ne sont pas des Français, ce ne sont pas des citoyens, ce sont des juifs purement et simplement, et la preuve en est qu'ils ne se diversifient pas dans leurs opinions, qu'ils ont une seule et même opinion, qu'ils obéissent au consistoire, qu'ils le suivent comme des bêtes de somme.

En France, on nous accuse, au contraire, de nous diversifier et de prouver ainsi que, comme tous les citoyens français, nous obéissons à nos opinions propres; on se retourne vis-à-vis de nous et on nous dit: « Vous vous mettez dans tous les partis pour dominer tous les partis. »

Voilà la logique des antisémites. Que faudrait-il donc faire pour les satisfaire? (*On rit.*)

Je crains que ce ne soit difficile. Dans la discussion du Reichstag que je citais tout à l'heure, le docteur Hermès, dans quelques paroles très remarquables, s'écriait: « Ces pauvres juifs! ils sont bien embarrassés : s'ils sont financiers, on leur reproche de l'être; s'ils entrent dans la magistrature, on prétend qu'ils accaparent tout; s'ils se convertissent, on prétend qu'ils accaparent même les sacristies; s'ils ne se convertissent pas, on le leur reproche encore. Je crains bien, ajoutait-il, qu'il n'y ait qu'un seul moyen pour satisfaire les antisémites, c'est de les brûler. »

Et en effet, je voudrais bien savoir ce qu'ils doivent faire : vous me feriez le plus grand plaisir si vous me le disiez. Je voudrais bien que vous me disiez si vous voulez nous priver de nos droits civiques, nous interdire les professions libérales ou limiter, comme en Russie, le nombre de ceux d'entre nous qui pourront s'y livrer; si vous voulez nous parquer dans certaines provinces déterminées, nous enfermer dans des ghettos.

Je voudrais vous voir affirmer dans un projet de loi vos prétentions, parce qu'alors je suis certain que l'opinion publique en ferait bonne et prompte justice. (*Très bien! très bien!*)

M. Julien Dumas. Je demande la parole.

M. Alfred Naquet. Il ne me reste plus, pour avoir fini, qu'à aborder un argument qui, il faut bien le dire, est l'argument principal au point de vue de l'effet produit : c'est l'argument national. L'argument religieux ne tient pas debout; l'argument social pas davantage. L'argument national, examinons-le.

On nous dit : Les juifs ne sont pas des Français : c'est un corps étranger dans la nation. Débarrassons-nous de ce corps étranger.

M. de Baudry d'Asson. Il n'y a que cela à faire. Assez de paroles, des actes! (*Bruit.*)

M. Alfred Naquet. Je vous remercie, mon cher collègue.

M. de Baudry d'Asson. C'est net et sincère.

M. Alfred Naquet. Voyons cet argument national.

Je reconnais avec vous que les juifs ne se mêlent pas aussi vite que je le désirerais avec le reste de la population. Je leur ai toujours donné le conseil de s'y mêler, je l'ai dit en débutant; j'ai prêché d'exemple, mais je ne puis leur faire un reproche absolu de n'aller pas dans cette voie aussi vite que je le désirerais; je ne leur en fais pas un reproche parce qu'il ne dépend pas d'eux qu'il en soit autrement. Remarquez qu'à l'heure actuelle, quand on abandonne une religion, ce qui est mon cas, on ne l'abandonne pas pour en accepter une autre, mais pour aller aux extrêmes limites de la libre pensée. On n'est pas responsable de la religion qu'on a reçue de ses pères, mais on serait comptable devant la société de l'acte d'hypocrisie qu'on commettrait en adoptant une religion à laquelle on ne croirait pas. Et comme vous ne pouvez pas demander aux juifs de se convertir au catholicisme, parce que ceux qui croient encore à leur dogme commettraient une apostasie, et que ceux qui n'y croient pas commettraient une hypocrisie, les juifs ne peuvent donc se mêler aux chrétiens par la conversion religieuse; ils ne peuvent se mêler aux chrétiens que par la voie du mariage. Or, l'Eglise ne marie pas les juifs et les chrétiens, la synagogue ne marie pas les chrétiens et les juifs; il en résulte qu'un juif et une catholique ne peuvent se mêler qu'à la condition de le faire par le mariage civil. Et malheureusement, à mon sens, et heureusement peut-être au vôtre (*L'orateur désigne la droite*), le mariage civil n'a pas encore poussé des racines tellement profondes dans notre société que nous devions nous étonner du petit nombre de mariages mixtes qui se produisent entre juifs et chrétiens.

J'ajoute qu'il y a bien d'autres raisons à invoquer pour expliquer pourquoi ce chiffre est aussi restreint. Si vous reprochez aux juifs — et il est possible que, dans certains cas, cela existe — d'avoir une certaine répugnance à s'unir à des chrétiennes, comme la répugnance inverse existe, il faut s'étonner non pas qu'il y ait si peu de mariages entre juifs et chrétiens, mais qu'il y en ait autant après un espace aussi court qu'est un siècle dans le développement de l'humanité. Il y en a encore plus qu'on ne croit dans l'aristocratie juive et chrétienne et dans les classes populaires; dans la bourgeoisie, il y en a très peu, et il ne faut pas s'étonner outre mesure, je le répète, du peu qu'il y en a, mais bien plutôt du chiffre que l'on peut en compter.

Mais, messieurs, si, au point de vue ethnique, les juifs ne se sont pas encore mêlés à la masse de la population, ils s'y mêleront, surtout si vous ne faites pas de l'antisémitisme; car, pour moi, j'ai la conviction absolue que M. Leroy-Beaulieu, dans le très remarquable écrit qu'il a publié sur l'antisémitisme, avait raison quand il disait aux juifs : Vous avez vécu, vous avez persisté grâce à la persécution; vous êtes appelés à disparaître par la liberté parce qu'elle vous fusionnera dans la masse de vos concitoyens. Oui, je crois que les juifs sont appelés à disparaître par la liberté et à se fusionner dans la masse de la nation française; mais c'est à une condition, c'est que la liberté et l'égalité subsistent, car le jour où la persécution reviendra, vous empêcherez la fusion de s'opérer.

Je dis donc que la fusion s'opérera. Elle n'est pas encore faite; mais ce qui est fait d'ores et déjà, c'est la fusion intellectuelle et morale. Un peuple forme son cerveau par la littérature, les sciences, les mœurs, par le milieu dans lequel il vit, et, à l'heure qu'il est, le juif a les mêmes idées générales, les mêmes sentiments généraux, parle la même langue à tous les points de vue que celle que vous parlez vous-mêmes. Si vous voulez vous en assurer, faites une expérience bien simple : prenez un juif né à Londres, un juif né à Hambourg, un juif né à Paris; conversez pendant une demi-heure avec chacun d'eux et vous trouverez dans ces trois juifs les caractéristiques de la pensée anglaise, de la pensée allemande et de la pensée française. C'est absolument certain.

Donc il y a eu par rapport aux juifs, ce que j'appelais tout à l'heure une fécondation intellectuelle par l'aryen, une fécondation intellectuelle par l'Européen et, sous ce rapport, je voudrais même vous soumettre une observation qui m'a toujours paru bizarre et qui ne se présente pas suffisamment à l'esprit des antisémites, au moins de ceux qui appartiennent au parti catholique, parce qu'il paraît que M. Denis n'est pas de ceux-là. Aux yeux des antisémites les juifs sont une race inférieure. Moi, qui suis juif et non antisémite, je crois — je vous le disais en commençant — qu'originairement en Palestine, il y avait chez les juifs relativement à la race aryenne une infériorité.

C'était ce fait commun à toutes les races orientales que le juif était incapable par lui-même de séparer le spirituel du temporel, et qu'aussi longtemps que cette séparation n'a pas été faite, il y avait là une infériorité vis-à-vis de l'aryen. Cette infériorité, mon Dieu! les catholiques ne doivent pas la sentir très fortement; car s'ils ont subi, s'ils ont accepté cette séparation du temporel et du spirituel, ils ne l'ont pas acceptée sans protester; leur résistance au mariage civil et au divorce le démontre d'une manière péremptoire.

Mais il y a un point qui ne constitue pas autrement une supériorité à mon avis, mais qui devrait en être une prodigieuse vis-à-vis des antisémites chrétiens. Si quelque chose peut exalter une race, peut la faire grande, sublime dans l'humanité, c'est d'avoir donné naissance à Dieu. Or, les juifs ont donné naissance à Dieu. (*Applaudissements et rires sur divers bancs. — Interruptions*)

M. Marcel-Habert. Ils lui ont même donné la mort après.

M. le vicomte d'Hugues. Et ils ont préféré Barabbas le voleur au Juste!

M. Lemire. Jésus est né chez eux, sans leur volonté, mais ils l'ont tué volontairement.

M. Alfred Naquet. Comme durant la Révolution française il est arrivé à une fraction de la population de guillotiner une autre fraction. Cela n'empêche pas qu'au point de vue ethnique, au point de vue de la race, Jésus-Christ ne fût juif et qu'une race qui a donné naissance à Dieu, et dont une grande partie d'ailleurs a par la suite embrassé le christianisme, ne peut pas être une race inférieure, à votre point de vue, bien entendu. (*Mouvements divers.*)

L'autre jour, à l'occasion de cet argument national sur lequel je m'explique en ce moment, il a été prononcé à cette tribune par M. Denis une parole contre laquelle je n'ai pas à protester moi-même, parce qu'elle a motivé les observations de M. le président. Faisant allusion à un fait récent et profondément regrettable, M. Denis a laissé entrevoir que les juifs étaient tous capables de trahison. C'est là une odieuse calomnie.

Quoi! parce qu'il a pu se trouver en France un condamné, qui a protesté de son innocence, — je ne veux pas savoir ce qui s'est passé dans l'affaire Dreyfus : si Dreyfus a commis l'acte dont on l'accuse, pour lequel il a été condamné, c'est le dernier des misérables, et trois fois misérable : misérable parce qu'il est Français, misérable parce qu'il est Alsacien, misérable parce qu'il est juif, et qu'il fait retomber sur toute la communauté israélite le crime qu'il a commis lui-même. Si ce crime a été commis, je ne viens pas ici pour défendre un criminel.

Vous avez cru devoir citer indirectement, sans le désigner nominalement, — mais il était dans votre pensée, — le capitaine Dreyfus ; pourquoi alors ne citez-vous pas les noms de tous ceux qui sont morts au service de leur pays? Pourquoi ne citez-vous pas Franchetti, à qui on a élevé un monument, et dont la dépouille mortelle a été suivie par toute la population parisienne émue? Pourquoi ne citez-vous pas le commandant Brandon, le commandant Cahen, le sous-officier Bloch mort, décoré sur son lit de mort pour les services rendus à la patrie, et Picciotto, qu'on a trouvé criblé de quatorze blessures sur les remparts de Metz, et ce jeune héros de dix-huit ans, Léser, et Valabrègue, et Michel, et Crémieux-Foa, morts au Dahomey? Pourquoi ne parlez-vous pas de ceux-là?

Et en dehors de l'armée, pourquoi laissez-vous de côté les hommes qui honorent glorieusement la patrie française dans les sciences, dans les arts, à l'Institut, où ils sont nommés par leurs collègues — et dont le nombre n'est pas une quantité négligeable, puisqu'il y dépasse 5 p. 100, — pour les œuvres scientifiques qu'ils ont accomplies?

Et je ne parle pas de ceux qui dans les administrations ont rendu également des services. Vous ne les avez pas cités, probablement parce que vous estimez que la gloire est personnelle et que la communauté juive n'a pas à bénéficier des actes glorieux de quelques-uns de ses membres, et vous avez raison.

Oui, la gloire est personnelle, mais le crime aussi est personnel. (*Applaudissements sur un grand nombre de bancs.*)

Eh quoi! quand Anastay a assassiné Mᵐᵉ Dellard, est-ce qu'il s'est présenté à l'esprit de quelqu'un de rendre l'armée solidaire de cette infamie? Est-ce que, quand Bazaine, quand l'adjudant Chatelain ont trahi leur patrie, lorsqu'en 1812 un employé du ministère de la guerre, au moment de la guerre franco-russe, livrait les dossiers du ministère à l'ambassadeur de Russie, est-ce que personne a eu l'idée de comprendre tous les catholiques de l'armée dans les crimes qui ont été commis?

Et quand il arrive qu'un membre du sacerdoce, comme l'abbé Bruneau, comme Boude il y a quelques années, commet un assassinat, est-ce qu'il viendra à la pensée de l'un d'entre nous de dire que tous ces prêtres dévoués, sincères, qui honorent le ministère sacerdotal, sont des criminels parce qu'il s'est trouvé un criminel dans leurs rangs? Non! le crime et la gloire sont personnels ; ce que nous n'admettons pas pour vous, nous vous demandons de ne pas l'admettre pour nous, nous vous demandons la même justice. (*Nouveaux applaudissements.*)

M. Denis. Les journaux opèrent différemment!

M. Alfred Naquet. Ceux qui opèrent différemment ont tort, mais vous leur donnez terriblement l'exemple.

On nous dit que nous n'avons pas de patrie! Voici comment s'exprimait, il y a quelque temps, M. le grand-rabbin Zaddoc-Kahn aux funérailles d'un juif mort pour la patrie :

« La patrie, mes frères, ah! quel mot magique, bien fait pour enflammer les esprits! Il avait peut-être perdu un peu de son prestige et de sa valeur par l'action pernicieuse d'une longue prospérité qui n'existait plus, hélas! qu'à la surface; mais les malheurs qui nous ont frappés coup sur coup lui ont rendu toute sa signification, tout son empire, et le voilà redevenu plus sacré que jamais.

« Pour nous surtout, israélites comme il sonne doucement à nos oreilles et à notre cœur! Nous sentons tout ce qu'il contient de grand, de charmant et de respectable, et cela n'a rien d'étonnant : nous étions si longtemps privés de patrie! Aussi nous sommes-nous attachés de toutes les forces de notre âme et de notre reconnaissance à cette France bien-aimée qui nous a ouvert si généreusement les bras et nous a admis au nombre de ses enfants. Elle s'est montrée, à notre égard, une mère bonne et affectueuse. Voilà pourquoi ses malheurs nous ont si profondément touchés ; voilà pourquoi enfin nous avons à cœur de payer notre dette de reconnaissance à ceux qui sont morts pour elle. Ils ont fait voir que le mot de patrie n'est pas un vain mot à nos yeux; ils ont prouvé que nous savons apprécier les bienfaits d'une loi équitable, également protectrice pour tous, et que nous sommes dignes d'être les citoyens d'un pays libre! Honneur donc à leur courage! Honneur à leur dévouement! Honneur à leur mémoire! »

Et M. le grand-rabbin Zaddoc-Kahn n'est pas le seul à tenir ce langage. Dans ma propre famille, j'ai été bercé par ces paroles. J'ai été élevé par un père qui était arrivé à la libre-pensée, — quoiqu'il ne fût peut-être pas aussi complètement déjudaïsé que je le suis moi-même, — mais qui aimait au-dessus de tout la France et qui poussait l'amour de la France jusqu'à ce degré que,

quant à moi, je condamne, et qui porte le nom de chauvinisme.

Et comment en serait-il autrement? Nous n'étions qu'un troupeau errant à travers le monde, la France a fait de nous des citoyens; nous étions des êtres sans patrie, nous n'existions pas au milieu de nos concitoyens, et la France nous a permis d'être des hommes, de venir, comme frères des autres Français, siéger dans ses Assemblées délibérantes, entrer dans ses administrations. Et nous n'aimerions pas la France au-dessus de toute chose, au-dessus de nos familles, au-dessus de nous-mêmes? S'il en était ainsi, nous serions les plus vils des hommes et vous auriez raison de nous mépriser! (*Applaudissements sur divers bancs.*)

Non! loin de les écarter de l'idée de patrie, pour ceux qui ont conservé le culte du judaïsme, — et il y en a encore, — pour ceux-là le judaïsme doit amplifier au contraire cette idée de patrie, car ils doivent être reconnaissants avant tout à cette grande France et à cette grande Révolution française de l'acte solennel du 27 septembre 1791.

M. Bernard Lazare a pu dire dans le beau livre que j'ai déjà cité que le juif avait deux patries, sa patrie et le judaïsme. Il se trompe. Le juif n'a pas plus deux patries que le protestant qui lui aussi forme un groupe à part, que le catholique dans les Etats où il est en minorité. Il n'a pas plus deux patries que le Basque, le Corse, le Provençal, le Breton, que cet Alsacien que nous considérons comme à ce point Français que l'amputation de l'Alsace-Lorraine a fait à la France une blessure dont elle ne peut et ne veut pas guérir.

On répond que le protestant est autochtone et que le juif ne l'est pas. Je ne sais pas bien ce que cela veut dire.

Les Corses ne sont Français que depuis 1767. Les Alsaciens ne l'étaient que depuis Louis XIV, et les juifs du Midi étaient établis en France depuis deux cent quarante ans au moment de la Révolution, et ceux l'Alsace l'étaient en Alsace depuis le quatorzième siècle. Les familles juives ont donc plus de trois cent cinquante ans de séjour sur le sol français. Tel qui parle si haut dans les réunions publiques de la France aux Français et dont le père ou le grand-père était étranger, n'en saurait dire autant.

On veut distinguer, il est vrai, entre les juifs français et les juifs d'importation étrangère récente.

Mon Dieu! je conviens qu'un Allemand arrivé de Francfort, même naturalisé, même sincère dans l'amour de sa patrie adoptive n'aura pas le sentiment français au même degré que nous. Cela est vrai des étrangers chrétiens comme des étrangers juifs.

Ceci n'est plus la question antisémite; c'est la question de la naturalisation. Je ne suis pas pour ma part partisan de restrictions à apporter à cette loi. J'estime qu'une nation où la natalité diminue a tout intérêt à s'annexer des étrangers qui ne seront pas peut-être d'excellents Français, mais dont les petits-fils le seront. Mais je conçois cette opinion, et la proposition de M. de Pontbriand mérite la discussion parce que, si même, ce que j'ignore, elle est dictée par un sentiment antisémite, ce sentiment n'y apparaît pas, parce qu'elle présente un caractère de généralité qui la rend recevable. Mais ceci, je le répète, n'a rien à voir avec l'antisémitisme.

J'ai fini, messieurs. Je voudrais cependant tirer la conclusion de ce débat.

Je cherche l'antisémitisme et je vous avoue que je ne le trouve pas. Je ne le trouve pas en ce sens que ce n'est pas une doctrine, mais une une thèse que l'on défend par les arguments les plus variés et les plus contradictoires.

Ainsi, voilà les arguments : vous êtes trop financiers, ou bien vous n'êtes pas assez financiers, nous voudrions vous rendre encore plus financiers !

M. Denis. Qui a dit cela ?

M. Alfred Naquet. Mais quand vous nous accusez d'entrer dans les professions libérales et que vous nous dites : Restez dans vos banques, derrière vos guichets, ne venez pas encombrer les autres professions, vous nous accusez de ne pas être suffisamment et exclusivement adonnés au culte de la finance. Suivant le cas, vous nous dites que nous n'entrons pas assez dans les professions libérales ou que nous y entrons trop, que nous ne travaillons pas assez de nos mains, que nous ne sommes pas assez ouvriers.

Or, j'ai là un journal qui, parlant d'ouvriers juifs, les appelle « ces misérables, ces pouilleux, qui viennent faire baisser les salaires et enlever le pain à nos ouvriers ». Si ce sont des juifs qui sont conservateurs, on leur dit : « Scélérats! vous, affranchis par la Révolution française, vous osez donner la main à nos ennemis! »

Si nous sommes révolutionnaires, ce sont les catholiques qui se tournent vers nous pour nous dire : « Vous n'êtes pas mus par des sentiments révolutionnaires, mais par des sentiments antichrétiens. »

Si nous n'avons tous qu'une même opinion, on nous dit que nous ne faisons qu'un groupe à part, que nous ne sommes pas Français; si nous avons des opinions variées, on nous reproche de nous mettre dans tous les partis pour les exploiter.

Je ne vois pas, à moins de disparaître, de descendre dans la tombe pour vous faire place nette, ce que nous pourrions faire pour vous donner satisfaction et vous faire plaisir. (*Mouvements divers.*)

Je me résume.

L'antisémitisme emprunte à chaque sentiment ce qu'il a de mauvais et de subversif, et il laisse de côté ce qu'il a de bon et de social. A la religion, il emprunte l'esprit de fanatisme et d'intolérance ; à l'idée conservatrice capitaliste, il offre l'idée de l'envie et de la peur; au socialisme, il ne fait appel que par l'instinct du désordre; et du patriotisme il ne retient que la suspicion et la haine.

Messieurs, à vous qui êtes catholiques, je dirai : Votre religion, qui, elle aussi, a en son heure de grande utilité dans le monde, même aux yeux de ceux qui n'en partagent pas les principes aujourd'hui, qui a eu sa grandeur, votre religion a surtout souffert de l'esprit de persécution, d'intolérance et de fanatisme, et vous n'avez aucun intérêt à faire revivre cet esprit.

A ceux qui s'adonneraient à l'antisémitisme par la peur et l'envie, je leur rappellerai la fable que je citais tout à l'heure.

Aux socialistes, je n'ai besoin de rien dire. M. Rouanet a trop éloquemment indiqué ici les aspirations et les sentiments du parti socialiste sur ce point pour que j'aie besoin d'insister.

Quant au patriotisme, ce n'est pas par la suspicion et la haine qu'on aime son pays et qu'on le sert noblement.

J'estime que la Chambre, sous tous ces rapports, montrera à l'antisémitisme, par le vote de l'ordre du jour pur et simple, le cas qu'elle fait d'une doctrine aussi anti-sociale qu'essentiellement malfaisante. (*Applaudissements sur divers bancs. — En descendant de la tribune, l'orateur reçoit des félicitations.*)

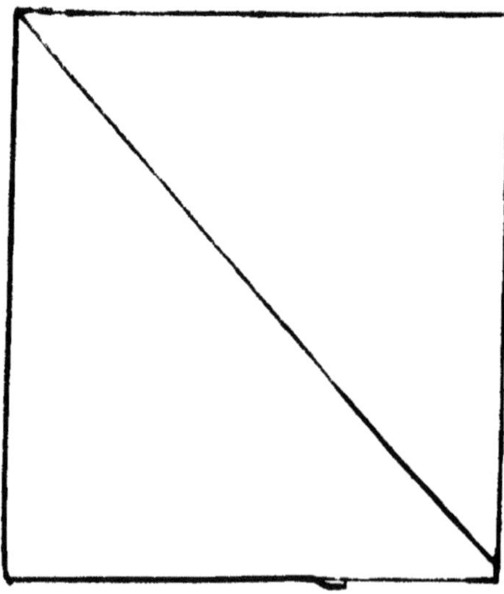

*Conférence Molé – Tocqueville
session de 1895 – n° 28
séance du 31 mai 1895*

M. NAQUET, empêché par une indisposition, n'a point assisté aux précédentes séances et n'a, par suite, pas entendu les orateurs qui y ont pris la parole. Mais il a lu l'exposé des motifs de M. Boucharcourt et il y a relevé contre le divorce deux arguments principaux.

L'un porte sur la prétendue violation de la liberté de conscience par cette institution ; l'autre excipe du nombre croissant des divorces, qui tendrait à démontrer, selon l'auteur du projet, que le divorce est une cause de démoralisation.

Moins que personne l'orateur ne serait insensible à l'argument tiré de la liberté de conscience s'il était fondé. Mais il ne l'est pas suivant lui.

Les catholiques n'ont jamais admis la légitimité du mariage civil. Ils le subissent, ils ne l'acceptent pas. A leurs yeux, des époux unis civilement, et dont l'union n'a pas reçu la consécration religieuse, ne sont pas mariés. Ce sont de simples concubins.

Or, le divorce ne porte en rien sur le sacrement. Il n'oblige ni l'époux catholique à se remarier ni le prêtre à bénir — ce qui serait attentatoire à sa liberté — les noces des époux divorcés dont le mariage n'a point été annulé en cour de Rome. Le divorce ne dénoue que le lien civil. En quoi dès lors le catholique est-il blessé si la loi brise un lien dont il ne reconnaissait pas la validité ?

L'époux catholique divorcé peut faire, en ne se remariant pas, que son divorce équivaille à une simple séparation, et le péché existerait pour lui non dans le divorce mais dans le fait d'un nouveau mariage.

La liberté de conscience n'est donc point en jeu, et, par contre, le divorce peut être profitable aux catholiques eux-mêmes. L'Église annule des mariages que le Code civil n'annule pas. Dans ces cas l'époux devenu libre aux yeux de sa religion, et que la loi civile empêche de se marier, est vraiment lésé dans sa liberté, et le divorce, en le rendant libre d'obéir à sa foi, protège sa liberté.

A fortiori est-il vrai de dire que le protestant, l'israélite, le musulman naturalisé, le libre-penseur, dont la foi religieuse ou la conviction philosophique autorise le divorce et auxquels on l'interdirait par simple déférence pour une religion qui n'est pas la leur, seraient opprimés.

Non seulement le divorce ne peut pas être repoussé au nom de la liberté de conscience, mais c'est au nom même de cette liberté qu'il doit être admis dans un pays où ne règne plus aucune religion d'État.

Ce principe, d'ailleurs, a été consacré par des autorités que les catholiques ne peuvent répudier.

Le pape Pie VII, si énergique cependant lorsqu'il s'est agi de défendre les droits de l'Église contre le despotisme de Napoléon, Pie VII a signé le Concordat de 1801 avec une nation dont la législation consacrait alors non seulement le divorce tel que nous l'avons aujourd'hui, mais encore le divorce autrement large que la loi du 20 septembre 1792 avait institué.

Et ce qui prouve bien qu'il n'y avait pas abandon de sa part, c'est qu'il protesta lorsque Napoléon introduisit le Code civil dans le royaume d'Italie.

Les raisons de la protestation qu'il éleva dans un cas alors qu'il ne l'élevait pas dans l'autre sont à retenir.

En France, disait-il, il n'y a pas de religion d'État, et, par suite, le législateur est libre d'établir le divorce. En Italie, au contraire, l'État n'est pas libre d'établir le divorce parce qu'il y a dans le pays une religion d'État qui le prohibe.

A environ un demi-siècle d'intervalle, Pie IX signait un Concordat avec l'Autriche. Ce Concordat reconnaissait la faculté de mariages mixtes entre protestants et catholiques, sous diverses conditions dont celle-ci : en cas de séparation prononcée par les tribunaux ecclésiastiques, cette séparation ne comportait pas la faculté de se remarier pour l'époux catholique, mais la comportait pour l'époux protestant.

Enfin il y a à nos portes un pays autrement catholique encore que la France, la Belgique. Ce pays a conservé depuis 1831 le Code civil impérial de 1803, qui institue le divorce. Il a été maintes fois gouverné par le parti catholique. Il l'est encore, et jamais ce parti n'a même essayé de revenir à l'indissolubilité du mariage. Comment cela serait-il admissible si l'on ne pouvait admettre cette institution sans cesser d'être catholique !

Que les catholiques contestent la sécularisation de la société, le mariage civil ; qu'ils revendiquent la matière du mariage ; qu'ils proposent de revenir à une religion d'État, ce sera logique et l'on pourra sur ce point ouvrir un grand débat.

Mais aussi longtemps qu'ils reconnaissent l'État laïque actuel, et qu'ils ne protestent pas en fait contre le mariage civil, probablement parce qu'ils reconnaissent l'impossibilité d'un succès dans cette voie, ils ne sont pas recevables à s'élever contre le divorce.

L'orateur aborde ensuite la question du nombre des divorces. Il y voit un argument en faveur de la loi de 1884. Le divorce répond à une nécessité : si personne ne divorçait, il ne serait pas dangereux, mais il serait inutile, et l'on n'édicte pas des lois inutiles.

Pour qu'on pût conclure du nombre des divorces contre l'institution elle-même, il faudrait que la loi fût la cause du nombre des familles qui se désunissent. Il n'en est rien, et l'auteur du projet commet ici le vice de raisonnement qui consiste à dire : *post hoc ergo propter hoc.*

En fait, M. Bertillon l'a nettement établi par ses statistiques, les unions et les désunions sont faits naturels sur lesquels la loi est sans action. Supprimez le mariage, on ne s'unira pas moins ; seulement les unions illégales remplaceront les unions légales. Supprimez le divorce, on ne se séparera pas moins, on ne remplacera pas moins la première union par une union nouvelle ; seulement les secondes noces légitimes seront remplacées par l'adultère. La société a-t-elle à y gagner ?

En Bavière, avant 1862, on voulut opposer un obstacle au mariage des personnes sans ressources : le nombre des enfants naturels monta à 25 ‰. En 1862 on abrogea la loi : le nombre des enfants naturels s'abaissa à 13 ‰. Qu'est-ce à dire, sinon que ceux qu'on empêchait de se marier s'unissaient librement, mais s'unissaient quand même ?

Les choses se passent également ainsi pour le divorce. S'il en était autrement, si la loi intervenait on devrait trouver des effets analogues là où la loi est la même des effets dissemblables là où elle diffère.

Or, que disent les faits ?

En Suisse, il existe depuis 1874 une loi fédérale qui régit également toutes les parties de la Confédération. Eh bien ! que donne la statistique dans les différents cantons ? Ces chiffres sont éminemment significatifs.

Les cantons suivants donnent, sur 1,000 mariages :

Uri	0	divorces.
Valais	4	—
Unterwalden-le-Haut	4. 9	—
Unterwalden-le-Bas	5. 2	—
Lucerne	13. 0	—
Zougues	14.18	—
Fribourg	45. 9	—
Neuchâtel	42. 4	
Genève	70. 3	—
Appenzel	100. 7	—
Schaffouse	106. 0	—

Singulière action de la loi qui, dans les cantons catholiques eux-mêmes, se manifeste par une échelle de 0 à 16, et qui, dans les cantons protestants, se manifeste par une échelle de 42 à 106 !

En France, sous l'ancienne législation. — l'orateur n'a pas la statistique actuelle, mais toute proportion gardée les résultats doivent être les mêmes — dans les départements placés au sud de la Loire, les séparations oscillaient de 2 à 3, et dans ceux placés au nord de ce fleuve, elles oscillaient de 5 à 11.

Pour que les résultats fussent comparables, les chiffres de Paris étaient éliminés de cette statistique.

Et cependant la législation était la même et la religion aussi.

En Norvège et en Danemark, la race, la religion et la législation sont identiques, la langue l'est presque.

Or, en Norvège on ne compte qu'un seul divorce pour 2,000 mariages, et en Danemark on en compte 76. Où est encore ici l'influence de la loi ? elle est nulle.

Ce qui agit, c'est la race, la religion, la profession, le lieu d'habitation, les grands centres étant plus propices aux désunions des familles que les petits. Mais partout, quelle que soit la race, la religion, la profession, le lieu d'habitation, le nombre des époux désunis va en augmentant ?

Pourquoi ? Parce que toute médaille a son revers, que l'activité de l'intelligence entraine plus de déséquilibres intellectuels, que l'alcoolisme vient ici peser de tout son poids dans cette funeste balance, et que là où augmente le nombre des déséquilibrés le nombre des mauvais ménages augmente avec eux.

En veut-on une preuve, tirée toujours des statistiques de M. Bertillon? Là où les divorces sont nombreux les suicides le sont aussi et réciproquement.

Pourquoi, parce que les deux sont le résultat d'une seule et même cause, parce que le déséquilibre intellectuel qui occasionne les suicides occasionne aussi les divorces.

Il ne faut pas croire d'ailleurs, ajoute M. Naquet, que l'augmentation énorme observée depuis 1884 — 6,000 divorces au lieu de 3,000 séparations — représente un fait réel. C'est une apparence.

Le nombre des ménages brisés, sauf l'augmentation normale et graduelle que l'on observe partout, était en 1884 ce qu'il a été depuis.

Seulement la loi ne permettant pas un nouveau mariage, les époux séparés recouraient rarement aux tribunaux. Ils se séparaient à l'amiable, ils s'engageaient dans des relations adultères et la statistique ne les enregistrait pas.

Depuis 1884, mais par le désir de légaliser leurs nouvelles unions, ou par celui de s'affranchir entièrement, beaucoup d'époux séparés de fait qui ne demandaient pas la séparation judiciaire ont réclamé le divorce. Un grand nombre de familles brisées qui n'apparaissaient pas dans les statistiques y ont fait leur apparition.

Aussitôt cris épouvantés de ceux qui imitent l'autruche et qui croient avoir fui le danger quand ils se sont mis dans l'impossibilité de le voir.

Le divorce, encore trop limité, a éclairé en partie — incomplètement cependant, car il n'est pas assez large pour faire tout apparaître — l'état de la société.

C'est un de ses mérites.

D'une part il apporte un palliatif aux époux malheureux.

De l'autre, en constatant le mal — qu'il ne crée pas mais qu'il enregistre — il nous met en garde contre lui et nous incite à chercher le remède, comme, par exemple, lorsque nous nous efforçons de combattre ce fléau: l'alcoolisme.

Le divorce doit donc être maintenu, et n'était que le vice de dialectique qui a dicté la proposition est très répandu, qu'on prend généralement comme indiquant des relations de cause à effet des phénomènes entre lesquels il n'existe en réalité que des relations de succession, n'était ce défaut logique de nos cerveaux qui risquerait de faire naître une fâcheuse réaction contre le divorce si, en l'élargissant trop, on faisait apparaître toutes les désunions qui existent, n'était ce danger, loin de se joindre aux partisans de la proposition, loin de demander l'abrogation du divorce, M. Naquet se joindrait à M. Viollette pour réclamer le divorce par consentement mutuel. Il irait même plus loin, il le réclamerait par volonté unilatérale, ainsi que l'avait fait la loi de 1792.

La France du sud-ouest du 13 juin 1896 - Bordeaux

Le Projet Naquet

L'Impôt sur le Revenu
Différences avec le Projet Godefroy-Cavaignac
L'Impôt réel et l'Impôt personnel
Déclaration ou Taxation

INTERVIEW DE M. ALFRED NAQUET

Paris, 12 juin.

Nous avons publié, aussitôt après sa distribution à la Chambre, l'économie sommaire du contre-projet déposé comme amendement au budget de 1896 par M. Alfred Naquet.

De multiples raisons nous ont engagé à nous rendre auprès de l'honorable député de Vaucluse pour recueillir, de sa bouche même, des renseignements supplémentaires sur les origines de sa proposition nouvelle de l'impôt sur le revenu et sur les conditions de son exercice, en cas de succès.

D'abord, la question semble être de celles que les difficultés financières, quotidiennement croissantes, imposeront à bref délai au favorable accueil du Parlement.

Ensuite, il ne faut pas oublier que l'an dernier, un amendement de ce genre, présenté pour le budget de 1896, par l'honorable M. Godefroy-Cavaignac ne fut, en somme, rejeté qu'à une trentaine de voix de majorité.

Et que de chemin fait depuis par ces idées!

M. Alfred Naquet ne semble pas être un homme innocupé. Huit ou dix personnes attendent patiemment dans une antichambre leur tour de réception, lorsque nous nous présentons chez lui, 42, rue de Moscou.

Mais la menace de deux heures à perdre nous donne de l'ingéniosité. Nous cachant au commun, nous nous postons en sentinelle au vestibule. Bientôt M. Naquet reconduit un visiteur... et nous accorde, avec la meilleure grâce, le tour de faveur désiré :

« Je n'ai pas encore lu les journaux de ce matin, nous déclare l'honorable député. Mais les coupures que vous me présentez résument, en effet, assez exactement le plan de mon contre-projet. »

« Mon idée n'est pas née des difficultés actuelles existant dans l'équilibre du budget. L'année dernière déjà, je l'avais rattachée à l'amendement Godefroy-Cavaignac. Un certain nombre d'orateurs avaient été inscrits, mais la clôture fut prononcée après l'échec de M. Cavaignac, sans que j'aie pu prendre la parole.

» C'est pour éviter pareille mésaventure que je présente, cette fois, un contre-projet personnel.

» D'ailleurs, sur plusieurs points, il diffère essentiellement du projet de M. Cavaignac.

» Par exemple, le but de mon collègue était de faire de cet impôt un impôt *réel* destiné à suppléer peu à peu, mais entièrement, en définitive, aux autres impôts divers.

» Or, j'estime que les impôts existants *réels*, c'est-à-dire touchant *la chose* sont une spoliation des uns au profit des autres. Taxer la chose, c'est en vérité diminuer sa valeur matérielle et faire supporter à X... un poids qui serait plus justement supporté et partagé par Y... et Z...

» Je réclame donc l'impôt *personnel* parce que nous n'avons que trop d'impôts réels établis à cette heure et surtout parce que la nouvelle contribution publique aux charges de l'Etat ne devra, en aucune façon, être confondue avec les autres mais bien, au contraire, constituer une source nouvelle de recettes pour le trésor.

» — Le chiffre minimum de revenu frappé par votre taxe est 4,000 fr. Ne craignez-vous pas, de dépasser votre but en asservissant à l'impôt nouveau une innombrable quantité de bourses relativement modestes ?

» — Sans doute. D'autres pays ont tenu compte de cette considération. L'Angleterre, par exemple, ne taxe pas les revenus au-dessous de 4,000 fr. Mais, en désignant ce chiffre de 4,000 fr. comme début de la taxation, j'ai été inspiré par le désir de faire de l'impôt sur le revenu, non pas une dîme d'exception, comme le prétendent ses adversaires acharnés, mais purement et simplement une participation de tous les Français, ou de tous ceux vivant en France, aux charges énormes de notre budget.

» Evidemment, comme beaucoup d'autres, je reconnais que la France a tort d'avoir des dépenses supérieures à ses recettes. Mais, voyons, critiquer est-il un remède suffisant à cette maladie inexpugnable ? Ou bien faut-il vraiment réclamer au pays les éléments que lui impose sa vie — en attendant qu'il la corrige... s'il le peut !

» Eh bien ! des taxes nouvelles sont indispensables — comme la scie pour une amputation. Mais du moins, il faut que la logique et l'équité président à leur édification. C'est, je le crois, le cas de mon contre-projet.

» — Vous nous avez dit, tout-à-l'heure, que vos idées différaient sur plusieurs points de celles exposées par M. Cavaignac !

» — Oui. Je vous ai déjà exposé une première différence : je veux l'impôt *personnel*; M. Cavaignac soutenait l'impôt *réel*. Mais il en est une autre relative au mode de recouvrement.

» Le contribuable doit-il faire la déclaration ? Doit-il subir simplement la taxation administrative ?

» M. Cavaignac admettait la taxation administrative jusqu'à 10,000 fr., puis la déclaration pour les revenus supérieurs à 10,000 fr.

» Quant à moi, je ne crois pas la déclaration obligatoire, ni au dessus ni au dessous de 10,000 de revenus. Je l'indique comme facultative pour tous. Au cas de lacunes, la taxation administrative serait appliquée.

» — Une dernière question. Quel sera, à votre avis, le rendement de cet impôt sur le revenu, si votre contre-projet est adopté ?

» — Je l'évalue à environ 50 ou 55 millions, bien que je ne puisse le déterminer de façon précise.

» — Et ne pensez-vous pas que parmi les heureux du sort, possesseurs de revenus un peu élevés — par exemple au-dessus de 100,000 fr.

» — Il n'en est pas bon nombre qui préféreront émigrer que voir leurs rentes frappées d'une redevance, minces pour les petits revenus, mais relativement élevée pour les gros ?

» — Evidemment, chaque loi fait naître sa fraude. Celle-ci n'échapperait pas au mal commun à toutes les autres.

« Je veux croire cependant qu'elle ne serait pas plus particulièrement victime des fraudeurs. Il est peu de Français qui croiraient devoir s'expatrier pour éviter une taxe de 6 0/0 entre 50,000 et 100,000 fr. ou même de 8 0/0 au-dessus de 100.000 fr.

» Quant aux revenus inférieurs à 50,000 fr., leurs possesseurs regimberont beaucoup moins contre l'impôt, en raison de son caractère progressif suivant le chiffre des fortunes et de ses atténuations suivant le nombre des enfants.

» Quel qu'il en soit, je le répète même, si elles étaient l'objet de critiques légitimes, des me-

> « sures comme celle que je propose s'imposent au
> « pays, parce qu'en elles résident pour le Trésor
> « des avantages sérieux et parce qu'au moins
> « elles ne violent ni l'égalité ni l'équité — ce
> « qui est déjà un progrès considérable sur beau-
> « coup de nos lois fiscales. »

M. Naquet ne dissimule pas, on le voit, la pleine confiance qu'il a dans son contre-projet.

L'échec relativement honorable de M. Gode-froy-Cavaignac, en 1894, sur une question du même ordre, mais sur un terrain beaucoup moins avantageux, pourrait bien, au surplus, n'avoir fait que préparer et assurer le succès prochain de M. Naquet dans l'amendement dont il vient, par notre canal, d'entretenir en détail nos lecteurs.

Conférence moll-Tocqueville
Session de 1895 — n° 29
Séance du vendredi 14 juin

M. NAQUET. Messieurs, M. Colrat et M. Caire se sont efforcés l'autre soir de réfuter ce que j'avais dit ; ils l'ont fait avec un talent, une conviction, une éloquence auxquels je rends hommage ; mais, ainsi qu'ils le prévoyaient du reste, ils ne m'ont pas converti.

Ils se sont placés l'un, M. Caire, au point de vue religieux, l'autre, M. Colrat, au point de vue social.

M. Colrat a reconnu lui-même qu'il renversait l'ordre normal de la preuve en me demandant d'établir que le divorce ne corrompt pas les mœurs, alors que c'est à lui qu'il incomberait d'établir qu'il les corrompt.

Je crois, d'ailleurs, avoir donné, dans la mesure où ces sortes de preuves sont possibles, la démonstration négative que M. Colrat me demande. Les statistiques que j'ai citées me paraissent essentiellement démonstratives.

Quoi ! voilà plusieurs cantons catholiques suisses soumis à la même loi. Dans l'un on ne divorce pas du tout, dans l'autre il y a 16 divorces sur 1,000 mariages. Comment l'identité de loi amène-t-elle cette diversité de résultats ?

Quoi ! voilà deux États, tous deux protestants, tous deux de race scandinave, tous deux soumis à une législation identique : dans l'un on compte 76 divorces sur 2,000 mariages, et dans l'autre un divorce seulement.

Comment encore ici de pareilles différences si la loi exerce un empire sur les mœurs, si elle influence le nombre des ménages qui se rompent ?

Du reste, M. Cheguillaume m'a apporté un appui inattendu en parlant de l'empire romain. Il a rappelé qu'au temps de la décadence romaine les divorces étaient démesurément nombreux. Cela est exact. Mais mon honorable contradicteur s'est bien gardé de dire qu'au beau temps de la république la loi permettait le divorce, et que l'on ne s'en servait pas. Le divorce n'a donc été pour rien dans la corruption romaine ; il a pu en être l'indice, rien de plus.

On me dit que le mariage n'a plus son caractère sacré lorsqu'en le contractant on sait qu'on pourra le rompre. A qui fera-t-on croire que lorsqu'on se marie on songe à divorcer. L'idée en vient quelquefois plus tard, sous l'empire de circonstances malheureuses qu'on n'avait pas prévues ; mais si on les avait prévues on ne se serait pas marié.

M. Colrat me dit encore que je raisonne sur les statistiques, après en avoir nié la valeur. Il fait erreur.

J'ai dit et je repete que la legislation a un empire sur le nombre des désunions qui, au lieu de demeurer amiables et ignorées, apparaissent dans les statistiques.

Quelle est la proportion des désunions qui, sous un regime determiné, s'accusent au grand jour? Je l'ignore; mais il n'y a aucune raison pour que quand la cause, c'est-à-dire la loi, reste la même, les effets changent. Si donc la loi suisse ou la loi danoise ou norvegienne, amène au jour une fraction I N des desunions totales, il n'y a pas de raison pour que cette fraction change selon qu'on considere le canton d'Uri ou le canton de Lucerne, son voisin, suivant que l'on considere la Norvege et le Danemark.

Il est certain que dans le Valais, comme en Norvege, comme en Danemark, le nombre des desunions est beaucoup plus considerable que la statistique ne l'indique. Beaucoup de ces desunions restent ignorées. Mais entre la somme totale des désunions sur un point et la somme totale des desunions sur l'autre, si la loi est la même, la proportion ne doit pas sensiblement varier, et c'est ce qui me permet de tirer des déductions de la statistique.

M. Colrat pretend encore que je dis que la loi a un empire sur les divorces et les mariages, après l'avoir nié. Il fait encore erreur.

La loi exerce certainement un empire sur le nombre des unions qui se forment legalement ou qui se dissolvent legalement. Mais elle n'en exerce aucun sur l'ensemble des unions et des desunions, en reunissant celles qui se font legalement et celles qui se font illegalement

Interdisez le mariage, on ne se mariera plus; mais on s'unira tout autant, et l'on aura simplement remplacé l'union legale par l'union libre. Supprimez le divorce, supprimez même la separation, on ne recourra plus aux tribunaux; mais on ne se séparera pas moins qu'aujourd'hui, et tout ce que l'on aura gagné, ce sera d'avoir remplacé des unions legales par des unions adulterines. Voila l'exacte verité.

On parle des enfants! Est-ce bien sérieux?

Est-ce que vous allez jusqu'à interdire la separation de corps? Non! n'est-ce pas?

Est-ce que vous allez jusqu'à faire un delit de la desunion amiable, jusqu'à forcer les époux à cohabiter même au peril de leurs vies? Non! n'est-ce pas?

Alors où est la différence? La famille est egalement brisée. Les enfants se trouvent également cahotés entre des parents ennemis. Souvent même ils seront les temoins de désordres qui ne pourront qu'influencer peniblement leur intelligence et leur cœur. Certes, l'union des auteurs de leurs jours vaudrait mieux pour eux. Mais lorsque cette union est brisée, ils auront bien plus de chance de conserver l'estime de leurs pères et meres, si ceux-ci sont engagés dans des liens légitimes, que s'ils s'abandonnent à ces situations irregulieres qu'il nous est bien souvent difficile d'eviter lorsque les justes noces sont interdites.

Et puis songez-vous aux enfants qui naitront des époux séparés après leur séparation? Ils sont aussi dignes d'intérêt que les autres, car ce qui vous intéresse dans l'enfant c'est la faiblesse. Eh bien! si vous ne permettez pas aux parents de secondes noces, les enfants seront adulterins — à moins que les unions ne soient stériles, ce qui sera prejudiciable au pays.

Ainsi donc vous ne garantissez pas les enfants légitimes, et vous sacrifiez les autres en vous opposant à ce qu'ils soient legitimés.

Vous dites encore que le mariage de l'epoux qui a la garde de l'enfant est pour celui-ci un sujet de misére et de scandale.

Pourquoi donc permettez-vous les mariages des veufs? Pourquoi, comme les lois hindoues, ne proclamez-vous pas le veuvage perpétuel? Il y a dix fois plus de veufs qui se remarient, qu'il n'y a de divorces. Il n'est pas admissible que ce qui est dix fois sans danger devienne perilleux la onzième.

Enfin, l'enfant n'est pas un être à part. Il est appelé à devenir homme, et si vous brisez sa vie d'homme pour protéger ses quelques années d'enfance, il arrivera une heure où il vous saura bien mauvais gré de votre protection.

Non! le divorce ne corrompt pas les mœurs. Non! le divorce n'est pas préjudiciable à l'enfant plus que la séparation de corps, il l'est moins.

Ce qui corrompt les mœurs, c'est la passion de l'or, ce sont les mariages de convenances, les dots mises à la place de l'amour.

Ce qui corrompt les mœurs, c'est l'alcoolisme, qui se développe chaque jour davantage.

Ce qui corrompt les mœurs, c'est le goût de l'ostentation, qui fait pénétrer la prostitution là où l'on aurait cru autrefois qu'il lui fût impossible d'avoir accès.

Voilà pourquoi tant de mariages se brisent et pourquoi le divorce est une garantie nécessaire pour le conjoint malheureux et honnête, qui serait sacrifié sans cela.

Quant au côté religieux, je comprendrais, je l'ai dit et je le répète, que les catholiques missent en cause la sécularisation de la société. Je les comprendrais protestant contre le mariage civil, demandant le rétablissement d'une religion d'État. Ce serait un grand et beau débat.

Ce débat, ils ne l'essayeront pas, car ils se heurteraient à une tradition française qui ne le leur permettrait pas. La Restauration elle-même, qui a aboli le divorce, et qui a platoniquement rétabli une religion d'État, n'a pas osé s'en prendre au mariage civil, citadelle inexpugnable de l'esprit moderne.

Cette citadelle, vous la respectez enfin, parce que vous n'êtes pas en situation de l'attaquer, parce que l'échec serait trop certain : et, de bon ou de mauvais gré, vous acceptez le mariage civil.

Eh bien ! ce que j'ai dit, ce que j'affirme, c'est que le mariage civil existant, le divorce ne modifie en rien la situation au point de vue religieux. Je crois même avoir établi qu'il l'améliore, en permettant dans certains cas à des catholiques dont la Curie romaine a annulé les unions de contracter un nouveau mariage.

En résumé, il est faux que le divorce corrompt les mœurs.

Ce qui est vrai, c'est que là où les mœurs seraient tout à fait pures il serait inutile ; mais que là où existent la demi-folie, le désordre intellectuel, la corruption il devient un palliatif nécessaire.

Ce qui est vrai, c'est que là où existe une religion d'État il peut être interdit au nom de cette religion si celle-ci le repousse, mais que là où l'État est neutre on ne saurait l'abroger sans une odieuse violation de la liberté de conscience, puisque, au nom d'un culte dont ils ne partagent pas les croyances, on priverait d'un droit que ne repoussent pas leurs convictions philosophiques ceux qui n'appartiennent pas à ce culte.

En résumé, les arguments des adversaires du divorce se retournent contre eux.

Il le condamnent comme immoral, et, malgré des apparences qui disparaissent à une analyse rigoureuse, il est moralisateur ;

Ils le condamnent au nom de l'intérêt des enfants et l'intérêt des enfants milite en sa faveur ;

Ils le condamnent au nom de la liberté de conscience, et ce ne serait que par une outrageuse violation de cette liberté qu'on pourrait l'abolir.

Le petit provençal du 24 juin 1895 — XX⁵ année — n° 6,741

Mormoiron. — Nous recevons de notre ami M. Alfred Nuquet, député, la lettre suivante, que nous insérons, mais dont nous lui laissons toute la responsabilité.

Nous ne connaissons pas encore exactement la situation électorale dans ce canton, mais nous estimons, *à priori*, qu'il est regrettable de voir la lutte s'engager entre deux honorables républicains de même nuance.

M. Vialis, conseiller général sortant, est un républicain radical qui n'a pas démérité, croyons-nous; aussi devons-nous déplorer que l'union n'ait pu se faire dans l'intérêt du canton et des principes que nous défendons.

N. D. L. R.

« Monsieur le directeur,

« Je vous prie de vouloir bien faire paraître dans le *Petit Provençal* la lettre ci-jointe :

« Monsieur le directeur,

« Une élection se prépare dans le canton de Mormoiron. Mes amis, frappés des inconvénients qu'il y a au point de vue de la défense des intérêts du pays, à ce que le député et le conseiller général se combattent au lieu de s'aider réciproquement, m'avaient offert la candidature.

« Adversaire du cumul que je n'accepterais que si des circonstances particulièrement impérieuses l'exigeaient, j'ai refusé. Mais frappé en même temps de la justesse des raisons que faisaient valoir mes électeurs, j'ai décidé un de mes parents, un de mes amis, un autre moi-même, M. Gustave Valabrègue, à briguer les suffrages des électeurs du canton de Mormoiron. Aussi bien vaut-il mieux que le conseiller général habite l'arrondissement que de résider à Paris lorsqu'il marche d'accord avec le député. L'un traite alors les intérêts généraux dans la capitale, l'autre s'occupe de ceux qui peuvent être débattus à la sous-préfecture et à la préfecture et les choses n'en marchent que mieux.

« Je me proposais toutefois et je me propose encore de mener contre le compétiteur de M. Valabrègue une campagne courtoise. Mais il paraît que mes ennemis n° l'entendent pas de la sorte et qu'ils se proposent, eux, d'employer contre moi les armes de la diffamation et de la calomnie.

« Ils ont même déjà commencé, et sans l'écrire, sans l'afficher, ils répandent le bruit, espérant me discréditer ainsi parmi les républicains, que le jour du Conseil de révision, je serais allé rendre une visite aux frères congréganistes.

« Si j'avais cru devoir faire une visite aux frères, je le dirais nettement. J'ai montré dans maintes circonstances que je ne reculais jamais devant la responsabilité de mes actes.

« Mais le fait est manifestement faux. Je n'ai pas mis les pieds chez les frères; et j'ignorais même qu'il y eût des frères dans le pays.

« Je tiens donc à répondre à cette allégation mensongère qui se répand en se cachant sous le voile de l'anonyme, un démenti formel, bien moins à cause du fait en lui-même qui, s'il avait eu lieu, n'aurait pas la signification qu'on lui prête, que pour mettre les électeurs en garde contre les diffamations et les calomnies de tout genre, que ce début fait prévoir pour le moment où la période électorale sera ouverte. Ces diffamations, ces calomnies colportées de bouche en bouche, pourront ne m'être pas connues en temps utile, pour que je les démasque. Mais celle qui se produit à cette heure permettra à la population de juger celles qui risquent de se produire plus tard.

« Attaquer les intentions d'un adversaire, dénaturer ses paroles, tirer de ses actes des conclusions erronnées, ce serait déjà assez coquet, et c'est à quoi je m'attendais et ce à quoi, sans m'en émouvoir d'ailleurs, je m'attends encore.

« Mais affirmer des faits matériellement controuvés, cela passe quelque peu les bornes de ce que permet une lutte électorale. Les électeurs sauront tirer la moralité de cette attitude. Ils comprendront que pour recourir à de pareils procédés il faut se sentir perdu, et ils voteront pour moi, dans la personne de M. Valabrègues, consolidant ainsi la force qu'ils m'ont conférée en 1893, pour défendre leurs principes radicaux et leurs intérêts locaux.

« Veuillez agréer, M. le directeur, l'assurance de ma considération très distinguée.

« A. NAQUET. »

Le journal officiel du 2 juillet 1895 XXVIIᵉ année — n° 177 —
Séance de la chambre du premier juillet 1895.
Rapport sur les opérations électorales de la 1ʳᵉ Circonᶜⁱᵒⁿ de Lille

DÉPÔT D'UN RAPPORT D'ÉLECTION

M. le président. La parole est à M. Naquet pour le dépôt d'un rapport d'élection.

M. Alfred Naquet, *rapporteur.* Département du Nord, arrondissement de Lille, 4ᵉ circonscription.

Les élections du 9 juin 1895 ont donné les résultats suivants :

Nombre des électeurs inscrits, 20,404.

Votants, 17,161.

Suffrages exprimés, 17,073.

Ont obtenu :

MM. Dansette .... 8.610 voix.
    Florent Bouduel .... 8.367 —

184 voix se sont perdues sur d'autres noms, ce qui est sans importance, puisqu'il s'agissait d'un second tour de scrutin, et M. Dansette a été proclamé.

Le dossier transmis à la Chambre était accompagné d'un assez grand nombre de protestations, dont aucune n'a paru sérieuse à votre bureau.

Mais, en dehors de ces protestations écrites, plusieurs de nos collègues nous avaient mentionné, en nous demandant d'étudier les faits, une circonstance qui, si elle avait eu le caractère que l'on supposait, aurait été de nature à vicier l'élection. Une affiche aurait été apposée sur les murs à la veille du vote, revêtue du nom du fils de notre regretté collègue M. des Rotours, lui-même conseiller général. Cette affiche aurait été fausse. S'il en eût été ainsi, vu l'influence électorale de la famille des Rotours, on aurait été en droit de supposer à cette affiche la puissance de déplacer 2 ou 300 voix, c'est-à-dire de modifier les résultats du vote.

Mais il résulte de l'examen qu'a fait votre bureau de ce fait, — que nous ne désignons même pas sous le nom de protestation parce qu'aucune protestation écrite ne la mentionne, — qu'il n'a pas eu le caractère qu'on a voulu lui attribuer.

M. des Rotours qui, au 1ᵉʳ tour de scrutin, avait mis son influence au service de la candidature de M. Desrousseaux, s'est bien nettement, bien librement, bien personnellement prononcé en faveur de M. Dansette dès les débuts de la période du ballottage. Cela résulte d'une lettre de M. des Rotours lui-même, qui est annexée au dossier.

En conséquence, M. Dansette ayant recueilli la majorité des suffrages et ayant justifié des conditions d'âge et d'éligibilité requises par la loi, votre 5ᵉ bureau vous propose de valider son élection.

M. Guillemin. Je demande la parole.

M. le président. La parole est à M. Guillemin.

M. Guillemin. Je demande le renvoi de la discussion du rapport sur l'élection de M. Dansette.

Nous n'avons pas été informés que le dépôt devait avoir lieu à cette séance. Or, je viens d'apprendre à l'instant qu'aujourd'hui même le bureau avait décidé qu'avant le dépôt du rapport on demanderait à ceux de nos collègues qui avaient élevé des doutes sur la validité de l'élection, s'ils désiraient être entendus. Il y a des protestations, et je prie la Chambre de renvoyer la discussion. (Mouvements divers.)

M. le président. Contestez-vous l'élection, monsieur Guillemin?

M. Guillemin. Oui, monsieur le président.

M. le président. A quelle date demandez-vous que la discussion soit fixée?

M. Guillemin. Dans une huitaine de jours; mais je suis à la disposition de la Chambre.

M. le rapporteur. Je demande la parole.

M. le président. La parole est à M. le rapporteur.

M. le rapporteur. Messieurs, votre 5ᵉ bureau a très attentivement examiné ce matin le dossier qui lui était soumis. Une seule protestation — et encore, je le répète, ce n'était pas, à proprement parler, une protestation, puisqu'elle ne figurait pas au dossier sous forme écrite — nous a été apportée par les députés du Nord.

Après en avoir pris connaissance, le bureau a entendu la lecture d'une lettre de M. des Rotours qui restituait au fait allégué sa véritable signification, et il a décidé qu'à moins que les députés du Nord, qui s'étaient trouvés en rapport avec nous, — et ce n'était pas vous, mon cher collègue — ne demandassent à être entendus, nous rapporterions l'élection.

Aujourd'hui même, l'un de ces députés, l'honorable général Iung, qui était l'un de ceux qui nous avaient parlé du fait sur lequel portait la protestation, est venu tout à l'heure et nous a dit que, dès l'instant où M. des Rotours avait écrit une lettre expliquant les faits et prenant la responsabilité de l'affiche incriminée, il n'avait plus rien à dire contre l'élection.

C'est dans ces conditions que votre 5ᵉ bureau vous propose de valider l'élection de M. Dansette. (Très bien! très bien! sur divers bancs.)

M. Guillemin. Messieurs, je n'ai même pas vu le dossier. (Interruptions à droite.) L'élection dépend d'un déplacement de 125 voix, et, de plus, un faux, me dit-on, a été commis dans une lettre rendue publique.

Dans ces conditions, je demande le renvoi de la discussion de cette élection à samedi. La Chambre ne peut pas refuser cette remise.

M. le président. Puisque l'un de nos collègues annonce l'intention de contester l'élection, je ne puis que suivre les usages en proposant de remettre la discussion à une séance ultérieure.

M. Gamard. Pourquoi ce renvoi?

M. le président. Parce que M. Guillemin doit contester l'élection.

M. le vicomte d'Hugues. Qu'il la conteste tout de suite!

M. le président. La discussion ne peut avoir lieu aujourd'hui; M. Guillemin demande qu'elle soit renvoyée à samedi prochain.

M. le comte de Bernis. Pourquoi pas à la séance prochaine?

M. le président. Si la date de samedi n'est pas adoptée, j'appellerai la Chambre à se prononcer sur le renvoi à demain.

Actuellement, je ne puis la consulter que sur la date la plus éloignée, c'est-à-dire samedi.

(La Chambre, consultée, fixe la discussion à samedi.)

Journal officiel du 7 juillet 1895 (XXVII⁴ année - n¹ 182)
Séance de la [...] des députés du [...] juillet 1895
vérification des pouvoirs de l'élu de Lille (4ᵉ circⁿ)

VÉRIFICATION DE POUVOIRS

M. le président. L'ordre du jour appelle la discussion des conclusions du rapport du 5ᵉ bureau sur l'élection de M. Dansette dans la 4ᵉ circonscription de l'arrondissement de Lille (Nord).

La parole est à M. Naquet, rapporteur.

M. Alfred Naquet, *rapporteur.* Messieurs, dans la séance de lundi dernier, j'étais à cette tribune et je venais de lire le rapport de votre 5ᵉ bureau sur les opérations électorales de la 4ᵉ circonscription de Lille, rapport qui concluait à la validation de l'élection.

Les conclusions allaient être mises aux voix lorsque notre honorable collègue, M. Guillemin, demanda la parole et obtint de la Chambre que la question fût remise à aujourd'hui. A l'heure qu'il est, la question n'existe plus, l'honorable M. Guillemin et ses collègues du Nord ayant renoncé à contester la validité des opérations électorales de la 4ᵉ circonscription de Lille.

Voici ce qui s'était passé : M. Guillemin tenant à ce que la Chambre soit au courant des motifs qui lui avaient fait demander l'ajournement à aujourd'hui, j'ai le devoir de vous les faire connaître. Le 5ᵉ bureau avait pris une détermination portant qu'il ne contesterait pas la validation de M. Dansette, à la condition que deux députés du Nord qui avaient élevé certaines contestations, accepteraient que le rapport fût déposé.

En exécution de cette décision, nous avions vu, ainsi que je l'ai exposé lundi à cette tribune, M. le général Iung, qui nous avait entretenus de la question antérieurement et qui à ce moment-là n'élevait plus aucune objection après avoir lu la lettre de M. des Rotours. Mais M. Guillemin, qui sortait de la questure et ne savait pas ce qui s'était passé, connaissant simplement la délibération du bureau, craignit que ses collègues n'eussent pas été prévenus, et, voulant réserver leur liberté d'action, il demanda à la Chambre et il obtint d'elle le renvoi de la discussion à aujourd'hui.

Depuis lors, la députation du Nord a examiné le dossier et a décidé qu'il n'y avait pas lieu de contester les résultats de l'élection. Par suite, il n'y a plus de débat et vous restez simplement en présence de la délibération qui avait été prise par le 5ᵉ buréau. Cette délibération, que je vous ai fait connaître lundi dernier, conclut à la validation de M. Dansette.

M. le président. Les conclusions du 5e bureau tendent à la validation des opérations électorales dans la 4e circonscription de Lille.

Je mets aux voix ces conclusions.

(Les conclusions du 5e bureau sont adoptées. — M. Dansette est admis.)

Journal officiel du 10 juillet 1895 (XXVIIe année - n° 185)

Impôt — sur le revenu — Disjonction —

M. Georges Cochery, *rapporteur général de la commission du budget.* Je crois que M. Dupon désire ne parler que sur la contribution foncière.

M. le président. La parole est alors à M. Naquet.

M. Alfred Naquet. Je parlerai sur mon contre-projet. Je renonce à prendre la parole dans la discussion générale.

. . . .

tir, qui sont prêts à faire quelques sacrifices, même celui d'un ajournement, pour que le débat soit complet, mais qui demandent que l'on n'ait point par avance, en fixant les contributions directes jusqu'au 1er janvier 1897, poussé le verrou sur la réforme. (*Applaudissements sur divers bancs. — Aux voix ! aux voix ! — La clôture !*)

M. le président. Je vais mettre la clôture aux voix.

M. Alfred Naquet. Je demande la parole contre la clôture.

M. le président. Il ne s'agit, bien entendu, en ce moment, que du débat sur l'ajournement.

M. Naquet a la parole contre la clôture de ce débat.

M. Alfred Naquet. Je demande à la Chambre la permission de lui présenter quelques très courtes observations qui me paraissent absolument nécessaires. (*Non ! non ! — La clôture !*)

M. le président. On a demandé la clôture de la discussion sur l'ajournement.

Je consulte la Chambre.

(La Chambre, consultée, prononce la clôture.)

M. Godefroy Cavaignac. Parfaitement, monsieur le président. Ma proposition me paraît avoir un caractère préjudiciel.

M. Alfred Naquet. Je demande la parole.

M. Godefroy Cavaignac. Je demande à dire un mot.

M. le président. La parole est à M. Cavaignac sur la position de la question.

M. Alfred Naquet. Je demande la parole.

M. le président. Vous avez la parole, monsieur Naquet, mais toujours sur la position de la question, bien entendu.

M. Alfred Naquet. Messieurs, il s'agit d'un débat de la plus haute importance. La Chambre est saisie de plusieurs projets qui organisent l'impôt sur le revenu : il y en a un de M. Cavaignac, qui reproduit celui de la commission au nom de laquelle M. Cavaignac rapporte son projet; il y a ensuite le projet de l'honorable M. Rameau; il y a ensuite le projet de M. Ducos, et enfin le mien.

M. Fernand Rabier. Vous discuterez après. Laissez M. Cavaignac répondre à M. le président du conseil.

M. Alfred Naquet. Pardon! Je ne pourrai pas discuter après, car si vous votez la disposition actuelle, je serai forclos, attendu que mon projet, de même que celui de M. Ducos, mon honorable collègue de Vaucluse, établit relativement aux impositions départementales et communales des règles telles que, lorsque vous aurez voté sur le projet de M. Cavaignac, il ne sera plus possible d'appliquer les règles nouvelles que nous proposons d'établir. Par conséquent, vous le voyez, nous serons forclos.

De tout ceci, il résulte qu'on ne peut pas discuter aujourd'hui le projet de M. Cavaignac; — cela est peut-être fâcheux et, pour ma part, je le regrette — mais du moment où on ne peut le discuter aujourd'hui, je suis hostile à un vote de la Chambre qui aurait pour résultat de supprimer *hic et nunc* sans même connaître et discuter les trois autres projets d'impositions sur le revenu que, pour ma part, je trouve supérieurs, et le mien particulièrement, puisque je l'ai élaboré.

Maintenant, si M. Cavaignac peut trouver un moyen qui maintienne l'intégralité de nos projets, et permette à nos projets de venir en présence du sien avec l'égalité à laquelle ils ont droit, je voterai sa motion préjudicielle. Mais si c'est absolument impossible — et jusqu'à présent je n'en vois pas la possibilité — à mon corps défendant, malgré moi, je suis obligé de voter contre la disposition additionnelle dont il s'agit, et mes collègues MM. Ducos et Rameau sont du même avis. (*Très bien! très bien! sur divers bancs.*)

M. le président. La parole est à M. Cavaignac.

Le Figaro du 16 juillet 1895 (41e année - 3e série - n° 198)

LE RECRUTEMENT DE LA MAGISTRATURE

S'il est une plaie dont tous les gouvernements doivent se garder et contre laquelle les démocraties doivent se défendre avec plus de vigilance encore que les autres, c'est incontestablement le favoritisme.

Tous les gouvernements doivent se prémunir contre elle, parce que le favoritisme est toujours et partout difficile à éviter, les hommes demeurant hommes dans tous les milieux et sous tous les régimes.

Mais les gouvernements démocratiques ont besoin, sous ce rapport, de se surveiller de plus près que les autres, parce que le mal y est à la fois plus funeste et plus malaisé à combattre.

Dans une monarchie, l'intérêt du monarque se confond avec celui de l'Etat. Les faveurs imméritées, en peuplant les fonctions d'incapables, lui nuisent directement, et s'il a la puissance de tout examiner par lui-même comme Napoléon, et comme aussi, dit-on, le tsar Alexandre III, il peut enrayer le mal.

Dans une démocratie où le souverain a des millions de têtes, l'intérêt privé de chacun de ces millionnaires de détenteurs de la souveraineté se distingue, au contraire, fort souvent de l'intérêt général. Un despote peut faire un mauvais choix, mais il ne le fera pas sciemment. Il se trompera ou sera trompé. Un électeur influent pourra très bien, au contraire, peser sur son député, qui pèsera à son tour sur le ministre, pour faire appeler à une fonction quelconque une personne incapable de la bien remplir, si cette personne lui est unie par des liens d'amitié ou de parenté.

Dans une monarchie, le favoritisme ne peut donc provenir que de l'erreur du maître trompé par ses courtisans ; dans une République démocratique, au contraire, il peut provenir de la volonté consciente des électeurs auxquels les membres du Parlement ont tant de peine à se soustraire, et qui se soucient infiniment moins de l'intérêt du pays que ne s'en soucierait un monarque, parce que cet intérêt ne se confond pas avec le leur propre

D'autre part, sous un gouvernement absolutiste, les mauvais choix nuisent au bon fonctionnement de l'organisme. Mais on ignore dans les masses à quelles influences ils sont dus, et ils ne corrompent pas l'opinion.

Dans une démocratie, ils deviennent une cause de démoralisation générale et d'abaissement national.

Lorsque, par des exemples quotidiens, chacun s'aperçoit que les nominations, les promotions et les faveurs gouvernementales, sous toutes les formes, vont toujours au plus chaudement recommandé, à celui que les influences politiques les plus puissantes appuient; quand chacun reconnaît que le travail ne conduit à rien si l'on n'est fortement soutenu en haut, et que s'il n'est pas un

élément de succès à négliger, du moins
il est insuffisant à assurer par lui-même
à celui qui le possède une situation en
rapport avec son mérite, nul n'a plus le
désir de travailler : on trouve l'intrigue
plus fructueuse ; et comme elle est en
même temps plus commode, c'est de ce
côté-là que se tournent toutes les acti-
vités.

La légende en arrive même, là comme
en toute matière, à dépasser de beaucoup la réalité. Les populations finis-
sent par se figurer que tout se fait par
camaraderie et par protection, que la
faveur est partout, la justice nulle part,
et l'on en vient à demander à un député
ou à un sénateur, comme la chose la plus
naturelle du monde, d'intervenir auprès
d'un magistrat dans un procès, ou auprès d'un examinateur afin d'être favo-
risé dans un concours. On lui demande
cela sans se douter qu'on lui propose
ainsi de commettre une infamie, sans
se douter surtout qu'en le lui proposant,
on en commet une soi-même. On le lui
propose simplement, en se disant que
cela se fait chaque jour et que si l'on
n'emploie pas les mêmes moyens que
les autres dans la concurrence pour la
vie, on risque d'être broyé.

Un homme politique cherche-t-il à
faire comprendre au solliciteur qui insiste auprès de lui ce qu'aurait de monstrueux et d'inique la démarche qu'il
l'incite à faire, celui-ci répond invaria-
blement qu'il le sait bien, mais que ses
concurrents et ses adversaires emploient
des moyens identiques, et que si lui, par
un respect exagéré du devoir, néglige
d'y recourir, il sera infailliblement
vaincu. C'est en vain qu'on chercherait
à modifier cette manière de voir, et si le
député se refuse à ce qu'on exige de lui,
l'électeur déçu n'attribue point ce refus
à la conscience de l'élu ; il le met sur le
compte de son mauvais vouloir et devient, à partir de ce jour, son plus cruel
ennemi.

Un citoyen convaincu que tout se
vend, que tout s'achète, que tout est le
résultat d'un marchandage et d'une
intrigue, est bien près de se vendre lui-
même au plus fort enchérisseur. Toute
conception générale s'éteint, toute foi
dans l'honneur s'évanouit, tout [senti]
ment du devoir s'annihile, et le [peuple]
qui en est là est condamné à être [évincé]
par ceux qui ont conservé int[act le]
culte de l'idéal, le culte du bien [et du]
beau. Il ne tarde pas à devenir la p[roie]
de ses rivaux.

La démocratie a donc un intér[êt de]
premier ordre à se défendre cont[re le]
règne de la faveur, parce que la fa[veur]
l'envahit par mille issues si elle n[e se]
tient avec un soin jaloux herm[étique]
ment closes, et parce que cette [faveur]
dont d'autres régimes peuvent, [à la ri]
gueur, s'accommoder, devient pou[r elle]
une cause de mort.

Cela ne veut pas dire que la d[émo]
cratie soit inférieure aux autres fo[rmes]
de gouvernement. Elle présente su[r eux]
des avantages considérables, et [par]
leurs elle se manifeste à nous co[mme]
étant le terme nécessaire vers l[equel]
évoluent tous les peuples, ce qu[i dis]
pense de disserter sur ses avant[ages et]
sur ses inconvénients.

Mais toute médaille a son rever[s, et]
si les régimes démocratiques se re[com]
mandent par des supériorités inco[ntes]
tables, ils ont aussi leurs inféri[orités.]
La science politique consiste à pro[fiter]
des premières et à combattre éner[gique]
ment les secondes.

Les gouvernements semblent [bien]
l'avoir compris puisqu'ils ont che[rché,]
par les concours, à placer à l'entré[e d'un]
grand nombre de carrières un ob[stacle]
qui empêche les incapables d'y pén[étrer.]

Là où la défense nationale est en [jeu,]
où il s'agit du salut suprême et im[mé]
diat de la patrie, on a multiplié les [pré]
cautions. C'est par des écoles spé[ciales]
et par le concours que se recr[ute le]
corps des officiers, et des règle[s]
nettes, très limitatives, président [à l']
avancement, empêchant ainsi le min[istre]
de la guerre de faire des nomi[nations]
imméritées, et le défendant lui-m[ême]
contre les sollicitations incessante[s dont]
il est, et dont sans cela il serai[t bien]
plus encore, l'objet.

Certes ! les concours, les commi[ssions]
de classement n'ont pas banni com[plè]
tement la faveur de l'armée. Rien d[e hu]
main n'est parfait et, ainsi que le di[sent]
les Italiens,

Contra la legge sempre si trovò l'inganno,

ce qui signifie en bon français que l'on trouve toujours un moyen de frauder la loi.

Mais c'est quelque chose lorsqu'on ne peut pas extirper radicalement un mal que de le réduire à des proportions assez restreintes pour qu'il ne puisse plus nuire, et c'est ce que l'on a fait dans l'armée.

Malheureusement, on n'a pas voulu introduire jusqu'ici dans le recrutement de la magistrature des règles tutélaires comme celles qui président à la nomination et à l'avancement de nos officiers, et le recrutement de la magistrature en a profondément souffert.

L'institution qui est chargée de rendre la justice n'est cependant pas moins indispensable à un pays que celle dont la mission est de protéger ses frontières; et s'il était nécessaire de préserver celle-ci contre l'influence d'un favoritisme dissolvant, il n'est pas moins indispensable d'en préserver celle-là.

C'est cette considération qui a poussé MM. Flandin, Bérard et Castillard à fondre en un projet commun des projets séparément conçus par chacun d'eux, et qui visent à apporter dans le recrutement de la magistrature des règles analogues à celles qui existent déjà dans l'armée.

D'autre part, nous avons vu des discours de rentrée prouver que les corps judiciaires se préoccupent, eux aussi, de cette importante réforme, l'une des plus urgentes qui s'imposent à l'attention de nos hommes d'État.

Seul, le Parlement semble en méconnaître l'importance, et les auteurs se heurtent au mauvais vouloir d'une Commission hostile. Raison de plus pour que la presse de toute nuance intervienne et provoque un de ces courants d'opinion devant lesquels aucun Parlement ne peut résister.

Nous reviendrons ultérieurement sur cette proposition et sur la réforme qu'elle consacrerait si l'on pouvait vaincre les résistances auxquelles elle se butte en ce moment. L'instant est propice si, comme on me l'affirme, M. le garde des sceaux actuel est favorable à la réforme, et nous ne doutons pas qu'une fois l'opinion mise en éveil, un grand pas ne soit fait pour la solution du problème que MM. Flandin, Castillard et Bérard ont si opportunément posé.

Alfred Naquet.

Le midi républicain (de Toulouse) du 21 juillet 1895
voir dans Peuple, varia la question de M. vibert à la date
du 7 juillet 1895

La Réponse d'Alfred Naquet

Comme j'étais parti, de Paris à Vendôme, depuis plusieurs jours, la lettre de mon éminent confrère ne m'est parvenue qu'avec un retard d'autant plus grand qu'elle avait passé par Toulouse.

Néanmoins, avant de la livrer aux lecteurs, je suis heureux de constater combien nous nous sommes trouvés absolument d'accord, M. Naquet et moi, sur la question de l'impôt sur les célibataires, sans jamais nous être concertés.

M. Naquet juge cet impôt inique, et il a bien raison; pour moi, j'ai tâché de le démolir, dans le précédent article publié, en montrant ses côtés absurdes.

Naquet l'attaque sérieusement, je l'ai attaqué dans la forme humoristique, mais nous arrivons tous les deux au même résultat, nous tendons au même but, et pour mon compte, je suis fort heureux de constater ici que le *Midi Républicain* aura contribué, pour sa bonne part, à donner le coup de grâce à l'impôt sur les célibataires, avant qu'il ait vu le jour.

Ceci dit, voici la lettre si concluante et si nette de M. Alfred Naquet...

CHAMBRE DES DÉPUTÉS

Paris, le 11 juillet 1895.

Monsieur Paul Vibert, au *Midi Républicain*, Toulouse.

Je ne me suis pas occupé de la question que vous me posez, dans le *Midi Républicain*, par la bonne raison que l'absurde, odieux, inique impôt sur les célibataires ne passera pas; j'en ai le ferme espoir.

Quoi! voilà une personne honnête, dévouée, laborieuse, qui se sacrifie pour élever des neveux que sa sœur ne pourrait élever à elle seule étant veuve. Elle se prive de toutes les joies de la vie pour accomplir ce grand devoir et elle en serait punie par l'impôt!

Quoi! voici un homme qui, dans une union libre mais laborieuse et honnête, a quatre, cinq, six enfants, qui les reconnaît, qui les élève, qui donne des citoyens à la patrie! Il devra payer l'impôt?

Par contre, voilà un homme marié qui n'a pas d'enfants, volontairement peut-être, et son mariage stérile le garantit contre l'impôt.

Non! cette conception est trop absurde pour devenir la loi d'un pays intelligent

comme la France, et il n'y a pas lieu par
suite à se demander ce qu'il adviendrait
des époux divorcés si elle le devenait.

Au surplus, quoi qu'on décidât à leur
égard, on ne rendrait la loi ni plus, ni
moins absurde, car l'infini n'est susceptible ni d'augmentation, ni de diminution.

Veuillez agréer l'expression de mes
sentiments de confraternité républicaine.

A. NAQUET.

Après cette lettre, comme l'on dit
au tribunal, la cause est entendue et
j'aime à croire que les célibataires
pourront encore respirer à l'aise un
certain temps, avant qu'on ne reparle
de cette fumisterie de mauvais goût qui
consisterait à les imposer comme
de vils caniches.

PAUL VIBERT

La Riforma sociale (Torino) — fascicolo II, anno II, v l. IV — 25 luglio 1895 — pp. 81-100

L'antisemitismo

L'antisemitismo tende sempre più ad espandersi: partito dalla
Germania, una quindicina di anni fa, esso sta per fare a poco a poco
il giro del mondo. Ha già operato in Francia e incomincia a far ca-
polino in Italia; e, quantunque finora non si sia ancora affacciato in
Inghilterra, si può essere sicuri che lo vedremo comparire fra non
molto. Forse, per espandersi, incontrerà più difficoltà che altrove:
gli inglesi non solo sono dotati di molto buon senso, ma hanno inoltre
il sentimento dell'iniziativa individuale sviluppato al massimo grado.
In Francia gl'israeliti veggono la corrente ingrossarsi sempre più;
ma non fanno nulla per arrestarla; non si difendono. Checchè si dica,
essi sono dei veri francesi e aspettano tutto dal Governo, il quale
non può nulla.

In Inghilterra sono inglesi: essi son riusciti ad assimilare lo spirito della popolazione anglo-sassone: contano per tutto su sè stessi,
prima di contare sugli altri; lotteranno e la loro azione, eccitata dal
buon senso dei compatriotti cristiani, attenuerà moltissimo l'asprezza
del movimento. Ma attenuato o no l'antisemitismo si manifesterà in

Inghilterra come altrove.

Donde dunque deriva, all'ora presente (noi non vogliamo risalire all'antichità), questo soffio universale al quale nessuno avrebbe pensato nel 1870, che nessuno avrebbe potuto predire, che si credeva per sempre scomparso, e il cui passato pareva quasi dimenticato?

È il risultato del cozzo del socialismo, che sembra trascinare nel movimento i popoli moderni, con un vecchio atavismo religioso, non ancora completamente spento.

Gli ebrei sono stati detestati nell'antichità, nel medio evo e fino nel principio dell'epoca moderna. Vi sono, in quest'odio dei non ebrei per gli ebrei, e di questi per quelli, delle cause generali, che non provano nulla nè in favore nè contro gli israeliti, ma che sono esistite e che io ho potuto analizzare minutamente nel recente discorso che ho tenuto alla Camera francese, come ha fatto pure Bernard Lazare nel dotto libro da cui io ho molto attinto, e che le aveva analizzate prima di me.

Verso la fine del secondo Impero parea che tutto quest'odio si fosse estinto per sempre.

Io ho conosciuto, nella mia infanzia, un avanzo dell'antisemitismo di una volta: ma di nessunissima entità. Nel 1868, 1870, 1875 ogni traccia di antisemitismo si credeva dunque per sempre scomparsa.

Tutto ciò produceva l'effetto d'uno di quei fenomeni storici ai quali non si crederebbe più, se gli storici non conservassero di essi le prove innegabili.

Era un errore, e gl'israeliti vivevano in una falsa sicurezza. I cervelli umani non si rifanno in un secolo: non è in un periodo sì breve che si può trasformare completamente lo spirito delle popolazioni.

Spesso si rimprovera agli ebrei di non essersi mescolati alla massa dei loro concittadini. Il rimprovero è ingiusto e si dovrebbe essere anzi meravigliati della sorprendente fusione intellettuale che si è operata: fusione tale che fra un ebreo francese e un ebreo o tedesco, o inglese. o italiano. s'incontrano le stesse differenze che distinguono lo spirito francese dallo spirito tedesco, inglese. italiano.

Certamente la fusione etnica non è ancora avvenuta: nè avverrà finchè le nostre religioni avranno ancora degli adepti, finchè non si sarà contenti di sposarsi civilmente. finchè si vorrà far benedire la propria unione da un ministro del culto, poichè la chiesa cattolica e la sinagoga rifiutano entrambe di benedire un matrimonio fra ebreo e cristiano.

La fusione etnica è ritardata dalla religione, come avviene della Polonia di fronte alla Russia, dell'Irlanda di fronte al protestantesimo inglese. Essa non può andare avanti più sollecitamente del matrimonio civile, ed è incontestabile, che questo va avanti lentamente e subisce, proprio in questo momento, un regresso.

Ma se la fusione etnica, incominciata nonpertanto, è lontana dal compiersi, la fusione intellettuale è, al contrario, completa. Essa è, si può dire, assoluta. Non è vero che vi sono degli ebrei in Francia, in Inghilterra, in Italia, in Germania. Forse ve ne sono ancora in Russia ed in Rumenia: può darsi; ma nell'Europa occidentale non ve ne sono più: non vi sono che dei francesi, degli inglesi, degli italiani, dei tedeschi israeliti.

Perchè questa trasformazione ha potuto operarsi così rapidamente?

Perchè lo spirito è il prodotto dei costumi, della letteratura, dell'insegnamento che mette avanti gli esempi, e in certo modo anche dell'alimentazione (i paesi viniferi differiscono in questa questione dai paesi ove si fa uso della birra); poichè poco numerosi, perduti in una folla dove i pensatori uniformano il loro cervello su quello di tutti quanti i loro contemporanei, essi hanno ricevuto, ciascuno nel loro paese di adozione, la stessa fecondazione psichica che ricevono le masse di questo paese, fecondazione ch'è stata data loro dai dotti, dagli artisti e dai letterati.

In fondo l'anima d'un popolo è fatta da questi pensatori: questi imprimono la loro orma in tutto ciò ch'è al di sotto di loro, ebrei o cristiani, ed è perciò che gli ebrei si sono assimilati.

Senza dubbio sarebbe accaduto il contrario se essi fossero stati in maggioranza, e se i fedeli degli altri culti si fossero trovati in esigua minoranza. Allora la maggior parte dei pensatori avrebbe appartenuto a loro e sarebbero stati essi che avrebbero plasmata l'anima popolare a loro immagine.

Ma non avvenne così, perchè erano in un numero tenuissimo.

Essi da un pezzo, fin dal 1789, non avevano più avuto un pensatore o uno scrittore. È stata la loro anima ch'è stata formata.

Solamente una possibile trasformazione su cento mila individui non si opera con la stessa facilità su quaranta milioni di uomini, e ciò spiega come possa restare nella massa qualche traccia dell'antico odio contro gli ebrei, mentre non resta negli ebrei traccia dell'antico odio contro i cristiani.

Quest'odio era assopito, ma sussiste ancora; e basta una fortuita circostanza per riaccenderlo, per dargli un po' di quell'asprezza che aveva una volta.

D'altra parte il nostro secolo è un secolo di profonde trasformazioni. Nessuno può ora prevedere ciò che le società umane diventeranno fra due o tre secoli, nè più nè meno come Cicerone non poteva prevedere il Medio evo, e come gli uomini del mille non potevano prevedere l'industrialismo contemporaneo. Ma se noi siamo incapaci di descrivere l'umanità di domani, non vuol dire che noi non possiamo con certezza constatare che la società contemporanea si decompone, che essa sta per morire; così dal punto di vista della costituzione della proprietà e della famiglia, che dal punto di vista della concezione religiosa essa subisce una vera trasformazione, e, per usare una espressione francese, *elle craque de tout côté*.

Questa decomposizione sociale non si effettua senza passioni, senza violenze o senza odii. Tutto ciò è inutile. nel senso che non affretta d'un quarto d'ora l'evoluzione; ma invece è fatale, e le passioni, le violenze, gli odii, prendono generalmente per punto di mira il capitale.

Siccome esiste un certo numero di israeliti molto ricchi, i quali occupano un posto importante nella finanza, si è potuto, con una semplice inversione di termini, sostituendo alla parola « finanziere » o « plutocrate » la parola « ebreo » e la parola « semitismo » all'espressione « feudalità finanziaria ». riunire i violenti e gli appassionati fra i socialisti, quelli sopratutto che nelle masse fanno prevalere la passione alla ragione, quei pazzi incoscienti in cui si è cercato di ridestare i vecchi pregiudizi atavici.

Si è potuto creare così un movimento al tempo stesso socialista e religioso, che non è altra cosa che l'antisemitismo; il socialismo degli sciocchi, secondo l'espressione di Bebel, che secondo me è più esatto chiamare il socialismo dei maligni ad uso degli sciocchi.

Questi elementi dell'antisemitismo si trovano presso a poco dappertutto: è naturale che dei partiti politici, poco scrupolosi nella scelta dei mezzi, abbiano cercato di svilupparli e di farli servire ai loro fini che variano del resto da un paese all'altro.

In Germania, come l'ha magistralmente dimostrato Rouanet, in occasione dell'interpellanza Denis, esiste un conflitto acutissimo fra il capitale fondiario e il capitale mobiliare. Lottare direttamente contro il capitale mobiliare era difficile; ma confondere abilmente l'aristocrazia finanziera col semitismo e creare così una forte corrente d'opinioni, di cui profitterebbero essenlo i più agiati, era facile e gli agrari non hanno esitato a ricorrere a questo mezzo, ed hanno esacerbato con tutte le loro forze l'antisemitismo.

Iu Francia la lotta fra le due forme di proprietà è meno viva che nei nostri vicini d'oltre Reno, quantunque essa esista; ma da noi invece esiste una lotta politico-religiosa molto più ardente che presso di loro.

Da più di vent'anni i clericali — e parlando di clericali io non comprendo nelle loro file coloro che hanno dei sentimenti cattolici: ma semplicemente quegli uomini pei quali la religione è una piattaforma politica e che se ne servono per raggiungere il loro scopo e impossessarsi del potere — i clericali, alleati una volta alla monarchia, devoti oggi, per consiglio del Sovrano Pontefice, alla forma republicana, hanno subìto delle strepitose e irrimediabili sconfitte.

Come prendersi la rivincita? L'antisemitismo offriva loro un mezzo naturale.

Eccitando la folla contro gli ebrei essi hanno per alleati non solo i sentimenti latenti, che un secolo non è bastato ad estirpare dai cervelli popolari, non solo le credenze religiose, là dove esistono ancora, non solo l'odio del povero contro il ricco, non solo la tendenza dei politicanti dell'opposizione a servirsi di tutti i mezzi per battere in breccia il Governo; ma anche l'invidia e la paura: l'invidia di coloro che nella lotta per l'esistenza sono forse stati vinti dagli ebrei, la paura di certi capitalisti cristiani, che hanno trovato in ciò una specie di rivulsivo sociale, qualche cosa come un mezzo di salvaguardare il capitale cristiano, eccitando esclusivamente la collera delle folle contro il capitale ebreo.

I disgraziati che hanno fatto consciamente o no questo disonesto calcolo, non si sono accorti che essi sono, al tempo stesso, degli imbecilli. Essi hanno dimenticato che nel medio-evo, trascinato da eccitazioni malsane, il popolo non solo spogliò gli ebrei, ma anche i cristiani.

Essi non hanno pensato che se domani i bassi fondi sociali, eccitati dai sermoni antisemiti, saccheggiassero la casa di Rothschild, quando avrebbero preso gusto al saccheggio, non mancherebbero di continuarlo presso i **capitalisti** cattolici o protestanti.

Essi non hanno meditato sufficientemente la favola di Lafontaine: *Il passero e il gatto*. Questa favola ognuno la ricorda. Un gatto è l'amico d'un passero col quale è stato allevato e col quale vive in perfetta intelligenza; ma un passero estraneo viene a questionarsi con l'amico del gatto: questo sopraggiunge, e per difendere l'amico, ammazza l'uccello straniero e se lo mangia; ma lo trova d'un sapore così delicato e squisito che, messa da banda l'amicizia, ingoia anche l'altro.

Ma, checchè sia, nessuno fa questo semplice ragionamento. Tutti i sentimenti diversi, vari, contraddittori che ho analizzato esistono e non aspettano per prendere corpo che di essere raggruppati, coordinati, messi in moto e guidati da una mano abile. Sorga un Drumont e troverà, lui clericale, appoggi fra i liberi pensatori, fra i repubblicani e fra i nemici della Chiesa e il movimento sarà creato.

Questo movimento la Chiesa l'utilizzerà pei suoi fini. Quando a lei sembrerà abbastanza forte, si sforzerà di estenderlo. Non vi sono in Francia che 70 mila ebrei; ma vi sono dei protestanti, dei liberi pensatori dei repubblicani, dei frammassoni. Li faranno passare come amici, come soci degli ebrei, come dei *judaïsants*, secondo l'espressione del De Morés che ha svelato troppo presto il « *truc* » proprio come ha incominciato a fare troppo presto, io credo, Thiébaud nella sua crociata contro i protestanti.

La piattaforma antisemita entrerà così in lotta contro la vecchia piattaforma vieta e oramai ridicola dell'anticlericalismo, e il partito clericale potrà tentare un ultimo e supremo assalto contro la società laica.

In Germania sono gli agrari che hanno inventato la piattaforma antisemita e cercano di sfruttarla. In Francia è il clericalismo che ce ne ha fatto dono. L'antisemitismo, grazie alla complicità incosciente di alcuni repubblicani sinceri ma male avvisati, è lo sforzo supremo della società teocratica contro lo stato laico, contro la repubblica, contro la libertà.

Questo sforzo arenerà come sono arenati tutti gli altri: arenerà quando le popolazioni vedranno ciò che si nasconde dietro. Ma a nulla serve il non rendere giustizia ai propri nemici: bisogna riconoscere che questa nuova arma inventata dai nostri nemici è la meglio temprata di tutte quelle che essi hanno fabbricato finora.

La diversità stessa dei moventi da cui sono animati e che li separa serve gli antisemiti nell'espansione della loro pretesa dottrina. Se, in Germania, si accusano gli agrari, come i fieri sobillatori nascosti dietro l'antisemitismo, essi si difendono con un'apparenza di ragione, mostrando l'antisemitismo in Francia, dove il partito agrario non milita nelle stesse file.

Se in Francia noi denunziamo i clericali come gli autori del movimento, essi si difendono additandoci la Germania il cui Drumont è un pastore protestante, il reverendo Stoecker. Domani ci mostreranno l'Italia e l'Inghilterra dove l'antisemitismo obbedirà forse ad altre preoccupazioni, o non obbedirà ad alcuna preoccupazione, e non sarà che il semplice risultato dell'imitazione.

Messe in luce le cause dell'antisemitismo sarà forse utile analizzare gli argomenti, assolutamente contraddittori del resto, con l'aiuto dei quali lo si espande nelle popolazioni. Giacchè vi è in questi argomenti un pericolo che può diventar grave, se non lo si combatte energicamente.

Quali sono questi argomenti?

Gli uni sono d'ordine religioso. A proposito del mio ultimo discorso alla Camera francese, i giornali clericali non hanno mancato di parlare del *deicida*. Solamente, questo argomento religioso è così poco in armonia con lo spirito delle popolazioni moderne, che non si tralascia di negarlo. Drumont lo ripudia, pur servendosene ogni giorno, forse senza accorgersene, tanto è difficile astrarsi dal proprio pensiero; Denis lo riprova. Un argomento che i suoi partigiani non osano confessare è giudicato. Non abbiamo bisogno di fermarci per confutarlo.

S'invoca inoltre un argomento sociale. S'incomincia con lo stigmatizzare la società capitalista, per denunziare alla riprovazione pubblica i detentori del capitale, confondendo abilmente questi con gli ebrei.

Si eccita la gelosia, mostrando il numero di ebrei che occupano dei pubblici uffici, numero che si esagera il resto; ma che anche non tenendo conto di questa esagerazione, sarebbe sempre sproporzionato alla cifra che rappresenta la popolazione nel paese, se la legge, tenendo conto dei sentimenti religiosi, stabilisse la ripartizione proporzionale degli impieghi alle diverse religioni.

Profittando in seguito delle azioni di alcuni ebrei, compromessi in alcuni affari disonesti e di ciò che ha commesso un israelita recentemente, per cui è stato condannato per delitto di tradimento; guardandosi bene d'altra parte di stabilire una regola di proporzione con i condannati che appartengono ad altre religioni, si è cercato di dipingere gli ebrei come i corruttori dell'anima nazionale, e, prendendo come pretesto il sentimento patriottico, un uomo la cui origine italiana è recentissima, ha rimproverato a degli ebrei, stabiliti in Francia da più di quattro secoli, di non essere francesi.

A che cosa valgono cotesti argomenti? Mi si permetterà qui di discuterli, ripetendo le ragioni che ho sviluppato innanzi alla Camera dei deputati, poiché la verità si basa egualmente dappertutto su ragioni identiche, ed io non posso dare, d'un teorema morale, una dimostrazione variabile secondo i luoghi, più che non si possa dare d'un teorema geometrico.

Esaminiamo intanto l'argomento ricavato dalla funzione finanziaria degli ebrei.

Esaminerò più in là se essa è generalizzata in modo da considerarla come formante la caratteristica di questo gruppo d'uomini; ma voglio nonpertanto fermarmi un poco sul movimento plutocratico, che alcuni giudicano di tal natura da giustificare l'antisemitismo.

Se questo movimento è stato accidentale, patologico, — se mi si vuol permettere di trasportare nei fenomeni della sociologia i vocaboli della biologia —, se è stato un male e se esso è stato l'opera esclusiva degli ebrei, o se questi vi abbiano almeno rappresentato una parte preponderante; se, di più, questa parte appartiene non a qualche israelita, ma alla generalità degli israeliti, allora se lo potrà imputare come delitto a questa comunità umana. Sono infatti necessarie tutte queste condizioni per giustificare una conclusione simile. Bisogna che il fenomeno sia stato nocivo, che sia artificiale, che sia l'opera degli ebrei, che in fine la maggioranza degli ebrei vi abbia preso parte. Se una sola di queste condizioni manca, l'argomento antisemita, ricavato dalla plutocrazia, non ha più base.

Come sapere se in fatti la costituzione delle nostre società capitaliste sia un fenomeno artificiale, o sia al contrario una fase necessaria della civiltà?

Esaminando la generalità del fenomeno.

Questa forma sociale è limitata a una regione, ad un momento breve della storia? In quel caso le si può attribuire delle cause d'ordine secondario e si può considerarla come dovuta all'azione d'un uomo o d'un gruppo ristretto d'uomini.

Bisogna invece riconoscere che se la si trova dappertutto, presso i popoli civilizzati, sotto tutte le latitudini, sotto tutti i climi; se, alla distanza di pochi anni, la sua costituzione nei varii punti del globo è stata simultanea; se infine si è visto lavorare per farla nascere e sviluppare non un uomo, non un gruppo ristretto di uomini, ma uomini appartenenti per razza, per lingua e per religione ai gruppi più disparati, si è autorizzati a conchiudere che la nostra società rappresenta una fase necessaria, ineluttabile della storia dell'umanità.

Ora ciò che i socialisti chiamano il capitalismo, si trova dovunque vi sono degli uomini civilizzati: in Italia come in Francia, in Inghilterra ed in Olanda, come in Germania e in Belgio, in America come in Europa.

È una forma di società che bisogna difendere con gli economisti o combattere coi socialisti? È una discussione che non voglio intavolare qui, perchè mi porterebbe lontano dal mio tema. L'importante è il constatare ch'essa era inevitabile, che anche agli occhi dei più violenti contraddittori essa ha avuto la sua ora di utilità come la teocrazia, come la feudalità, come tutte le istituzioni generali che l'umanità ha infrante dopo averle vissute.

Karl Marx ed i suoi discepoli credono che la socializzazione dei capitali non può prodursi, che nel caso in cui essa sia preceduta dall'espropriazione incessante e graduale che realizza il capitalista e che solo la rende possibile. Su questo punto J. Guesde ha perfettamente riconosciuto, alla Camera, la giustezza delle mie affermazioni, fatte il 27 maggio scorso.

Ma del resto, che le grandi associazioni dei capitali rappresentino un periodo definitivo o un semplice periodo transitorio; che il collettivismo sia o no chiamato a stabilirsi un giorno, è però evidente che, anche nell'ipotesi della sua futura costituzione, e aspettando che sia costituito, il raggruppamento dei capitali è stato ed è ancora utile. È grazie a questo raggruppamento che si sono costruite le ferrovie, i nostri grandi trasporti marittimi, i telegrafi, che rallegano i continenti. È questo raggruppamento di capitali che ha spinte, ad un grado non sperato, le industrie umane, che ha trasformato il pianeta, rifatto il globo, mescolato le razze e le nazioni; ed essi meriterebbero degli altari invece di meritare gli odii, se fosse vero che un simile movimento fosse l'opera esclusiva o quasi esclusiva di certi uomini, che ne sarebbero stati gli iniziatori.

Disgraziatamente per la loro gloria, gli ebrei non hanno avuto una simile parte, una parte così grandiosa nella civiltà.

Essi hanno largamente contribuito al movimento industriale e finanziario in Francia, in Germania, in Austria. Ma in Inghilterra essi non hanno avuto che una parte molto infima; in America il loro còmpito è stato nullo; e nonpertanto l'Inghilterra e l'America sono due paesi in cui la plutocrazia ha gettato le basi più profonde, dove essa ha più completamente spinto la nazione. I Wanderbilt, i Jay Gould, i Sage, i Mackay, gli Astor, i Griffith, i Gordon Bennett, i Carnegie, i Pullmann non sono ebrei.

In Francia stessa si esagera singolarmente a scopo partigiano l'importanza degli ebrei.

Un fatto accidentale ha dato occasione a ciò, il fatto che la Casa Rothschild è ebrea, come avrebbe potuto essere benissimo d'una qualsiasi religione. Ma la casa Rothschild costituisce forse essa sola l'alta banca francese? I Mallet, gli Hottinguer, i Vernes, i Pillet Will sono forse ebrei? Il signor Lebaudy, che ha lasciato morendo un così gran numero di milioni, il signor Sommier, il signor Say sono forse ebrei? I grandi istituti di credito, come il *Crédit Lyonnais*, il *Comptoir d'Escompte*, la *Société Générale*, il *Crédit Industriel* costituiscono delle case ebree? È forse una casa ebrea il *Crédit foncier*?

Il *Bon Marché*, il *Printemps*, tutti i grandi negozi contro cui protesta così violentemente il piccolo commercio, sono forse l'opera degli ebrei?

Il *Creuzot*, *Monceau-les-Mines*, *Carmeaux*, *Anzin* sono forse posseduti e diretti da ebrei?

No! La verità è molto più modesta. Gli ebrei hanno partecipato, da noi, al movimento finanziario contemporaneo; la parte presa è stata seria ed onorevole; ma pretendere che essi ne siano stati i promotori, gli inspiratori, i soli autori è affermare una cosa contraria alla verità.

Essi non hanno nemmeno inventato la speculazione. All'epoca delle speculazioni che accompagnarono il sistema di Law non esistevano ebrei in via Quincampois, e non ve n'erano nemmeno all'epoca di quella che si fece in Olanda sui tulipani, e che fece elevare i fiori ad un prezzo equivalente a 3000 lire di moneta moderna.

Si combatta pure il capitalismo, se si crede il suo compito terminato, se, all'ora presente, non si vede in esso che un ostacolo al realizzamento della società futura. È un punto sul quale la discussione è incominciata. Ma poichè questa forma sociale non è artificiale, e ha avuta la sua ora di utilità, di necessità, anche agli occhi dei suoi detrattori i più feroci; poichè d'altronde essa è assai lontana dall'essere l'opera esclusiva degli ebrei, ogni condizione manca, come abbiamo detto più avanti, per legittimare, a questo riguardo, l'antisemitismo: servirsi della parola ebreo, come sinonimo di finanziere, incettatore, autore di aggiotaggio, è lo stesso che fare una sostituzione di vocaboli, sostituzione che dà luogo a conseguenze ingiuste e antifilosofiche.

A questa sostituzione di vocaboli s'abbandonano rivoluzionari e clericali, perchè tanto gli uni che gli altri credono di trovare, come noi abbiamo dimostrato in principio, nell'atavismo antisemita un prezioso elemento per la corrente che essi cercano di determinare. Ma ciò è ingiusto e disonesto e non potrebbe essere mai abbastanza riprovato in nome della verità filosofica e della giustizia.

Ma v'è di più ed è ciò che rende più ingiusta e più mostruosa questa voluta anfibologia: i finanzieri sono la grande eccezione nella comunità ebrea, come nella comunità protestante in cui se ne conta nonpertanto un numero rispettabilissimo, e come fra i cattolici. Vi sono degli ebrei avvocati, medici, artisti, letterati, militari, ingegneri, funzionari, operai. Se dunque fosse vero — ed io ho dimostrato il contrario — che la plutocrazia fosse un delitto, e che si dovesse applicare ai finanzieri, parafrasandola, la frase che Saint Just soleva rivolgere ai re: « egli ha regno, dunque è colpevole: regnare è un delitto », se anche ciò fosse vero, non sarebbe per questo meno odioso. Sostituire l'odio dell'ebreo, all'odio pei finanzieri, significherebbe andar contro ad una massa di cittadini che non partecipano nè da lontano, nè da vicino alla plutocrazia, e che, nelle amministrazioni, nell'esercito, nella scienza, nelle arti, nella letteratura e nel lavoro manuale rendono eminenti servigi al loro paese, mentre molti veri finanzieri resterebbero impuniti poichè non sarebbero ebrei.

E veniamo alla seconda obiezione degli antisemiti. Essa è come l'altra contraddittoria, poichè si rimprovera ora agli ebrei di non essere esclusivamente finanzieri, dopo aver loro rimproverato come un delitto l'esserlo esclusivamente.

Voi vi accaparrate tutti gli impieghi, esclama il Denis. I' numero dei prefetti e dei sotto-prefetti — egli avrebbe anche citato i deputati se non lo avesse trattenuto un riguardo pei suoi colleghi — sorpassa ogni proporzione con la cifra numerica della popolazione ebrea. Voi siete ingombranti; vi ficcate dappertutto; perchè non restate nostri ghetti, dove nessuno verrebbe a molestarvi?

È vero che qualche istante dopo il visconte d'Hugues completava questa argomentazione, domandando la spogliazione degli stessi ebrei che il Denis desiderava restassero nei loro ghetti, e guadagnassero quel danaro di cui i suoi amici sarebbero poi andati ad impossessarsi.

Torno a ripeterlo: senza accorgersi menomamente della grande contraddizione, si rimprovera agli ebrei di occuparsi di cose al di fuori della finanza, dopo averli accusati quasi come d'un delitto, di occuparsi esclusivamente di finanze. Che cosa vi è dunque in questa nuova accusa?

Gli ebrei invadono tutto; che cosa vuol dire ciò? Perchè non si spiegano chiaramente?

Se Albino Valabrègue trova nei *vaudevilles* delle situazioni curiose e divertenti, che attirano il pubblico al teatro dove si rappresenta una sua opera, gli si farà un rimprovero d'aver del talento?

Se Halevy delizia con la sua musica, si proporrà di sopprimere la sua opera perchè essa lascia indietro forse un'altra che sarebbe piaciuta assai meno agli assidui dell'*Opéra?*

Se un grande avvocato ebreo è ricercato dai litiganti, o un grande medico ebreo è ricercato dagli ammalati, si proibirà ai litiganti ed ai malati di servirsi di loro? S'impedirà loro di rivolgersi a colui che essi credono più capace di far vincer loro una causa o di guarirli?

Se un ebreo arriva in una delle nostre grandi scuole, se occupa un posto di professore, guadagnato con un regolare concorso, in cui la maggioranza della Commissione giudicante è composta di cattolici, lo si incolperà come di un delitto, di aver lavorato, di aver imparato e di esser riuscito primo fra i concorrenti?

Ma se si giunge fino a questo, anche ai giovani appartenenti alla borghesia cristiana, e presto arrivati, i figli del popolo potrebbero rivolgere la stessa accusa, e, forse, in questo caso, essa avrebbe qualche fondamento, poichè se i giovani appartenenti alla borghesia cristiana hanno ricevuto la stessa educazione impartita a quelli appartenenti alla borghesia ebrea, i figli del popolo — sia cristiani che ebrei — non hanno potuto usufruire degli stessi mezzi.

Così dunque l'accusa di accaparrarsi i migliori posti e le migliori situazioni sociali non ha alcun fondamento; l'ha forse quella che si limita alle funzioni pubbliche?

Nemmeno questa ha, più dell'altra, ragione di esistere.

Si dimentica troppo che le nostre società occidentali sono laicizzate, che la religione è diventata un affare di coscienza, che lo Stato non ha nè il diritto, nè il dovere di ricercare e di conoscere.

Vi sono cittadini di origini diverse, di differenti razze, i quali obbediscono ad un culto diverso, o sono estranei ad ogni specie di culto. Lo Stato non vi ha nulla a che vedere. Ai suoi occhi questi cittadini sono tutti perfettamente eguali ed i loro meriti ed il bene del paese possono solo determinare la scelta del Governo, quando si tratta di chiamare Tizio o Sempronio ad occupare delle funzioni pubbliche. La religione, la razza o le opinioni filosofiche potrebbero diventare un motivo di esclusione, se noi facessimo la statistica degli adepti ad ogni religione o di coloro che appartengono ad una stessa razza per dare ad ogni gruppo una rappresentanza proporzionale. Sarebbe allora l'accaparratore il gruppo che otterrebbe più del numero che gli compete, mediante una semplice regola del tre. Ma ciò sarebbe tornare indietro di molto e smentire tutti i principii del diritto moderno. Se vi sono nell'amministrazione più ebrei, di quel che il rapporto numerico della popolazione ebrea alla popolazione cristiana stabilisce, ciò non deriva che dal merito degli ebrei, o, ciò che mi sembra più vero, dipende da una situazione accidentale, che li ha favoriti ieri, come domani, data un'altra situazione, essi possono trovarsi in una situazione d'inferiorità; e, sia nell'uno che nell'altro caso, non vi è motivo di preoccuparsene.

In fatti, io credo che presso di noi, durante gli ultimi vent'anni, gli ebrei ed i protestanti sono stati favoriti dallo stato di lotta ardente che esisteva fra la Repubblica e la Monarchia appoggiata sulla Chiesa. La borghesia francese, nella quale, in gran parte, vengono reclutati i funzionari era, in maggioranza, clericale. Il Governo deve pretendere dai suoi funzionari delle garanzie politiche, e siccome nè gli ebrei, nè i protestanti possono essere sospettati di clericalismo, e siccome inoltre essi hanno dato prove di fedeltà repubblicana, avendo, sotto l'impero, pagato di persona oltre che con la loro borsa, la lotta intrapresa contro il despotismo imperiale, è naturalissimo che, dopo gli oneri, spetti a loro anche una parte degli onori.

Ma questa causa di superiorità sta, essa stessa, per finire. All'ora presente, in cui la lotta scompare, in cui la forma repubblicana è accettata da tutti, è chiaro che tanto gli ebrei che i vecchi repubblicani perdono nel generale concorso per le funzioni pubbliche, quella situazione privilegiata che avea creata loro il recente periodo di lotta, che abbiamo attraversato.

Io ho detto ciò alla Camera: nessuno mi ha risposto. Nè alcuno ha risposto al Guesde, quando, in una interruzione, ha affermato che esiste un proletariato ebreo accanto alla classe capitalista, e quando, come me, ha ricordato quella classe anonima di ebrei, molto estesa e a bastanza rivoluzionaria, che esiste ad Amsterdam e nell'*East-End* di Londra.

È vero che anche in questa affermazione così opportuna e ben fatta per confonderli, gli antisemiti trovano motivo a declamazione. A proposito di ebrei miserabili, arrivati non è molto a Parigi, uno dei loro giornali trattava questi disgraziati da pidocchiosi, che vengono a fare abbassare i nostri salari.

Perfino nella conversione degli ebrei al cristianesimo, gli antisemiti trovano pretesto per dare addosso agli ebrei. A proposito di conversioni, del resto smentite più tardi, un giornale antisemita accusava gli ebrei d'invadere le sacrestie. Non li si accuserà qualche giorno di invadere il rabbinato?

Non sono queste le sole contraddizioni degli antisemiti.

Gli israeliti non sono confinati nelle scienze e nelle arti. Essi si occupano di politica e si trovano, come succede di tutti gli altri cittadini, in tutti i partiti. La maggior parte però appartengono, in tutti i paesi, alle differenti graduazioni dei partiti avanzati. È necessario citare in Francia, nel 1848, Crémieux e Goudchaux e nel 1871 Gaston Crémieux, fucilato a Marsiglia? Ci è bisogno di citare, in Italia, quel Daniele Manin che difese per più di un anno Venezia repubblicana contro l'Austria? In Germania Mosè Hen, Gabriele Riesser, Heine, Boerne, e più recentemente, questo Lasker che, durante venti anni, ha tenuto testa al principe di Bismark? Ci è bisogno di citare, in Austria, Jellinek e Roberto Blum, fucilato nel 1848, dopo l'assedio di Vienna?

Il socialismo moderno non ha per fondatori due ebrei: Karl Marx e Lassalle? Non ha attualmente nel numero dei suoi capi Singer, Würm, Statthager, Schönback, e, risalendo più indietro, Jacobi, che protestò, nel 1871, contro l'annessione dell'Alsazia e della Lorena?

Al contrario, i banchieri e gli uomini di affari non inclinano forse, come i loro colleghi appartenenti a culti differenti, verso le opinioni conservatrici?

Dove dunque s'andranno a pescare i caratteri della razza nel popolo ebreo, poichè, come in tutte le comunità umane, s'incontrano le più infinite diversità: Karl Marx accanto a Rothschild, i dotti accanto agli artisti, gli operai accanto ai borghesi, i cervelli speculativi accanto ai cervelli speculatori.

È giusto però aggiungere che tutto ciò non arresta l'antisemitismo.

Se in Algeria si trovano (molti algerini però affermano il contrario) dei gruppi composti di ebrei, che non hanno opinioni politiche, che obbediscono ad una parola d'ordine e votano come pecore; se in ciò si vuol vedere la prova che essi non si sono assimilati, in Francia, in Italia, in Inghilterra, al contrario, si rimprovera loro di non aver tutti la medesima opinione; e, se appartengono a partiti diversi, li si accusa di essersi divisi in partiti, nell'intento di una dominazione universale.

Il dottor Hermés rispondeva a degli attacchi simili al Reichstag di Berlino: « I poveri ebrei non possono in nessun modo accontentarvi. Se si convertono il signor Bindewald vi trova a ridire; se riescono a farsi nominare giudici, li si accusa di cacciarsi dappertutto. Coltivano l'agronomia e voi dite che degli stranieri si appropriano un suolo e un terreno alemanno. Io non trovo per gli antisemiti che una sola prescrizione capace di contentarli: Far bruciare gli ebrei ».

Non vi è più nulla da rispondere a sofismi simili. Tutti gli spiriti imparziali comprendono come non si possa fare dell'antisemitismo, in nome dell'antiplutocrazia, senza colpire dei dotti, dei pensatori e degli operai che non hanno, con la plutocrazia, nulla a vedere.

Tutti riconosceranno che non si possono attaccare gli ebrei, come rivoluzionari, senza ledere gli interessi di eccellenti conservatori; nè colpire in essi un elemento conservatore, senza colpire nel medesimo tempo dei repubblicani, dei socialisti e anche dei rivoluzionari.

In maniera che, qualunque sia il partito al quale si appartiene, non si può, in nome dell'idea politica che si professa, attaccare gli avversari, servendosi dell'antisemitismo, senza colpire, al tempo stesso, degli amici.

E a meno che non si voglia colpire negli ebrei per ciò che in generale essi portano di contributo e per ciò che fanno, alla rivoluzione come alla controrivoluzione, al socialismo, come nella finanza, una passione e una tenacità che sovente procura loro il successo; a meno che, in ogni caso, la bassa invidia e la gelosia meschina non cerchino di sbarazzarsi di loro come di rivali pericolosi, io non veggo nulla che possa giustificare l'antisemitismo, dato gli argomenti che io ho fin qui analizzati.

Ma resta un altro argomento che forse, quantunque più miserabile degli altri, non tralascierà di essere il più pericoloso di tutti, poichè tocca delle passioni nobili: il patriottismo.

Voi non avete patria — si dice agli ebrei; oppure voi non ne avete che una: Gerusalemme. Voi non siete nè italiani, nè francesi, nè inglesi, nè tedeschi: voi siete ebrei. Voi sfruttate i popoli in mezzo ai quali vivete; ma non li amate, e poco v'importa, purchè i vostri affari vadano bene, di rovinarli e di tradirli.

Quale errore profondo! Ho dimostrato più innanzi come gli israeliti si sono fusi intellettualmente ai popoli in mezzo ai quali vivono e che non vi sono più ebrei, ma italiani, francesi, inglesi, tedeschi israeliti. Non tornerò su questo argomento.

Io ho egualmente dimostrato che se la fusione etnica è più lenta e più difficile, ciò è fatale, ed io, che l'ho sempre consigliata, che l'ho personalmente praticata, non mi meraviglio della sua lentezza. Al contrario vi è di che essere sorpresi — quando si pensa alla brevità d'un secolo nella vita dell'umanità — di ciò che si è compiuto, in questo senso, dalla rivoluzione francese in qua.

Nelle alte classi della società molti matrimoni misti sono avvenuti e avvengono giornalmente, così pure nel popolo; la resistenza s'incontra solo nella classe media: nella borghesia.

Ma in che cosa vi è da sorprendersi? Io l'ho detto e lo ripeto: in Francia e in Italia — non è così in Inghilterra — gli ebrei sono attualmente assai poco religiosi; nè più nè meno che i cristiani; ma essi non sono tutti arrivati a quell'affrancamento definitivo, a quella completa libertà di pensiero che fanno accettare il matrimonio civile, il battesimo civile, le esequie civili. Quelli stessi che sono i più avanzati e ammettono le sole funzioni civili, si trovano quasi sempre in rapporti tali da non poter far a meno della religione. Vi sono in ciò degli ostacoli che solo il tempo e la libertà potranno abbattere.

Aggiungo anche che se gli ostacoli sono minori di quelli che s'incontravano nelle antiche società, essi però sono più insormontabili.

Nelle epoche religiose gli ebrei spesso si convertivano. Vi sono state così miriadi di conversioni, i cui autori si sono confusi alla massa dei cittadini.

Ai nostri giorni, quando si cessa di credere alla propria religione, presso noi sopratutto, raramente ciò accade per abbracciarne un'altra; ma per diventare un libero pensatore. E un uomo che si rispetta non può fare atto d'ipocrisia, convertendosi ad una religione alla quale non crede. La fusione non può effettuarsi che col matrimonio civile; ed essa va avanti e progredisce, allo stesso modo che, nelle varie classi della società, va avanti e progredisce, l'idea del matrimonio civile.

La fusione etnica non è ancora dunque avvenuta. L'ebreo conserva qualche cosa della sua razza: un amore speciale per la sua comunità, pei suoi fratelli. Al bisogno li aiuterà. È dunque un delitto la solidarietà? E come si può allora sognare la fratellanza umana sopprimendo gl'intermediari fra gl'individui e lo Stato?

Ma no! si cerca invece di creare degli intermediari e si parla dappertutto di decentramento, allo scopo di far rivivere i gruppi locali così brutalmente soppressi su vari punti.

La solidarietà dell'ebreo con l'ebreo non indebolisce in lui l'idea della patria, come un analogo sentimento non l'indebolisce nei provenzali, nei corsi, nei baschi, nei bretoni, negli alsaziani — che noi francesi consideriamo legati alla Francia fin a tal punto che gli avvenimenti che li hanno separati da noi han recato al nostro paese una ferita che non vuol guarire. — Questa solidarietà non indebolisce negli ebrei l'idea della patria, come non la indebolisce in Francia nei protestanti, e in Inghilterra nei cattolici.

Alcuni dicono che i protestanti sono aborigeni; mentre gli ebrei no; ma questa obiezione è fuori della nostra comparazione con i gruppi locali. I corsi non sono francesi che dal 1767; gli alsaziani non lo erano che da Luigi XIV; i baschi differiscono più dai fiamminghi di Dunkerque, che questi non differiscano dai belgi e che essi stessi non differiscano dagli spagnuoli.

Gli ebrei, essendo stati lungamente privati della patria, avevano sete di possederne una, e dappertutto, dove sono stati accolti ed hanno ottenuto i diritti civili, essi si sono attaccati con passione a questa patria di adozione.

In Francia — dove io li vedo da vicino — sono ardentemente francesi. Come sarebbe altrimenti?

Come ho detto alla Camera, noi eravamo una mandra e la Francia ha fatto di noi altrettanti uomini: noi eravamo erranti e proscritti a traverso il mondo, ed essa ci ha d. ' o i diritti di cittadino. Se noi non l'amassimo al di sopra delle nostre famiglie, al di sopra di noi stessi, saremmo degli esseri disprezzabili e vili. Ma fortunatamente non è così; gli ebrei francesi non solo compiono i doveri che il patriottismo loro impone; ma li adempiono con amore. Così è anche fra voi in Italia.

Da qualche mese si rimprovera agli ebrei il capitano Dreyfus, come si rimproverava loro quelli che si trovarono compromessi negli ultimi disastri finanziari.

A me non piace di parlare d'un condannato giudicato a porte chiuse e condannato mentre proclama la sua innocenza. Quantunque io non metta in dubbio l'onorabilità del Consiglio di guerra, che ha condannato Dreyfus, pure so che gli errori sono possibili, ed un dubbio doloroso pesa sulla mia ragione. Io vorrei vederlo scomparire, magari con la certezza della colpabilità, che mi permetterebbe di stigmatizzare il traditore. Ma che cosa, anche colpevole, Dreyfus può aver di comune con gli altri ebrei? Si cita il suo tradimento! Ma perchè non si cita Franchetti morto pel suo paese nel 1870, e che tutta Parigi accompagnò commossa alla sua ultima dimora?

Perchè non si cita Picciotto, trovato morto sui bastioni di Metz, con 14 ferite, perchè non si citano il comandante Bernard o il comandante Cahen morti entrambi pel loro paese, il giovane Léser morto da eroe e Crémieu-Foa e Michele Valabrègue, che dormono il loro ultimo sonno nella terra del Dahomey? La loro gloria è forse personale e non si può irradiare sulla comunità? E sia! Ma allora anche il delitto è personale e non può disonorare che colui che lo ha commesso.

Che si direbbe se dell'assassinio commesso da un curato Boude o da un abate Bruneau si volesse rendere solidale tutto il sacerdozio? se degli scrocchi commessi da Macé-Berneau o da Marie-Reynaud si volesse riversare l'onta su tutti i banchieri cattolici? se quando un vescovo *in partibus* si trova immischiato nei loschi affari di una agenzia di matrimonii, si volesse accusare tutti i vescovi di scrocco e di malandrinaggio? Tutti protesterebbero con ragione: s'invocherebbe la giustizia e l'invocazione sarebbe ragionevole; ma anche gli ebrei hanno gli stessi diritti per invocarla. Se Dreyfus ha commesso il delitto di cui è imputato, egl' è tre volte colpevole: colpevole come francese, colpevole come alsaziano, colpevole anche nella sua qualità di ebreo, poichè, dal punto di vista dell'odioso pregiudizio che io combatto, egli si è esposto a far riversare sui suoi correligionari una parte della responsabilità del suo tradimento.

Ma in che cosa e per quale ragione il delitto può estendersi a chi non l'ha commesso? Bazaine, l'aiutante Chatelain, il capo dell'ufficio, che nel 1812 vendeva i nostri piani di difesa alla Russia, hanno forse disonorato qualcuno, al di fuori di loro stessi? L'ammiraglio italiano, giudicato e condannato dopo la battaglia di Lissa, ha forse coinvolto nel disonore l'armata italiana? L'assassinio commesso dall'ufficiale francese Anastay ha forse compromesso il buon nome dell'esercito francese?

Del resto gli antisemiti dovrebbero precisare e dire che cosa vogliono. Vogliono forse togliere agli ebrei il loro diritto di cittadinanza? Vogliono, come in Russia, confinarli su un territorio riservato? Vogliono forse loro interdire certe professioni, o proprio come in Russia, limitare il numero di coloro che possono esercitarle? Vogliono confinare gli ebrei nei ghetti, imporre loro un costume speciale come nel medioevo, imporre loro un dazio alle porte della città, come si è fatto un tempo in Soisson, dove erano assimilati ai porci? Perchè non dirlo! Formulino le loro rivendicazioni, e i popoli moderni, col loro spirito raffinato da un secolo di rivoluzione, giudicheranno questa sfida col buon senso pubblico.

Ma no! gli antisemiti si contentano di limitarsi a delle vaghe diatribe, le quali colpiscono meglio perchè non precisano nulla: si contentano di trascinare le masse incoscienti sino al giorno in cui un avvenimento inatteso aprirà loro gli occhi.

Gli antisemiti pretendono che essi non se la prendono che coi ricchi. In realtà essi non attaccano che i poveri. Supponete un'insurrezione popolare contro gli ebrei. I ricchi avvertiti in tempo opportuno, non avranno altro fastidio che di correre alla stazione. prendere un treno e mettersi al sicuro. Solo i piccoli. gli umili. che non saranno stati avvertiti, che non avranno i mezzi per fuggire, sorpresi dalla tempesta, saranno spogliati e maltrattati. Vienna e le provincie meridionali della Russia ce ne hanno dato esempi.

Ieri ancora io leggevo in un opuscolo di Milhaud, che vi è alla stazione di Baiona un facchino ebreo, il quale. quando per guadagnare il pane per la sua famiglia si carica sulle spalle un involto, vede che gli altri facchini glielo strappano gridando: *abbasso l'ebreo!* E questi nonpertanto non è un capitalista. Ebbene. fate che questo fatto si generalizzi e vedrete quale movimento d'indignazione solleverà la massa contro i promotori!

Quando il marchese di Morés uccise il capitano Meyer, Parigi fremè di emozione e l'antisemitismo indietreggiò. Il duello non pertanto era stato leale, e l'avversione proveniva unicamente dalla causa che aveva occasionato la morte del disgraziato ufficiale.

Ma che un ebreo sia spogliato, assassinato unicamente perchè ebreo e il signor Drumont, la sera del giorno che ciò avviene, farà cosa savia di partire per Bruxelles.

Riassumendo: l'antisemitismo non è una dottrina, è un tema di contraddizioni messo a servizio di passioni malsane. È una piattaforma politica che fa appello a tutti i sentimenti più bassi e più vili: al fanatismo, all'invidia, alla paura. Esso si spanderà, poichè il fanatismo, l'invidia e la paura sono universali e dappertutto vi è un partito interessato a espanderlo.

Ma sarà di breve durata, poichè presso tutti i popoli i sentimenti, nobili ed elevati dominano gl'immondi risentimenti; poichè, per l'onore dell'umanità, questo movimento di regresso, queste tendenze ataviche, verso un ritorno alla barbarie, sono effimere, perchè se, in certe ore, il progresso sembra arrestarsi e l'orizzonte farsi oscuro, le nubi finiscono sempre per essere spazzate, e l'umanità ritrova subito la sua via verso l'avvenire, verso il bene, verso il bello: e l'avvenire, il bello, il bene è la fraternità umana.

———

Le Temps du 16 août 1895 — 35ème année — n° 12495

LES FALSIFICATIONS DU MIEL ET DES HUILES D'OLIVE

Un intéressant échange de lettres vient d'avoir lieu entre le ministre de l'agriculture, M. Gadaud, et M. Naquet, député, au sujet de la répression des fraudes de certaines denrées alimentaires, notamment du miel et des huiles d'olive. Voici ces deux documents.

M. Naquet adressait à M. Gadaud la lettre suivante :

Monsieur le ministre de l'agriculture,

Le temps ne m'ayant pas permis, étant donnée la durée de la discussion des boissons, de vous poser, à la Chambre, la question que je voulais vous adresser relativement aux fraudes de certaines denrées alimentaires, vous voudrez bien me permettre, ainsi que, du reste, cela a été convenu entre nous, de prendre la forme épistolaire pour vous la poser.

Mon département a été de ceux que la crise agricole a le plus profondément éprouvés. Il se reconstitue à cette heure par la culture maraîchère là où il y a de l'eau. Mais dans les terrains qui ne sont pas à l'arrosage et où la culture de la vigne n'est plus possible comme elle l'était au temps des cépages français, les récoltes sont misérables et les cultivateurs demeurent fort malheureux.

Dans ces dernières années, l'apiculture s'était introduite chez nous et y donnait des produits rémunérateurs. Le miel, que l'on croirait presque sans usage en a encore plus qu'on ne saurait croire. Outre son emploi sur les tables et dans la pharmacie, il sert à la fabrication du pain d'épices, du nougat rouge et de certaines liqueurs fermentées.

Malheureusement, la fraude, en faisant tomber le miel fort au-dessous de sa valeur, est venue ruiner cette industrie qui prospérait.

Cette fraude ne sera-t-elle pas réprimée ?

Il est interdit de vendre sous le nom de vin des mélanges artificiels, de vendre sous le nom de beurre des mélanges de beurre et de margarine. Ne pouvez-vous interdire cette tromperie sur la nature de la marchandise vendue, qui consiste à vendre sous le nom de miel non le produit pur des abeilles, mais un mélange de ce produit et de glucose ?

Si la loi vous y autorise, vous êtes armé par la science. Sans doute, on pourrait réaliser des fraudes de miel qui défieraient l'action de la science. Mais ces fraudes ne seraient pas productives et les fraudeurs ne fraudent pas pour l'amour de l'art. La seule falsification qui rapporte est celle qui se fait au moyen de la glucose commerciale; et comme celle-ci renferme toujours de la dextrine, rien n'est facile comme de la déceler par la dialyse et le polarimètre.

Ce qui se passe avec le miel se passe avec l'huile d'olive, sous le nom de laquelle on met en vente les mélanges les plus variés. Et cependant, depuis les beaux travaux de M. Jean, ces mélanges sont devenus infiniment plus faciles à découvrir que par le passé.

Je viens vous demander, monsieur le ministre, de ne plus laisser vendre sous le nom de miel et d'huiles d'olive des mélanges qui ne renferment que des parcelles d'huile d'olive et de miel, et, au cas où vous ne seriez pas armé par la loi, de saisir le pouvoir législatif afin qu'il vous donne les armes nécessaires.

Comme, toutefois, il n'est pas logique de faire autant de lois spéciales qu'il existe de denrées à protéger, j'estime qu'il y aurait lieu de présenter au Parlement une loi générale modificatrice de la législation actuelle, relative aux falsifications; et c'est le dépôt de ce projet de loi que je désirerais vous voir prendre l'engagement de faire, si la législation actuelle ne vous suffit pas pour enrayer l'industrie des falsificateurs.

Dans ce projet, il m'apparaît qu'il devrait y avoir deux grandes divisions. Dans l'une se trouveraient les falsifications nuisibles à la santé, contre lesquelles les pénalités devraient être très sévères; dans l'autre se trouveraient les falsifications sans influence sur la santé. Celles-ci ne devraient point entraîner des pénalités aussi dures; mais elles devraient cependant en entraîner d'assez fortes pour protéger le commerce honnête et l'agriculture contre l'industrie des fraudeurs.

Notamment, il devrait être bien établi, et cela d'une manière générale, que ce n'est pas seulement le beurre et le vin qui ne peuvent être vendus sous les noms de *beurre* et de *vin* que lorsqu'ils sont purs, mais que le principe doit être appliqué à toutes les denrées au nom de l'honnêteté commerciale.

Je serais heureux, monsieur le ministre, si votre réponse m'apportait la bonne nouvelle que le commerce honnête et l'agriculture peuvent compter sur votre énergique protection, soit par une répression immédiate de la fraude si vous êtes suffisamment armé pour cela, soit, dans le cas contraire, par le dépôt prochain d'un projet de loi que les Chambres ne vous refuseront pas de voter et qui vous fournisse les moyens de répression qui vous font défaut à cette heure.

Veuillez agréer, monsieur le ministre, l'assurance de ma haute considération.

A. NAQUET.

Le ministre de l'agriculture a répondu en ces termes à cette lettre :

Monsieur le député,

Votre lettre du 23 juin appelle mon attention sur les fraudes de certaines denrées alimentaires, notamment du miel et des huiles d'olive.

Le miel, qui sert à certaines industries (la fabrication du pain d'épices notamment), constitue pour certaines régions une source de revenus qui n'est point à dédaigner et qui se trouve en effet compromise par les falsifications. La plus fréquente d'entre elles consiste dans l'addition de sirop de glucose.

Les procédés scientifiques pour la découverte de cette fraude sont connus, et, en s'appuyant sur la dialyse et la polarimétrie, un chimiste exercé peut toujours en déterminer la nature.

Au point de vue législatif et administratif, nous sommes armés contre les fraudeurs.

La loi de germinal an XI et le décret de 1859 permettent à des commissions composées d'hommes très compétents, choisis, dans les départements ou dans les arrondissements, parmi les membres du Conseil d'hygiène, de contrôler régulièrement, au moins une fois par an, et toutes les fois que le besoin s'en fait sentir, la pureté des produits mis en vente chez les pharmaciens, les épiciers et droguistes. Cette commission signale au préfet le résultat de ses opérations, à la suite desquelles des procès-verbaux, dont nous pourrions citer de nombreux exemples, peuvent être dressés et des poursuites exercées contre les détenteurs de produits sophistiqués ou fraudés. Chaque année, les préfets reçoivent de l'administration centrale, agissant sous l'inspiration du Comité consultatif d'hygiène et de salubrité publiques, des circulaires prescrivant les règles à suivre et les points précis sur lesquels doivent porter les investigations de ces commissions. Nous aurons soin, monsieur le député, de faire insérer dans la rédaction des prochaines circulaires un avis tout spécial concernant la vérification des miels.

On trouve également des garanties analogues dans l'application de la loi de 1884, pour ce qui concerne les huiles d'olive dont l'importance est beaucoup plus considérable ; leur production a subi un tort énorme par suite de falsifications nombreuses, tendant toutes à substituer à l'huile pure d'olive des huiles d'un prix inférieur (coton, colza, sésame, arachide, œillette, etc.).

L'Etat est saisi depuis longtemps de plaintes violentes. Soucieux de sauvegarder une culture si importante, le ministère de l'agriculture, comprenant que la difficulté des poursuites contre les fraudeurs résidait le plus souvent dans l'incertitude des procédés chimiques employés, appliquait tous ses efforts à donner aux experts une arme plus solide. De concert avec le ministère de la marine et la résidence générale de Tunisie, tous les deux intéressés dans cette question, il donna à d'habiles chimistes, M. Müntz, professeur à l'institut agronomique, M. Milliau, directeur du laboratoire d'essais techniques du ministère de l'agriculture, M. Durand, directeur du laboratoire central de chimie du ministère de la marine, la mission de faire un travail d'ensemble sur les procédés à employer pour reconnaître les falsifications des huiles d'olive comestibles et industrielles.

Ces savants, dans un rapport détaillé déposé en juillet 1894, ont reconnu que la plupart des anciens procédés d'analyse basés sur des colorations ou sur des réactions empiriques donnaient fréquemment des résultats inexacts. C'est ainsi, par exemple, qu'on arrivait à déclarer fraudées les huiles pures de Tunisie.

Pour conclure d'une façon certaine à la pureté ou à l'adultération des huiles d'olive il faut avo'r recours non pas à une détermination unique, mais à un ensemble de déterminations qui toutes doivent concorder. Au lieu d'opérer sur l'huile même, il faut opérer sur l'huile épurée préalablement et le plus souvent sur les acides gras de saponification. C'est là un grand progrès apporté à l'analyse des huiles.

Les auteurs ont pu ainsi faire, parmi les nombreux procédés d'analyse proposés, le triage des réactions incertaines et trompeuses et de celles qui offrent un caractère de constance et de certitude.

Ce n'est pas ici le lieu de faire la description de ces procédés ; disons simplement que c'est par l'étude de :

La densité ;

La solubilité dans l'alcool ;

La saponification sulfurique ;

L'action des vapeurs nitreuses ;

L'indice d'iode ;

Du point de fusion et de congélation ;

De la saturation des acides gras ;

Et enfin par la recherche, à l'aide de réactions spéciales (nitrate d'argent, acide chlorhydrique sucré, etc.), des huiles étrangères à l'huile d'olive (sésame, œillette, coton, arachide, colza, etc.), des huiles animales et minérales, qu'on peut affirmer la pureté d'une huile d'olive.

Il y a lieu d'espérer qu'à l'avenir les erreurs regrettables provenant de l'emploi des méthodes inexactes pourront être évitées.

Si nous avons insisté sur ces faits d'ordre chimique, c'est pour arriver à cette conclusion, que, dans les questions de falsifications, un des points les plus importants réside dans l'application de méthodes d'analyses très sûres et très bien étudiées.

On peut déclarer hautement que si la répression des fraudes échappe souvent aux tribunaux, c'est que les experts n'apportent pas toujours une preuve certaine et incontestable. C'est concourir puissamment à réprimer la fraude que de développer les recherches ayant pour objet de donner aux procédés d'analyses une sûreté et surtout une unité plus grandes.

Nous attachons à ce point de vue de la question une importance très grande. C'est ainsi que nous avons procédé, dans les laboratoires dépendant de notre ministère, au contrôle et à l'unification des méthodes d'analyses des engrais, celles des beurres, celles des huiles, et nous nous proposons de donner à ce service une allure plus régulière en confiant à des spécialistes le soin de passer en revue successivement toutes les matières agricoles. Nous donnerons ainsi un point d'appui très puissant aux tribunaux, dans les poursuites qui s'exercent sur les falsifications.

En même temps que nous mettons entre les mains de nos directeurs de stations agronomiques des méthodes très perfectionnées, nous les engageons à porter leur attention, d'une manière toute particulière, sur la poursuite des fraudes qui font tant de tort à nos produits agricoles.

Vous voyez ainsi, monsieur le député, que le ministre de l'agriculture se préoccupe très vivement et dans un sens très pratique et très efficace de l'objet des plaintes légitimes du cultivateur.

Les moyens administratifs que nous avons exposés à propos du miel s'appliquent également aux huiles. On a même voulu aller plus loin, et, en 1889, sur la plainte de plusieurs conseils généraux, le regretté M. Viette, alors ministre de l'agriculture, décida de déposer à la Chambre un projet de loi complétant la loi de 1851 sur la falsification des substances alimentaires. Mais ce projet ne fut pas discuté.

Il en fut de même de la proposition de loi déposée, le 30 mai 1891, par MM. Clemenceau, Raspail et Rousse, députés, proposition en faveur de laquelle l'urgence avait été cependant déclarée.

Je me demande avec vous, monsieur le député, si, en présence de la multiplicité des lois s'appliquant à la punition des fraudes pour chaque nature de denrées (loi sur les beurres, les engrais, les vins, etc.) et qui menacent chaque année de s'augmenter, il ne serait pas préférable de remanier l'article 423 du Code pénal, de le fondre avec les lois des 1er avril 1851, 13 mai 1863 et celles plus récemment votées.

On pourrait, avec les différents textes de loi déjà existants, rédiger des dispositions claires, nettes, précises, pouvant s'appliquer à toutes les tromperies et falsifications de quelque nature qu'elles soient, afin de permettre aux tribunaux de frapper de peines sévères et méritées les industriels et les commerçants malhonnêtes.

Je suis heureux, monsieur le député, de me trouver avec vous, sur ce point, en parfaite communion d'idées, et je m'empresse de vous dire que, dès la rentrée, je présenterai au Parlement un projet de loi général contre la répression des fraudes en matière de denrées alimentaires.

Agréez, monsieur le député, l'assurance de ma haute considération.

Le ministre de l'agriculture,
GADAUD.

Le Figaro du 16 août 1895 (41ᵉ année — 7ᵉ série — nᵒ 228)

LE RECRUTEMENT
DE
LA MAGISTRATURE

Je montrais dans un précédent article le danger qu'il y a pour un gouvernement démocratique à ne pas établir pour le recrutement de ses fonctionnaires non politiques en général, et de son personnel judiciaire en particulier, des règles fixes de nature à écarter le favoritisme, et j'ajoutais que je croyais M. le garde des sceaux acquis à ces idées.

Une récente décision de M. Trarieux vient de me prouver que je ne m'étais pas trompé. Désormais, et en vertu de cette décision, c'est par la voie du concours que l'on entrera à la chancellerie. C'est encore bien peu de chose. C'est une initiative bien timide, infiniment plus timide que celle prise autrefois par M. Dufaure. Mais enfin c'est l'indice d'une tendance, et les ministres ont si rarement la tendance aux réformes, surtout quand il s'agit de réformes de nature à limiter leur autorité, qu'il faudrait profiter de la bonne chance qui nous est offerte. Les ministères durent peu sous le beau régime que nous a fait M. Wallon : hâtons-nous donc d'utiliser la bonne volonté de ceux qui peuvent nous aider pendant qu'ils sont au pouvoir, car ils risquent fort de n'y être plus demain. Je ne saurais trop engager MM. Flandin et Bérard à faire tous leurs efforts dès la rentrée, et avant que la discussion interminable du budget ne commence, pour obtenir le rapport et la mise à l'ordre du jour de leur proposition.

Mais comme, à coup sûr, cette proposition amènera des amendements nombreux, dont quelques-uns peuvent être prévus d'avance, il n'est pas mauvais de dire dès aujourd'hui ce qu'il faut penser des solutions qui seront, sans nul doute, défendues par le groupe socialiste.

On nous apportera certainement, comme on n'a jamais manqué de le faire toutes les fois que des lois relatives à la magistrature ont été discutées, la proposition d'accorder au suffrage universel la faculté d'élire les magistrats. On nous affirmera, en citant les États-Unis et la Suisse, que c'est là la solution vraiment démocratique.

Ce n'est, en réalité, qu'une solution rudimentaire, dont doivent se garder avec soin tous les États arrivés à un état quelque peu avancé d'organisation, surtout lorsqu'ils sont démocratiques.

Les exemples de la Suisse et des États-Unis ne sauraient infirmer cette règle.

En Suisse, les magistrats qui occupent les postes élevés ne sont point élus par le suffrage universel, mais par le pouvoir législatif fédéral ou cantonal, selon les cas. Les électeurs ne nomment qu'aux postes inférieurs. Ceux-ci sont si peu disputés qu'on trouve difficilement des candidats. Et d'ailleurs, dans ce pays façonné depuis longtemps à la liberté, on sait, malgré ses passions très vives, laisser la politique à sa place et ne pas la faire intervenir là où elle ne doit pas être, où les électeurs en très petit nombre connaissent personnellement les candidats; les choix raisonnés et sages sont possibles.

Mais aux États-Unis, où la population est considérable, où les électeurs sont en grand nombre, où il leur est impossible de connaître personnellement les candidats, où la politique se mêle à tout et le favoritisme est en honneur, l'élection des juges a produit des résultats déplorables. L'Amérique a des magistrats de premier ordre. Ce sont ceux de la Cour suprême qui, eux, ne sont pas nommés par le suffrage universel. En dehors de ceux-là, elle compte certainement des juges intelligents et intègres; mais, comme ensemble, on ne sera contredit par personne, pas même par les Américains, si l'on affirme que sa magistrature est la plus imparfaite du monde.

Il suffirait pour s'en convaincre de voir ce qui vient de se passer à New-York où la justice a dû être épurée par une dictature municipale de quelques jours, parce qu'elle avait participé à tous les scandales dont Tammany Hall a

...ait depuis longtemps la vraie métropole américaine.

Comment en serait-il autrement?

L'homme étant homme dans tous les pays, les institutions sont nécessairement mauvaises qui, pour produire de bons effets, demandent à être mises en œuvre par des anges, et c'est le cas pour la magistrature élective.

Un député peut et doit être élu par le suffrage universel, parce qu'il n'est pas tenu à l'impartialité entre ses amis et ses adversaires, parce qu'il représente un parti dont il est le défenseur,

Le juge, au contraire, ne doit connaître ni amitié ni parti. Il doit conserver une impartialité complète. Rien ne doit influencer le plateau de sa balance, si ce n'est la justice.

Or, je le demande à tous ceux qui ont assisté à des élections, qui ont lu toutes les vilenies que les partis opposés impriment et affichent les uns contre les autres : serait-il possible à un juge de demeurer serein, impartial, de maintenir sa balance égale dans un procès entre le chef du Comité qui l'aurait fait élire et le chef du Comité opposé qui l'aurait outragé lorsqu'il était candidat?

Et s'il en avait la force morale; si, foulant aux pieds tout ressentiment; tout intérêt de réélection, même tout esprit de reconnaissance, il ne se laissait influencer que par le droit, le croirait-on ? Ses adversaires ne se diraient-ils pas toujours sacrifiés lorsqu'il leur ferait perdre leur procès, et ses amis, trahis lorsqu'il ne le leur ferait pas gagner ?

Il faudrait ignorer la nature humaine pour l'espérer et pour croire que le recrutement de la magistrature par l'élection pût laisser intact le respect de la justice, qui est le premier et le plus impérieux besoin des sociétés.

Et ce premier inconvénient n'est pas le seul. Si grave qu'il soit, il en existe un second, peut-être plus grave encore.

Les circonscriptions judiciaires, quelque décentralisé que soit le pays, même aux États-Unis, même en Suisse, sont toujours, par la force des choses, infiniment moins étendues que les circonscriptions législatives. A plus forte raison cela est-il vrai dans des pays centralisés comme la France.

La loi étant applicable à toute la circonscription qui l'a faite, à la France entière s'il s'agit de notre pays centralisé, à l'État de New-York ou au canton de Genève, s'il s'agit d'une législation d'État ou d'une législation cantonale dans un pays fédératif, son application ne peut être confiée à des souverainetés parcellaires. Non seulement, en effet, celles-ci peuvent être en désaccord avec la souveraineté générale, mais elles le sont presque toujours, la loi étant une transaction entre des volontés différentes dont il est bien rare que chacune soit pleinement satisfaite. Si les juges étaient nommés par le suffrage universel, selon les pays auxquels ils appartiendraient ils se refuseraient à l'application de telle ou de telle loi.

Et qu'on ne prétende pas voir là une simple hypothèse : aux États-Unis il arrive fréquemment que des juges sont élus sur un programme portant qu'ils n'appliqueront pas certaines lois.

En France même, la difficulté avec laquelle les magistrats ennemis du divorce appliquent la loi de 1884 et la facilité, au contraire, avec laquelle l'appliquent ceux qui en sont partisans montrent clairement que si les juges étaient indépendants de tout, excepté de leurs électeurs, la jurisprudence aurait des variétés infinies. Il ne vaudrait plus la peine de légiférer, car la loi ne serait obéie nulle part.

La magistrature élective serait l'anarchie dans l'application des lois, et nous n'en sommes pas heureusement encore à redouter qu'un Parlement français puisse consacrer de son vote une prétendue réforme de cette nature. L'amendement inévitable que la Chambre aura à discuter sur ce point donnera lieu à un tournoi oratoire, et rien de plus. Ce n'est point du côté de la Suisse et de l'Amérique qu'il y a lieu, en cette matière, de tourner nos regards, mais bien du côté des nations qui, tout en conférant au pouvoir exécutif le droit de nommer les juges, ont su limiter ce pouvoir par des règles tutélaires. C'est là ce que

proposent MM. [...] et Bérard, c'est là ce que le garde des sceaux semble accepter, c'est là ce que le pays attend.
Alfred Naquet

Lettre à Raqueni pour décliner l'offre d'aller assister le 20 7bre aux fêtes du 20 7bre à Rome où sera inauguré le mon.ᵗ de Garibaldi.

Paris le 15 août 1895
42 rue de Moscou

Mon cher ami

Vous pouvez m'inscrire comme adhérent à l'union latine et je serai très-heureux de payer ma cotisation annuelle de dix francs; mais je ne pourrai pas aller à Rome le 20 7bre, et j'ai pour cela trois motifs dont chacun suffirait.

Le premier, c'est que personnellement je serai pris à ce moment là par des devoirs de famille que je devrais sacrifier pour aller à Rome & que je ne veux pas sacrifier;

Le second est que, à mesure que les années viennent, ma santé, qui n'a jamais été fameuse, devient débile, et que le voyage combiné avec les représentations, les manifestations, les banquets, me rend infailliblement malade.

Ces deux motifs sont d'ordre personnel. J'en ai un aussi d'ordre sentimental politique.

J'ai applaudi en 1870 à l'entrée des troupes italiennes à Rome. J'estime que les Italiens avaient le droit et le devoir d'y aller lorsqu'ils ont été libres de le faire. Je souhaite qu'ils fêtent cette grande date du 20 7bre qui a consacré l'unité de leur patrie. Mais je ne puis pas ne pas songer que si ce grand événement a été accompli et a pu l'être, c'est que la bataille de Sedan en avait été le prélude.

Si nous avions renversé l'Empire sans guerre, et que l'abandon de Rome eût été la conséquence de notre révolution républicaine, avec quelle joie nous fêterions les événements connexes heureux tous les deux.

Mais ici il y a aussi deux événements connexes, l'un heureux, l'autre lamentable. De loin, nous Français, nous pouvons associer nos esprits et nos cœurs à ceux des patriotes Italiens qui célèbrent l'anniversaire du jour où la patrie Italienne a reçu son sceau définitif; mais pour nous nous joindre à des manifestations qui rappellent la chute de la France, le démembrement de notre pays, c'est-à-dire le contraire chez nous de ce que vous allez célébrer chez vous.

Au milieu de votre joie, comment ne serions nous pas tristes? Et, pendant que vous entonnerez des hymnes de triomphe en souvenir de la délivrance de Rome, comment les larmes ne nous viendraient-elles pas aux yeux en pensant à Strasbourg et à Metz?

Il est vrai que nous porterions le tribut de notre reconnaissance au héros de Dijon. Mais cette reconnaissance gravée dans nos cœurs n'a pas besoin, pour s'exprimer, de cette manifestation extérieure.

Tout Cela n'est peut-être pas raisonnable, & je ne blâme pas ceux qui, Sentant autrement, iront à Rome le 20 7bre prochain. Mais on ne raisonne pas avec les Sentiments ; et j'éprouve le Sentiment profond que je ne puis pas assister à Ses réjouissances qui Co-incident avec l'anniversaire de la défaite de mon pays.

Je parlerais autrement Si l'érection du monument ne Coïncidait pas avec Cette date funèbre. Mais je ne me sens pas la force, même pour un pieux devoir à remplir, de vaincre Cette impression, & n'eussé-je pas les motifs personnels d'abstention que je vous ai fait Connaître, par la raison que je viens de vous exprimer, je m'abstiendrais encore.

Je vous autorise d'ailleurs, Si vous le désirez, à lire ma lettre, afin qu'on Sache bien que Si le deuil de la France m'empêche d'assister à une fête commémorative qui Coïncide avec lui, je n'en suis pas moins de Cœur, d'idées, d'espérances avec ceux qui Célèbrent Cette fête Commémorative et qui ont le devoir de la Célébrer.

Bien affectueusement à vous,

A. Naquet

M. Raquemi, au Comité de l'union latine — rue Geoffroy maria, — Paris

Le Figaro du 24 août 1895 (41e année - 3e série - n° 236)

[illegible] SOUTANE

[illegible] dans a prétendu que nul n'est pro[illegible] dans son pays? C'est là une erreur [illegible] : on l'est souvent à la condition [illegible] payer les frais de la prophétie, d'être [illegible] à ses dépens.

[illegible] suis un récent exemple. Depuis [illegible] quarante ans que je m'occupe de [illegible]ique, je puis me rendre cette justice [illegible] ai pas mal travaillé, et que j'ai at[illegible] mon nom à quelques réformes im[illegible]antes. Soit dit en passant, cela est [illegible] agréable que d'avoir été ministre : [illegible] reste quelque chose et l'on ne meurt [illegible] tout entier.

[illegible] nombre de ces réformes dont j'ai [illegible]tribué plus qu'aucun autre à doter [illegible] pays se trouve le droit de réunion. [illegible] tâche n'était pas facile entre les mo[illegible] dont M. Louis Legrand était le [illegible]-drapeau et qui m'accusaient d'in[illegible]sigeance radicale, et les radicaux qui [illegible]oussaient avec indignation mon projet [illegible] trouvaient empreint d'un modéran[illegible]me excessif. N'exigeait-il pas une dé[illegible]ation préalable, et ne consacrait-il pas [illegible]incipe, malheureusement tombé en [illegible]tude depuis lors, de la présence [illegible] agent de l'autorité à la réunion pour [illegible] respecter la liberté des orateurs? [illegible] dire des intransigeants de gauche, [illegible]ait là une disposition abominable. [illegible] Blanc surtout, ce grand esprit, ce [illegible]nd cœur, que la noblesse même de [illegible] caractère empêchait de prévoir les [illegible]ies, et qui, comme conséquence de [illegible] honnêteté extrême, apportait un [illegible]nds de naïveté dans l'existence à côté [illegible] son génie, Louis Blanc ne pouvait [illegible] prendre son parti de ma *déclaration* [illegible] de mon *commissaire de police*. Il y voyait la violation des principes les plus [illegible]crés.

Comme je lui faisais observer, cepen[illegible], de la tribune que le respect de la li[illegible] exige non seulement du gouvernement qu'il ne soit pas armé du droit d'empêcher les citoyens de se réunir, mais aussi qu'il soit tenu de garantir les citoyens réunis contre des perturbateurs possibles, je le vois et je l'entends encore se démener à sa place et s'écrier : « Vous calomniez le suffrage universel. »

Allez-y voir, pourrais-je lui dire aujourd'hui, s'il vivait encore. Il n'aurait qu'à suivre les réunions parisiennes pour reconnaître que je ne calomniais personne, et que le droit que j'avais conquis pour les citoyens est en bonne voie d'être supprimé par les citoyens eux-mêmes. On n'a plus besoin d'interdiction : une bande d'énergumènes suffit.

On me l'a bien montré dans Vaucluse, il y a un mois.

Dans l'un des cantons de l'arrondissement que je représente, celui de Mormoiron, se trouvait un conseiller général, radical, paraît-il, bien qu'il fût soutenu, en haine de moi, par toute la plus fine fleur de l'opportunisme, et mon ennemi personnel avéré. Je lui avais opposé un adversaire, avec lequel, ne voulant pas me présenter moi-même, je m'étais identifié. Ses amis et lui — ce dont je les remercie — avaient accepté l'identification et, ménageant le candidat présenté par moi, avaient fait porter contre moi toute l'ardeur de leur polémique.

Seulement, comment me vaincre? Je suis un vieux routier de la politique. J'ai toujours exercé sur le suffrage universel cet empire que donne une parole sincère inspirée par une évidente bonne foi. Si je parlais j'étais vainqueur. Le moyen de me battre était tout trouvé : m'empêcher de parler. C'est ce qu'on a fait. De prétendus radicaux, qui n'hésiteraient pas à déclarer ouvert le droit révolutionnaire si la liberté de réunion était attaquée, n'ont rien trouvé de mieux dans Vaucluse — en imitation d'ailleurs de ce qui se passe à Paris — que de me fermer la bouche.

En 1876, mes ennemis interdisaient aux électeurs ruraux d'assister à mes réunions. On n'avait pas encore inventé ce moyen supérieur qui consiste à les troubler. La curiosité déjouait cette manœuvre : les électeurs venaient quand même et j'étais élu.

Heureusement que tout progresse dans notre pays de lumière. Aujourd'hui, on laisse tout le monde libre de répondre à mes convocations, mais on m'empêche de parler, et si je persiste à vouloir user de la parole, on s'arrange de façon à ce que personne n'entende.

Il n'y a pas à dire, c'est mieux. La méthode, toutefois, n'est pas nouvelle. Depuis longtemps elle est largement appliquée dans les grandes villes, où même les violences matérielles sont admises sans protestation.

Je me souviens qu'il y a trois ans, dans une réunion du 5ᵉ arrondissement de Paris, mon secrétaire fut grièvement blessé à la tête d'un coup de sonnette fortement assené. Le lendemain nous allâmes, lui et moi, déposer une plainte entre les mains de M. le procureur de la République, alors l'honorable M. Roulier :

« Si vous exigez une poursuite, nous poursuivrons, dit à mon secrétaire M. Roulier, mais sans enthousiasme. Si vous aviez été tué, nous aurions certainement poursuivi. Mais vous n'êtes même pas sérieusement malade, puisque vous êtes dans mon cabinet, et les coups et blessures sont aujourd'hui la *monnaie courante des réunions publiques* Ces mœurs sont regrettables, mais le moyen de s'y opposer ? On n'en finirait pas »

Je dois rendre cet hommage à mes adversaires du canton de Mormoiron, qu'ils n'ont exercé contre moi aucune violence matérielle, non plus que contre le candidat que je soutenais. Ils ont cherché quelque chose de plus simple et de plus efficace, et ils l'ont trouvé dans la calomnie à laquelle ils ne me permettaient pas de répondre.

Quelle calomnie ? se demandera-t-on

D'aucuns penseront peut-être que l'on m'a traité de juif et que l'on m'a solidarisé avec Dreyfus. Eh bien, non ! ce n'est pas cela.

On m'a traité de *clérical* et, dans l'une des réunions où le tumulte a été le plus savamment organisé, à Bédoin, on m'a jeté à la tête :

Lecteurs, devinez quoi ! je vous donne en mille.

Vous n'y êtes pas ? Eh bien ! je saute à votre jolifa.

On m'a jeté à la tête *une serviette* à laquelle était épinglé un morceau de papier portant cette phrase : « A bas le budget des cultes reconnaissant. »

Après avoir écrit il y a trente ans : *Religion, Propriété, Famille* ; après avoir publié : *République radicale* ; après avoir pris la part que j'ai prise au rétablissement du divorce ; après m'être toujours déclaré partisan de la séparation de l'Eglise et de l'Etat et avoir voté dans la dernière session comme M. Goblet — que son vote n'empêche pas de demeurer aux yeux de nos populations le *chef respecté du parti radical* — après m'être affirmé dans toutes les occasions comme libre-penseur, je pouvais difficilement m'attendre à ce projectile, même en me souvenant qu'en 1880 la Chambre m'invalida pour ingérence cléricale : la Chambre n'était pas le corps électoral, et il y avait en 1880 des passions qui, aujourd'hui, sont éteintes.

— Il est vrai qu'aux yeux de bien des gens qui se croient libres penseurs la libre pensée consiste à opprimer les autres en les empêchant de penser librement.

Quoi qu'il en soit, le projectile a produit un effet plus sûr que tout ce qu'on aurait pu mettre en œuvre. Il m'a tué net. Il m'a donné la mort — une de ces morts, entendez-moi bien, dont on ressuscite — mais enfin il a donné la victoire à mes ennemis.

Ma soutane a fait le tour des journaux de la région. Pendant huit jours elle a été l'objet de toutes les conversations. Comment, dès lors, voter pour le candidat d'un encapuciné tel que moi ? Ce n'était plus possible, et les urnes se sont chargées de nous l'apprendre.

Le plus curieux de la chose, c'est que le discours sur le budget des cultes, que l'on me reprochait sous cette forme humoristique, bien avant de le prononcer à la Chambre, je l'avais prononcé dans toutes les communes de mon arrondissement pendant la période électorale qui a précédé l'élection de 1885 et j'ajoute que, dans toutes, il avait été universellement applaudi. Il l'aurait été encore si j'avais pu l'expliquer de nouveau. Mais les électeurs ne voulaient pas suivre un curé manqué, et pour ne point y être entraînés par ma parole, ils m'ont fait la niche de couvrir ma voix sous le bruit. « Il nous aurait convaincus, s'il avait parlé, » disait l'un d'eux à un de mes amis, « et, comme nous ne voulions pas être convaincus, nous avons organisé le tumulte. »

C'est bien joué, et quoique ma conscience m'ait toujours interdit l'emploi de ces moyens-là, je suis trop philosophe pour ne pas rire le premier de l'aventure.

Le neuf d'ailleurs intéresse toujours et, pour moi, l'accusation de cléricalisme, c'était du neuf.

La seule réflexion triste que ces choses m'inspirent, c'est la pensée que le suffrage universel en est encore à ce point que de pareilles farces peuvent avoir empire sur lui.

Mais bah ! il fera son éducation à la longue, et il faut se garder de cette humeur morose qui s'empare de bien des gens au lendemain d'un échec.

Les échecs sont les conditions de la lutte et la lutte est la condition de la vie. Je ne regrette donc rien, et je ne souhaite qu'une chose à mes détracteurs actuellement victorieux, c'est d'être d'une humeur aussi gaie que la mienne le jour où l'on retournera contre eux l'*argument* dont ils se sont servis contre moi.

Après ça, on ne le leur retournera peut-être pas, parce que ces méthodes ne sont utiles que contre les hommes qui possèdent quelque valeur, qui sont quelqu'un.

Mon vainqueur, lui, serait probablement fort heureux qu'on l'empêchât de parler. Il aurait tout à y gagner. Aussi, il peut être tranquille. Je ne lui donnerai jamais ce plaisir.

Alfred Naquet.

Le Figaro Du 17 septembre 1895 - 41ᵉ année - 3ᵉ série - n° 260 (1)

L'IMPÔT
SUR LES OPÉRATIONS DE BOURSE

Il y a deux ans et demi, le 23 février 1893, combattant à la tribune nationale l'impôt qui n'était alors que projeté sur les opérations de Bourse, je prédisais que s'il était voté il aurait une influence funeste sur le marché de nos rentes.

J'essayais de prouver à la Chambre quel rôle utile joue la spéculation pour empêcher les heurts du marché.

— Quand arrive une panique, disais-je, ce n'est pas la spéculation qui vend ; c'est le comptant. Celui-ci n'est pas habitué aux phénomènes des opérations de Bourse ; il prend peur et les ordres de vente affluent de tous les points du territoire. Mais à ce moment la spéculation intervient ; elle est plus hardie, comme le disait Proudhon dans le passage que je citais tout à l'heure ; elle est au courant de ce qui se passe, et le grand réservoir reçoit, en réserve, les masses de titres offerts par le comptant. La panique passée, le comptant rachète avec une petite perte pour lui, avec un petit bénéfice pour la spéculation, bénéfice largement mérité par le service qu'elle a rendu. »

Mes paroles n'eurent l'heur de convaincre ni l'Assemblée ni le ministre ; la loi fut votée et, sans la crise ministérielle qui éloigna M. Tirard du ministère des finances, elle aurait été beaucoup plus mauvaise encore.

Depuis qu'elle existe, les maux que j'avais prévus ne se sont pas manifestés, parce que la hausse a été continue, parce qu'aucun événement extérieur ou intérieur n'est venu troubler le capitaliste dans sa quiétude et que, dès lors, la spéculation n'a pas eu l'occasion de démontrer son utilité.

Mais si ces effets funestes ne se sont pas produits grâce à ce que les circonstances ne s'y sont pas prêtées, par contre la cause qui peut, qui doit les produire, si jamais le malheur veut que les circonstances s'y prêtent, la suppression de la spéculation sur nos fonds d'État, est un fait accompli.

Or, cette suppression, si elle n'est pas exclusivement due à l'impôt, l'impôt est du moins le facteur principal.

Lorsqu'il s'agit des mines d'or, de valeurs qui font des bonds d'une livre sterling dans une bourse, les courtages, l'impôt n'arrêtent pas les spéculateurs. Dans ce cas se trouve justifiée l'apostrophe que m'adressait M. Leydet dans une interruption : « La cagnotte n'a jamais arrêté les joueurs. »

Il y avait cependant un mot de trop dans cette apostrophe, le mot *jamais*. Il est un cas où la cagnotte arrêterait les joueurs, c'est si elle prenait tout, et c'est ce qui se passe aujourd'hui sur la rente.

Si notre 3 0/0 était à 80 fr., s'il avait par suite une sérieuse élasticité de hausse, il arriverait pour lui ce qui arrive pour les mines d'or : on achèterait et l'on vendrait malgré l'élévation des frais.

Mais le 3 0/0 a dépassé 102 et, tant que la situation générale n'est pas troublée, on ne peut s'attendre sur ce fonds à aucun mouvement important dans aucun sens. Dans ces conditions, la cagnotte prend tout et l'on n'opère plus.

Avant l'impôt, il existait des spéculateurs qui achetaient de petites primes pour vingt-quatre heures pour se couvrir alors qu'ils vendaient de la rente. Ces petites primes animaient le marché, augmentaient considérablement le nombre des transactions et se liquidaient par des bénéfices ou des pertes insignifiants eu égard à l'importance des opérations réalisées.

Aujourd'hui l'acheteur de 3,000 fr. de rente paye un impôt de 5 francs au cours de 100 fr. (cinq centimes par mille francs de capital), et doit payer une seconde fois cette somme lorsqu'il liquide. C'est donc 10 francs qu'il aura à décaisser et comme cette somme de 10 francs dépasse de beaucoup le bénéfice que pourrait lui laisser l'opération dans les faibles écarts dans les cours qu'il est en droit de prévoir, il ne la fait pas.

(1) Voir aussi page 260 un article oublié à sa Date.

Il en est de même pour cette masse énorme de spéculateurs qui achetaient et revendaient avec un bénéfice ou une perte de un ou deux centimes et que l'on appelait les *centimiers*. Ils n'existent plus : l'impôt les a tués.

Or ces gens, qu'un observateur superficiel peut juger inutiles, exerçaient, au contraire, un rôle bienfaisant. Ils faisaient le même office vis-à-vis du mouvement des valeurs que le boisement des montagnes vis-à-vis du mouvement des eaux : ils en régularisaient le cours. Qu'une offre considérable ou une forte demande vînt à se produire, la première était aussitôt absorbée et la seconde servie : le marché ne s'en ressentait pas. Aujourd'hui un achat ou une vente de 100,000 francs de rente l'impressionne et, sans même songer à des éventualités de guerre heureusement improbables, il suffirait que les Caisses d'épargne fussent amenées à vendre sur une échelle un peu large, à la suite d'une mauvaise récolte, pour qu'on regrettât amèrement ce régulateur que l'on traitait si légèrement naguère.

Je dis : *que l'on traitait naguère,* parce qu'on commence à s'apercevoir du mal que l'on a fait. Le ministère, paraît-il, s'en préoccupe, et l'officieux *Temps* disait dans son Bulletin financier du 26 août : « L'impôt sur les opérations de Bourse a rendu difficiles certaines transactions qui pouvaient autrefois trouver un aliment dans des différences peu sensibles des cours ; il y a lieu de le regretter. »

Rien ne serait plus simple que de porter remède à cette situation menaçante. Ce remède ne consiste pas dans des entraves à apporter à la négociation des mines d'or ; il consiste à supprimer l'impôt en ce qui concerne nos rentes nationales, mesure que justifie l'énorme importance qu'a la tenue de cette valeur pour l'État, pour le pays. Cela suffirait pour rendre immédiatement au marché son animation première, et pour conjurer le danger que tout le monde appréhende maintenant parmi les personnes compétentes.

Si même on se laissait arrêter par des considérations budgétaires, on pourrait le conserver en principe en le réduisant au quart de ce qu'il est aujourd'hui. Un impôt de 1 fr. 25 pour 3,000 francs de rente serait supportable; et comme les transactions feraient certainement beaucoup plus que quadrupler, le Trésor n'y perdrait rien. C'est à cette solution que s'arrêtent actuellement dans leurs revendications les hommes d'affaires. Ils espèrent gagner plus facilement leur cause en ne se montrant pas intransigeants.

M. Ribot possède une intelligence trop subtile, trop développée pour que la situation actuelle ne le touche pas et pour qu'il n'ait pas le désir d'y mettre un terme. Mais nos ministères parlementaires, toujours tremblants devant la Chambre — et je ne dis pas cela pour M. Ribot plus que pour un autre — ne brillent pas par le courage. Si quelquefois, sur des questions de politique pure, ils vont même jusqu'à l'insolence vis-à-vis des partis opposants, comme d'aucuns avant le ministère actuel se le sont souvent permis, par contre sur les questions d'affaires, les seules intéressantes, ils cèdent devant la première sommation des collectivistes.

Je crains donc bien que M. Ribot ne dépose pas le projet de loi qu'on lui demande. Mais le jour où la Chambre sera éclairée et convaincue, lui ou tout autre le déposera. On ne saurait donc apporter trop de hâte à montrer le danger et à éclairer le Corps législatif.

Pour ma part, je m'y suis efforcé dès le premier jour, et ici encore, comme dans l'exemple que je donnais récemment dans mon article *Ma Soutane*, j'ai été prophète. Mais, cette fois, je n'ai pas payé les frais de la prophétie. Celui qui risque de les payer et de les payer cher, c'est l'État.

Alfred Naquet.

ECHOS DU MONDE THEOSOPHIQUE

MATÉRIALISTE ET THÉOSOPHE

Correspondance

Un des membres les plus éminents du Parlement français, et, de plus,
un des savants distingués de notre époque, est l'auteur des lettres si-
gnées X... adressées à un ami, au sujet des Doctrines et de l'Enseignement
théosophiques.

Les objections d'un esprit aussi sérieux et d'un homme de cette haute
valeur, présentées d'une façon si courtoise, sont de celles qu'on aime à
discuter et qu'on ne peut passer sous silence ou négliger, et la discussion,
en pareil cas, ne peut être que profitable à tous.

Un Théosophe a bien voulu assumer la tâche de répondre aux critiques et
aux questions formulées par X..., et cette correspondance présentera à nos
lecteurs l'exposé des deux Doctrines, par la plume de deux hommes, qui
sont, tous les deux, des penseurs, des écrivains et des savants.

Paris, le 30 octobre 1891.

    Mon cher ami,

C'est bien beau et bien tentant ce que vous me dites. Mais je
n'ai jamais rien nié systématiquement. Toutes les fois qu'on m'a
invité à des expériences de spiritisme ou de magnétisme, j'y suis
allé, — il y a trois mois à peine, la dernière fois, — et jamais, au
grand jamais, je n'ai rien vu qui fût de nature à porter en moi la
conviction, alors que je voyais, au contraire, les fidèles, non pas
seulement convaincus, mais certains. Et cependant mon désir eût
été de constater quelque chose : il est si doux de constater des
vérités nouvelles !

J'ai reçu également un livre que vous m'avez, je crois, envoyé,
mais je n'y ai absolument rien compris, peut-être par défaut
d'initiation première. Je n'y ai trouvé qu'un galimatias inintelli-
gible, et j'en ai interrompu la lecture. Je n'en aurais pas plus
retiré que je ne retirerais de la lecture d'un livre russe, si je connaissais les caractères de cette langue, sans connaître la langue
elle-même.

(1) voir : simples varia - t v - p. 252

Aussi suis-je très porté à croire que ce que vous considérez comme la science supérieure n'est qu'un rêve de science engendré par l'obsession du néant que la vanité de toutes choses laisse dans l'esprit.

L'idée de Dieu me paraît d'autant plus absurde que je la creuse davantage et, malgré l'impossibilité où nous sommes de concevoir l'anéantissement, tout me démontre que l'anéantissement est une réalité. L'éternité de l'être m'apparaît comme une chimère, et je dirais comme la plus décevante de toutes n'était que l'on ne peut plus éprouver de déception, lorsqu'on n'existe plus.

Certes, les sciences sont bien limitées, bien fragiles. Mais il y a cependant des faits certains. Les transformations du mouvement, le transport ou l'emmagasinement de la force, se voient dans nos tramways à baladeuses ou à accumulateurs. Entre un accumulateur vivant et un homme vivant l'analogie me semble parfaite, il en est de même entre un accumulateur dont les organes sont usés et hors de service et un homme mort. Qu'est devenue l'électricité qui faisait mouvoir le wagonnet et qui était la vie de l'accumulateur ? elle s'est transformée en mouvements variés, mais a perdu son individualité. Je crois bien qu'il en sera de même des mouvements qui se traduisent en sentiments et en pensées.

Mais la conscience, direz-vous ? Elle existe probablement à l'état embryonnaire jusque dans la dernière molécule, et s'épure, se perfectionne à mesure que devient plus parfait l'organisme, pour rétrograder vers la conscience rudimentaire, lorsque l'organisme se détruit.

Et comme tous les organismes se détruisent, que l'humanité, la terre, le système solaire, l'ensemble des soleils et des planètes disparaîtront pour faire place à de nouveaux soleils, à de nouvelles planètes, à de nouvelles humanités destinées à disparaître à leur tour, rien ne devant demeurer de notre œuvre, tout est vain.

Et pourquoi en serait-il autrement, si aucune volonté, aucune intelligence n'a procédé à l'ordonnancement de ce qui est, si tout est le fruit de la fatalité, des lois inéluctables de la matière éternelle ?

Maintenant vous me dites que je me trompe, qu'il n'en est pas ainsi, que notre personnalité subsiste après la mort, où elle continue son évolution terrestre et que nous faisons notre lendemain d'outre-tombe comme notre lendemain terrestre. Je voudrais bien qu'il en fût ainsi, et je ne demanderais rien de plus que d'en trouver la preuve, mais cette preuve, je l'ai vainement cherchée jusqu'à ce jour et j'ignore, si tant est qu'elle existe, dans quel Centre caché elle se cache, elle s' « occulte ».

Je ne vous en envie pas moins ; que votre pensée soit le fruit d'une conviction que vous qualifiez certitude, ou d'une certitude réelle, c'est beaucoup, dans l'espace restreint du temps qui nous est donné, d'avoir un idéal, et un idéal élevé, — car celui de nos religions positives m'irrite et me repousse tant il est bête. — Mais je vous avoue que je ne l'ai pas. Pour moi, la foi en l'humanité suffirait amplement à mon bonheur. Malheureusement, la politique ne me permet plus d'y croire.

Je vous serre bien affectueusement la main,

X...

Député

voir la réponse aux varia même date - + p.

Le Gil Blas du 29 7bre 1895 — n° 5794 —

M. NAQUET

M. Naquet, actuellement en voyage, nous fait l'honneur de répondre par la très intéressante lettre qu'on va lire aux questions que nous lui avons adressées :

Nice, le 24 septembre 1895.

Monsieur,

A mon sens, il n'y a qu'une cause de divorce : c'est l'incompatibilité de mœurs et de caractère. La loi du 20 septembre l'avait compris : elle avait fait de cette incompatibilité, même alléguée par un seul des époux, la cause principale de la rupture du lien conjugal. Elle avait laissé subsister cependant le divorce pour causes déterminées afin de permettre à l'époux innocent d'obtenir sûrement la garde de ses enfants ; mais toute sa prédilection était pour la simple obligation de l'incompatibilité : elle estimait qu'on évitait d'étaler au grand jour des faits intimes de nature à nuire souvent à la considération de la famille, et le législateur révolutionnaire croyait avoir mieux protégé celle-ci par sa procédure courte et sommaire que par l'accumulation des difficultés auxquelles on a recouru plus tard.

Le législateur révolutionnaire avait raison en principe, et c'est là qu'il faudra venir un jour. Mais les lois ne doivent pas trop devancer les mœurs, sous peine de réaction. La loi de 1792 devançait trop les mœurs. Elle entraîna une réaction fatale ; elle en entraînerait une nouvelle, qui risquerait de submerger l'institution elle-même, si on la rétablissait aujourd'hui.

Comme le nombre des ménages désunis est infiniment supérieur à celui des divorces et que ce dernier seul est enregistré dans les statistiques, une loi plus large, une loi qui facilite la rupture légale du lien, bien qu'elle n'entraîne pas un plus grand nombre de ruptures effectives, en fait apparaître un plus grand nombre et semble ainsi les avoir déterminées. Comme nos esprits sont encore simplistes, ils voient un effet de causalité là où il n'y a qu'un effet de coïncidence, et, si la loi est assez libérale pour mettre au jour toutes les ruptures de fait, l'opinion publique s'émeut, attribue à la loi une influence démoralisatrice qu'elle n'a pas et réagit contre elle. C'est ce qui arriverait sûrement si l'on rétablissait la loi de 1792 aujourd'hui ; c'est ce qui arriva à la fin du siècle dernier.

Le Consulat, entraîné par cette poussée de l'opinion publique, et quoique Bonaparte fût d'abord favorable à la conservation, comme cause de divorce, de la simple allégation de l'incompatibilité, dut céder et consentir à la modification de la loi du 20 septembre 1792, à laquelle fut substitué, en 1803, le titre VI du code civil.

Mais, lorsqu'on lit les travaux du conseil d'État, on s'aperçoit bien vite que les jurisconsultes qui préparèrent la loi nouvelle considéraient l'incompatibilité

des caractères comme la cause naturelle des divorces.

Seulement, ce qu'ils repoussaient, c'é-
tait la simple allégation de cette incompatibilité. Si celle-ci existe réellement,
disaient-ils, elle se manifestera par des
faits graves, qui motiveront le divorce.
Ces faits ne seront que la preuve de
l'incompatibilité, preuve dont le juge
ne saurait se passer en aucune matière.

Du moins, si le code civil fit disparaître la simple allégation de l'incompatibilité de la liste des causes du divorce,
conserva-t-il le divorce par consentement mutuel. Les orateurs qui défen-
dirent la loi devant le Corps législatif
ne cachèrent même pas que le divorce
par consentement mutuel avait leurs
préférences.

Lorsqu'il y aura des faits graves, disaient-ils, l'époux coupable, sûr que,
s'il refuse de consentir au divorce, celui-ci sera prononcé contre lui pour
cause déterminée, y consentira. Tout
scandale sera évité, et l'honneur des familles sera sauvegardé.

Cette opinion a été la mienne dès le
début de la campagne qui a abouti au
vote et à la promulgation de la loi de
1884; elle l'est encore. C'était celle de la
Chambre des députés, et, si la Chambre
a cédé, si j'ai cédé moi-même, c'est qu'il
fallait obtenir la loi et qu'avec les dispositions hésitantes du Sénat à cette
époque nous ne l'aurions pas obtenue
si nous avions eu le gouvernement contre nous. Or le ministère Ferry acceptait la loi à la condition de faire disparaître le consentement mutuel. Je me
résignai à ce sacrifice par esprit d'op-
portunité; mais je conservai mon opinion, et je suis, par conséquent, rallié
d'avance à tout ce qui pourra être fait
pour compléter la loi, soit par cette modification, soit par la modification de
l'absurde article 310, que le Sénat y a
introduit et qui est si fécond en contradictions judiciaires.

J'ajoute un point que vous touchez
dans votre lettre.

Rien n'est absurde comme de refuser
une liberté lorsque cette liberté existe
déjà et que, en l'accordant en droit, on
ne fait que légitimer l'état de fait. Le

législateur se donne alors à bon marché les apparences de la générosité. Il a l'air de concéder beaucoup et il ne concède rien.

Ce sera le cas lorsqu'il rétablira le divorce par consentement mutuel.

Aujourd'hui le mode de divorce existe, et il ne peut pas en être autrement, car le consentement mutuel est la cause la plus naturelle, la plus logique, la plus juste, la plus inattaquable de rupture du lien matrimonial; fatalement, là où est le divorce elle est, qu'on le veuille ou non.

Mais elle s'implante sous forme de jugements convenus là où la loi se refuse à la reconnaître. On crée des griefs apparents pour légitimer ce qu'on ne peut avoir sans les griefs. On met l'hypocrisie à la place de la vérité. C'est tout ce qu'on gagne.

Donc, en résumé, je suis résolument favorable au rétablissement du divorce par consentement mutuel.

Veuillez agréer, monsieur, l'expression de mes sentiments distingués.

A. NAQUET.

Le Soir du 7 8bre 1895 — n° 9535—

SUR LE DIVORCE

Réponse de M. A. Naquet à M. Paul Hervieu

La très intéressante comédie de M. Paul Hervieu, les *Tenailles*, a soulevé de nombreuses controverses. Hier, encore, dans le *Journal*, M. Clemenceau s'en prenait brillamment au mariage et demandait pour les époux désunis le droit au divorce, dans la plus large mesure.

Au cours de la conversation qu'il avait eue avec M. Paul Hervieu, à la veille de la première, et qui a été publiée dans le *Soir*, l'auteur avait dit à notre collaborateur Pierre Mille :

« La loi de 1804, élaborée sur l'ordre de Napoléon, l'empereur autocrate, était beaucoup plus libérale que celle de M. Naquet, votée sous la troisième République.

» Sous l'Empire, on admettait quatre cas de divorce, aujourd'hui on n'en admet que trois.

» Ma pièce revendique les prérogatives de loi de 1792, qui admettait le divorce demandé par un seul époux, partant du principe que la liberté individuelle est inaliénable.

» Au siècle dernier, la rupture d'un mariage était admise dans des cas assez nombreux; la folie, notamment, était du nombre.

» Aujourd'hui, sous prétexte que l'aliénation mentale n'est pas incurable et que le malade peut recouvrer d'un jour à l'autre la raison, on sacrifie l'être sain.

» Il est inadmissible, en effet, qu'un peuple libre, vivant sous le régime républicain, un siècle après la Révolution, ait des lois moins libérales que ses ancêtres, sous le régime impérial. »

M. A. Naquet, l'honorable député de Vaucluse, a bien voulu, à ce propos, nous adresser l'intéressante lettre qu'on va lire; il s'y explique sur les restrictions apportées par la Chambre et le Sénat à la loi dont il fut le promoteur et contre lesquelles s'élève M. Paul Hervieu.

Carpentras, 5 octobre 1895.

Monsieur,

Vous me demandez pourquoi le divorce par consentement mutuel n'est pas admis, et pourquoi la folie n'est pas une cause de divorce.

Par la simple raison que si la loi a été votée sur mon initiative, je ne l'ai pas faite et promulguée à moi seul.

Dans mon projet existaient le consentement mutuel, et la folie et l'absence déclarée comme causes de divorce; mais, malgré mon opposition et celle de M. Laisant, la commission de la Chambre supprima la folie et le Sénat fit disparaître l'absence et le consentement mutuel.

Vous me demandez si la loi pourrait être utilement réformée.

Oui, sans doute, en revenant à ces trois causes supprimées sans raison sérieuse et en rendant obligatoires, par la révision de l'article 310, la conversion, après trois ans de la séparation de corps en divorce, conversion que la loi a laissée à la discrétion des tribunaux.

Mais sur ce dernier point, une tentative faite par moi en 1886 au Sénat, a échoué et une tentative faite par mon collègue M. Julien, à la précédente législature de la Chambre, est en voie d'enterrement à l'Assemblée du Luxembourg.

Quant à la loi de 1792, M. Hervieu a raison. C'est la vraie loi. Mais elle est trop en avance sur nos mœurs pour pouvoir être votée. Elle serait repoussée; et si elle était acceptée, elle déterminerait une réaction qui risquerait d'emporter l'institution elle-même.

Mais, si le législateur ne peut pas, sans péril, la rétablir aujourd'hui, les penseurs, les philosophes, les hommes de lettres ont le droit et même le devoir d'y préparer les esprits.

À ce point de vue, j'applaudis à l'initiative de M. Paul Hervieu.

Veuillez agréer, Monsieur, l'assurance de ma parfaite considération.

A. NAQUET.

MATÉRIALISTE ET THÉOSOPHE

—

Correspondance *(suite).*

———

Nice, le 8 septembre 1895.

Monsieur,

Mon ami Arthur Arnould, en me communiquant votre intéressante lettre, m'avait demandé si je consentirais à ce qu'il publiât mes lettres dans le *Lotus bleu*, en ne les signant pas. J'ai voulu lui envoyer l'adhésion qu'il me demandait, quoique je trouve mes lettres indigne de cet honneur, attendu que, en cette matière, je suis un parfait ignorant, qui parle de ce qu'il ignore et qui se borne à exposer son propre état d'esprit. Une fois la plume à la main, je me suis laissé entraîner sur la voie de la discussion théosophique, et voilà comment, au lieu de vous l'adresser directement, c'est à lui que j'ai écrit la lettre qu'il vous communiquera.

Mais l'extrême amabilité que vous avez eue, au milieu de vos nombreuses occupations, de m'écrire les lignes si profondément intéressantes que j'ai reçues de vous, me faisaient un devoir de vous répondre aussi directement pour vous remercier, et c'est le devoir, très doux pour moi, que je remplis à cette heure, en laissant de côté, bien entendu, puisque vous les lirez, les points que j'ai traités avec Arthur Arnould.

Je tiens d'ailleurs à vous exprimer aussi ma gratitude pour l'appréciation bienveillante que vous avez bien voulu faire de mon œuvre politique.

Il est certain que j'ai lutté impersonnellement pour ce que j'ai cru utile à l'humanité, et que j'ai lutté avec la passion d'un homme qui aime l'humanité ardemment. J'ai lutté pour l'établissement de la République, j'ai lutté pour le divorce, j'ai lutté pour doter mon pays de la liberté de la presse et du droit de réunion.

J'ai réussi, et cependant je n'en éprouve ni orgueil ni satisfaction, parce que le découragement a suivi la lutte, que la République n'a rien donné de ce que j'en attendais. Je me demande, à cette heure, si les résultats obtenus sont adéquats aux intentions qui les ont déterminés. Je suis tenté de me dire que rien ne vaut, ou, tout au moins, que l'évolution humaine se fait d'elle-même, le travail législatif étant une simple illusion, et je ne suis pas certain de n'avoir pas perdu mon temps. Vous voyez par là si je serais heureux de

(1) voir *simples varia* t. v — p. 267

trouver dans une voie nouvelle l'enthousiasme qui, pendant 40 ans, m'a fait vivre et qui s'est retiré de moi. Mais, soit que votre doctrine soit fausse, soit que je sois encore trop peu évolué pour la comprendre, je m'y sens très rétif, et c'est ce que j'écrivais ce matin à Arthur Arnould.

Je voudrais bien, toutefois, sinon adopter, — ce serait un second stage, — du moins, comprendre le sens de ce que vous enseignez.

Ce ne sont pas les mots sanscrits qui me gênent : vous les expliquez, mais la pensée que je saisis mal. Je ne vois pas bien comment le Nirvana est l'absorption dans l'absolu sans l'être, comment le Manas-Buddhi excusez si j'emploie mal ces mots conserve la conscience dans l'Absolu inconscient, et c'est ce que j'écrivais, ce matin à notre ami.

Depuis ce moment j'ai relu votre lettre et j'ai cru comprendre ceci : le Manas-Buddhi qui nous anime ne sera jamais privé de corps; même quand il ne s'incarnera plus, même lorsqu'il n'aura plus ni corps physique, ni double, il aura un corps, corps dont la longévité s'accroîtra avec son degré de fluidité, mais qui existera à l'infini. Même en Nirvana, nous aurons un corps, un corps glorieux, qui maintiendra la conscience, tout en laissant transparaître avec assez d'éclat l'unité de l'être pour que la conscience demeure, quoique l'illusion de la séparativité ait cessé.

Est-ce bien là votre idée? Est-ce bien là l'enseignement théosophique? Cela ne lèverait pas mes doutes sur l'objectivité de cette conception ; mais, au moins, si c'était cela, je comprendrais la conception elle-même et j'aurais une base pour la discuter et l'étudier.

Quant aux objections, elles m'apparaissent énormes. Je ne trouve pas que Karma donne l'explication du problème du mal, — vous en lirez les raisons dans la lettre qu'Arnould vous communiquera.

D'autre part, ces corps aromaux me paraissent bien hypothétiques. Qui dit corps dit forme. Or, la matière solide paraît seule susceptible de forme. Les liquides et les gaz ne le sont pas. Comment les fluides plus subtils le seraient-ils?

Quoi qu'il en soit, Monsieur, merci encore de la peine que vous avez prise et que vous voulez bien prendre encore, et veuillez agréer, avec mes remerciements, l'expression de ma haute sympathie pour votre grande érudition, votre talent éminent, et pour la noblesse du but qui vous guide.

X...
Député.

P. S. — Il y a à l'encontre des apparitions, des fantômes, tant des vivants que des morts, une objection que je n'ai lue nulle part, qui n'a jamais frappé personne et qui me frappe.

Au yeux des Théosophes, comme aux yeux des spirites, l'apparition, — celle des vivants surtout, car, je crois, vous attribuez les autres aux Élémentals, — sont dues au double astral de la personne qui quitte le corps visible et devient visible lui-même.

L'explication me paraîtrait plausible, si le fantôme apparaissait nu, mais il apparaît toujours vêtu, et cependant les vêtements n'ont pas de double astral. Il apparaît même vêtu, lorsque le corps physique, plongé dans le sommeil, est au lit déshabillé.

Ainsi, il y a deux ans, notre femme de chambre était allée au bal de l'Hôtel-de-Ville. Comme elle était rentrée éreintée, je l'avais envoyée se coucher à midi.

A 4 heures, quelqu'un ayant sonné à ma porte, j'allai ouvrir moi-même la porte, et, en traversant l'antichambre, je la rencontrai qui la traversait aussi, un balai à la main. Je ne lui parlai pas. Le soir, elle me déclara s'être couchée à midi et ne s'être levée qu'à 7 heures. Je me dis que j'avais été le jouet d'une hallucination, à moins qu'elle ne soit somnambule. Arnould, sans rejeter ces deux hypothèses, y ajoute celle du double astral. Donc cette hypothèse n'est point contradictoire avec la doctrine. Eh bien ! je me demande comment une femme, dont le corps physique gît au lit, déshabillé, — et fût-elle même habillée, — peut m'apparaître couverte de vêtements qui, eux, n'ont pas de double, et armée d'un balai qui n'en a pas davantage.

L'hallucination explique, au contraire, le fait sans difficulté. Je vois l'objet qui n'existe pas, tel que j'ai coutume de le voir, lorsqu'il existe en ma présence.

Cette objection vous fera peut-être sourire, mais elle me paraît très grave. Maintenant, peut-être n'a-t-elle pas le sens commun.

A. Naquet

20 septembre 93.

Le Gil Blas du 20 9bre 1895 — XVIIe année n° 5746

APRÈS LA CRISE

PAR
ALFRED NAQUET

La crise financière dont nous commençons à peine de sortir est facile à analyser dans ses causes et apporte avec elle quelques enseignements sur lesquels nous voulons nous appesantir.

M. Vincent était allé au Transvaal ; il en était revenu enthousiasmé, et il avait engagé dans les valeurs minières la Banque ottomane, ce qui avait eu pour effet d'entraîner dans la même voie les principales maisons de Constantinople.

Là-dessus survient une baisse des valeurs minières, un de ces mouvements de recul qui suivent toujours les mouvements inverses lorsqu'ils ont été très rapides. Tous les acheteurs ne prennent pas livraison de leurs titres à l'échéance. Beaucoup, simples spéculateurs, les font reporter, c'est-à-dire les livrent en gage à des capitalistes qui, moyennant

une juste rétribution, en prennent livraison pour eux jusqu'à la liquidation suivante. Ces capitalistes courent le risque
de perdre une partie des sommes par
eux prêtées si les valeurs qu'ils ont en
nantissement se déprécient et si les acheteurs auxquels ils se sont provisoire-
ment substitués sont insolvables. Ce
risque augmente naturellement à mesure que le prix des valeurs s'élève, car
plus celui-ci est haut plus il y a de
marge de baisse. Il en résulte que la rémunération du capitaliste, le taux du
report, s'élève graduellement avec le
cours des titres à reporter et que, à un
moment donné, il devient très difficile
au spéculateur de trouver un reporteur,
à moins que son crédit ne soit de tout à
fait premier ordre. A ce moment-là, ne
pouvant ni se faire reporter ni prendre
livraison il est obligé de vendre. Sa
vente provoque la baisse. La baisse
provoque d'autres ventes, en infligeant
à d'autres acheteurs des pertes qui les
obligent à réaliser, et le mouvement se
poursuit ainsi jusqu'à ce qu'un équilibre nouveau se soit produit.

C'est ce qui vient d'arriver sur les
mines ; et, comme la Banque ottomane
était engagée sur ces valeurs et que son
exemple y avait engagé à sa suite les
principales maisons de Constantinople,

la Banque ottomane a été fort éprouvée
dans le cours de ses actions. De plus,
les affaires d'Arménie sont venues inquiéter les esprits en rouvrant dans une
certaine mesure la question d'Orient.
Les maisons turques ont subi des pertes
considérables, et le gouvernement otto-
man, pour venir en aide au marché de
sa capitale, a établi une prorogation
d'échéances, un *moratorium*, comme
on dit, de quatre mois.

Ce *moratorium* est chose intérieure
à la Turquie et ne saurait toucher les
engagements extérieurs. Mais les banquiers turcs n'en profiteraient-ils pas
pour discuter, pour atermoyer, et pour
retarder leurs payements alors que les
maisons de Paris seraient obligées de
payer à l'heure dite ? De là de nouvelles
craintes, une nouvelle baisse, des exécutions de maisons de coulisse qui pré-
cipitent l'effondrement et une situation

chaque jour plus tendue.

C'est alors que M. Doumer a eu l'heureuse inspiration de faire appeler les
plus hauts banquiers de Paris et de
demander d'intervenir en vue d[e]
la crise.

Une intervention de cet ordre [est-]
elle possible ? et a-t-elle eu lieu ?

D'aucuns, et ils sont [...]
ont nié la possibilité. Que peuvent
les hauts banquiers ? ont-ils dit.
ter ?

Mais alors les portefeuilles ext[...]
se videront, et les financiers eng[agés]
dans cette œuvre de sauvetage su[...]
d'énormes pertes que nul n'a le droit
leur imposer et qui rendront leurs
forts impuissants.

Ce raisonnement pèche par sa [géné]-
ralité. Sans doute, si les valeurs av[aient]
subi une dépréciation intrinsèque e[t]
y avait intérêt à s'en défaire, le[s]
se passeraient comme on le dit.
cette situation, qui était celle de
n'est heureusement pas celle d'a[ujour]-
d'hui. Actuellement personne n'a
rêt à vendre, et il n'y a de possibles
deux classes de vendeurs : ceux qui
sachant pas où s'arrêtera le mouv[ement]
se coupent un membre de crainte q[ue le]
corps n'y passe tout entier, et
qu'on liquide de force parce qu'
peuvent pas faire face à leurs
ments.

Mais, d'autre part, par suite
certitude, et malgré des prix rém[unéra]-
teurs, personne n'ose acheter;
tes forcées provoquent, de
vertu de la loi de l'offre et
mande, une nouvelle chute de
les désastres succèdent aux

Si donc, à ce moment, la hau[...]
que, sachant que les titres qu'elle
sont de tout repos, achète ceux
trouvent offerts par la force des
elle empêche les exécutions d
une panique; et si la panique ne se
duit pas, personne ne videra sa
feuilles pas plus au dehors qu'au
personne n'étant intéressé à le

Sans doute elle court un
l'affolement se poursuit, les
valeurs peuvent tomber à des
soires, et elle peut perdre

... comme ce fut le cas pour la maison Rothschild lorsque, en 1848, elle s'efforça de mettre un terme au désarroi en soutenant, mais en vain, le cours de rente au lendemain de la Révolution de février.

Mais si, par contre, l'affolement s'arrête, les cours se relèveront, et elle réalisera un bénéfice qui sera la juste récompense de sa hardiesse et du service qu'elle aura rendu.

L'intervention était donc possible. A-t-elle eu lieu? Je n'en sais rien, n'étant pas dans le secret des dieux. Mais la meilleure preuve qu'elle était possible, c'est que si elle a eu lieu, elle a réussi, et que, si elle n'a pas eu lieu, le fait seul qu'on y a cru a suffi pour produire l'effet salutaire qu'on en attendait.

Le gouvernement a donc agi en gouvernement sérieux, avisé, soucieux des intérêts du pays qu'il administre, lorsqu'il a fait appel aux grands financiers.

Je voudrais maintenant tirer de là un enseignement pendant qu'il en est temps encore, pendant que la situation est encore poignante, pendant que les blessures saignent encore, et avant que le souvenir des faits ait eu le temps de s'estomper.

A cette heure, personne — en dehors de ceux qui ont un parti pris évident — n'oserait élever la voix contre l'intervention bienfaisante qui a rassuré les esprits et sauvé peut-être un nombre considérable de nos concitoyens de la ruine. C'est au contraire un concert d'éloges et de bénédictions.

Mais gare demain! quand les cours se seront relevés, lorsque les vendeurs affolés d'hier regretteront la terreur injustifiée qui les a fait vendre, ces derniers en voudront à ceux qui, en achetant ce qu'ils jetaient à vil prix sur le marché ont sauvé celui-ci. Ils les traiteront d'accapareurs, de bande noire, d'agioteurs, de sales juifs ou de vils protestants, et ils leur reprocheront de s'être enrichis sur le dos du public en profitant du malheur commun.

Eh bien! que tous ceux qui se croyaient perdus le samedi 9 novembre, et qui depuis hier respirent de nouveau, fassent aujourd'hui un examen de conscience! A coup sûr ce sophisme, qui peut-être demain les aurait séduits, leur apparaîtra sous son vrai jour. Ils seront préservés de sa séduction.

Je ne suis pas un partisan de l'accaparement financier. Je crois que si l'on n'y portait remède, il nous mènerait au collectivisme, et j'ai l'horreur du collectivisme.

Mais je sais bien que, dans une société, une institution ne peut disparaître que quand se sont développés déjà les organismes qui doivent la remplacer. Supprimez-la quand rien n'est prêt à lui être substitué, et la société s'effondre.

Or le mouvement de concentration des capitaux commencé depuis un siècle se poursuit comme une loi inéluctable de la civilisation. Il se poursuivra ainsi jusqu'au jour où se seront développées des institutions nouvelles pouvant rendre à moins de frais les services que la haute banque rend aujourd'hui.

Car si la haute banque est une grande puissance—tout comme le clergé,—tout comme l'armée; — si, comme telle, elle peut avoir la velléité naturelle à l'homme d'abuser de son pouvoir; si, par suite, il importe que l'État soit toujours en situation de la surveiller et au besoin de la brider, il faut avoir cependant le courage de reconnaître que, contenue dans son rôle légitime, elle rend des services considérables et constitue un organisme dont, en l'état de nos sociétés, on ne pourrait pas se passer sans les plus grands dangers.

La haute banque est à la fois le moyen actuel de recrutement des capitaux destinés à mettre les nouvelles richesses mondiales en valeur, et la garantie contre la durée et l'étendue illimitées des crises.

Les financiers sont à la fois de hauts courtiers qui préparent les affaires, et des assureurs qui nous garantissent contre les effets funestes des paniques inconsidérées. Comme tous les courtiers, comme tous les assureurs, ils prélèvent un bénéfice sur les services qu'ils rendent; mais ils le prélèvent justement puisque, en attendant une organisation nouvelle, ces services sont de ceux dont on ne peut pas se passer. — Ceux-là en ont la preuve qui criaient peut-être le plus hier contre la ploutocratie internationale, et qui ont été heureux de faire appel à elle et de voir, le lundi, 11 novembre 1895 — qu'on retienne la date! — cette ploutocratie intervenir pour les sauver et y réussir.

ALFRED NAQUET.

Journal officiel du 30 9bre 1895 — XXVIIe année — n° 225
Séance de la chambre des députés du 29 9bre 1895
Discussion de la revision — interpellation Cuneo d'Ornano

M. le président. La parole est à M. Naquet.

M. Alfred Naquet. Messieurs, je n'ai pas l'intention, à cette heure, de prononcer un discours dans le débat actuel. Mais le règlement me permettrait tout à l'heure d'expliquer mon vote et je pense qu'il est plus simple et plus rapide d'exprimer ma pensée pendant la discussion générale.

Je ne suis pas suspect ; on connaît parfaitement mes sentiments sur la revision de la Constitution, je les ai exprimés dans un débat encore récent, en 1891. Depuis quelque chose comme quinze ans, ma vie a toujours été consacrée à la question de la revision.

M. Charles Ferry. Et du divorce !

M. de Baudry d'Asson. Est-ce que le divorce fait partie de la revision ? (*Exclamations et rires.*)

M. le président. Monsieur de Baudry d'Asson, vous ne pouvez pas avoir occupé la tribune et ensuite empêcher les autres orateurs de s'y faire entendre. Veuillez garder le silence !

M. Alfred Naquet. Aussi, messieurs, si à l'heure actuelle je pouvais avoir une seule minute cette impression qu'un vote revisionniste de cette Chambre entraînerait la réforme immédiate de notre Constitution, placé entre cette réforme, que je considère comme la principale de toutes, et l'existence d'un ministère qui m'est profondément sympathique, je n'hésiterais pas, et c'est pour la revision que je voterais.

Mais je me refuse à tomber dans les pièges qui peuvent nous être tendus. (*Mouvements divers.*)

Je n'ai pas oublié les leçons de l'expérience. Je me rappelle qu'en 1882 M. Léon Gambetta avait apporté sur le bureau de cette Chambre un projet de revision limitée de la Constitution. La commission conclut à la revision intégrale. J'étais à cette époque, comme aujourd'hui, mû par les mêmes principes ; mais je n'avais pas encore l'expérience que ce fait m'a fait acquérir. J'ai voté pour la revision intégrale. Quel a été le résultat? Il a consisté dans le renversement de M. Gambetta, qui voulait d'une revision limitée, et dans l'arrivée au pouvoir du cabinet de M. de Freycinet, qui ne voulait pas de revision du tout, et qui n'en a pas fait.

Si aujourd'hui nous votions contrairement à l'ordre du jour accepté par le Gouvernement, je n'ai pas autorité pour dire ce que ferait le Gouvernement, — je ne le sais pas, — mais nous pourrions l'amoindrir, nous pourrions le renverser peut-être, et cela sans que l'idée de la revision eût fait un pas. Notre vote risquerait, sans profit pour les principes que nous aurions voulu affirmer en l'émettant, de mettre le ministère en échec au profit d'un cabinet nouveau qui, non seulement ne ferait pas la revision, mais qui ne ferait pas non plus l'ensemble des réformes que le cabinet actuel nous a proposées et qui, je l'espère, arriveront à bonne fin.

Voilà pourquoi, répugnant à être dupe de manœuvres qui ne pourraient profiter qu'aux adversaires du parti progressiste, auquel j'appartiens, je voterai l'ordre du jour que le Gouvernement acceptera. Cela ne m'empêchera pas, bien entendu, de demeurer absolument fidèle à mes idées revisionnistes, et prêt à voter la mise à l'ordre du jour des propositions qui ont été déposées sur le bureau de la Chambre, propositions dont l'une émane de moi et sur lesquelles un rapport de la commission d'initiative a été rédigé. (Très bien! sur divers bancs.)

Sur un grand nombre de bancs. Aux voix! — La clôture!

M. le président. Je mets aux voix la clôture de la discussion.

(La clôture est prononcée.)

Journal officiel du 4 x^bre 1895 (27me année — n° 329) (1)
Séance de la chambre des députés du 3 x^bre 1895
budget de l'agriculture — primes à la sériciculture

M. le président. « Chap. 10. — Primes à la sériciculture, 4,900,000 fr. »

M. le ministre des finances. Nous avons réduit ce chiffre de 100,000 fr.

M. le président. Alors le chiffre du chapitre est ramené à 4,800,000 fr.

MM. Naquet, Julien Dumas, Reboulin, Pourquery de Boisserin et Ducos proposent d'augmenter ce crédit de 100 fr.

La parole est à M. Naquet.

M. Alfred Naquet. Messieurs, la loi qui a institué les primes à la sériciculture a établi que ces primes devaient aller au producteur. Dans la plupart des cas, il est assez facile de savoir quel est le producteur. Si le propriétaire exploite lui-même, c'est lui qui est le producteur et c'est à lui que doit revenir la prime. Si la propriété est affermée à rente fixe, c'est au fermier qu'elle doit aller, et jusque-là il n'y a aucune espèce de contestation. Mais la contestation se produit dans le cas de métayage, dans le cas où le contrat de fermage entraîne le partage des fruits Il arrive le plus souvent dans ce cas que les propriétaires reconnaissent que la prime accordée aux cocons est, en réalité, assimilable à un fruit et qu'à ce titre elle doit être partagée avec le métayer. Mais il y a des cas où les propriétaires se refusent à ce partage; des litiges se produisent. Or, il est absolument incontestable que, quand la loi a été faite, le législateur a voulu que la prime fût considérée comme un fruit et qu'elle fût partagée par moitié avec le métayer. En effet, messieurs, si, au lieu d'adopter le système de la prime, on avait adopté l'autre système...

M. le vicomte d'Hugues. On aurait mieux fait !

M. Alfred Naquet. ...qui aurait consisté à établir un droit de douane sur les cocons, dans ce cas, il n'y aurait pas eu de contestation ni de litige possible.

Il s'agit de faire cesser cette cause de conflit, en introduisant dans la loi de finances — et c'est ce que je propose — une disposition formelle ainsi conçue : « Les primes à la sériciculture seront, en cas de métayage, payées par parties égales aux propriétaires et à leurs fermiers. » (*Très bien! très bien!*)

M. le ministre de l'agriculture. M. Naquet et les honorables signataires de son amendement demandent qu'il soit établi que les primes au kilogramme de cocons seront payées moitié au propriétaire et moitié au métayer.

M. Alfred Naquet. En cas de métayage!

M. le ministre. Il y a environ 140,000 éducateurs auxquels nous sommes obligés de payer des primes, et voici comment se fait le règlement de ces primes aux intéressés; pour cela, il faut se référer aux principes posés par la loi et le règlement d'administration publique interprétatif de cette loi; or, la loi porte : « L'éducateur doit faire, avant le 1er mai, une première déclaration par laquelle il indique la quantité de graines de vers à soie qu'il a l'intention de mettre en incubation... »

Enfin, c'est encore l'éducateur qui doit venir faire peser les cocons à la mairie de sa commune afin de déterminer le montant de la prime qu'il doit recevoir, proportionnellement au nombre de kilogrammes de cocons qu'il a produits.

Il est donc bien entendu que c'est à l'éducateur, au producteur seul que la prime doit revenir.

M. Alfred Naquet. Nous sommes d'accord; je l'ai dit tout le premier.

M. le ministre. Si l'éducateur est métayer, c'est à lui-même que la prime devrait revenir, à moins qu'il n'y ait un contrat décidant que les fruits seront partagés entre le métayer et le propriétaire; dans tous les cas, mon opinion est que la prime doit être considérée comme fruit et qu'en cas de contrat de métayage elle doit être partagée,

(1) voir à la page 263 un article publié à son rang

comme les autres fruits, entre le métayer
et le propriétaire. Quant à nous, nous ne
devons pas intervenir dans ce contrat ; nous
payons la prime à l'éducateur après la
pesée des cocons ; mais il est juste que cette
prime doive profiter par moitié au propriétaire et au métayer, car elle doit être
considérée comme fruit de la ferme.

M. Alfred Naquet. Cette déclaration de
M. le ministre me suffit et je retire mon
amendement.

M. le président. L'amendement est retiré.

Je mets aux voix le chapitre 10, au chiffre de 4,800,000 fr.

(Le chapitre 10, mis aux voix, est adopté.)

« Chap. 11. — Primes à la culture du lin
et du chanvre, 2,500,000 fr. » — (Adopté.)

« Chap. 12. — Allocations, dépenses ad-
ministratives et subventions pour le traite-
ment et la reconstitution des vignobles de
France, 759,124 fr. » — (Adopté.)

Le Lotus bleu du 27 novembre 1895 (sixième année - n° 9) (1)

MATÉRIALISTE ET THÉOSOPHE

—

Correspondance (suite.)

TROISIÈME LETTRE

23 septembre 1895.

Je vous remercie de la peine que vous prenez pour me répondre,
et j'ai lu votre lettre du 20 septembre avec un très vif intérêt..........
..... J'avais dit : « les corps aromaux me paraissent hypothétiques ;
qui dit corps, dit forme. Or, la matière solide parait seule susceptible de forme. Les liquides et les gaz ne le sont pas. Comment les
fluides plus subtils le seraient-ils ? » Ici, votre réponse est très claire.

D'après l'enseignement théosophique, au lieu d'un seul plan de
la matière, il y en a toute une série parfaitement séparés, et, sur
chacun de ces plans, les mêmes lois se répètent. Ainsi, sans parler des
7 états de la matière, ou même des 4, — l'état radiant étant mal
connu, — mais seulement des 3 que la science occidentale enregistre, la matière physique se présente à nous sous trois états : l'état
solide, dans lequel les molécules sont enchaînées les unes aux au-

(1) voir Simples varia - tome V - page 274

tres par une assez forte cohésion pour permettre à leur assemblage des formes diverses ; l'état liquide, dans lequel les molécules, encore cohérentes, le sont cependant déjà moins, ont acquis une certaine mobilité, mobilité telle que leurs agrégats ne peuvent plus prendre que la forme des vases qui les renferment, ou, s'ils sont libres, et soustraits à l'action de la pesanteur, la forme sphérique ; enfin, l'état gazeux, dans lequel les molécules, quoique susceptibles d'être attirées par un centre non gazeux, et obéissant à la pesanteur, se repoussent entre elles au lieu de s'attirer.

Ces mêmes trois états existeraient sur les autres plans, et, autant que les mêmes mots peuvent être appliqués à des choses si différentes, il y aurait une substance astrale solide, une substance astrale liquide et une substance astrale gazeuse, et de même à tous les degrés.

La substance astrale inférieure solide, c'est-à-dire cohérente et susceptible de prendre forme, donnerait le *Double*, la substance astrale supérieure solide (pardon de ces néologismes qui éclairent votre pensée à mes yeux d'ignorant) donnerait le Mayavi-rupa, et ainsi de suite.

Jusqu'ici vous n'avez pas démontré l'existence des plans variés de la substance, et, pour moi, la chose demeure à l'état d'hypothèse, mais mon objection ne portait sur la démonstration, elle portait sur l'hypothèse même que je trouvais contradictoire.

Sur ce point, je me plais à le reconnaître, vous m'avez victorieusement répondu. J'ignore s'il y a plusieurs plans de la matière, mais il est certain que, s'ils existent dans les conditions où vous le supposez, ils peuvent donner des corps. Votre hypothèse se tient debout, et ne renferme aucune contradiction : à ce point de vue spécial, je rends les armes. Je ne vous chicanerai pas non plus sur l'impénétrabilité de la matière. S'il existe plusieurs plans, il ne me répugne pas d'admettre que l'impénétrabilité n'existe que pour les particules matérielles d'un seul et même plan. Les petites vibrations, dans l'air ou à la surface de l'eau, se traversent sans se gêner, et si la substance n'est qu'une vibration, il se peut que certaines vibrations soient assez différentes entre elles pour ne plus pouvoir interférer. L'expérience des courants alternatifs, dont vous me parlez et que je ne connaissais pas, tiendrait à le laisser croire.

Toutefois, ici, je rendrai moins complètement les armes que sur la question précédente, parce que je ne conçois pas une vibration sans matière, et que, dès lors, il m'est difficile de concevoir que la matière soit une vibration.

Une vibration est un déplacement rythmé d'une molécule matérielle ou éthérée, perpendiculairement ou longitudinalement à un axe. S'il n'y a plus de molécule pour se mouvoir, il n'y a plus de vibration ; s'il n'y a pas de corps qui se meuve, il n'y a pas de mouvement.

Ce mouvement ne peut donc se confondre avec la matière. Il ne

fait qu'un avec elle, il est, comme elle, un aspect de ce qui est ;

mais il me paraît impossible de supprimer un de ces aspects de
l'être. — Toutefois, ceci est tellement métaphysique, et la science
nous en dit si peu là-dessus, que je n'élève pas, de ce chef, une
objection sérieuse.

Il n'en est plus de même lorsque vous parlez de l'hallucination,
et lorsque vous me dites que le néant ne peut pas s'objectiver,
lorsque vous en concluez que l'halluciné, ou le rêveur (car le
rêve est une hallucination normale) voit réellement ce qu'il voit,
mais le voit sur un plan différent.

Ici, mon désaccord avec vous est absolu, et, si même j'en arrivais
à admettre, comme vous, la « voyance », j'admettrais, à côté de
ces hallucinations par voyance, les hallucinations proprement
dites.

Lorsqu'un objet extérieur frappe l'un de mes sens, qu'arrive-t-il ?
Les papilles nerveuses extérieures de mes nerfs sensitifs subissent
une impression. Cette impression se transmet au cerveau. Comment
s'y transmet-elle ? Nous l'ignorons. Mais nous savons qu'elle s'y
transmet, puisque nous pouvons l'intercepter en coupant le nerf ;
arrivée là, elle fait vibrer (manière de parler, car je ne sais pas
quelle est la nature de ce mouvement), la cellule grise correspon-
dante, et, soit que cette cellule soit elle-même le sensorium (hypothèse matérialiste), soit qu'elle représente un simple élément de
transmission entre la matière et l'esprit, la perception a lieu. Mais,
au fond, cette perception est une simple illusion. Nous ne savons
pas si les objets extérieurs sont tels que nous les voyons ; ce que
nous percevons, c'est la vibration de notre cellule grise centrale,
et pas autre chose.

Supposez maintenant que cette cellule, qui a déjà vibré sous une
impression venue du dehors, et qui a conservé ce mouvement à
l'état potentiel (mémoire), se remette à vibrer sous l'influence d'un
ébranlement intérieur quelconque, d'une filiation d'idées ou autrement ; le sensorium percevra la même sensation que s'il avait été
impressionné par une action extérieure, il aura la même illusion
que s'il avait reçu cette impression ; il verra ce qui n'existe pas.

Tel un diapason, mis en branle par le bruit d'une voiture qui
passe sur le pavé, donne ensuite la note qui lui est propre.

A l'état de veille, nous pouvons, en fermant les yeux, en nous
abstrayant de ce qui nous entoure, évoquer des images déjà vues,
mais ces images, infiniment plus faibles que celles provenant d'une
impression actuelle, ne peuvent se confondre avec celles-ci et donner le change. Je vois devant mes yeux l'image de mon père mort,
mais je sais qu'elle n'est pas là objectivement, parce qu'elle est plus
effacée que celle des objets qui m'entourent.

Mais que, sous l'influence d'une maladie cérébrale ou d'une circonstance fortuite, la vibration cellulaire *per se* devienne aussi puissante que la vibration produite par les objets extérieurs, je ne les

fait qu'un avec elle ; il est, comme elle, un aspect de ce qui est ;
mais il me paraît impossible de supprimer un de ces aspects de

par le toucher, l'ouïe par la vue, l'odorat par le goût, je me rends compte que je ne vois pas ce que je crois voir, que je n'entends pas ce que je crois entendre, que je ne goûte pas ce que je crois goûter, que je ne sens pas ce que je crois sentir, je demeure sain d'esprit ; si, au contraire, la multiplicité et la fugacité de l'hallucination sont telles que tout contrôle disparaisse, je suis fou.

Dans le rêve, je suis toujours fou. Le rêve est, non seulement une hallucination normale, mais une folie normale.

Voulez-vous une preuve que, sur ce point, mon interprétation, — ou, plus exactement, celle de la science occidentale, — est la vraie ?

En rêve, on boit, on mange, on agit avec des êtres, qui, le plus souvent, ne sont même pas des personnes connues, mais bien des personnes inexistantes, créées par l'imagination.

Si l'hallucination et le rêve consistent à voir sur le plan astral des choses qui s'y passent réellement, direz-vous donc, quand je rêve que je suis à table, que j'y mange des mets dont je sens le goût, que j'y bois des vins dont je sens le bouquet, direz-vous que je suis assis à une table faite de matière astrale, et que mon *Double* mange des mets et boit des vins astraux. Évidemment, on peut tout dire, tout prétendre.

Mais, entre deux hypothèses, celle-là est la meilleure, qui explique les faits avec le plus de simplicité, et la plus simple des deux, c'est celle de la science.

Je ne crois donc pas que ma servante ait projeté son Mayavirupa sous l'influence d'un coup de sonnette, qui a eu lieu un an après, car le coup de sonnette et mor hallucination sont deux phénomènes distincts, qui se sont prouuits à plus d'un an d'intervalle. Je crois que, dans le cas du coup de sonnette, quelqu'un a sonné réellement, et que, dans l'autre circonstance, ou bien ma servante a été somnambule, auquel cas je l'ai vue réellement, ou bien j'ai cru la voir, bien qu'elle n'y fût pas, par l'effet d'une hallucination.

Comme vous, je vous prie d'excuser mon griffonnage et de croire à mes sentiments de profonde sympathie.

A. Naquet   ———   **X.**, député.

Le quatorze juillet (de montbelliard du 4 xbre 1895 (n⁰ 1611) (1)

NI COLLECTIVISME
Ni Opportunisme.

———

En réponse à un article de notre excellent collaborateur l'*Ermite de la Montagne*, M. Naquet, député, nous a adressé la lettre suivante, dont l'idée générale est, croyons-nous, caractérisée par le titre ci-dessus.

Monsieur,

Quel que soit le nom que couvre l'*Ermite de la Montagne*, je vous remercie de la charmante étude que vous m'avez consacrée. Mais, après vous avoir remercié de votre bienveillance, voulez-vous me permettre quelques observations ?

Je ne combats pas la séparation des Églises et de l'État ; je la défends. Seulement, je prétends que pour n'avoir pas été faite à son heure, elle doit devenir le cou-

(1) voir *Simple, Varia t. v page 260* —

ronnement de l'édifice au lieu d'en être la première pierre. Mais je l'ai affirmée, même dans le discours que j'ai prononcé à Tours. J'ai voté, comme Goblet, non pour la suppression du budget des cultes, mais pour la préparation de cette réforme par une loi sur les associations. Pourquoi cela me rend-il Ermite alors que M. Goblet reste radical ?

En somme, on ne sortira pas de là.

Il y a 3,000,000 environ d'électeurs catholiques ou se croyant tels, qui par suite de la défaite finale de la monarchie, n'ont plus de chefs. Faut-il les prendre ou les donner à l'opportunisme ? Tout est là.

Si on laisse de côté la question religieuse, les ralliés n'ont plus de tremplin ou tout au moins de tremplin qui porte ; les opportunistes n'attirent plus, et nous par l'amour des réformes, nous attirons.

Nous conquérons ainsi la majorité ; nous faisons les réformes sociales et, celles-ci faites, nous nous sommes suffisamment liés les masses par leur bienfait, pour que les anciens électeurs monarchistes faisant un pas de plus nous continuent leur confiance, et nous séparons l'Église de l'État. Si nous continuons notre plate-forme anti-cléricale, nous fortifions ralliés et opportunistes, nous perdons le pouvoir, et nous ne faisons, quoiqu'en parlant sans cesse, ni la réforme sociale ni la réforme religieuse.

Toute la question est là.

Ou demeurer hors du pouvoir et par conséquent ne rien réaliser du tout quoique sabrant toujours en paroles le cléricalisme qui regagnera de la puissance malgré nos discours.

Ou réaliser les réformes sociales d'abord, la réforme religieuse ensuite. Qu'est-ce qu'il vaut mieux faire ?

Pour moi, la réponse n'est pas douteuse, et tout ce que l'on a écrit contre mon sentiment soit avec une pensée malveillante, soit comme vous dans une pensée généralement bienveillante, ne m'a pas ébranlé.

Je ne rêve pas de livrer la République aux cléricaux, mais de la leur ôter en ôtant leurs armes aux chefs de ce parti, et en en prenant les soldats.

Les socialistes — dont quelques-uns gênent cette méthode par de vieilles habitudes d'esprit — le font du reste en général ; et à suivre la voie que suit l'extrême-gauche, nous travaillons pour les collectivistes d'un côté, et pour les conservateurs-opportunistes de l'autre, et nous contribuons à disparaître comme parti.

Je sais bien que je ne vous convaincrai pas. Mais enfin, dans votre article si aimable il y avait quelques mots reflétant les idées inexactes que vous vous faites de ma manière de voir, et je me suis permis de les rectifier.

Encore merci, et croyez à mes sentiments d'estime et de considération.

A. NAQUET.

Cette lettre prouve combien j'avais raison de louer l'esprit lucide et délié de M. Naquet. On la sent écrite au courant de la plume, et pourtant elle est d'une merveilleuse clarté.

La tactique prêchée par M. Naquet est la suivante : Il s'agirait de consentir une trêve religieuse. Alors les 3,000,000 d'électeurs catholiques qui, depuis l'irrémédiable défaite de la monarchie flottent sans chef à la recherche d'un parti, viendraient au parti radical. Ce dernier obtenant, grâce à cet appoint, la majorité dans le pays et dans les Chambres réaliserait aussi les réformes sociales inscrites à son programme. Par ces réformes, il fixerait les sympathies de la démocratie ; et du même coup, il nous délivrerait de deux dangers également graves, quoique opposés : le conservatisme-borne des opportunistes et la chimère révolutionnaire du collectivisme.

Cette thèse — que nous avouons très franchement avoir ignorée au moment où nous écrivions la notice concernant M. Naquet — est ingénieuse. Est-elle pratique ?

Serait-elle d'application prudente ? Nous ne le croyons pas.

Et d'abord, une précision est nécessaire. Il y a catholiques et catholiques.

M. Naquet n'établit pas la différence, qui est essentielle entre les uns et les autres. Certains catholiques sont d'excellents républicains, très attachés aux institutions actuelles. Nous connaissons quelques-uns de ceux-là parmi les populations de la montagne, dans le Doubs et dans plusieurs autres régions, dans les Basses-Pyrénées, par exemple. M. Naquet pourrait se renseigner sur cet état d'esprit auprès de son collègue, M. Barthou. Ces catholiques veulent le clergé indépendant dans sa conscience et dans son culte, non point oppresseur et maître en face de l'État laïque. Cette liberté leur suffit pour eux-mêmes ; ils ne sont pas tentés de la refuser aux fidèles dissidents. En un mot, *ils ne sont pas cléricaux*. D'autres catholiques jugent insuffisante la liberté de conscience ainsi entendue ; ils veulent pour leur Eglise un pouvoir propre et indépendant en face du pouvoir laïque. Bien plus, celui-ci doit être aux ordres de celui-là. La neutralité de l'école est par eux combattue comme une violation de la conscience individuelle, dont elle assure l'indépendance. Ces catholiques s'appellent plus exactement des cléricaux. A eux, sans doute M. Naquet fait allusion, puisqu'il ne saurait être question d'attirer à nous les catholiques non cléricaux, qui sont nôtres. Par 3,000,000 de catholiques, il faut donc entendre 8,000,000 de cléricaux. Cette distinction n'était pas inutile.

Ces cléricaux sont irréductibles. Il faut attendre leur soumission, ou plutôt leur diparition de la lente diffusion du savoir qui ruinera peu à peu les derniers vestiges de l'influence du clergé, en ce qu'elle a de contraire au progrès. Faire trêve aux querelles religieuses par l'abandon momentané de la séparation des Eglises et de l'Etat, passe encore ! Seulement, le lendemain, le clergé, enhardi par cette concession, réclamera l'abrogation de la loi scolaire ; le surlendemain, l'abrogation de la loi militaire. Peu à peu, il se délierait vis à vis de l'Etat du devoir de soumission qui oblige tous les citoyens et en particulier cette classe de citoyens qu'on appelle les fonctionnaires et dont font partie les prêtres. De concessions en concessions, nous aboutirions à l'abdication complète, et c'en serait fait des lois libérales qui sont la sauvegarde et le rempart de la République. Le mot de Royer-Collard sur le scepticisme s'applique très exactement au cléricalisme « on ne lui fait pas sa part ». La trêve dont parle M. Naquet a été, depuis deux ans, consentie par le gouvernement. Je ne pense pas que l'expérience ait été très favorable. Malgré la loi, on processionne à Lille, à Brest, à Roubaix ; malgré la loi, les prêtres se réunissent en assemblées délibérantes, où le gouver-

nement est attaqué violemment ; malgré la loi, les congrégations refusent de payer l'impôt très équitable et très modéré qui vient de les frapper. La rébellion contre la loi est proclamée publiquement, du haut de la chaire, comme un devoir sacré. Non, les cléricaux ne viendront pas à nous. Leur cœur appartient à Rome, non à la République. Ils n'entreront que dans une République décapitée de ses lois libérales. Est-ce là le rêve de M. Naquet ? Il y a antinomie entre clérical et républicain.

La réforme religieuse ne saurait donc être reléguée après la réforme économique et sociale. Elle doit marcher de pair, au contraire, l'une supposant l'autre, puisque la réforme religieuse a pour but d'assurer à l'Etat laïque l'indépendance et la souveraineté nécessaires à l'efficacité du rôle qui lui incombe. Il est indéniable, au surplus — et là nous sommes complètement d'accord avec M. Naquet — qu'aux questions irritantes et de pure théorie doivent être préférées les questions pratiques touchant l'amélioration du sort des humbles. L'œuvre réformatrice qu'accomplira, en ce sens, le parti progressiste, ou, si l'on veut, radical, aura précisément pour effet d'attirer à lui les masses reconnaissantes. Qu'importeront alors 3,000,000 d'électeurs cléricaux ?

L'Ermite de La Montagne.

P. S. — Dans « *L'incident de Lavaur* » et dans mon dernier article, un « *Miraculé authentique* » se trouvent des coquilles qui me font à tort supporter aux yeux des lecteurs du *Quatorze Juillet* la responsabilité de grandes fautes de goût et de style. Je tenais à cet avertissement.

Le Gil Blas du 4 décembre 1891

interview sur la bigamie

M. ALFRED NAQUET

Il semblerait que la loi sur le divorce ait dû porter un coup suprême à la bigamie, qui n'avait guère quelque excuse que lorsqu'on ne pouvait sortir du mariage. Pourtant, malgré la loi Naquet, il se trouva des hommes que tenta à ce point le grand sacrement qu'ils n'hésitèrent pas à « convoler » par deux fois. Etat d'âme bien bizarre! répèterons-nous avec M. Naquet, qui avoue ne pouvoir le pénétrer.

— Certes, nous dit-il, j'approuve grandement le projet de mon ami Michelin. Les formalités actuelles du mariage sont absolument insuffisantes. Rien, en effet, dans les pièces exigées ne prouve que l'un des fiancés n'est pas déjà marié. Il faudrait donc soit faire mention du mariage en marge de l'acte de naissance, soit établir, au ministère de la justice, par exemple, un casier matrimonial qu'on exigerait comme on exige le casier judiciaire.

Les cas de bigamie ont jusqu'à ce jour comporté des pénalités très diverses : j'en ai vu d'outrées. Ce n'est point pourtant un crime si abominable qu'il excuse des répressions sauvages. Je me souviens de certain notaire de province qui, ayant lâché sa femme et venu à Paris, vécut en concubinage avec une jeune femme. Celle-ci connaissait la situation de son amant; cependant, poussée par ses parents que sa situation irrégulière désolait, elle parvint à décider l'ex-notaire au mariage. Comme ça devait arriver, la première épouse fut un beau jour pleinement informée. Un procès suivit et le malheureux bigame fut condamné à *seize* ans de travaux forcés. Seize ans, n'est-ce pas sauvage? D'autant plus sauvage qu'il n'y avait pas de victime à proprement parler. La femme, elle, était « lâchée » depuis longtemps et le second mariage de son mari ne changeait rien à sa situation. Quant à la seconde épousée, on ne peut dire qu'elle avait été dupe.

» Avec la loi Michelin, le pauvre notaire eût évité seize années de Nouméa. Et voilà en quoi cette loi sera un bienfait: elle sera une sauvegarde pour les hommes qui se laissent aller au crime de bigamie, les uns, comme le notaire, par faiblesse, les autres par canaillerie.

C'est un état d'âme bien bizarre, bien impénétrable que celui du bigame. Je ne comprend guère que le bigame par passion. Le cas peut en effet se présenter où un homme, déjà marié, s'éprend follement d'une femme, trop honnête ou trop peu éprise pour se donner autrement que par le mariage. Avec ce cas spécial de bigamie nous touchons aux crimes passionnels.

» Je me souviens d'un autre cas très spécial que révéla la cour d'assises. Il s'agissait d'un employé de chemin de fer, mécanicien ou chauffeur, que sa profession obligeait à coucher aux deux extrémités de la ligne, par exemple un soir à Paris et l'autre à Marseille. On apprit un jour qu'il avait une femme légitime à chaque point *terminus* du réseau. Voilà un cas bien déterminé de bigamie pratique. On eût dû acquitter l'homme qui poussait à ce point l'amour du foyer. »

Table analytique des matières contenues dans le quatorzième volume —

www.ingramcontent.com/pod-product-compliance
Ingram Content Group UK Ltd.
Pitfield, Milton Keynes, MK11 3LW, UK
UKHW020131130726
13696UKWH00001B/311